박소현의 현대점성학 I

나를 찾아가는
별자리

원작 EVANGELINE ADAMS

박소현의 현대점성학 I

나를 찾아가는 별자리

1판 1쇄 발행 2024년 7월 3일

저자 박소현
그림 홍지오
도움 홍현표 안영은

편집 문서아   **교정** 신선미   **마케팅 · 지원** 김혜지

펴낸곳 (주)하움출판사   **펴낸이** 문현광

이메일 haum1000@naver.com   **홈페이지** haum.kr
블로그 blog.naver.com/haum1000   **인스타그램** @haum1007

ISBN 979-11-6440-638-8(03180)

"배 한 척은 동쪽으로 가고, 다른 한 척은 서쪽으로 간다.

자기 스스로 부는 것과 같은 바람은 불지 않는다.

이 둘은 세트다."

· 번역을 마치며 ·

목 차

머리말
(FOREWORD)

이 점성학(Astrology)책은 많은 정보를 필요로 하는 방대하고 복잡한 주제를 가르치는 것을 목적으로 하지는 않았지만, 저자가 점성학(Astrology)의 과학적 발전과 인류의 필요와 그것의 응용을 위해 30여 년 이상 헌신하면서 수집한 진정한 점성학적 정보를 제시합니다.

이 책의 제1부는 주로 태양에 관한 활동에 크게 기초하고 있는데, 태양에 관한 활동은 오직 태양의 영향에만 기반을 두고 있으며, 행성에 의해 작용하는 속성들은 고려하지 않았습니다.

제3부의 표를 참조하여 자신이 태어났을 때 떠오르는 별자리를 확인하려는 사람들(출생 시간을 알고 있는 경우)은 자신의 일반적인 특성을 더 잘 이해하기 위해 제1부를 사용할 수 있습니다. 만약 당신이 당신의 라이징 싸인에 대한 설명과 태어났을 때 당신의 태양이 있는 별자리(당신이 태어난 달의 일부분에 의해 결정됨)를 종합한다면, 당신은 당신의 진정한 본성과 표면에 나타나는 본성, 이 두 가지 모두에 대해서 매우 긍정적인 생각을 가질 수 있을 것입니다.

제2부에서는 더 과학적인 자료가 주어집니다. 당신은 이 지식에 완전히 익숙해졌을 때, 당신에게 필요한 효과가 무엇인지 잘 이해하기 위해, 행성의 영향력과 행성이 위치할 수 있는 별자리, 그리고 행성과 함께 상호 작용하는 어스펙트와의 균형을 맞춥니다. 예를 들어, 만약 당신이 자

기중심적이며 헌신적이지 않은 별자리인 전갈자리에서 차갑고 보수적인 토성을 발견한다면, 그 효과는 이타적이고 자비로운 별자리인 사수자리에 있을 때와는 이 제한적인 행성의 효과가 매우 다를 것입니다.

토성이 아마도 인도주의적이고 신을 두려워하는 사람의 하우스에서 매우 사악한 성격을 갖는 것을 고려해 볼 수도 있고, 바람직하지 않은 사람이 그 하우스 주인 별의 고귀한 특성 중 일부를 필수적으로 취하는 것은 단지 시간문제일 뿐입니다.

태양과 달, 7개의 행성과 12개의 별자리, 그리고 모든 어스펙트를 고려하여 이 제안을 따른다면, 과학적으로 매우 실행 가능한 상호작용 방식을 얻을 수 있을 것입니다.

고대인들은 이 행성들이 다른 행성들보다 특정 별자리에서 더 호의적이며 더 강력한 영향력을 행사한다는 것을 발견했습니다. 이것은 별자리를 구성하는 고정된 항성(fixed stars)들이 특정 행성들과 조화를 이루었기 때문입니다.

예를 들어, 그들은 육체적인 에너지, 공격적인 힘과 야망을 나타내는 화성이 양자리와 전갈자리에 있을 때, 그 힘은 가장 강력하다고 결정했습니다. 따라서 화성은 이 별자리 중 하나가 동쪽 지평선에 있을 때 운명의 별 또는 지배 행성입니다. 당신이 어센던트 표(제3부)를 참조한다면, 당신은 매년 1월 1일 오전 2시에서 약 오전 4시 20분 사이, 그리고 오전 11시 30분에서 오후 12시 30분 사이에 전갈자리와 양자리의 별자리가 어센던트에 나타남을 알게 될 것입니다.

따라서 이 별자리들은 개별적으로 어센던트에 있을 것이고, 그러므로 화성이 지배 행성임을 알게 될 것입니다. 만약 당신이 태어난 시간을 알 수 없는 경우, 이것은 태양이 있는 별자리에 따라 어떤 행성이 태양의 주제성이 되므로 이 행성은 태양에 큰 영향을 미칠지 결정되지만, 어센던트의 지배 행성이나 운명의 별이 무엇인지 확실히 말할 수는 없습니다. 예를 들어, 3월 22일에서 4월 21일 사이에 태어났다면 태양은 화성의 진동에 참여하는 별자리인 양자리에 있을 것입니다. 따라서 태어난 시간을 알지 못하는 상태에서 화성은 태양의 별자리에서 지배적인 힘으로 간주될 수 있습니다.

화성, 금성 및 수성은 각각 두 개의 다른 별자리에서 할당되어 강력한 것으로 밝혀진 반면, 다른 행성은 각각 하나의 별자리에 할당됩니다. 예를 들어 양자리는 화성의 양(주행성)의 별자리이고 전갈자리는 화성의 음(야행성)의 별자리입니다.

Horary Astrology에 대한 장에서는 특히 과학에 대해 저자의 특별한 공헌을 설명합니다. 이 이론은 수년간 저의 실제 경험을 통해 발전했으며, 저는 단지 일상적인 위치만을 고려하는 것이 아니라, 고대인들이 했던 것처럼 질문을 할 때 천체의 일상적인 위치를 고려할 뿐만 아니라, 의뢰인의 출생천궁도와 결합합니다.

이 책의 목적은 주로 점성학(Astrology) 과학의 실제 사용에 대한 방법을 지적하는 것이므로, 브리태니커 백과사전이나 특별한 책들에서 찾을 수 있는 Astrology의 역사에 대한 긴 담론은 시도되지 않을 것이지만, 간단한 개요는 다음의 설명과 방향에 대한 소개로서 흥미로울 수 있습니다.

Astrology는 인간의 세속적인 일과 성격과 삶에 대해 미치는 천체의 영향을 설명하는 과학입니다. 그것은 현존하는 가장 오래된 과학입니다.

그것은 선사 시대뿐만 아니라 전통 이전의 전통적이기도 합니다. 그것은 태양 전류가 우리 지구의 생명체, 특히 인간의 삶에 미치는 영향에 대한 과학입니다.

화학이 연금술의 파생물인 것처럼, 천문학은 점성학의 파생물입니다. 점성학은 어머니였고, 천문학은 자녀입니다. 천문학이 인간에 의해 연구가 된 것은 오직 역사적인 시대 안에 들어와서야 비로소 가능합니다.

바빌론의 점성가들은 별들의 위치를 계산하는 데 필요한 만큼만 천문학에 관심을 가졌습니다. 그들은 개인보다 국가를 위해 무엇이 준비되어 있는지 더 알고 싶어 했습니다. 그들은 그들의 별자리와 함께 과거 왕들의 역사와 운세를 함께 살펴보았습니다. 지난 역사를 돌아보면 행운의 별 아래 태어난 통치자가 왕국에 약속했던 행운이 어디에서 이루어지고 있는지도 보았고, 그리고 별들이 약속했던 불행이 어디에서 실현됐는지도 보았습니다.

우리가 아는 한, 그들은 진동 이론에 대한 지식이 전혀 없었지만, 그들은 특정한 충동이 별들(stars)과 행성(planets)들의 특정한 배열 아래에서 태어난 사람들을 지배하고, 다른 충동들은 다른 배열 하에서 태어난 사람들에게 주어졌다는 것을 알고 있었습니다. 현대 과학의 관점에 비추어 볼 때, 우리는 모든 물질이 진동한다는 것을 알고 있으며, 따라서 행성의 진동은 뇌와 신체의 활동을 촉진하거나 지연시켜 광범위한 결과를 가져온다는 것을 알고 있습니다. 라듐은 인간이 과거 세대 동안 무언가를 배운 유일한 원소입니다. 그 현대 과학은 인류의 이익을 위해 라듐 방출을 이용하고 있습니다. 그는 또한 스펙트럼의 색상이 질병에 치료 효과가 있다는 것을 알고 있습니다.

고대 바빌론 시대에도 별들(stars)과 행성(planets)들이 진동했습니다. 그들이 이전에 오랜 세월 동안 진동했던 것처럼, 그들이 오늘날에도 진동하는 것처럼. 그리고 그들은 미래에도 진동할 것이다.

그 진동들은 모든 살아 있는 원자에 대해 더 크거나 더 적은 강도로 반응합니다. 별들과 행성들은 하늘에 매달린 이후로 창조적인 일을 수행해 오고 있습니다. 현대 과학자가 현대 현상의 영향을 연구하는 것처럼 태곳적부터 확립된 법칙에 따라 인간의 정신에 미치는 영향을 연구했습니다. 하지만, 과학자들이 가지고 있는 것과 같은 불과 10~20년의 기록 대신에, 점성가들은 여러 시대에 걸쳐 편찬된 기록들을 가지고 있습니다.

칼데아 점성가들의 지혜는 기독교 시대 이전에 그리스와 서방세계, 그리고 동양에까지 전파되었습니다. 이러한 지식의 확산과 함께 응용 분야의 확산도 함께 이루어졌습니다. 처음에는 왕족의 천궁도만이 읽혔습니다. 왜냐하면 그들은 국가의 통치자로서 백성들은 왕족을 국가의 권력을 보존하고 성장시키기 위해 존경했기 때문입니다. 그러나 오늘날에는 모든 지식이 그렇듯이 점성학은 세상의 지배자들뿐만 아니라 거리의 사람에게도 열려 있습니다.

점성학(Astrology)은 자연(Natural), 먼데인(Mundane), 네이탈(Natal), 그리고 호라리(Horary)라는 네 개의 뚜렷한 분야로 나뉩니다.

자연(Natural) Astrology 또는 물리(Physical) Astrology는 조수간만의 바다와 다른 지상 현상들, 대기, 기후, 계절, 날씨, 지진, 그리고 화산 분출에 대한 태양, 달 및 행성들의 작용과 관련이 있습니다.

먼데인(Mundane) Astrology는 천체를 국가와 지역 사회의 번영과 역경과 관련하여 고려합니다. 결과적으로 그것은 정부, 통치자, 평화, 전쟁, 혁명, 기근, 전염병 및 일반적으로 사람들과 관련된 모든 것에 관한 문제들을 다룹니다.

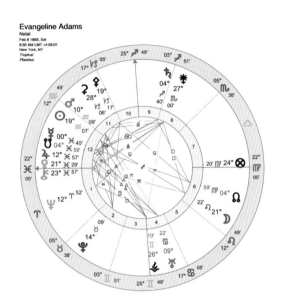

네이탈(Natal) 또는 출생(Genethliacal) Astrology는 개인이 출생의 순간부터 그의 존재가 끝날 때까지 그와 관련된 모든 것을 고려하는 과학의 한 분야입니다. 이 과학의 분야는 개인이 자신을 알도록 돕고 미리 경고하는 데 헤아릴 수 없는 가치가 있을 수 있지만, 중요한 것은 별자리는 단지 성향만을 나타내고 지식과 의지력이 강할 때 어떤 일이 일어날지 보여 준다는 것이며, 악을 피하기 위해 힘을 쓰지 않거나, 현재 운명이 제공하는 기회를 활용하는 데 사용되지 않는다면 어떤 일이 일어날 수도 있다는 것을 보여 주는 것임을 분명히 이해해야 한다는 것이 중요합니다.

우리는 A.D. 2세기 전반기에 살았던 클라우디우스 프톨레마이오스

(Claudius Ptolemy)의 말을 인용하고 있는데, 그는 과학에 대한 초기 설명 중 일부를 점성학(Astrology)에 대해 설명함으로 우리는 현재 그의 덕을 보고 있습니다. 그는 다음과 같이 기술합니다.

"판단은 별들뿐만 아니라 자기 자신 스스로에 의해서도 조절되어야 합니다. 왜냐하면, 어떤 사건에 대한 이해는 어떤 사람에 대한 생각을 고려하고 있기 때문에 어떤 특정한 형태의 사건이 아무리 과학적이더라도 그 어떤 사람에 의해서 조절하는 것은 불가능하기 때문입니다. 그러므로 그 안에서 수행하는 사람은 추론을 채택할 필요가 있습니다. 신으로부터 영감을 받은 사람들만이 구체적인 것을 예측할 수 있습니다."

호라리 어스트롤러지(Horary Astrology)은 이름에서 알 수 있듯이, 어떤 일이 일어나거나 임박한 사건의 결과에 대해 어떤 사람이 심각하게 동요하는 순간에 세워진 하늘의 형상에 관한 것입니다. 그런 다음 질문이 제기된 순간에 그림이 세워지는데, 만약 점성가가 유능하고 질문자가 신뢰할 수 있는 정보를 얻기를 간절히 열망한다면, 그 질문은 저자의 새로운 호라리 점성술 방법을 사용함으로써 완전히 해결되지 못할 이유가 없습니다.

비록 점성학의 모든 분야가 똑같이 매혹적이고 유익하지만, 우리가 현세기에 직면한 문제들과 혼란은 네이탈(Natal)과 호라리(Horary) Astrology가 일반 개인에게 가장 중요하게 보이는 것처럼 만듭니다. 특히 자연(Natural) 및 먼데인(Mundane) Astrology는 국가와 국제 문제에 대한 연구 및, 산업, 관세, 기상 조건 및 세계의 평화와 조화와 관련된 모든 문제를 연구하는 데 더 필요합니다. 과학의 이 두 가지 분야에 대한 정확한 결론에 도달하기 위한 통계를 얻으려면 한 개인이 할 수 없는 엄청난 연구 작업이 필요합니다. 이 분야의 참여는 단체나 기관에서의 연구가 큰 성과를 나타낼 수 있는 연구 분야입니다.

　이 주제에 관한 현대 작가들 사이에서 유명한 영국 작가이자 번역가이자 편집자인 리처드 가넷 박사(Dr. Richard Garnet)는 사망하기 몇 년 전에 대영 박물관의 사서로 일했으며, 점성학(Astrology)을 위해 많은 가치 있는 업적을 남겼습니다. 그의 여러 작품 중 A.C. '트렌트(A.C.Trent)'라는 필명으로 유니버시티 잡지(University Magazine)에 발표된 그의 작품은 「영혼과 별들 The Soul and the Stars」이라는 제목으로 잘 알려진 점성학에 관한 논문입니다. 그의 죽음으로 같은 주제에 대한 두 번째 책이 출판되지 못했습니다. 「영혼과 별들(The Soul and Stars)」의 8페이지에서 가넷 박사(Dr. Garnet)는 다음과 같이 더욱 엄중하게 주장합니다.

　일반적으로 오컬트는 신비주의 과학으로 간주되는 만큼 점성학의 경험적 성격, 점성가는 일종의 마법사의 한 종류로 여겨진다. 그럼에도 불구하고 점성학은 천문학이라는 단 한 가지를 제외하고 점성학이 그 데이터의 확실성에 관련하여, 모든 정확한 과학 중에서 가장 정확합니다. 지질학적 기록의 불완전함은 지질학자를 오도할 수 있고, 분석에서의 오류는 화학자를 당황하게 할 수도 있습니다. 점성가의 관심사는 천문학과 항해학에서 절대적으로 결함이 없어야 함을 요구하는 어떤 관측으로부터 그 데이터를 가져옵니다. 그는 말 그대로 자녀인 천문학자의 감시하에 일을 하며, 즉각적으로 발견하지 않고는 그의 데이터를 위조할 수 없습니다. 그의 예술적인 원칙들은 가장 먼 고대로부터 그에게 본질적으로 전해 내려왔습니다. 그것들은 수천만 권의 책으로 출판되었으며, 전 세계의 모든 사람에게 검토의 대상으로 열려 있습니다. 그의 계산은 이제 산술적인 것으로 더 이상 도발적인 과정에 의해 수행되지 않습니다.

다시 25페이지에서, 우리는 다음과 같은 사실을 발견하게 됩니다.

우리가 추구해 온 논쟁의 분야에서 신비주의적이고 신비한 것은 없다는 것을 인정하게 될 것입니다. 우리는 사실의 증언, 부분적으로 악명 높고 논쟁의 여지가 없는 역사와 전기의 사실, 그리고 일부는 평범한 천체력보다 더 정확한 출처로부터 파생된 천문학적 관측에 대한 증언을 통해 줄곧 사실을 증명해 달라고 호소해 왔습니다.

누구든지 동일한 과정을 통해 이러한 관찰들을 검증하거나 반증할 수 있으며, 예를 찾기 위해 애쓰는 사람은 누구나 직접 그 주제를 조사할 수 있습니다.

그는 계속해서 정신이상자이거나 지적 능력이 부족한 것으로 악명 높았던 9명의 군주들의 수성과 달이 토성, 화성, 천왕성에 의해 고통받았다는 것을 보여 줍니다. 그리고 8명의 종교 애호가들과 선지자들은 달과 수성이 천왕성과 함께 어스펙트를 가지고 있었다는 것을 보여 주었습니다. 엄청난 정신력을 동반한 14가지의 괴팍한 사례의 경우에서도 수성이나 화성이 천왕성과 어스펙트를 맺었으며, 두 명의 저명한 프랑스 사회주의자는 사실상 그들의 천궁도에서도 같은 어스펙트를 가지고 있었습니다. 그는 또한 매우 유사한 성격의 지성을 가진 Mr. 글래드스톤(Gladston)과 뉴먼 추기경 (Cardinal Newman)이 모두 수성과 관련하여 태양과 컨정션된 수성을 가졌고, 달과 수성, 화성과 천왕성이 함께 스퀘어로 어스펙트를 맺었다는 것을 보여 줍니다. 그는 또한 베이컨(Bacon)과 티르웰(Thirwell) 주교의 수성과 달에서 매우 유사한 어스펙트를 보였다는 것을 보여 줍니다. 그의 귀중한 연구에서 다른 많은 사례들을 인용할 수 있는데, 이것은 그가 그의 연구에 대해 매우 철저하고 과학적인 연구를 했다는 것을 증명하는 것입니다. 그리고 그는 비슷한 점성학 연구를 한 많은 학생 중 한 명일 뿐입니다.

『종교의 유비(Analogy of Religion)』의 저자인 조셉 버틀러 박사(Dr. Joseph Butler)는 우리 신학교에서도 알고 있듯이 점성학을 공격하기로 결정했고, 점성학을 가장 효과적으로 공격할 수 있도록 그 원리와 가르침을 연구하기 시작했습니다. 그리고 이 연구를 통해, 그는 점성학의 진리와 지혜를 너무 확신하게 되었고, 그는 점성학의 교리에 대해 훌륭히 변호할 수 있는 글을 썼습니다. 이것은 1736년에 출판되었으며, 점성학에 관한 희귀한 책 중 하나입니다.

추밀원의 서기 중 한 명인 토마스 돌먼 경(Sir. Thomas Doleman)에게 바친 버틀러 주교의 점성학 학설의 서신의 일부분은 다음과 같습니다.

선생님, 여기에 세 가지 제안, 또는 세 발로 된 신성한 의자가 있습니다. 각각 몇 가지 무게를 지탱하고 있으며, 그리고 당신은 그 의자 위에 안전하게 앉을 수 있습니다. 첫 번째 다리는 분명히 하늘에 점성학이 확실히 기록되어 있다는 입장을 견지하고 있습니다. 그리고 이 다리는 꼿꼿이 서 있습니다. 두 번째는 어떤 지식을 이해하는 데 어느 정도의 기술을 습득할 수 있는지 나타냅니다. 그리고 세 번째는 수단의 정당성을 지지합니다. 진정한 예술을 통해, 그리고 천하의 도움 없이, 어떻게 그것이 합법적으로 인정받을 수 있는지 방법을 보여 줍니다.

선생님, 만약 제가 합법적이고 정직한 과학에 빛을 더할 수 있다면, 저는 제 신과 저의 조국을 위해 최선을 다하기를 바랍니다.

특히 진정한 보물이 희소한 상품인 시대에, 그리고 하나님께서 나의 노력을 축복하실 것이므로, 나의 진심 어린 기도와 좋은 소원은 나의 존경하는 후원자가 그의 이름과 명성에 걸맞은 영광을 가지기를 바랍니다. 그리고 가치 있는 좋은 것, 하나님의 선한 축복이 당신의 고결한 삶의 전부가 영예와 축복으로 왕관을 씌울 수 있기를, 선생님, 끊임없는 기도이자 소원입니다.

당신의 가장 겸손한 헌신, (your most humbly devoted,)

존 버틀러(John Butler)

더블린(Dublin)의 와틀리(Whately), 대주교도 또한 과학 연구를 통해 그의 생각을 바꿨습니다. 그는 다음과 같이 말합니다.

"젊고 경험이 부족했을 때, 나는 점성학에 반대하는 설교를 했고, 점성학이 가르침과 경험에서 반기독교적이고 이교도적이라고 비난했습니다. 나는 그 주제에 관한 표준 저서를 읽어본 적이 없고, 순회 강사들의 연설로 얻은 지식을 제외하고는 점성학에 대해 전혀 알지 못했습니다. 이 과학에 대한 연구는 나의 무지한 편견을 제거했고, 이제 나는 이 과학의 문헌을 정독하는 데 즐거움과 이익을 발견하게 되었습니다…. 미지의 영역으로, 그것은 이전에 알려지지 않은 진실의 전개를 위한 논증과 실례를 제공했습니다."

헨리 워드 비처(Henry Ward Beecher)는 점성학에 대한 자신의 의견을 물었을 때 이렇게 말했습니다.

"나는 그것을 연구한 적이 없지만, 만약 그것의 원리가 건전하고, 그리고 내가 생각하기에 그것이 타당하다면, 점성학의 가치는 다른 어떤 과학도 행하지 않는 것처럼 인류를 위해 행하고, 그것이 인간의 삶에서 올바른 위치에 있다는 것을 보여 준다는 점에 있습니다."

THE RISING SIGNS
(라이징 싸인, 어센던트)

■ Preliminary Remarks(서문)

사람이 태어날 때 떠오르는 별자리와 그 별자리의 룰러는 대부분의 경우 다른 어떤 요인보다 그의 신체적 외모를 결정하는 것으로 보인다. 그러나 남성과 여성의 태생에서 각각 태양이나 달의 위치가 더 중요해 보이는 경우가 있지만, 이것은 떠오르는 별자리의 룰러가 약하거나 고통받는 경우에만 있을 수 있습니다.

어센던트에서 가까운 곳에 행성이 있는 경우 라이징 싸인의 거의 모든 특성이 변형될 수도 있습니다. 예를 들어, 사자자리 얼굴들에 대한 일반적인 생각은 붉은 안색과 솔직한 표정입니다. 토성이나 천왕성이 라이징 싸인 근처에 있으면 안색을 어둡게 할 것입니다. 천왕성은 얼굴의 일반적인 형태는 바뀌지 않지만, 약간의 미묘함을 가지고 있고 모든 라인을 더 단단하고 더 단호하게 만들 것입니다. 토성은 다시 얼굴이 늘어지고, 중후하고 우울한 표정을 줄 수 있습니다.

일반적으로, 행성들이 황도대의 별자리보다 훨씬 더 긍정적인 영향력을 가지고 있다고 주장할 수 있는데, 그 이유는 별자리의 룰러는 항상 하늘 어딘가에 있고, 룰러의 위치에 따라 그 별자리는 다양한 방식으로 변형되기 때문입니다. 어떤 별자리의 변형되지 않은 행동에 대한 완전히 순수한 예를 얻는 것은 거의 불가능하다고 주장할 수 있습니다. 황도대 별자리는 힘의 단위라기보다는 분위기의 특성입니다. 이것은 다소 무형의 특질처럼 보일 수 있지만, 훈련된 관찰자에게 황도대의 별자리들은 어떤 행성 조합보다 한눈에 더 잘 알아볼 수 있습니다. 떠오르는 별자리의 일반적인 특성은 반대 성질의 강력한 행성이 별자리를 차지할 때 자연스럽게 가장 많이 변형될 것입니다. 예를 들어 게자리의 별자리를 보면 두 가지 주요 유형이 있습니다. 소극적이고, 감성적이고, 감정적이고 시작의 물인 달의 유형과 적극적인 목성 유형입니다. 이 별자리에서 화성과 천왕성이 함께 떠오르는 것을 상상해 보면, 후자를 강조하면서 전자를 거의 없애버릴 것이 분명할 것입니다. 물론 그러한 혼란의 요소들은 고려되어야 하지만, 아무리 강력하더라도 행성의 어떤 조합이 상승하는 별자리의 일반적인 효과를 완전히 파괴할 수 있다고 가정해서는 안됩니다. 양자리의 가능한 어떤 수정도 황소자리의 효과를 줄 수 없습니다. 개인의 일반적인 특성이나 기질은 배경으로 남을 것입니다. 온갖 방법으로 양자리의 행동을 늦출 수는 있지만, 결과는 원래의 성급한 결단을 막으려는 것이 아니라 성급한 행동을 실행하는 데 주저하게 만듭니다. 우리는 긍정적이 아닌 부정적으로 묘사하고 있다 하더라도, 우리가 해석하는 데 있어서 원칙의 핵심을 결코 잊지 말아야 할 것이며, 우리는 황도대의 별자리가 인류를 12개의 주요 분류군으로 나눈다고 말할 수 있습니다.

인간이 가진 무한하고 다양한 얼굴과 모습이 그렇게 거칠게 분류되고 준비된 것이라고 생각할 정도로 단순한 사람은 아무도 없을 것입니다. 모든 분류에는 독특한 마법의 이미지가 있을 가능성이 높지만, 정확한 시간의 측정과 관련된 어려움은 엄청날 수 있으며, 일반적으로 출생에 대해 일반적인 관찰에서 최소한 몇 분 단위의 부정확성은 보통 있습니다. 그러나 인내심 있는 경험을 통해 우리가 더 미세한 진동을 구별하도록 이끌고, 점점 더 미세한 진동을 구별할 수 있습니다.

하지만 대부분 개인의 외모를 구성하는 특징, 피부색, 크기 및 비율의 세부 사항에서 무한한 다양성은 떠오르는 행성 또는 어센던트 싸인의 룰러에 의해 야기되는 변형인 황도대가 아닌 다른 요인에 상당히 의존합니다.

모든 행성은 자신의 일에 기여합니다. 화성은 근육계를 지배하기 때문에 우리가 일반적으로 여성다움, 부드러움, 또는 뚱뚱함을 나타내는 경우에도 근육질은 화성에 의해 나타나므로 화성의 위치나 어스펙트에 따라, 행성의 강약에 따라 변형될 것입니다.

예를 들어 물고기자리에서 금성이 떠오르는 것을 생각해 보십시오. 그것이 일반적인 모습을 결정하지만, 만약 화성이 염소자리에 있다고 한다면 근육계, 특히 몸 하체의 근육계는 강철과 채찍 줄처럼 가늘고 강할 것입니다. 더 나아가 모든 행성은 다양한 기능을 가지고 있다는 것은 더욱 주목할 만합니다. 수성은 의식적인 마음을 지배하지만, 그의 위치와 어스펙트는 또한 말하는 스타일뿐만 아니라 그가 지배하는 신체의 모든 부분과 그가 지배하는 시스템 자체의 모든 부분을 결정할 것입니다.

타고난 성격으로부터 개인적 특성을 설명할 때, 모든 세부사항은 별도로 고려되어야 하며, 주요 유형을 변형하는 데 있어 가능한 효과에 대한 판단이 형성되어야 합니다. 어떤 존재의 전반적인 아름다움은 그의 구성 요소의 모든 조화에 달려 있으며, 하나의 나쁜 결함이 나머지 구조를 망칠 가능성이 높습니다. 헤라클레스와 같은 몸이지만 머리가 텅 비어 있으면 그다지 좋지 않습니다. 어떤 사람은 위대한 정치가의 모든 자질을 가질 수는 있지만, 그가 희망 없는 술주정뱅이라면 이러한 자질을 활용할 기회가 없을 것입니다.

또 다른 복잡한 특징들은 다음의 문제에 도입됩니다.

일반적으로 신체적 외모에는 명백히 유전에 기인하고 표면적으로는 Astrology와 아무 관련이 없는 것처럼 보이며, 매우 특징적인 요소가 있다는 사실에 의해 떠오르는 별자리, 그러나 우리가 유전적으로 나타나는 징후와 천궁도 차트에서 나타나는 징후를 분리할 때, 우리는 점성학적 법칙의 큰 확증을 발견할 수 있습니다.

예를 들어 게자리 어센던트를 가지고 태어난 아이와 염소자리 어센던트를 가진 아버지 사이에서 태어난 아이는 별자리가 다르기 때문에 큰 차이가 있을 수 있지만, 유전자로 인해 매우 유사함이 있을 수 있습니다. 점성가는 어떤 영향이 어떤 효과에 영향을 미치는지 결정할 수 있어야 합니다.

이 주제를 확대하여, 우리는 한 장소에서 같은 순간에 두 아이가 태어났다고 가정할 수 있습니다. 즉, 한 아이는 스페인 사람이고 다른 아이는 중국 사람이라고 가정할 수 있습니다. 닮은 점은 어디에서 올까요? 유사점이 없다면 점성술은 완전히 거짓입니다. 그 차이점에 대한 설명은 정말 매우 간단합니다. 동일한 원인이 작용하고 있지만, 각자의 위치한 장소는 서로 다른 영역 안에서 발생합니다.

중국 사람들의 혈통은 천칭자리가 지배하고, 스페인 사람들의 혈통은 사수자리가 지배합니다. 결과적으로, 각자 인종의 모든 샘플에서 그 해당 별자리에 상응하는 어떤 중요한 기본적인 조건들을 반영합니다. 이제 중국인 아이와 스페인인 아이를 예로 들자면, 각각 전갈자리가 상승하고 있는 상황에 있습니다. 그리고 당신은 그 차이점들 가운데에서 어떤 유사성을 인지하게 될 것입니다.

이 주제에 대한 우리들의 소박한 생각의 대부분은 적절한 관찰을 하지 못한 데서 비롯됩니다. 양 떼 속에 있는 모든 양은 서로 똑같아 보이지만, 오직 양 떼들에 대해 잘 모르는 사람에게만 해당됩니다. 양치기는 육안으로도 하나하나를 알고 있으며, 모든 어린 양들의 작은 속임수에 익숙합니다.

마찬가지로, 낯선 인종을 만날 때마다 주류의 고집으로 압도당합니다. 그리고 외국에서 새로 온 하인을 알아보는 데 며칠이 걸릴 수도 있습니다. 그러나 오랜 기간 외국에서 다른 민족과 함께 살다 보면, 경험으로 인해 그들은 자기의 국민처럼 개성이 있게 될 것입니다. 실제로, 그 반대 현상은 종종 외계인들 사이에서 몇 달 또는 몇 년 동안 체류한 후에 문명으로 돌아온 탐험가의 경우 종종 발생합니다. 그들은 그들이 만나는 낯선 사람들에게서 오랜 친구를 알아보고 있다고 생각할 수 있습니다. 매우 일반적인 유사성은 후천적인 낯섦에 의해 강조됩니다. 점성가가 어떤 외계인 종족의 사람들을 선택하고 그들의 별자리와 관련하여 매우 신중하게 비교하는 것은 좋은 일일 것입니다.

이것을 실천하는 것은 그로 하여금 그가 인종 간의 관계에 대해 위대한 지배 행성과 별자리들의 영역 안에서 소우주로 여겨지는 탄생의 효과를 확실히 인식할 수 있게 해 줄 것입니다. 따라서 모든 경우에 작은 정확도로 원어민에 대한 완전한 물리적 설명을 정밀하게 도출하는 것이 가능해야 하며, 이 정확성은 우리가 황도대의 각 도수와 각 도수에서 행성의 강약과 어스펙트 상호관계에 대한 더 나은 지식으로 발전함에 따라 분명히 증가할 것입니다.

앞서 말한 바와 같이, 주어진 사람의 신체적 특징에 대한 점성학적 논리적 진단은 정확한 과학이라는 것이 분명해야 합니다. 그러나 의심의 여지가 없고 증명에 있는 것과 마찬가지로, 또한 점성학의 이 분야가 화학에 대해 여전히 정확한 관찰에 기반한 완전히 정리된 데이터의 부족으로 인해 어려움을 겪고 있는 것은 사실입니다. 일정한 비율과 여러 비율의 법칙을 발견한 것만큼 과학에 기여해야 한다는 것도 분명해야 합니다. 그럼에도 불구하고, 천궁도에서 행성의 영향이 무엇이든 간에, 그것들은 결코 황도대의 상승하는 별자리가 주는 일반적인 유형을 완전히 능가하지는 않습니다.

이 점을 명심하고, 구별하는 모든 요소를 기억하면서, 우리는 이제 12개의 황도대 분류에서 인류의 주요 분류에 대해 생각해 볼 수 있습니다. 어센던트 싸인이 도덕적 특성에 미치는 영향에 대한 다음 설명을 통해 고려되는 많은 특성들이 어센던트의 특성보다 특정 행성의 위치와 어스펙트에 훨씬 더 의존적일 것이라는 것을 기억해야 합니다.

금성의 영향력은 사랑의 본성과 마찬가지로 재정적인 문제에서도 중요한 것처럼, 목성의 영향력 또한 재정적인 문제에서 무엇보다 중요할 것입니다. 그리고 사랑의 본성에 대해서도 해왕성이 어느 정도까지는 지배할 것입니다. 이러한 영향들은 행성에 대해 충분히 고려하여 논의해야 할 것입니다. 라이징 싸인에 의존하는 성격의 특정한 일반적인 성향들이 있으며, 이러한 일반적인 성향들조차도 관련 행성들에 의해 변형될 수 있다는 것을 상기시키면서, 다음 페이지에서 독자의 주의를 집중시킬 것입니다.

ZODIACAL SIGNS, PLANETS, AND THEIR SYMBOLS

	SIGN	SYMBOLOF SIGN	RULING PLANT	SYMBOLPLANT
1	Aries	♈	Mars	♂
2	Taurus	♉	Venus	♀
3	Gemini	♊	Mercury	☿
4	Cancer	♋	Moon	☾
5	Leo	♌	Sun	☉
6	Virgo	♍	Mercury	☿
7	Libra	♎	Venus	♀
8	Scorpio	♏	Pluto	♇
9	Sagittarius	♐	Jupiter	♃
10	Capricorn	♑	Saturn	♄
11	Aquarius	♒	Uranus	♅
12	Pisces	♓	Neptune	♆

Aries	♈	opposite	♎	Libra
Taurus	♉	"	♏	Scorpio
Gemini	♊	"	♐	Sagittarius
Cancer	♋	"	♑	Capricorn
Leo	♌	"	♒	Aquarius
Virgo	♍	"	♓	Pisces

## 제1부

조디악의 별자리
(THE SIGNS OF THE ZODIAC)

■ 양자리(ARIES)

3월 22일에서 4월 21일 사이에 태어난 사람들이나, 출생 시 이 싸인이 떠오르는 사람(출생 시간에 대한 지식을 통해서만 확인할 수 있음)으로 머리를 다스리는 숫양으로 상징되며, 불의 원소로 카디날 별자리인 양자리의 지배를 받게 될 것입니다.

양자리는 황도대(조디악 싸인)에서 첫 번째 별자리입니다. '전쟁의 신'인 화성은 그의 지배자(ruler)이며, 태양은 양자리에서 격상(exalted)됩니다. 타로에서는 '황제'라고 불리는 카드를 가리키는데, 이 네 가지 사실을 종합하면 우리는 이 싸인의 의미에 대해 상당히 완벽한 상형 문자로 표현할 수 있습니다.

이 싸인에는 능동형과 수동형의 두 가지 주요 유형으로 나뉩니다. 일반적으로 능동적인 유형은 남성적이라고 할 수 있고, 수동적인 유형은 여성적이라고 할 수 있습니다. 양자리에서는 가만히 있질 못하고 머리로 들이박는 숫양(ram)이 있는 반면, 다른 한편으로는 무기력하고 독창적이지 못한(본래의 모습이 아닌) 양(sheep)이 있습니다.

양자리는 짧은 상승(승천)의 상징이므로 어센던트는 항상 황소자리(Taurus)에 의해 복잡해진다는 것을 기억해야만 합니다.

순수한 양자리 유형은 지속적인 변화와 강력한 관계의 특성으로 인해 드물지만, 아마도 능동형 별자리의 경우 보다 더 안정적이고 지속적인 변화를 필요로 하고 있으며, 수동형 별자리의 경우 지속적인 변화로 인해 별자리의 특성이 강화될 수 있어 이는 아마도 다행인지도 모릅니다.

☾ 물리적(육체적) 특성

양자리가 떠오르는 사람들의 개인적인 겉모습은 양자리 상징의 특징인 경우가 매우 많으며, 대부분의 경우, 전문 점성가는 양자리 사람의 태생에서 어떤 별자리가 떠오르고 있었는지 한눈에 구별할 수 있습니다. 때때로 별자리와 반대되는 성질의 행성이 그 안에서 떠오르거나 별자리의 주인(lord)이 너무 약하고 고통스러워하여 특성이 흐려지는 경우가 있기 때문에 별자리의 징후가 절대적인 것은 아닙니다. 때때로 이러한 흐릿함(모호함)은 판단을 내리기에 충분하지 않습니다. 점성가는 이러한 점에서 자신의 판단을 끊임없이 연습하고, 가능한 한 그것을 실행해 보는 것이 가장 중요합니다. 이러한 방식으로 당신은 사람들이 그들의 시간을 모르는 경우에 정확한 출생 시간을 찾을 수 있도록 할 수도 있을 것입니다.

능동적인 양자리 유형은 키가 크고, 날씬하며, 근육질입니다. 육체적 에너지는 매우 크지만, 다소 충동적입니다. 그다지 인내력은 없습니다. 일이 순조롭게 진행될수록 에너지는 높아지고, 순간적인 반대에 쉽게 무너지며, 힘겨운 싸움을 할 수 있는 여력은 거의 없다. 머리는 일반적으로 넓이에 비례하여 긴 두개골이 특징됩니다. 머리카락은 종종 밝은 갈색 또는 불그스레한 색을 띠며, 눈은 약간 파랗고 차갑고 날카롭고 오만한 표정을 지녔습니다. 양자리 남자는 매우 자랑스러워하며, 종종 참을 수 없을 정도로 자랑스러워합니다.

이러한 특징은 일반적인 표정에서 볼 수 있습니다. 모든 양자리 별자리의 가장 큰 특징은 코의 모양입니다. 이것은 실제로 매우 크거나 길지는 않지만, 작더라도 얼굴에서 눈에 두드러지는 형태를 가지고 있습니다. 그것은 타협하지 않는(단호한) 코입니다. 그 라인은 때때로 매부리코이기도 하지만 대개는 스트레이트입니다.

후자의 경우는 때때로 약간의 물결 모양을 가지고 있습니다. 그것은 성격에 따라 자립심과 강인함을 발산하는 것처럼 보이지만, 이것은 어느 정도 지나친 착각일 뿐입니다. 입은 대개 얇고 턱은 날카롭고 두드러져 있습니다. 얼굴형에는 엄격함과 과묵함이 있습니다. 몸은 일반적으로 잘 형성되어 있으며, 팔다리의 길이가 긴 경향이 있습니다. 이 유형은 지방을 축적하는 경우가 드뭅니다.

체질은 강력하지만 다소 다치기 쉽습니다. 갑작스러운 활동이 인내하는 것보다 자연스럽습니다. 양자리는 머리와 얼굴을 다스리며, 이 별자리를 라이징 싸인으로 가지고 태어난 사람들은 일반적으로 발열, 뇌졸중, 위장장애, 두통 및 지독한 질병에 걸리기 쉽습니다. 신경계는 매우 긴장(흥분)되어 있으며, 이 싸인이 상승하는 사람들은 이런 점에서 종종 어려움을 겪으며, 특히 장기간 계속되는 긴장 상태에 있는 경우에는 더욱 그렇습니다. 그들은 가끔은 갑자기 사망하기도 하겠지만, 대부분은 장기적이거나 또는 만성질환으로 고통받지는 않을 것입니다. 그들의 체질이 오랜 싸움에 적응하지 못하기 때문에, 그들은 죽거나 짧은 시간 안에 회복됩니다. 이 사람들은 신체적으로 두려움이 없기 때문에 오히려 상처와 사고를 당하기가 쉽습니다.

양자리 라이징 싸인을 가진 수동적인 유형의 사람은 오히려 운이 더 좋은 형제의 캐리커처와 같습니다. 두개골은 좀 더 둥글고, 눈도 창백하고 파란색이지만, 소심하고 은밀한 표정을 가지고 있습니다. 코는 더 살찌고, 입은 더 크고, 턱은 덜 뚜렷하며, 옆모습은 양과 매우 비슷하거나, 양처럼 보입니다.

몸은 짧고 빠르고 불안한 움직임을 보이며, 소심하고 목적이 없으며 마치 끊임없는 짜증(자극)이 있는 것처럼 보입니다. 일반적인 신체 활동은 없습니다. 위엄 있는 양자리 유형의 야심적이고 지배적인 태도는 움츠러드는 욕심에 의해 바뀝니다. 눈은 종종 물고기자리 사람들처럼 부풀어 오릅니다. 그는 항상 일상생활에서 잘못하는 것처럼 보입니다.

여성의 경우 능동적인 유형은 너무 여성스럽지 않기 때문에 이 모델을 기반으로 하는 사람들은 일반적으로 남성들에게 공감하기 쉽습니다. 그들은 유혹하는 힘이나 휴식이 부족합니다. 수동적인 유형은, 어떤 면에서는 더 다루기 쉽기 때문에, 더 견딜 수 있습니다.

그러나 표면보다 더 깊은 것을 보는 사람들에게는 능동적인 유형의 양자리 여성이야말로 현존하는 최고의 여성 중 하나로 보일 것입니다. 그러한 마음에도 고도로 발달된 성격을 가진 깨끗하고 자랑스러운 여성들의 외모에는 매우 매력적인 무언가가 있습니다.

☾ 도덕적 특성

양자리는 별자리 중의 선구자입니다. 그는 신대륙을 발견하지 못할 수도 있지만, 그는 도끼를 들고 정착지를 개척하기 위해 빈터를 만들 수 있는 사람입니다. 그는 주도적인 능력은 있지만 실행에 있어서는 끈기가 부족합니다. 주어진 올바른 명령은 다소 조급하게 받아들여질 수 있지만, 엄청난 에너지로 실행됩니다. 양자리 남자에게는 기병대원 같은 무언가가 있습니다. 그의 돌격이 성공적이라면 훌륭하지만, 만약 그것이 잘못된다면 그는 반격을 물리칠 수 있는 것이 거의 없습니다. 숫양(ram)의 특징은 이러한 사람들에게 유독 강합니다. 그들은 매우 공격적이고 자기 의지가 강합니다. 그들의 야망은 끝이 없으며, 반대는 단지 그들을 더 큰 노력으로 흥분시킬 뿐입니다. 동시에 그들은 때때로 어떤 일을 받아들이는 순간 갑자기 흥미를 잃기도 합니다. 그들은 고집이 세고, 흥분하기 쉬우며 충동적입니다. 양자리 라이징 싸인으로 태어난 사람들은 종종 시야가 좁습니다.

우선, 그들의 시야는 물질적인 계획에 의해 제한되기 쉽습니다. 증기기관의 도입을 격렬하게 반대했던 영국인들은 그들이 사랑하는 상업이 궁극적으로 이 'crack-brained invention(멋진 발명품)'에 의해 더 쉽고 더 수익성이 있게 되리라고 전혀 상상할 수 없었습니다. 이러한 방식으로 시야가 제한될 뿐만 아니라 양자리 사람들의 야망과 욕망이 작은 틀에 박혀 있다는 점에서 협소합니다. 심지어 더 합리적인 사람들이 그러하다고 보는 것들에 관해서도 양자리 사람들의 야망과 욕망은 좁습니다. 따라서, 양자리 라이징 싸인에 있는 변호사는 의사나 건축가의 일에 대해 거의 이해하지 못할 것입니다. 실제로, 그는 자신의 직업에서 자신의 전문 분야 외에는 다른 분야는 거의 공감하지 못할 것 같습니다. 종교에서 양자리 사람들은 선천적으로 극도로 편협합니다. 그 유형의 특징적인 자부심이 이러한 정신적 편협함의 원인인지, 결과인지 또는 부수적인 것인지 말하기는 어렵습니다.

양자리의 사람들은 일단 그가 이해하게 된 사업에 착수하게 되면 매우 실용적이지만, 이 경우에도, 특히 그것이 그의 머리의 한계를 넘는 유형이 추론이라면 그는 반대에 대항할 힘이 부족합니다.

그는 정신적으로나 도덕적으로나 자기보다 앞서 있는 사람들에 의해 당혹스러워합니다. 그는 사람들이 그가 선택한 무기로 자신과 싸우지 않는 것이 끔찍하게 불공평하다고 생각합니다. 그는 원칙적으로 새로운 아이디어를 구상할 수 있는 능력이 없지만, 항상 자신이 독창적인 사상가라고 믿고 있으며 자신이 믿는 모든 것에 대해 매우 고집스럽고 편협합니다.

그의 열정은 전염성이 있습니다. 사람들은 그가 매우 독창적인 분위기를 가지고 있어서 그의 회사를 찾지만, 충격을 줄 만한 독창성은 없습니다. 양자리 사람들은 어떤 의미에서는 항상 젊습니다. 그는 자신에게 반대하는 세력을 가늠할 수단이 없어 낙관적입니다. 그는 자신의 작업의 규모를 전혀 생각하지 않고 훌륭하게 앞으로 나아갑니다. 그리고 자신감에 차있어서 적절한 준비 부족으로 종종 실패합니다. 현재 전쟁에서 영국인들의 태도는 양자리의 전형적인 모습이며, 그들은 독일의 힘을 전혀 알지 못했습니다. 그들은 아무 문제 없이 사업을 마칠 수 있을 것으로 예상했습니다. 그들이 사태의 심각성을 깨닫는 데 몇 달이 걸렸습니다.

마찬가지로, 보어 전쟁(Boer war)이 발발했을 때, 모든 사람은 영국군이 프리토리아에서 크리스마스 만찬을 먹을 것이라고 확신했습니다. 그 뒤를 이은 별자리인 황소자리가 영국인들에게도 영향을 미친 것은 다행스러운 일입니다. 왜냐하면 그들이 'bulldog power(불독—영국의 국견—의 힘)' 재난의 한가운데에서 재조직하는 능력과 어떤 바람의 강타에도 꼭 붙들고 견딜 수 있었던 능력은 양자리가 아니라 이 별자리(황소자리)이기 때문입니다.

모든 양자리 사람들의 낙관주의는 그를 끊임없이 곤경에 빠지게 합니다. 그가 별다른 번거로움 없이 평판 좋게 조처할 수 있을 때, 그는 그렇게 합니다. 그는 충분한 숙고 없이 결혼하거나 계산 없이 사업을 시작합니다.

그러나 원래의 독창적인 생각은 이러한 유형의 정신적 특성은 아니지만, 그의 두뇌는 편법을 만들어 내는데 남달리 비범합니다.

양자리 사람은 외교, 즉 현재의 외교, 비상시의 외교의 달인입니다. 나폴레옹 전쟁에서 영국은 채석장이 철거될 때까지 연합에서 연합으로 장인처럼 계속되었습니다. 그러나 이러한 연합은 전적으로 임기응변에 기초한다는 것을 주목해야 할 것입니다. 결과적으로 우리는 정책의 가장 이례적인 반전처럼 보이는 것을 발견합니다.

양자리가 라이징 싸인인 사람이면 한 번에 한 가지 일만 생각할 수 있고, 바울(Paul)이 돈을 받아야 할 때 그 목적을 위해 베드로(Peter)를 강탈하는 데 주저함이 없습니다. 베드로와의 이후의 설명은 스스로 해결해야 합니다. 그는 자신이 불성실하거나 교활하다는 사실을 전혀 모르고 있으며, 누군가가 그의 정책 전반에 대해 주의를 불러일으키면 맹렬하게 분노가 치밀어 올라옵니다. 그는 오랜 기간에 걸쳐 진행되는 작업의 중요성을 이해할 수 없습니다. 그리고 습관적으로 사물을 그렇게 생각하는 사람들을 이론가나 교리주의자로 비웃습니다.

돈과 관련하여, 양자리 라이징 싸인 사람들은 매우 정직합니다. 그들은 관대하고 자유롭게 돈을 쓸 준비가 되어 있지만, 돈을 어디에 쓰는 것이 옳은지에 대한 개념에서는 매우 꼼꼼합니다. 양자리 사람들은 아주 나쁜 특파원을 만듭니다. 그들의 스타일은 일반적으로 단호하고 독단적이어서 지시받는 사람은 자기 자신이 지시를 받고 있다고 느낄 가능성이 큽니다.

　양자리 사람들은 가정에서의 유대관계를 좋아하지 않습니다. 그들은 부모의 권위에 분개하고 새로운 영역을 개척하기를 좋아합니다. 이것은 종종 그들이 일찍 집을 떠나도록 만듭니다. 그러나 원칙적으로, 그들의 생각은 극히 평범하기 때문에 그들이 불효자이거나 참을성이 없었다는 것을 천천히 인식하게 만듭니다.

　사랑에 관한 문제에 있어서 양자리 남자는 융통성이 없고 평범합니다. 열정적이고 이기적이며 다소 순수한 태도를 취합니다. 만약 그가 부도덕하다면 그것은 매우 관습적인 방식입니다. 그는 이 문제에 대한 어떤 진보된 생각도 경멸하며, 이 문제에 대해 자신을 위해 생각한다고 가정하는 어떤 사람의 생각에도 짜증이 납니다.
　양자리 여자는 종종 사랑의 문제에서 있어서 자신의 남성에 비해 상당히 상반된 생각을 하게 됩니다. 그녀는 매우 독립적이고 활동적이며 자신의 욕망 이외의 어떤 고려사항에 의해 방해받지 않습니다. 그러한 여성은 '프리랜서'로 묘사될 수 있습니다. 양자리 사람들은 아이들과 아랫사람들을 대할 때 친절하고 관대하지만 동정심이나 배려심이 없습니다. 기본 양자리 유형에서 부정적으로 발현이 되면 이것은 치밀하게 계획된 잔인성, 조직적인 괴롭힘(왕따시킴)을 보일 수 있습니다. 그리고 가정에서의 관계는 반항적인 태도를 보여 결과적으로 운이 좋은 경우는 거의 없습니다.

양자리 사람들은 질병에서 참을성이 없습니다. 양자리 사람은 천성적으로 화를 잘 내며, 질병은 마치 이전에 잘 길들여진 동물의 이해할 수 없는 반항처럼 그를 불쾌하게 할 뿐만 아니라, 양자리 사람들은 죽음을 매우 두려워하기 때문에 극단적인 경계심을 가지고 있습니다(양자리의 체질은 일반적으로 강하고 자신감이 넘친다). 그들은 불멸에 대한 의식이 부족하고 권위 있는 누군가가 그들에게 그것을 약속하는 것을 좋아합니다.

일상적인 성격의 공적인 일을 처리할 때 양자리 사람들은 거의 다른 어떤 유형보다 더 유능합니다. 마찬가지로, 결혼과 같은 문제에서도 그는 자신의 마음을 너무도 잘 알고 있기에 지혜에 대한 어떤 의심에 사로잡혀 있는 훨씬 더 우월한 사람들을 이깁니다. 양자리 사람들은 일상적인 업무에서 자신의 뛰어난 자질보다 빠른 결정, 권위에 굽히지 않는 확고함은 더 높은 많은 자질보다 더 가치가 있으며, 그것이 바로 에리즈 사람들의 특성입니다. 그들은 일상적이지 않은 무언가에 마주쳤을 때에만 쓰러집니다. 예상치 못한 상황은 그들에게 단지 능숙한 사람들을 제외하고는 자원을 잃게 만듭니다. 일단 그들을 상궤(관례)를 벗어나게 하거나, 진정으로 새로운 문제에 맞서게 되면 그들은 완전히 바다에 빠져들게 됩니다. 일반적인 정신 활동에서, 우리는 같은 성격의 특징을 발견합니다. 예를 들어, 과학자는 자신의 특정 분야를 전통적인 노선에서 발전시키기 위해 많은 노력을 기울일 것입니다. 그러나 그 유사점이 아주 가깝지 않다면, 그는 그러한 유추(비유)에서 새로운 빛을 얻거나 다른 삶의 방식에 활용할 수 없을 것입니다.

그의 보수성은 종종 다른 사람들이 그를 앞설 수 있도록 할 것입니다. 그는 끊임없이 변화하는 조건에 자신을 동등한 수준으로 만들기에 충분히 적응하지 못합니다. 상업에서 있어서는, 그의 할아버지에게 충분히 좋았던 것이 그에게도 충분했지만, 항상 현재의 개선 사항만이 적용되었습니다. 그는 주어진 노선에서 발전할 수 있지만, 근본적으로 변화할 수는 없습니다.

양자리 사람, 특히 더 사려 깊은 유형의 사람은 만능 박사일 수 있다는 위험성이 있습니다. 그는 일반적으로 어떤 일을 파악하는 데 매우 빠르지만, 그의 에너지가 다른 많은 자질로 보충되어야 하는 힘든 일에 임할 때 그는 역겨워하며 사업 전체를 포기할 가능성이 너무 큽니다.

그와 마찬가지로, 그의 우정은 의견 충돌로 인한 스트레스를 쉽게 견디지 못합니다. 모든 우정에는 근본적인 차이가 표면으로 드러날 때가 있습니다. 그런 다음 우정은 정말로 시험받게 됩니다. 양자리 사람들은 화를 내며 날아가 버리기 쉬우며, 화를 내는 시간은 짧지만 종종 관계가 단절되는 경우가 많습니다.

양자리 사람들은 종종 매우 유창하게 말을 하며, 그들은 청중의 열광을 불러일으키는 능력 때문에 가장 인기 있는 웅변가가 됩니다. 그들은 말이 빠르고, 날카로우며, 정확한 말을 하고 요점을 직설적으로 이야기합니다. 사적인 우정에서는 이러한 특성이 종종 의견 충돌로 이어지기도 하지만, 대중에게 호소할 때는 매우 귀중한 자산입니다.

양자리 사람들은 자신의 상상력과 실제의 창조물과 구별하는 데 어려움을 느끼고, 종종 진실하지 않거나 무책임한 것처럼 보입니다. 이러한 이유로 양자리 어린이들은 그들의 막연한 상상력을 종이에 표현할 수 있도록 권장되어야 합니다. 왜냐하면 그들은 이렇게 하면서 억눌린 에너지가 방출되고 나중에 창의적인 무언가로 이어질 수 있기 때문입니다.

만약 그들의 상상력이 억압된다면, 그것은 그들의 신경계에 매우 혼란스러운 영향을 미칠 가능성이 큽니다. 부모들은 양자리 아이들이 상상 속에서 너무 많이 살지 않도록 하고, 삶의 현실을 깨달을 수 있도록 잘 훈련시키는 것이 좋을 것입니다. 그들의 정신력은 매우 민첩하며, 그들의 정신력 전체가 예리하고 열정적으로 조직되어 있습니다. 그래서 그들은 끊임없이 사실을 수놓으며 상상력을 발휘하는 모습으로 현실을 제시하는 경향이 있습니다. 양자리의 성격은 천성적으로 매우 자랑스러울 뿐만 아니라 민감하며, 젊었을 때는 통제에 대해 분노하는 경향이 있습니다. 이 아이들을 뜨거운 난로로부터 보호하는 대신, 운명이 제공하는 각각의 다음 난로가 지나간 마지막 난로보다 더 뜨거울 수 있다는 것을 명심하면서 그것을 경험으로 알게 해 주세요.

과장은 물론 집중력 부족과 응용력 부족이 양자리 아이의 가장 큰 결점입니다. 일반적으로 신경계가 지나치게 활동적이기 때문에 이 아이들은 수면과는 별도로 휴식의 가치를 가르쳐야 합니다. 만약 그들이 잠을 잘 수 없게 된다면 그것은 위험하다는 신호이며, 만약 불면증을 방치하면 그것은 그들을 과민하고, 지나치게 비판적이며, 가장 불행한 성품이 되어 고통받을 수 있습니다. 세심한 배려를 해 줘도 자연적으로 몸과 마음이 편안하지 못하며, 심지어 휴식 중에도 쉴 틈이 없습니다. 그들은 낮에도 자주 휴식을 취하는 기술을 연습해야 합니다.

태양이 불타는 자기 별자리인 사자자리에 있는 7월 24일부터 8월 24일까지, 그리고 11월 23일부터 12월 23일 사수자리에 태어난 사람들은 양자리에 태어난 사람들에게 자연스럽게 호의적이고 도움이 됩니다. 그들의 특성은 상호보완적이기 때문에 결혼 생활을 하든 그렇지 않든 간에 이 시기에 태어난 사람들은 양자리의 좋은 파트너입니다.

만약 6월 22일에서 7월 24일(게자리), 9월 24일에서 10월 24일(천칭자리), 12월 23일에서 1월 21일(염소자리) 사이에 태어난 사람들과 매우 친밀하게 연관되어 있다면, 양자리 사람들은 적응력이 매우 필요하다는 것을 느끼게 될 것입니다. 그러한 친밀감으로 인해 양자리 사람들은 너무 독재적이고 위압적이 될 수 있습니다.

마음이 맞는 영혼과 결부되어도 양자리 사람들은 자신의 중요성에 대해 너무 많은 관심을 기울인다거나 타인의 권리나 감정을 무시하는 태도를 취하는 경향이 여전합니다. 그들은 스스로를 억제하고 가장 사려 깊어야 하며, 그렇지 않으면 불행과 오해를 불러일으킬 것입니다. 그들은 권위를 나타내지 않는 태도를 길러야 하고, 동료들과 조화롭게 살기 위해 노력해야 합니다.

양자리의 진동이 황소자리의 진동과 합쳐지고 황소자리의 진동이 여전히 양자리 진동을 유지하고 있는 4월 19일부터 4월 27일까지 약 7일의 기간은 '커스프(cusp)'라고 알려져 있습니다. 이 날짜 사이에 태어난 사람들은 양자리의 이상주의적인 면뿐만 아니라 황소자리의 실용적인 면 또는 이 둘의 조합에 참여할 것입니다. 정신을 지배하는 수성과 사랑의 본성인 금성이 태양에 매우 가깝기 때문에, 그들 역시 양자리의 인접한 별자리의 특성 중 일부를 가질 수 있습니다. 이것은 이해하기 어려운 복잡한 성격 중 일부를 설명한 것입니다.

이러한 추론은 태양이나 어센던트의 위치에서 도출되었기 때문에, 한 사람의 가장 친한 친구나 비협조적인 동료 중에서 위에 언급된 시기에 태어나지 않은 사람들이 발견될 가능성이 있습니다. 그러한 경우에, 별들이 어떻게 양자리에 태어난 사람들과 결합하는지 알아낼 수 있도록 개인 천궁도가 참조되어야만 합니다.

따라서 그 조합의 영향이 서로에게 어떤 효과를 미치는지 결정합니다. 양자리의 별자리로 태어난 사람들은 행성들에 의해 변형될 수 있기 때문에, 이러한 징후들은 일반적인 것일 뿐이며 자기 자신이 알고 있는 개인의 모든 특징을 다루지는 않을 것입니다. 모든 행성은 주어진 시간에 자신의 법칙에 따라 충실하게 진동하므로, 따라서 모든 진리를 발견하기 위해서는 상세한 설명이나 천궁도(horoscope)가 만들어져야 합니다.

■ 황소자리(Taurus)

황소자리는 4월 21일부터 5월 22일 사이에 태어난 사람 또는 출생 시 이 싸인이 상승하는 사람(이는 출생 시간에 대한 지식을 통해서만 확인할 수 있음)은 황소로 상징되고 '작은 행운'인 금성의 지배를 받는 흙의 원소로 고정된 별자리의 특질을 갖게 됩니다. 황소자리의 경우, 능동형과 수동형의 차

이는 양자리에서만큼 두드러지지 않으며, 이 싸인의 수동형은 어떤 면에서는 더 조화롭고 균형이 잘 잡혀 있습니다. 링 안의 성난 황소(bull)와 열심히 일하는 근면하고 온화한 소(cow)와의 차이입니다.

☾ 물리적(육체적) 특성

황소자리는 거의 항상 넓은 어깨와 함께 극도로 튼튼한 몸을 가지고 있습니다. 어깨의 폭이 크고, 적어도 건강한 체격과 육중한 체형을 가지고 있으며, 아마도 신체의 일반적인 크기에 비해 팔다리가 짧을 것입니다. 몸의 크기에 비해 근육의 발달은 일반적으로 훌륭하지만, 적절히 운동을 하지 않으면 지방이 생길 위험이 있습니다. 그러나 황소자리는 타고난 에너지로 가득 차 있기 때문에 이러한 경향은 보통 억제됩니다. 두개골은 넓이에 비례하여 뚜렷하게 짧고, 얼굴의 전체적인 형태는 네모난 형태로 평평하고 완고함과 인내심을 가진 표정과 함께 어떠한 힘이 가해지더라도 견뎌낼 수 있는 성격의 강인함을 나타낸다.

머리카락은 일반적으로 어둡습니다. 그렇지 않은 경우, 이 유형은 거의 알비노(albino, 백색증)에 가까운 금발인 경우가 많습니다. 어두운 타입의 모발은 일반적으로 곱슬거리고 이마 중앙 위로 굵은 물방울 모양 같은 성장을 보이며, 신기하게도 황소의 뿔 사이에서 자라는 것과 유사합니다. 눈은 보통 어둡고, 그들의 표정은 단호하고 용감하지만, 화를 내지 않을 때는 매우 부드럽고 애정이 있습니다. 코의 경향은 짧고 살이 많고, 입은 크지만 날렵하며, 입술은 종종 통통하고 풍만한 편입니다. 턱은 강하고 사각형이지만 반드시 두드러지게 눈에 띄는 것은 아닙니다. 목은 짧고 힘이 강력합니다. 이 별자리의 상징으로 보통 평범하다는 표현이 매우 특징적인 표현인데, 여기에 큰 부드러움과 큰 힘을 결합한 것입니다.

능동형에서는 공격적인 성격이 강조됩니다. 황소자리의 품위가 낮은 형태에서는 방종과 게으름이 심하고, 이것이 유난히 강한 의지와 결합되는 곳에는 이목구비가 다소 거칠어지기 쉽습니다. 이 태생은 일반적으로 인내심이 강하고, 침착하며, 오랫동안 고통을 참지만, 아주 작은 자극의 원인이 그를 분노로 몰아넣을 수도 있습니다. 이는 때때로 매우 위험하고, 이성에 의해 완전히 통제되지 않습니다. 이러한 유형의 사람들은 무력으로 의지를 강요하는 것보다 승리에 대한 높은 개념을 가지고 있지 않은 것 같습니다. 품위가 낮은 유형은 능동적인 사람의 퇴보의 일종입니다. 거칠다는 것은 표현, 탐욕, 관능(호색)을 매우 명확하게 나타냅니다.

이것은 때때로 기 드 모파상(Guy de Maupassant)의 노르만계 농민들과 같은 사람들과 연관된 기이한 유형의 교활함과 결합됩니다. 다행스럽게도 이러한 유형들은 황소자리의 온전함에서 거의 찾아볼 수 없습니다.

모든 어센던트는 그것의 뒤를 잇는 다음 별자리에서 무언가를 취하려는 경향이 있다는 것을 주목할 수 있습니다. 우리는 방금 황소자리에 의한 양자리의 수정을 알아차렸고, 그리고 여기서 다시 황소자리는 이어지는 쌍둥이자리의 외교적이고 상냥한 특성으로부터 차용하고 있음을 볼 수 있습니다. 평균적으로 황소자리들은 매우 유쾌한 사람입니다. 지배자인 금성의 영향력은 어떠한 잔인함도 누그러뜨리고, 그 안에서 승격된 달의 영향력은 관능(감각)을 향한 타고난 성향으로부터 별자리를 높이는 순수성을 부여합니다. 아일랜드는 황소자리에 의해 지배를 받고 있으며, 황소자리의 주요 특징들에 대한 좋은 생각들을 아일랜드 사람들로부터 얻습니다. 통통하고 육체적인 아름다움과 우아함은 절묘한 섬세함과 생각의 순결함으로 더욱 매력적으로 만들어집니다. 우리가 황소자리의 완고함이 양자리에 의해 지배되는 영국 민족에 기여하는 것을 보았듯이, 아일랜드 민족에서도 방금 언급한 쌍둥이자리의 특성 중 일부를 볼 수 있습니다.

황소자리가 떠오르는 사람들은 선천적으로 움직임이 다소 느리고 무겁습니다. 그들은 물질적인 습관의 생물입니다. 그들이 적성(소질)을 습득하는 데 오랜 시간이 걸리지만, 그렇게 한 후에는 결코 그것을 잃지 않습니다. 일반적으로 이 별자리가 상승하면서 태어난 사람은 중노동에 가장 적합하다고 주장할 수 있지만, 그 싸인은 커다란 균형을 제공하고 많은 곡예사와 공중그네사가 황소자리 아래에서 태어났다는 점은 놀라운 일입니다. 그들의 직장에서 그 사람들의 일에 대한 연구는 이 얼굴을 관찰하는 사람들을 그들의 신체적 외모뿐만 아니라 그들의 마음은 그들의 근육에 있다는 것을 볼 수 있기 때문입니다. 황소자리 사람들의 힘은 평균을 훨씬 뛰어넘고, 그들의 지구력은 거의 초인적입니다.

황소자리의 신경계는 많은 사람들과 같이 미세하게 영향을 미치지 않는 것으로 보이며, 따라서 그들은 심각한 긴장을 견디는데 더 적합합니다. 그들은 고통에 민감하지 않기 때문에 불평하지 않으며, 물론 이것은 때때로 그들이 다른 사람들의 상대적인 나약함을 이해하는 것을 어렵게 만듭니다.

황소자리는 목을 관장하며, 이 태생은 신체의 이 부분에 매우 민감한 반응을 보일 수 있습니다. 일반적인 체질은 보통 강건하고, 인내력과 저항력으로 인해 다른 사람들을 파멸시킬 수도 있는 고난을 견딜 수 있습니다. 그들은 양자리 태생처럼 급성 질병에 걸릴 확률이 거의 없지만, 자신들을 괴롭힐 수 있는 어떤 질병도 물리치는 것은 느립니다.

그들을 쓰러뜨리기 위해서는 일반적으로 매우 길고 심각한 질병이 필요합니다. 회복력은 매우 강력하지만 작동 속도가 느립니다. 황소자리 태생은 자신이 아프다는 것을 인정하기를 꺼릴 것이고 그의 회복도 똑같이 오래 지속될 것입니다. 동정적으로, 황소자리는 또한 심장과 생식기 및 순환 기관을 관장합니다. 황소자리에서 태어난 사람들이 정신적으로 불안, 초조, 예민하거나 또는 그것들이 제대로 제거되지 않았을 경우에 걸리기 쉬운 질병은 유행성 이하선염(볼거리)이나 비염, 편도선염과 같이 인후부와 관련이 있거나 심장과 관련된 질병이거나 또는 그들의 성별에 특유한 질병입니다. 음낭, 목이나 목의 선종, 편도선염이나 디프테리아 등의 증상을 방치해서는 안 됩니다.

황소자리 사람들은 너무 많은 지방과 가열한 음식을 피해야 합니다. 자극제는 적당히 섭취해도 되지만 맥주류는 피해야 합니다. 황소와 같은 성향을 가진 이 사람들은 먹고 마시는 것뿐만 아니라 모든 일에 있어서도 절제가 삶의 규칙이 되어야 합니다. 그들은 천성적으로 모든 방향에서 과도한 것을 좋아하기 때문입니다.

☽ 도덕적 특성

모든 그룹의 별자리는 그들이 속한 원소들의 힘을 최대치로 나타내기 때문에 가장 큰 힘을 가지고 있습니다. 그것은 젊음의 신선한 폭발이나 세월의 사그라진 불꽃이 아니라 정점에 달한 남성다움의 힘입니다. 시작할 에너지가 있고 계속하고 끝내야 할 에너지가 있습니다. 모든 각양각색의 싸인은 이처럼 뛰어난 인내력을 가지고 있습니다.

황소자리는 가장 활동적이지 않은 원소들을 나타내지만, 행성의 영향이 수동적인 금성과 달임에도 불구하고, 황소자리의 그룹적(4대 원소, 3대 특질, 2대 극성) 특성은 그 성질에 대한 행동을 완전히 긍정적으로 만들기에 충분히 강력합니다. 예를 들어, 황소자리에서 흙의 영향은 이 태생을 매우 보수적으로 만드는 것입니다. 그러나 이것은 게으름의 보수주의나 만족의 게으름이 아니라 모든 사물이 있는 그대로 옳고 변화되어서는 안 된다는 긍정적인 확신입니다. 따라서 황소자리 태생의 성향은 소위 개혁으로 이어지는 영향들에 대해 항상 경계하고 있습니다.

황소자리의 정신적 태도는 대지의 오래된 기성 문명의 상류층이나 농부들과 같은데, 그들은 수세기 동안 전반적으로 일이 잘 진행되어 왔다고 느끼면서, 심지어 바람직한 개혁조차도 두려워하면서, 그것이 어떤 재앙적인 쐐기의 얇은 끝이 되지 않도록, 그들에 대한 급진적인 간섭에 저항하기로 결심했습니다. 이러한 이유로, 황소자리 태생들은 특히 상황의 순수한 논리 외에는 아무것도 볼 수 없는 쌍둥이자리 태생과 같은 사람들에 의해 종종 바보라고 불립니다.

도덕적 성격은 신체적 징후와 매우 밀접하게 일치합니다. 타락한 황소자리 유형은 매우 게으르고 관능적이며 방종적입니다. 그 애정조차도 일종의 방탕함의 한 형태일 수 있으며, 지나치게 방종하여 아이를 망치는 어머니는 황소자리의 가장 나쁜 자질을 보여 주고 있습니다. 황소자리가 식욕을 과도하게 탐닉하는 경향은 미각을 담고 있는 입천장을 포함한 목구멍에 대한 황소자리 태생의 영향과 관련이 있습니다. 심지어 이 싸인의 낮은 타입의 특징인 감각적인 과잉도 너무 자주 자유로운 회식과 음식을 즐기는 결과일 가능성이 높습니다. 모든 형태의 제한 없는 식욕에서는 질보다 양을 더 많이 중요시 하고 있습니다.

능동적인 유형에서는 이러한 특성이 크게 뒤바뀌게 됩니다. 황소자리 태생은 자기 자신을 위한 일 자체를 좋아합니다. 그는 정복하는 것을 기뻐하고 그의 다른 즐거움들은 부수적인 것입니다. 이러한 유형의 사람들은 한번 관심을 가지면 존경할 만한 훌륭한 일꾼입니다. 그들을 두렵게 하는 것은 아무것도 없으며, 그들이 맡은 임무를 그만두려 하지도 않습니다. 장애물은 그들에게 더 큰 활동을 촉진하게 할 뿐입니다. 따라서 황소자리 남성과 황소자리 여성은 훌륭한 직원이나 고용인이 되며, 그들은 노동의 감독자 또는 '상사'에게 종속적으로 행동하는 데 훌륭하게 적합합니다.

황소자리 태생의 가장 큰 어려움은 시작할 때에 있습니다. 행성도, 원소도, 싸인 자체의 성격도 그다지 진취성을 보이지 않습니다. 황소자리 사람들은 항상 훈련을 받아야 합니다. 그들이 무엇을 해야 하는지 정확히 보여 주어야 하지만, 일단 그것을 이해하면 그들은 영원히 계속됩니다. 그들에게 새로운 일이 부과되는 것에서는 고집스러운 유형의 기질로 어려움이 있을 수 있습니다. 고집이 있어 설득을 어렵게 만드는 경우가 많습니다.

충성심과 성실은 특히 황소자리 사람들의 매력적인 특징입니다. 그들의 애정은 정말로 뚜렷한 자기주장이 없는 충실한 헌신입니다. 이 조용하고 확고하며 상상력이 부족한 마음은 인류의 가장 위대한 자산 중 하나라고 해도 과언이 아닙니다. 황소자리가 떠오르는 사람들은 건설적이지만 매우 조심스럽습니다. 그들은 상부 구조물이 아무리 우아하더라도 그것이 세워진 건물을 망치지 않도록 항상 주의를 기울입니다. 그들의 주요 관심사는 재단의 안정성에 있습니다.

그들의 미적 감각은 대단히 훌륭하지만, 그들은 실용성의 기초가 없는 단순한 장식에는 거의 관심이 없습니다. 그들의 포부는 강하지만 차근차근 밀고 나갈 것을 고집하며 결코 점프를 하지 않습니다. 그들은 결코 모험의 활시위를 당기지 않으며, 도박을 하지 않습니다. 그들은 일하는 것에 만족하고 적절한 시기에 결과를 얻으며 불행에 전혀 굴복하지 않습니다.

그들이 억압을 견디고 있는 것은 아마도 잘못일 수도 있지만, 그들의 방법은 좋은 것입니다. 그들의 평생의 일이 망가져도 그들은 마치 아무 일도 없었던 것처럼 꾸준히 일을 계속하며, 그리고 종종 이러한 행동 방식은 궁극적인 성공으로 장식됩니다. 이것을 통해 황소자리 사람들은 천성적으로 그들의 무뚝뚝함을 경멸하는 경향이 있는 사람들에게서조차도 존경을 받습니다. 어떤 경우든, 그들은 애정을 쏟습니다. 심지어 가장 경박한 사람들조차도 그들의 확고한 미덕의 가치를 인정하지 않을 수 없습니다.

돈 문제에 있어서 황소자리의 태생들은 매우 신뢰할 수 있고 정직합니다. 그는 돈을 헤프게 쓰는 사람도 아니고 동시에 비열한 사람도 아닙니다. 그는 우리가 말하는 소위 건전하고 보수적인 금융가라고 부르는 사람입니다. 사업 관리에서 그의 성실성과 온화함은 그의 꾸준하고 목적 있는 힘과 결합되어 좋은 결과를 만들어 내고 특히 건설적인 성격의 경우 우수한 결과를 만들어 냅니다.

그는 비즈니스에서든 정치에서든 외교를 위해 자주 마주하게 되는 저속하고 부도덕한 음모를 관리하는 데는 전혀 재능이 없습니다. 그는 말솜씨나 글쓰기에 큰 재능이 없습니다. 그는 매우 강하게 느끼면서도 어렵게 자신을 표현합니다.

그는 자신이 태어난 고향을 매우 좋아합니다. 이는 그의 일반적인 보수주의의 또 다른 증거입니다. 그의 가정생활은 평온해야 하고, 일반적으로 말해서 행복해야 합니다. 실제로, 그는 이상적인 결혼 상대가 되어 어떠한 부정행위보다 관습적인 성생활에 훨씬 더 적합하며, 가정의 또 다른 보호 수단인 자녀들을 매우 좋아합니다.

황소자리 태생들은 그의 우정에 매우 성실하고 마음이 따뜻합니다. 그는 인내심이 강하고 자제력이 강하지만, 그를 어느 정도 이상으로 자극하면 가장 폭력적이고 위험한 방식으로 발작을 일으킬 것입니다. 그는 매우 온화하고 친절하여 그를 화나게 만드는 것이 불가능해 보일 수도 있습니다. 이런 생각을 하는 가장 경솔한 사람들은 가끔 너무 지나치기도 하고 그들에게 완전히 비이성적인 분노로 보이는 것에 휩쓸려 가는 자신을 발견합니다.

부모들은 그들의 황소자리 자녀들이 쉽게 상처를 받고, 지속적으로 사랑과 격려를 받지 않으면 무관심해진다는 사실을 깨닫는 것이 좋을 것입니다. 그들의 자기 통제력 때문에, 그들은 자급자족하고 지나치게 자신감이 있는 것처럼 보일 수 있지만, 실제로는 거의 '자격지심 콤플렉스'에 해당하는 과도한 겸손의 대상이 됩니다. 그들은 자신이 사랑받고 있다는 사실을 믿기 어렵고, 자연스럽게 자신의 능력을 과소평가합니다. 이러한 이유로 그들은 비판보다는 가능한 한 언제든지 칭찬을 받아야 합니다. 이 아이들은 그들이 마음대로 쓸 수 있는 과도한 물리적(육체적)인 힘을 가지고 있지만, 실질적인 흥미가 없다면 너무 무뚝뚝하거나 무관심해질 수 있으며, 이것은 나중에 게으름으로 발전할 수 있습니다. 그들의 삶을 너무 쉽게 만들어서는 안 됩니다. 필요한 압박은 황소자리 태생으로 태어난 사람들에게 도움이 되기 때문에, 방종한 부모는 그들의 최악의 적이 될 가능성이 높습니다.

이 아이들은 보통 아이들보다 정신훈련에 더 의존하기 때문에 전문적인 교육의 장점을 취할 필요가 있습니다. 그들은 타고난 게으름으로 자기 자신을 이끌리기 때문에 그들의 초기 동반자들은 기쁨과 쾌락의 선택에서 지혜가 필요하다는 것이 또한 필수적입니다.

8월 24일부터 9월 24일까지 태양이 흙의 원소이고 지성적인 처녀자리와 12월 23일부터 1월 21일까지 태양이 흙의 원소이고 양심적인 염소자리는 당연히 황소자리 태생으로 태어난 사람들에게 천성적으로 호의적이고 도움이 됩니다. 그들의 특성은 상호보완적이기 때문에 결혼 생활을 하든 그렇지 않든 간에 황소자리의 좋은 파트너입니다.

1월 21일에서 2월 20일(물병자리), 7월 24일에서 8월 24일(사자자리), 10월 24일에서 11월 23일(전갈자리) 사이에 태어난 사람들과 너무 밀접하게 관련이 되어 있으면 황소자리 사람들은 그들과 조화롭게 지내기 위해 잘 적응할 필요가 있습니다. 그러한 친밀감으로 인해 황소자리의 태생들이 너무 고집스럽고 너무 분노하게 될 수도 있기 때문입니다.

5월 20일부터 5월 27일까지 약 7일 동안 황소자리의 진동이 쌍둥이자리의 진동으로 합쳐지고, 쌍둥이자리의 진동이 아직 황소자리의 일부를 유지하는 기간을 커스프(cusp)라고 합니다. 이 날짜들 사이에 태어난 사람들은 쌍둥이자리의 변덕스러운 측면과 황소자리의 실용적인 측면, 또는 이 둘의 특정한 성질의 조합을 보입니다.

정신을 지배하는 수성과 사랑의 본성인 금성은 태양에 매우 가깝기 때문에 그들 역시 인접한 황소자리의 일부 싸인에 속할 수 있습니다. 이것은 이해하기 어려운 복잡한 성격 중 일부를 설명한 것입니다.

양자리와 마찬가지로, 이 별자리는 태양이나 어센던트의 위치에서 도출된 것이므로, 황소자리 태생의 가장 친한 친구 사이와 또는 그와 사이가 좋지 않은 사람들 사이에서, 언급된 시기에 태어나지 않은 몇몇 사람들이 발견될 가능성이 있습니다.

별들이 황소자리에서 태어난 별들과 어떻게 결합하는지 알아내야 하며, 각각의 천궁도를 참조해야 하며, 따라서 이러한 별들의 결합이 서로에게 어떤 영향을 미치는지 알아내야 합니다.

이러한 징후들은 일반적인 것일 뿐이며, 황소자리의 별자리 태생으로 태어난 사람들은 행성에 의해 변형될 수 있기 때문에 자기 자신이 알고 있는 것처럼 개인의 모든 특징을 다루지는 못할 것입니다. 모든 진리를 발견하기 위해서는 상세한 진술이나 천궁도가 나와야 합니다.

■ 쌍둥이자리(GEMINI)

5월 22일에서 6월 22일 사이에 태어난 사람들이나, 출생 시 이 싸인이 떠오르는 사람(출생 시간에 대한 지식을 통해서만 확인할 수 있음)으로 이 별자리를

가진 사람은 쌍둥이로 상징되며, 쌍둥이자리 별자리의 지배를 받게 됩니다. 쌍둥이자리는 공기 원소의 뮤터블 별자리로 안정성이 매우 결여되어 있으며, 지배 행성인 수성도 똑같은 영향으로 거의 항상 다른 행성의 영향을 받아 형태가 끊임없이, 그리고 급진적으로 변화합니다. 쌍둥이자리는 모든 곳을 떠도는 공기이며, 새로운 인상을 받을 때마다 색깔이 변하며, 끊임없이 변화하는 변덕스러운 인간의 마음입니다. 그러한 결과로, 순수한 유형을 찾는 것은 매우 어렵습니다. 그리고 쌍둥이자리들의 얼굴은 행성들의 영향력이 매우 강해 종종 황도대의 떠오르는 별자리가 거의 영향을 미치지 않는 것처럼 보이는 별자리가 표시될 수 있습니다. 예를 들어, 단테의 비범한 옆 모습은 토성의 특징입니다.

☾✦ 물리적(육체적) 특성

일반적으로 쌍둥이자리가 떠오르고 있는 사람들은 다소 작고 날씬하고, 금발이며 회색 또는 갈색 눈과 창백한 안색을 가지고 있지만, 행성의 아주 작은 영향만으로도 이러한 징후들 중 하나 또는 모든 것이 바뀔 수 있습니다. 그러나 한 가지 특징은, 실질적으로 거의 항상 존재할 정도로 충분히 명확합니다.

이것은 경계심이며 눈과 몸 전체의 움직임에서 나타나는 활동입니다. 행성의 영향이 이것을 강조하는 경우, 그것은 매우 과장되게 되고 그 안절부절못함은 때때로 거의 무도증(St. Vitus Dance: 춤추는듯한 도리질과 같은 동작을 무의식적으로 행하는 병)에 이르게 됩니다. 토성이나 목성과 같은 안정적인 행성들에 의해 호의적으로 변형되는 경우, 그 효과는 감탄할 만합니다. 왜냐하면 토성의 위엄은 수성의 가벼움을 바로잡고, 수성의 민첩성은 토성의 우울함과 무거움을 밝게 하거나 목성에 더 많은 즐거움을 주기 때문입니다.

쌍둥이자리의 또 다른 특징은 두드러진 입에서 볼 수 있는데, 입은 거의 항상 작고, 다소 얇은 입술이며, 어느 정도 수축되는 경우가 많습니다. 코는 거의 항상 눈에 띄게 알아볼 수 있는 것이 특징이며, 일반적으로 길고 매부리코입니다. 전체적으로 이 중요한 점들이 결합되어 기민한 새와 같은 얼굴을 제공하는데, 이것은 별자리의 지배자인 수성의 영향력을 나타내는 것이 두드러진 특징입니다.

쌍둥이자리가 떠오를 때 거의 변함없는 또 다른 징후는 팔과 손가락의 비정상적인 길이에서 발견됩니다. 쌍둥이자리 태생의 건강은 일반적으로 매우 좋습니다. 그러나 거의 드물게 건강하지 않을 수도 있고, 때때로 자주 아픈 타입일 수도 있지만, 질병은 일반적으로 그에게 가볍게 다가오며, 그는 질병을 강하게 받아들이지 않는 것처럼 보입니다.

그는 극도로 민감한 신경계에 거의 전적으로 의존하고 있습니다. 이것은 종종 정신 착란에 대한 예외적인 골칫거리를 의미한다고 성급하게 가정하지만, 반드시 그렇지는 않은 것 같습니다. 이 싸인의 진짜 위험은 폐 질환입니다. 왜냐하면 쌍둥이자리가 인간의 호흡 장치를 지배하기 때문입니다. 그러나 이러한 위험이 현실화되려면 심각한 특징의 꽤 분명한 고통이 있어야 합니다. 이 싸인은 또한 손, 팔, 어깨, 뇌와 신경중추 그리고 동정적으로 허벅지, 발과 창자를 나타냅니다.

☾ 도덕적 특성

쌍둥이자리 어센던트는 하나의 메커니즘(mechanism, 사물의 작용, 원리 구조)으로 간주되는 인간의 마음을 대표합니다. 인간의 마음은 전적으로 도덕적이라고 볼 수 없기 때문에 그것은 어떤 종류의 일도 할 수 있고, 그 자체가 어떤 종류의 일이든 상관하지 않습니다. 같은 발명의 독창성이 질병과 싸우거나 살인을 계획하는 데 사용될 수 있습니다. 그렇기 때문에 쌍둥이자리의 활동에는 올바른 종류의 방향이 필요합니다. 왜냐하면 정신이 유용하고 희망을 주는 일로 바쁘지 않으면, 그것은 쓸모없고 해로운 일에 몰두할 것이기 때문입니다.

따라서 도덕 교육은 이 싸인이 떠오르는 사람들에게 매우 중요합니다. 마음은 그 자체로는 사악하지는 않지만, 유혹을 받을 때, 그 사람의 마음이 부적절한 방식으로 작용하지 못하도록 하는 어떤 원칙이 있는지 여부는 모든 것을 좌우합니다.

변형되지 않은 쌍둥이자리 태생은 선천적으로 차별의식이 거의 또는 전혀 없습니다. 쌍둥이자리의 유치함은 그의 정신 본성에서 매우 특징적이며, 이것은 쌍둥이자리 별자리의 이중적인 성격으로 더욱 드러납니다. 우리는 한 명의 아이를 다루는 것뿐만 아니라 쌍둥이를 상대해야 합니다. 어떤 물질로 작업함에 있어서 그 재료가 본질적으로 좋은 건지 나쁜 건지에 대한 많은 고려 없이 바로 가까이할 수 있는 쌍둥이자리 고유의 이러한 준비성은 이러한 사람들에게서 자주 발견됩니다.

그것은 단지 도덕적인 문제만이 아닙니다. 심미학과 같은 문제들도 동등하게 포함되어야 합니다. 제시되는 주제가 무엇이든 간에, 정신만은 그 주제에 대해 논리적이고 정확하게 작동하고, 결론을 도출하고, 아주 훌륭한 일을 해냈다는 완벽한 자신감을 가지고 제시합니다.

논리적인 사고방식은 극히 드문 유형이기 때문에, 다른 사고들은 그 생산물의 냉정함과 경직성 및 형식에 매우 충격을 받기 쉽습니다. 양의 극성의 별자리로 태어난 사람들은 심지어 그들이 결론에 동의했더라도 본능적으로 자신의 표현 방법에 분개합니다. 쌍둥이자리들은 정신의 부재를 느끼고 논리적인 사고방식을 악마처럼 생각합니다. 성 바울의 논증 방법은 쌍둥이자리의 매우 전형적인 방식입니다. 성 바울의 가르침이 예수님의 가르침과 양립(함께)할 수 없다고 분개하는 열렬한 그리스도인들이 많이 있습니다. 그러나 이것은 정말 그의 결론 때문이라기보다는 그의 스타일 때문입니다. 진짜 차이점은 성 바울은 오직 지성적으로만 호소한 반면, 그리스도는 언제나 감정에 호소했다는 것입니다.

따라서 쌍둥이자리 태생들의 정신은 어떤 물질이든 포착하는 데 매우 빠르게 파악하고 논리적인 결론에 도달하는 것은 기존 채널에서 가장 좋은 결과에 도달할 것입니다. 그것은 또한 결합하고, 모든 종류의 사물들 사이의 관계를 인식하고, 따라서 완전히 독창적인 것처럼 보이는 결과들을 만들어 낼 힘을 가지고 있습니다. 그러나 쌍둥이자리의 정신 그 자체는 결합하고, 명확하게 하고, 발전시키는 것 그 이상을 하지 못합니다. 그것은 결코 창조하진 못합니다.

우리는 단테(Dante)를 이 별자리의 훌륭한 예로 들 수 있습니다. 그의 『신곡(Divine Comedy)』에서 그는 당대의 그가 알고 있는 모든 지식을 실질적으로 사용했습니다. 그는 그것을 비할 데 없는 명료함으로 표현했고, 그의 떠오르는 금성 덕분에 가장 매력적인 형태로 표현했습니다. 그러나 시 전체에서 정말 새로운 아이디어를 찾는 것은 불가능합니다.

임마누엘 칸트(Immanuel Kant)는 쌍둥이자리 어센던트로 거의 많은 행성들이 근처에 있고, 수성은 지평선 바로 위의 달과 정확히 컨정션되어 특히 강하며, 그의 철학에서 우리는 비교할 수 없는 분석과 해결의 힘을 발견합니다. 이것에 만족하지 못한 그는 창조를 시도했지만, 그러나 그의 후기 작품은 오류를 은폐하는 데 있어서 영리함을 보여 주는 한 예에 불과합니다.

물론, 그렇게 높은 집중력을 가진 전형적인 쌍둥이자리 태생을 찾는 것은 드뭅니다. 실제로 인용된 사례는 행성의 도움에 의해 주어진 힘 때문입니다. 자연스러운 경향은 매우 다양한 주제에 대해 지적 에너지를 퍼뜨리는 것입니다. 대부분의 쌍둥이자리 태생들은 한 번에 두 방향으로 걸어가려고 노력합니다. 일반적인 쌍둥이자리의 마음의 직업에는 시작도 없고 끝도 없습니다. 교육이 철저하지 않는 한 지적인 추구에 대한 의욕이 생겨나지 않으며, 정신은 저절로 흩어지고, 제대로 훈련된 사람들 속에서 지식에 대한 갈증은 단지 다른 종류의 흥분과 새로운 것에 대한 갈망이 됩니다.

마음이 크게 결핍되기 쉬우며, 사자자리와 물고기자리와 같은 별자리의 태생들에게는 쌍둥이자리의 사람들은 감사할 줄 모르고, 불성실하며, 애정이 부족하고, 심각한 문제에 대한 진정한 이해력이 없는 것처럼 보입니다. 쌍둥이자리의 태생은 반박하는 것이 빠르고 마치 논쟁이 모든 것을 해결하거나, 실제로 어떤 것을 해결하듯이, 논쟁에서 승리하는 데 어려움을 느끼지 않습니다.

미국은 쌍둥이자리에 의해 지배를 받고 있으며, 직업적인 문제에 관한 한 국민의 빠른 변화 방법에서 그 영향력을 볼 수 있습니다. 예를 들어, 영국에선 주인집에서 태어난 늙은 집사, 회사에서 대여섯 명의 파트너들보다 오래 근무한 변호사의 서기, 영국 국가 건립 이래로 단지 한 조각의 땅을 경작한 조상들의 농사꾼과 같은 유형들을 결코 찾아볼 수 없는 완벽하게 흔하고 특징적인 타입들은 미국에서는 결코 볼 수 없습니다. 평균적으로 미국인들은 50세가 되기 전에 십여 가지의 다른 종류의 사업에 종사했습니다. 그들의 지성은 명석함과 새로운 것에 대한 빠른 이해력으로 견고한 정신적 훈련의 결여로 인해 방해받기보다는 오히려 더 큰 도움이 되었습니다.

영국인은 어떤 사업 방식에 약간의 변경이라도 요구받으면 겁을 먹습니다. 물론 노동의 전문화는 문명을 구축하는 데 있어서 발전이 늦기 때문에 이러한 적응력은 미개발 국가에서 모든 자질 중 가장 가치 있는 자질입니다. 그러므로 그러한 자질은 그 필요성이 지나간 후에도 지속되어야 하는 것은 당연합니다. 미국에서 우리는 단순히 그 속도 때문에 감지할 수 있는 마찰 없이 작동하는 놀라운 직업의 다양성을 발견합니다. 어떤 이유에서든 국가의 확장을 중단해야 하는 경우 상황은 즉시 위태로워질 것입니다. 조정을 요구하는 수백만 가지의 질문의 해결이 시급해질 것이며, 이러한 경우 협정과 타협을 찾아야 할 것입니다.

심지어 결혼과 같은 중요한 문제에 대해서도, 다른 모든 주의 법률과 충돌하고, 이것들 중 많은 법률이 다른 연방법과 다시 충돌하면 정부를 계속 운영하는 것은 불가능할 것입니다. 만약 누군가 그 문제를 고려할 시간을 가질 수 있다면, 이들 중 많은 부분이 다시 연방법과 충돌할 것입니다.

극단적인 사상과 언론의 자유가 이 싸인의 특징입니다. 역설적이게도 쌍둥이자리 태생은 생각이 너무 많아서 생각을 멈추지 않는다고 말할 수 있습니다. 다행스럽게도 영국과 아일랜드를 배려하는 과정에서 보았듯이, 국민성의 변화는 뒤따르는 별자리의 영향에서 비롯됩니다.

게자리의 가정적인 성향은 가정에 대한 사랑과 자부심을 우리 국민 생활에 강력한 요소로 만들고, 전쟁에서 작전이 한번 시작되면 우리의 작전에 막대한 힘을 부여합니다. 비록 게처럼 우리는 움직임이 느리지만, 거의 산만하고 떠들썩한 쌍둥이자리의 활동을 상당부분 안정시킵니다.

청교도적 본능의 생존, 심지어 그들의 영적 현실 너머에서도, 게자리의 또 다른 특성을 볼 수도 있습니다. 일반적으로 지역사회에서 종종 그들이 실제로 지켜지지 않는 관습에 대해 위선적이라는 비난을 받는 경우가 많습니다. 쌍둥이자리 태생들의 신경의 민감성은 특별히 건강이 좋지 않음을 암시하지는 않습니다.

예를 들어, 그는 양자리의 태생처럼 화를 잘 내지 않으며, 완벽한 보초병처럼 행동하는 그의 훌륭한 감각 중추는 황소자리 사람들이 전혀 알아채지 못하는 위험에 대해 경고합니다. 그러한 사람은 쌍둥이자리 태생의 끊임없는 경계심과 활동이 그를 지치게 하고 그를 무너뜨릴 수밖에 없다고 주장하는 경향이 있지만, 쌍둥이자리는 매우 끈기 있는 유형입니다. 압력에 저항하거나 장애물을 옆으로 밀어내는 그의 힘은 크지 않지만, 그는 어떤 어려움도 피할 수 있을 정도로 일찍부터 경고를 받아 회피할 수 있습니다. 따라서 쌍둥이자리 태생인 허버트 스펜서(Herbert Spencer)의 적자생존 개념을 상당히 잘 나타내고 있습니다. 그의 주변 환경이 자신에게 맞지 않으면, 그는 그것들을 바꾸거나 스스로 적응합니다. 그 결과, 대체로 그는 인생을 살아 가는 동안 꽤 좋은 시간을 보내게 됩니다.

저항하고 싶은 마음이 없는 것과 동시에 공격하려는 의지가 전혀 없다는 것입니다. 쌍둥이자리 태생은 아주 쉽게 까다로운 방식으로 반기를 드는 것은 사실이지만, 그에게 이것은 단지 논쟁일 뿐입니다. 쌍둥이자리 태생의 감각은 대체로 매우 잘 발달되어 있습니다. 이러한 타고난 성향을 뒤집으려면 달의 심각한 고통이 필요할 것입니다. 그러므로 대충대충 준비된 방식으로 물건을 쉽게 바로 알아차릴 수 있는 능력이 있는 것뿐만 아니라, 주로 섬세하고 정확한 감각에 의존하는 어떤 주제에서도 급속도로 발전할 가능성이 있습니다. 그러므로 어떤 사람들은 이러한 태생들이 훌륭한 음악 평론가나 극도로 미세한 통찰력을 필요로 하는 일에 종사하게 될 것이라고 기대할 수도 있습니다.

쌍둥이자리 태생은 돈의 문제에 있어서 항상 신뢰할 수 있는 것은 아닙니다. 품위가 좋은 유형에서, 수성의 영향은 계획에 의해 돈을 획득하는 경향으로 나타날 것이고, 그 별자리의 성격은 종종 그가 수많은 다른 계획들을 동시에 처리하게 하는 경향이 있습니다. 품위가 좋지 않은 유형에서는 이러한 계획들이 실제 속임수로 전락해 버릴 수도 있습니다. 이 쌍둥이자리 태생은 언변과 소통에 있어 매우 유창하고 논리적이며 명료합니다. 그는 어느 정도 확산과 반복적인 경향이 있으며, 그는 항상 한 말을 잘 지키는 것은 아니며, 그의 논증 방법에 있어서도 그다지 정직하지도 않습니다.

성 바울(St. Paul)이 로마인들에게 보낸 Epistle(사도서한, 서신)은 이런 종류의 글의 걸작이었습니다. 그는 이방인(비유대인)에게 할례가 구원에 불필요하다고 말할 의무가 있었고, 그런 취지의 그의 이전 발언에 얽매여 유대인에게 보내는 글로 "구원이 인생에서 유일하게 중요한 선이니 할례가 무슨 소용이 있겠는가"라는 질문에 답해야 했습니다. 이러한 모순을 해결하기 위한 그의 노력은 전형적입니다. 그것은 방법에 있어 완전히 비양심적이고 자신의 영리함을 기뻐하는 합법적인 유형의 정신이지만, 상대를 속여 왔기 때문에 더더욱 그럴 뿐입니다.

진실의 안전 장치로서 만들어 낸 형식에 의해 제한되는 이러한 유형의 정신은 때때로 사실의 이면에 있는 진실, 더 깊은 면의 진실을 다소 간과

합니다. 정확한 진술이 심오한 거짓을 전달할 수 있습니다. 쌍둥이자리는 종종 얕고 피상적입니다. 감정(mind)이 순수한 이성의 힘보다 더 많은 힘을 가지고 있으며, 그러한 다른 힘들이 이성의 힘과는 정반대되는 기본 원칙에 기초하고 있다는 것은 너무 잘 알려져 있지 않습니다. 순수하게 지적인 분석은 양립할 수 없는 이중성으로 끝나는 반면, 정신의 더 높은 원칙은 비이성적이거나 오히려 이성을 초월한 단일성(통합)에 기초합니다.

진정한 가정생활은 쌍둥이자리 태생에게 그다지 강력하게 매력적이지 않지만, 그에게 불쾌감을 주지도 않습니다. 그는 가정 내에서 강한 애정이나 저항에 휘둘리지 않고 묵묵히 살아갑니다. 이것은 그의 인간성에 대한 모든 관계에 있어서 매우 사실입니다. 그에게 인간은 단지 문제의 요인일 뿐입니다. 그는 여행에 대한 강한 의지는 없지만, 기회가 생기면 바로 여행을 떠날 것입니다. 그는 인생의 모든 사실을 너무나 쉽게 받아들이기 때문에 그가 어디에 있는지에 대해 크게 개의치 않습니다. 그는 일단 가정을 떠나면 가정을 생각하지 않을 것입니다.

쌍둥이자리 태생인 그는 그의 모든 인간관계에서와 마찬가지로 사랑이 얕아지는 경향이 있습니다. 사실, 그는 사랑을 완전히 이해하지 못할 수도 있습니다. 예를 들어 성 바울(St. Paul)이 "불같이 타는 것보다 결혼하는 것이 낫다"라고 말한 것은 이 주제에 대한 완전한 이해를 보여 주었다고 보기 어렵습니다.

Then he adds: "If they cannot contain, let them marry: for it is better to marry than to burn." (1 Corinthians 고린도전서 7:9)

그는 그 안에서 고릴라처럼 지독한 동물적인 열정 외에는 아무것도 보지 못합니다.

버나드 쇼(Bernard Shaw)의 성 문제에 대한 처리 또한 마찬가지로 사실이 아니며 불만족스럽습니다. 그의 라이징 싸인은 쌍둥이자리 4도에 있습니다. 그에게 사랑의 열정은 다소 경멸스럽고, 오히려 우스꽝스럽고, 큰 골칫거리이며, 그것이 설명될 수 있는 한, 생명력이라고 불리는 그 자신이 발명한 신비로운 추상적 개념의 표현입니다.

이것은 떠오르는 사자자리를 가지고 있는 알렉상드르 뒤마 페르(Alexandre Dumas, Pere)가 보여 준 그 주제에 대한 깊은 이해와 비교하십시오. 심오한 작가는 아니지만, 그의 사랑에 대한 이해는 지극히 평범한 인간으로서 완벽히 정상적이며, 그는 결코 실수에 빠지거나 독단을 저지르지는 않습니다. 이것을 다시 황소자리의 라이징 싸인을 가진 로버트 번스(Robert Burns)가 보여 준 느낌과 비교해 보십시오. 또는 어센던트 게자리 4도를 가지고 있는 바이런(Byron)의 느낌과 비교해 보십시오.

별자리에 대한 연구는 자기 표현 능력이 있는 소수의 사람들을 통해 그들의 특징적인 표현을 관찰함으로써 엄청나게 촉진될 것입니다. 유난히 열정적인 시인으로 정평이 나 있는 로세티(Rossetti)의 경우만 봐도 알수 있겠지만, 자세히 들여다보면 쌍둥이자리의 관점이 아주 뚜렷하게 드러납니다. 그것은 다소 파생적입니다. 그는 그의 열정을 페트라르카(Petrarch, 이태리 시인)에게서 얻었습니다.

그것은 반영되고 이상화됩니다. 테니슨(Tennyson)도 쌍둥이자리 시인입니다. 우리는 아름다운 문학적 망원경을 통해 멀리서도 열정을 이상화하고 비전을 얻습니다. 테니슨(Tennyson)에게 사랑은 좋은 매너의 한 갈래입니다. 이 쌍둥이자리 사람들 중 누구도 그것을 소멸하는 불로 생각하지 않습니다. 그들은 영혼을 흔드는 강력하고 원시적인 요소들로부터 그것을 분리하려고 노력합니다.; 그것은 영혼을 깊은 곳까지 흔들어 놓으며, 그것은 인간을 가장 높은 하나님과 가장 낮은 짐승들과 함께 동일시하는 도구로 만드는 것입니다.

쌍둥이자리의 사람들은 아랫사람들을 대할 때 동정심이 없기 때문에 종종 실패합니다. 그들은 관계를 순전히 사업적 성격으로 간주하는 경향이 있으며, 그들이 고용한 사람들의 애정을 얻거나 주지도 않습니다. 공적인 업무 관리에 있어서 쌍둥이자리 태생은 일이 잘 풀리면 이상적인 행정가이지만, 그는 정말로 재미없는 일의 깊이와 강도를 이해하는 데는 상당히 부족합니다. 그는 타협과 논쟁을 시도할 것입니다. 그러나 문제의 근원을 전혀 건드리지 못할 것입니다. 그럼에도 불구하고, 그의 지적 능력은 종종 그가 일시적으로 성격을 진정시키는 데 성공할 수 있도록 해 줄 것입니다.

그렇지만 때때로 논쟁의 효과에 대한 그의 확신은 그를 큰 실수로 이끌 수 있을 것입니다.

결혼과 관련하여 이 태생은 친절하고 유용한 파트너가 된다고 말할 수 있습니다. 부정적인 행성의 조건들이 발생하지 않는 한 큰 문제는 예상되지 않습니다. 가끔 사소한 짜증들이 발생하지만, 의견 불일치의 어떤 심각한 원인이 가정에 들어올 것 같지는 않습니다. 그러나 이 별자리의 태생과 결혼한 사람들은 그들이 결혼 상대에게 많은 것을 요구할 수 있는 황소자리, 게자리, 사자자리와 같은 유형이면서, 만약 그들이 쌍둥이자리에게 많은 것을 요구한다면 상당한 불행을 겪을 수 있습니다. 쌍둥이자리는 자신이 줄 능력이 없기 때문에, 어떤 쌍둥이자리의 사람은 자신이 줄 자아가 거의 없다고 말할 수 있고, 이러한 모습을 본 다른 사람들의 태도는 쌍둥이자리에게 터무니없고 불쾌하며 아마도 다소 역겹다고 생각할지도 모릅니다. 게다가 쌍둥이자리가 사랑하는 한, 그는 다양성을 사랑합니다. 그는 바람둥이고, 만약 그가 너무 심각하게 받아들여진다면 큰 불행이 따를 것입니다. 이런 유형의 사람에게 화를 내는 것은 큰 실수입니다.

쌍둥이자리의 부모들은 쌍둥이자리의 자녀들이 신경질적으로 매우 조직화되어 있고, 차분한 분위기가 필요하다는 것을 깨닫는 것이 좋습니다. 그들의 상상력에 영향을 미칠 수 있는 흥분하거나 무서운 이야기나 어떤 것이라도 이야기해서는 안 됩니다. 그런 것들은 그들의 신경계를 혼란스럽게 할 수도 있기 때문입니다.

그들은 보통의 어린이들보다 더 많은 수면과 신선한 공기가 필요합니다. 그들은 일찍 잠자리에 들어야 할 뿐만 아니라 낮 동안 자주 잠을 자거나 휴식을 취하는 것이 중요합니다. 왜냐하면 그들의 큰 흥분과 지나친 상상력은 종종 그들을 불면증이나 불안으로 고통받게 만들기 때문입니다. 만약 그들이 어린 시절에 적절한 보살핌을 받지 못하면 그들의 삶에서 모두 '신경불안'으로 고통받을 것입니다.

그리고 그들의 삶에서 자연스럽게 불만족스러워하는 성향은 강화될 것입니다. 모든 것은 평정심을 북돋아 주기 위해 이루어져야 하지만, 그들의 상상력이나 신체적 활동에 대한 사랑은 억압되어서는 안 됩니다. 부모들은 쌍둥이자리의 아이들이 가장무도회, '가식'에 대한 사랑, 춤 또는 야외 활동을 통해 그들의 '다른' 면을 표현해 보도록 허용해야 합니다. 한편, 그들은 장난감이나 놀이 친구들에게 너무 빨리 싫증이 나는 것은 그들 자신이 변덕스럽거나 불만족스러운 기질 때문이라는 사실을 깨닫게 하고, 자신의 환경에 대한 만족과 자신이 가진 것에 대한 감사를 장려해야 합니다. 그러나 부모들은 이 아이의 주변 사람들에 대해서는 주의해야 합니다. 왜냐하면 그들은 너무 변화무쌍해서 그들 주위에 있는 아이들의 색채를 띠게 될 것이기 때문입니다.

쌍둥이자리 아이들의 교육을 결정할 때, 그들의 타고난 성향이나 욕구를 연구하는 것이 좋을 것입니다. 왜냐하면 그들의 뛰어난 적응력은 그들이 부모 또는 보호자의 바람에 묵묵히 따르게 함으로써 그들이 정말 선호하는 분야에 들어가지 못하게 만들 수 있기 때문입니다. 결과적으로 그들은 '둥글둥글한 구멍에 네모난 못(부적임자, 어느 환경에 적응하지 못하는 자)'이 될 가능성이 큽니다.

1월 21일부터 2월 20일까지 태양이 공기의 원소이며 인도적인 별자리인 물병자리에 있고, 태양이 공기의 원소이며 균형 잡힌 별자리인 천칭자리에 있는 9월 24일부터 10월 24일까지 태어난 사람들은 쌍둥이자리 태생으로 태어난 사람들에게 자연스럽게 공감하고 도움이 됩니다. 그들의 특성은 상호보완적이기 때문에, 그들은 쌍둥이자리 태생에게 결혼으로든 아니든 간에 좋은 파트너가 됩니다.

만약 2월 20일부터 3월 22일 (물고기자리), 8월 24일부터 9월 24일(처녀자리), 11월 23일부터 12월 23일(사수자리)에 태어난 사람들과 너무 친밀하게 연관되어 있다면,

쌍둥이자리 사람들은 그들과 조화롭게 잘 지내기 위해서는 외교적이지만 단호하게 해야 할 필요가 있다는 것을 알게 될 것입니다. 그러나 친밀감으로 인해 쌍둥이자리의 태생은 너무 동요하여 불성실할 정도로 적응하게 될 수도 있습니다. 이러한 이유로, 물고기자리, 처녀자리 및 사수자리에서 태어난 사람들은 결혼의 관계나 사업적인 관계에서 가장 호의적

이거나 도움이 되는 파트너가 되지 못할 것입니다.

쌍둥이자리의 진동이 게자리의 진동으로 합쳐지고 게자리가 여전히 쌍둥이자리의 일부를 유지하는 6월 21일부터 6월 28일까지 약 7일의 기간을 커스프(cusp)라고 합니다. 이 날짜 사이에 태어난 사람들은 쌍둥이자리의 변덕스러운 측면과 게자리의 모성애와 보수적인 측면, 또는 이 둘의 조합에 참여할 것입니다.

정신을 지배하는 수성과 사랑의 본성인 금성이 태양에 매우 가깝기 때문에, 그들 역시 쌍둥이자리의 인접한 별자리의 특성 중 일부에 참여할 수 있습니다. 이것은 이해하기 어려운 복잡한 성격 중 일부를 설명한 것입니다.

이 별자리의 경우, 태양이나 어센던트의 위치에서 추론을 이끌어 냈기 때문에, 일부 친구들 또는 마음에 들지 않는 동료들은 언급된 별자리들 이외의 다른 별자리의 태생에서 발견될 가능성이 있습니다. 그러한 경우, 별들이 쌍둥이자리에서 태어난 별들과 어떻게 결합하는지, 그리고 두 사람 모두에게 미치는 영향의 조합을 확인하기 위해 각각의 천궁도를 참조해야만 합니다.

이러한 징후는 일반적인 것일 뿐이며, 행성의 영향으로 별자리가 변형되기 때문에 우리가 알고 있는 개인의 모든 특성을 다루지는 않았습니다. 모든 진리를 발견하기 위해서는 상세한 진술이나 천궁도가 만들어져야 합니다.

게자리(CANCER)

6월 22일에서 7월 24일 사이에 태어난 사람 또는 출생 시 이 싸인이 떠오르는 사람(출생 시간에 대한 지식을 통해서만 확인할 수 있음)은 물 원소의 카디날 별자리이며, 모성의 별자리인 게자리의 지배하에 놓이게 됩니다. 게자리의 지배 행성은 "시간 측정"이자 감각의 지배자인 달입니다. 게자리의 능동형과 수동형의 특징은 다른 어떤 별자리의 특징에서보다 명확하게 구별됩니다.

☽ 물리적 (육체적) 특성

능동적인 유형에서 두개골은 긴 얼굴에 매부리코를 가지고 있습니다. 안색은 불그레하니 좋고, 눈은 날카로우며, 입은 일반적으로 얇고 확실하며, 턱은 뾰족하고, 때때로 게의 턱을 연상시킵니다. 체격은 다소 크고 비율이 좋지 않습니다. 외관상 다소 투박한 부분이 있습니다.

육체적인 힘은 일반적으로 좋지만 질병, 특히 방종에서 오는 질병에 대한 결정적인 책임이 있습니다. 이 묘사와 뚜렷하게 눈에 띄며 대조를 이루는 것은 수동적인 유형에 의한 것입니다. 여기에서 우리는 이 별자리의 지배자인 달과 매우 유사한 힘에 의해 강조된 물 원소의 영향을 최대한으로 발견합니다. 여기에는 균형을 잡을 수 있는 남성적인 요소가 전혀 없습니다.

머리는 유난히 크고 두개골이 넓어서 때로는 길다기보다 더 넓어 보입니다. 얼굴은 둥글고 편평하며 안색은 매우 창백하고 건강하지 않은 뚱뚱한 모습입니다. 입은 일반적으로 크고 탐욕스러우며 관능적입니다. 코는 넓고 납작하며 종종 극도로 위로 올라갑니다. 눈은 크고 종종 창백한 경우가 많으며, 아치형으로 표현되어 있는 눈썹은 잔잔한 호기심을 자아냅니다. 머리카락은 일반적으로 금발이거나 흐릿한 색입니다. 검은색일 때는 유난히 검고 매우 곧고, 광택이 나기보다는 칙칙합니다. 몸은 쪼그려 앉으며, 팔다리는 짧고 둥글며, 여성의 경우 허리 위쪽으로 유난히 큰 발육을 보입니다. 이 모습은 순수한 게자리 유형이지만, 수동적인 면에서 이 별자리는 천궁도에서 강한 어떤 행성으로부터 쉽게 영향을 받습니다.

두 유형 모두 젊었을 때 나타나지 않더라도 나이 들면서 매우 살이 찌는 경향이 있습니다. 이 별자리가 상승하는 사람들은 질병, 특히 만성질환에 걸리기 쉽습니다. 조직에는 저항력이나 회복력이 거의 없는 것 같습니다. 그 주변의 모든 것들은 물과 섞이는 경향이 있으며, 게자리는 다른 어떤 별자리보다 질병에 걸리기 쉽습니다.

가장 약한 부분은 소화에 있습니다. 영양 조절을 위한 준비가 더디고, 거의 모든 장기기관이 퇴화하기 쉽습니다. 육체적으로 게으름은 이러한 유형의 두드러진 특징입니다. 에너지의 폭발은 자주 일어날 수 있지만, 그건 강한 동기의 영향을 받는 경우에만 일어납니다. 따라서 물과 달의 일반적인 특성은 게자리 태생의 신체적 습관으로 적절하게 표현됩니다.

식욕은 유난히 좋고 무분별하게 탐닉하므로, 그것은 매우 자주 병적인 형태로 나타나는 경우가 많습니다.

게자리의 태생들은 단 음식이나 향신료와 같은 자신의 몸에 가장 좋지 않은 음식을 선호합니다. 이것은 의심할 여지 없이 이 별자리에서 자주 발견되는 일반적인 질병을 유발합니다. 사실, 전형적인 게자리 태생은 결코, 정말로 건강하지 않습니다. 왜냐하면 건강에 대한 적절한 정의에서 우리는 에너지와 활동을 포함해야 하는데, 게자리가 떠오르는 사람들의 순수한 예에서는 이러한 것들은 거의 존재하지 않기 때문입니다.

능동형은 이러한 불편함에 대해 수동형보다 훨씬 덜 영향을 받고 있습니다. 질병의 유형은 아마도 달의 별자리와 여섯 번째 하우스의 싸인과 룰러와 그의 어스펙트에 따라 결정될 것입니다.

예를 들어, 러시아의 신지학자(神智學者) 마담 블라바츠키(Blavatsky's, 1831~1891)의 여섯 번째 하우스의 커스프가 물병자리이고, 천왕성과 목성은 여섯 번째 하우스의 물병자리에 있고, 천왕성과 목성은 태양과 어포지션되어 있으며, 그리고 이 행성들은 역행(retrograde)하고 있습니다.

이러한 구성에서 수종(水腫, 몸이 붓는 증상)상태를 쉽게 예측할 수 있습니다. 유아기에는 사망할 위험이 크지만, 이러한 위험을 피하고 특히 식욕 부진이나 과도한 과식 증상을 교정하는 데 주의할 수 있도록 부모로부터 세심한 훈련을 받는다면 아이가 자신의 책임으로 질병이 발생하는 나이가 되기 전까지는 큰 문제가 없을 것으로 보입니다. 만약 이것들을 피한다면, 이러한 유형은 방해할 것이 없는 한 스스로를 방해하지 않을 것이며, 오히려 오래 장수하게 됩니다. 그러나 항상 세포의 퇴화나 조직의 변형에 대한 두려움이 있습니다. 애디슨병이나 당뇨병과 같은 질병은 매우 흔하며, 모든 종류의 악성 종양도 마찬가지로 흔합니다.

게자리는 위와 명치를 지배하며, 머리와 신장을 동정적으로 지배하니다. 염증성 질환, 감염 및 종양에 취약하기 때문에 이 별자리 아래 태어난 사람들은 소화기관과 관련된 모든 문제에 매우 주의해야 합니다. 만약에 그들은 그들 자신의 음식을 선택하는 데 있어 현명하지 못하거나, 체력이 고갈되면 그들은 천식, 기관지염, 가래, 위장장애, 소화불량 및 신장 합병증에 걸리기 쉽습니다. 감정이 억압되거나 과도한 알코올의 섭취는 위궤양이 발생할 수 있습니다. 게자리의 영향 아래 강하게 태어난 여성들은 종종 난소에 문제가 있을 수 있습니다.

게자리의 영향으로 태어난 모든 사람은 육체적인 고통을 견디기가 어렵다는 것을 알게 됩니다. 그들은 자신들이 두려워하는 바로 그 질병을 일으킬 정도로 증상을 과장하는 경향이 있습니다. 게자리의 태생들은 고통을 싫어하기 때문에 매우 노력하는 환자입니다. 그들이 전염병에 노출되거나 자연의 법칙을 남용하지 않는 한, 게자리의 태생들은 청소년기를 지난 후에 탁월한 건강을 누릴 수 있습니다. 어린 시절 그들은 민감한 식물과도 같으며, 특히 생후 첫 4년 동안 매우 민감할 가능성이 있습니다.

☾ 도덕적 특성

육체적인 특성에서와 마찬가지로 도덕적인 특성에서도 게자리가 제시하는 능동적인 유형과 수동적인 유형 사이에 극명한 대조가 있습니다. 그것들을 따로 설명하는 것이 가장 간단할 것이며, 변형되거나 혼합된 유형의 문제는 점성가에 의해 각각의 특정한 경우에 조정될 것입니다.

게자리는 물의 원소이며 카디날 싸인으로 물 중에서 가장 활동적이고 또는 불같은 열정적인 부분을 나타냅니다. 가장 보편적인 용매로 만드는 물의 성질로 불과 같은 비슷한 방식으로 단단한 물질을 흡수해 버립니다. 물을 불같은 부분에 대해 말하는 것이 역설적으로 여겨져서는 안 됩니다. 거의 모든 경우에 물속의 고체 용액은 그 자체로 열을 발생하는 에너지를 생성합니다.

황산은 물과 섞이면 액체의 온도가 거의 끓는 점까지 올라가는 반면, 가성소다를 물에 녹이면 열이 많이 발생하여 이를 에너지원으로 사용하도록 고안된 엔진이 있습니다. 그러므로 연금술사와 초기 화학자들의 이론에서는 모든 물질을 다양한 비율의 네 가지 원소로 구성되어 있다고 설명할 때 철학적이지 않은 것은 하나도 없었습니다.

능동형의 게자리와 관련하여, 우리는 그것이 물이라는 것을 잊어서는 안 되지만, 우리는 물을 수동적이고, 쉽게 변형되며, 저항할 수 없고, 조용하고, 반사적인 것으로만 생각해서도 안 됩니다. 그것은 오히려 물고기자리로 대표되는 물의 유형이거나, 달의 영향으로 게자리의 자연적인 강렬함이 변형되는 수동적인 형태의 물로 표현됩니다.

우리는 그것을 부식(腐蝕)적인 요소로 생각해야 합니다. 우리는 그것을 거대한 절벽을 먹어치우고, 영원히 스스로 부서지고, 다시 파도를 타고 밀려오는 것처럼, 바다가 절벽의 저항을 먹어치울 때까지 파도에 흔들리는 것으로 생각해야만 합니다. 이러한 이미지는 게자리 태생의 공격 방법을 설명하는 데 매우 정확합니다. 그는 그의 목적이 당장 달성되기를 기대하지 않습니다. 거절은 그를 조금도 동요시키지 않습니다. 그것은 모두 비즈니스의 일부입니다. 그는 분명히 산산조각이 난 것처럼 보이지만, 아무 일도 없었다는 듯이 계속 나아갑니다.

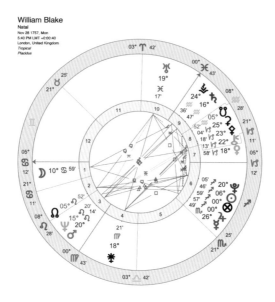

William Blake
Natal
Nov 28 1757, Mon
5:40 PM LMT +0:00:40
London, United Kingdom
Tropical
Placidus

  윌리엄 블레이크(Willam Blake)와 마담 블라바츠키(Madame Blavatsky)의 삶에서 이 방법의 훌륭한 예를 볼 수 있습니다. 이들은 모두 예언자라고 불릴 수 있는 유형의 사람들이었습니다. 이러한 부식적인 행동은 다른 사람들의 비판의 미묘함과 지속성에서 나타나는데, 이것은 세계 사상의 흐름에 엄청난 결과를 낳았습니다.

  어느 쪽에도 칼부림의 격렬함은 없었습니다. 사용된 방법은 은밀히 퍼져 나갔습니다. 끊임없는 거절은 블레이크의 작업에 아무런 영향을 미치지 않았습니다.

  그는 옳고 그름에 대한 기존의 관념을 해소하고 있다는 차분한 자신감을 가지고 나아갔습니다. 블라바츠키도 마찬가지였습니다. 가장 치명적인 공격에도 불구하고 그녀는 조용히 버텼고, 드물게 극단적인 도발로 인해 화를 냈을 때에는 그녀는 자신의 실수를 가장 먼저 인식하고, 말하자면 잠수함 작전을 계속했습니다. 오늘날의 철저한 교육을 받은 사람이 '구원은 그것이 무엇이든 간에 어떤 특정한 신조의 특권'이라는 견해를 갖는다는 것은 불가능합니다.

Blavatsky는 이 사실에 대해 상당한 공로를 인정받았고, 그녀는 종교를 파괴하지 않고 단지 겉으로 보이는 다양성의 본질적인 조화를 보여줌으로써 이 혁명을 일으키도록 도왔습니다.

이 연구에서 그녀가 차지하는 비중은 순수하게 파괴적인 공식을 사용하는 과학의 비중보다 실제로 훨씬 더 큽니다. Blavatsky는 장애물과 그들과의 교전 중인 신앙을 파괴하지 않았습니다. 그녀는 단지 인공적인, 거짓된 댐을 해체했을 뿐입니다.

게자리가 상승하는 사람들은 결과(효과)를 공격하지 않습니다. 그들은 원인을 찾고 그것들을 약화시킵니다. 이러한 이유로, 그러한 사람들은 확립된 질서에 심각한 위협이 됩니다. 사람들이 여전히 그들을 무능함과 실패의 예로 지적하는 동안 그들의 일은 이루어집니다.

스윈번(Swinburne, 영국의 시인·평론가, 1837~1909)은 이 원리의 또 다른 예입니다. 한 세기 안에 그러한 사람들이 세 명이나 있었다는 것은 세계적으로 정말 행운입니다. 스윈번(Swinburne)은 동성애와 사도 마조히즘, 반신론과 같은 시의 주제들을 다루었고 그로 인해 정부로부터 그의 시는 금기시되고, 개혁되었으며, 무효화되었습니다. 빅토리아 시대의 사람들은 그를 무시할 수 없는 수준이라고 확신했으며, 젊은 세대들은 그를 마음속으로 알고 있었고, 그들은 이미 그의 혁명적 개념에 따라 행동하고 있었습니다. 빅토리아 시대의 사람들은 병이 든 줄도 모르고 죽어 갔습니다.

이 혁명적인 게자리 조직의 네 번째 구성원은 헉슬리(Huxley, 1825~1895)였으며, 그는 같은 맥락에서 다른 사람들이 다소 다른 측면에서 사용했었던 음흉한 방법으로 독단적인(교조적인) 기독교를 서서히 무너뜨렸습니다. 이 주제에 대한 그의 에세이를 자세히 읽어 보면 이 별자리 태생들의 특징적인 공격 방법에 대해 매우 잘 알 수 있을 것입니다. 그는 정말 천진난만하게 말을 합니다. 그는 헉슬리(Huxley)가 자신도 모르게 자신이 가장 강력하게 거부하기 위해 만든 제안들을 인정하게 만들었다는 것을 깨닫고, 갑자기 헉슬리(Huxley)에게 압도됐으며, 헉슬리(Huxley)는 상대의 명백한 승리로부터 그의 다른 승리로 이끌었습니다.

교육계에서는 다윈 Darwin(Charles, 영국의 진화론 제창자, 1809~1882)의 학파가 대체되었다고 선언하는 동안에도 헉슬리의 불가지론(不可知論, ag-nosticism)＊으로 가득 차 있었습니다.

이 사람들의 비전은 일반적으로 포괄적이고 이상주의적입니다. 그들은 항상 시간과 공간의 큰 단위에서 생각합니다. 우주에 대한 시적이거나 낭만적인 관점이 강한 경향이 있습니다. 그들에게 삶은 일종의 중세 기사단의 의협적인 행위와 다름없습니다. 그들은 자신을 순례자나 어떤 성배의 수호자로 이해합니다. 바이런(Byron)과 같이 비교적 세속적이지 않은 유형조차도 자기 자신을 '맨프레드(Manfred, Byron의 극시(劇詩), 1817)'로 묘사합니다. 사실, 개인은 예언자가 아닐지라도 자신을 예언자로 여기는 경향이 있습니다.

◇◇◇◇◇◇

＊ '불가지론'이란 말을 처음 사용한 T. H. 헉슬리는 1869년의 저술 '사도행전'에서 agnosticism 의 agnostic(알 수 없는)이라는 말과 관련하여, 사도 바울이 아테네에서 전한 '알 수 없는 신에게 (헬, 아그노스토 데오)'라고 새겨진 제단에 대한 자기의 입장을 말한 강연이 그 기원이 된다. 이 외에도 인간의 인식을 유한한 것의 경험으로 제한하며, 무한하고 절대적인 신에 대해서는 학적인 인식은 있을 수 없으며 단지 신앙에 의한 도덕적 확신을 이용할 뿐이라고 주장하는 W. 해밀턴, "사람은 알 수 없다고 하는 사실을 잊어서는 안 된다"고 주장함으로써 부정적인 회의론자의 입장을 고수한 H.스펜서 등이 불가지론자에 속한다. [네이버 지식백과] 불가지론(不可知論, agnosticism), 교회용어사전 : 교리 및 신앙, 2013. 9. 16., 가스펠서브

게자리 태생은 삶의 실질적인 세부 사항을 간과하기 쉬울 수도 있습니다. 그의 상상력은 그를 어리둥절하게 만들 수 있어서, 그는 풍차를 거인으로 여길 수도 있습니다. 게다가, 이러한 특성은 종종 극단적인 자만심과 이기주의를 유발합니다. 자기 자신이나 자신의 기능을 습관적으로 높이 평가하는 것은 종종 다른 사람에 대한 경멸과 배려의 부족으로 이어집니다. 이것은 게자리 태생이 끊임없이 경계해야만 하는 결점입니다. 왜냐하면 그것은 그가 매우 소중히 여기는 비전 그 자체에도 실제로 가장 끔찍한 위협이기 때문입니다.

게자리는 물의 원소이면서 불같은 부분을 나타내고, 심지어 가장 활동적인 형태조차도 반사(반영)의 성질을 유지하지만, 그러나 '움직이는 물(moving water)'은 이러한 이미지들을 왜곡하고 과장합니다. 여기서 우리는 수동적인 유형의 게자리에서 이 반영(반사)이 엄청나게 중요하다고 말할 수 있습니다. 게자리는 특히 탁월한 기억력의 상징이며, 그것은 이 태생들이 과거를 기억하며 살고, 휴식과 평온을 나타내는 모든 것에 깊은 애정을 가지고 있지만, 능동적인 유형에서는 이러한 특성이 변형됩니다. 과거의 이미지가 확대되고 이상화됩니다.

타로(Tarot)에서 'The Chariot(7번 전차)'는 게자리의 카드이고, 전차를 모는 사람(Charioteer)은 어떤 의미에서 신의 전령으로, 선지자 또는 메시아가 새로운 시대를 창조하기 위해 세상에 오는 것입니다. 그러므로 전령사는 앞으로 다가올 메시지를 의식하고 있지 않고, 그는 고대(오래된 것, 유물)의 것을 참고하여 자신의 생각을 얻습니다. 따라서 블레이크(Blake)는 영감을 얻기 위해 구약성서로 거슬러 올라가는 것을 볼 수 있으며, 블라바츠키(Blavatsky)는 베다에서 자신의 철학을 세웠고, 스윈번(Swinburne)은 이교도를 높이 평가했고, 헉슬리(Huxlry)는 에오히푸스(Eohippus, 미국 서부에서 발굴된 시신세 전기의 화석마)에 대해 논쟁하고 있습니다. 과거에 대한 숭배는 상상을 왜곡하는 경향이 있으며, 진정한 균형에 대한 감각이 거의 없습니다.

결과적으로 게자리 태생에게 영향을 미치게 된 시기에 우리는 황당한 캐리커처를 그리는 것을 우연히 발견합니다. 잠시 18세기를 생각해 보십시오. 거기에는 와토(Watteau, 프랑스의 화가, 1684~1721)의 작품 「양치기와 요정」에는 베르사유의 사상이 담겨 있습니다. 그것은 가난하고, 정신적인 죽음의 개념에 대한 억압이 있습니다. 대부분의 철학자들은 그 둘 중 하나를 택하지 않을 것이지만, 게자리가 상승하는 사람들은 이것을 보지 못합니다. 그들은 목적에 맞는 것을 제외하고는 모든 것을 무시합니다. 그러므로 비록 그들은 역사에 헌신하지만, 그들은 가장 허황된 역사학자가 됩니다. 이러한 낭만적인 기질의 효과는 게자리의 태생들을 교사나 정신적인 지도자로서 영감을 얻게 만드는 것입니다.

사람들은 장밋빛(couleur de rose)으로 그려진 그림을 가지고 싶어 합니다. 그들은 원탁의 기사들이 점성학적 전설에 불과하고 그 시기에 어떤 기사들이 있었든지 간에 더러운 짚 위에서 잠을 잤다고 지적하는 사람들을 싫어합니다. 그들은 동양인들이 먹을 때 포크를 사용하지 않는다는 사실에 대해 암시하면서, 각각 12명의 제자들과 함께 예수나 부처에 대해 똑같은 말을 한다면 그들은 더욱 화를 낼 것입니다.

게자리 태생들은 지적 능력이 강한 타입은 아닙니다. 그는 감각과 감정 속에서 너무 많이 살고 있습니다. 그는 정신적으로 매우 발달되어 있을지 모르지만, 윤리적인 영향을 없애는 경우는 거의 없을 것입니다. 그는 현재 가까운 곳에서 발견하는 관습이 아니라, 그의 감탄을 불러일으키는 역사적 시대의 관습에 얽매여 있습니다. 그러므로 그는 진정한 의미에서 종종 극도로 미신을 믿습니다. 그는 그 목적 자체가 잊혔을지도 모르는 관습들을 성실하게 이행하고 있습니다.

이 타입은 감정에 매우 예민한 유형입니다. 비웃음으로 그 활동을 망칠 수는 없지만, 그들은 개인적으로 상처를 느낄 것입니다. 순교자를 좇는 뚜렷한 경향이 있습니다. 게자리 태생은 자신의 불행을 기꺼이 받아들입니다. 성 바울의 서간들 중 하나에서, 그리스도인들은 과거의 선지자들과 순교자들에게 이런 일들이 항상 일어났다는 사실을 상기함으로써 그들이 견딜 수 있는 모든 고통에 대해 스스로 위로하라고 조언합니다.

그러나 이것은 매우 불건전한 조언이라고 말하지 않을 수 없습니다. 그것은 인간이 일반적으로 스스로 하는 교정 수단으로 가지고 있는 가장 유용한 능력인 자기비판의 근원을 죽입니다. 그것은 그가 자신의 불행이 자신의 어리석음 때문이 아닌지 묻지 못하게 한다. 그는 자기 자신이 불행이 많을수록 자신이 훌륭한 사람이라는 확신을 갖게 됩니다. 이것은 궁극적으로 박해광(매니아)으로 발전할지도 모릅니다.

사람들은 종종 완벽하게 성실한 게자리 태생들에게서 돌팔이의 기질을 발견할 수 있습니다.

게자리의 태생은 권위와 역사에 호소하려는 생각을 가지고 있으며, 그는 자신의 인격을 높이 평가함으로써 자신을 방어할 필요가 있음을 알게 됩니다. 이것 외에도, 그는 유추와 역사에 대한 증거를 찾으려고 할 것이지만, 그는 현대의 과학적인 방법들을 사용하지 않을 것입니다.

만약 생각이 정반대인 사람의 예로 헉슬리(Huxley)를 인용한다면, 그의 지적인 면을 지배하는 행성들이 어떻게 원래의 경향을 극복할 수 있었는지 보려면 천궁도를 자세히 살펴보기만 하면 됩니다. 과학을 제외한 모든 분야에서 헉슬리(Huxley)는 보수적이고 권위적인 위치를 고수했습니다. 한 가지의 특정한 계통에서 개발을 유발하는 특별한 훈련을 찾는 것은 드문 일이 아니며, 이것은 누가 봐도 일반적인 성격과 대체로 맞지 않습니다. 상상력이 줄 수 있는 그러한 인위적인 도움은 물론 어느 정도 형태론(morphia)의 본질을 띠고 있습니다. 점점 낡아 사라지는 기간이 있습니다.

허탈감은 허영심의 자연스러운 반대입니다. 따라서 게자리 태생의 본성은 극심한 우울증에 빠지기 쉽습니다. 이러한 감정의 변화는 탄력적이고 그 조절이 사실에 훨씬 더 의존하는 이른바 변덕스러운(mercurial) 기질이라고 불리는 것과 주의 깊게 구별되어야 합니다. 그것의 저항력은 훨씬 더 큽니다. 변덕스러운 마음은 우리가 논의하는 것과 같은 높이나 깊은 곳에 도달하지 못합니다.

수동적인 성향의 게자리는 전적으로 달에 의해 지배를 받습니다. 그것은 능동적인 성향의 게자리와는 공통점이 거의 없습니다.

그것은 셀레네(Selene, 그리스신화의 달의 여신) 자신처럼 거의 전적으로 반사에 의존하여 살아갑니다. 보수성(보수주의)은 매우 완벽하지만, 느낌이 오면 변화에 대한 거부감은 거의 없습니다. 그것은 모든 이미지를 똑같이 부드럽게 반영하며, 그리고 그 자체로는 그다지 인상적이지 않습니다.

물이 물을 담는 그릇의 형태를 띤다는 말에는 철학적으로 오류가 있습니다. 물은 모양이 없습니다. 그것이 주장하는 유일한 것은 평평한 표면입니다. 능동적인 유형이 미묘하고 끈질긴 공격으로 승리하는 것처럼, 수동적인 유형은 톨스토이식의 저항으로 인해 그 자체로 남게 됩니다.

"만약 사람들이 확고하고 강한 방법으로 자신들의 정의감을 알리지 못한다면, 그리고 복종하기를 거부하지 못한다면 그들은 억압받는 고통에 대해 오로지 자신들을 탓하는 수밖에 없다."

톨스토이식 비폭력적 저항의 평화 투쟁의 효과는 학자들 연구에서도 입증됩니다. 그것은 저항하지 않는 간단한 과정으로 저항합니다. 물은 강철보다 더 압축할 수 없습니다. 겉보기에 온순한 건 망상일 뿐입니다.

이러한 유형은 상상력이 풍부하지 않거나, 또는 능동적인 유형의 게자리와 같은 낭만적인 환상을 일으키기 쉽습니다. 그것은 이러한 특성들을 감상적인 것으로 대체합니다. 진정한 감정의 깊이는 거의 없습니다. 가장 다정했던 아내는 남편의 죽음에도 거의 동요하지 않습니다. 그녀는 완전히 평정심을 가지고 새로운 상황을 받아들이고 아마도 열정이나 후회 없이 1년 후에 또 다른 결혼을 하게 될 것입니다. 새로운 상황에 대한 의식적인 적응능력 때문에 쌍둥이자리처럼 일이 오는 대로 받아들여지는 것이 아니라 순전히 게으름에서 사물이 오는 대로 그대로 취해집니다. 가장 쉬운 방법이 유일한 방법입니다.

이 사람들에게는 도덕적(정조 관념) 체력이 거의 없습니다. 거리의 많은 여성이 이런 유형에 속하지만, 수동적인 유형에서 떠오르는 이 별자리를 가진 진정한 창녀(천박한 여자)는 결코 찾을 수 없습니다. 그들은 정말로 선한 것처럼, 그들은 결코 사악하지 않습니다. 그들은 미리 생각하거나 계획하지 않고 단순히 받아들입니다. 그들은 결코 시작하지 않습니다. 그들에게는 어떠한 활동도 없습니다. 비록 이 사람들이 가장 가정적이고 신뢰할 수 있는 것처럼 보이지만, 그들은 전혀 신뢰할 수 없습니다. 그들은 새로운 영향을 받게 되고 오래된 것과 마찬가지로 완전히 그것에 반응합니다. 연속적으로 반대되는 모습을 재현하는 것을 볼 수 있는 것을 안경 탓으로 돌리는 것만큼이나 그들에게 화를 내는 것도 어처구니없는 일입니다.

말하기와 글쓰기에서 두 유형의 일반적인 특성은 동일합니다. 옛것에 호소하는 경향이 강합니다. 바이런(Byron, 영국의 시인, 1788~1824)은 가장 현대적인 노력에도 불구하고 항상 과거에 대한 글을 쓰고 그의 작품을 고전에 대한 암시로 채웠습니다.

훨씬 더 강력한 경우는 문자 그대로 고전으로 가득 차 있던 스윈번 (Swinburn, 영국의 시인·평론가, 1837~1909)입니다. 그는 거의 전적으로 고전 신화나 전설에 관한 글을 썼습니다. 그는 그리스 시인이나 프랑스인들이 사용한 실제 운율을 모방하여 발라드(ballade, 프랑스의 시적 형식)와 샹트 로얄(chant royal, 발라드 형식의 변형인 시적 형식)과 같은 잊힌 형식을 사용했습니다. 그는 심지어 그리스어, 라틴어, 프랑스어로 시를 쓰기도 했는데, 학자들은 이 시들이 아마도 3천 년 전에 쓰였을지도 모른다면서 그 시를 인정할 정도로 고전 모델들을 아주 훌륭하게 틀에 박았습니다. 그리고 나서 그 후 그는 20년 동안을 스코틀랜드의 여왕인 메리와 엘리자베스 여왕 가족과 함께 보냈습니다. 그는 거의 잊힌 시대의 다양한 다른 작가들의 스타일로 수많은 서정적인 글을 썼습니다. 심지어 그의 가장 현대적인 작품조차도 고전 정신으로 가득 차 있었습니다.

뛰어나지 못한 경우에 우리는 성공 대신 실패를 발견합니다. 이 별자리 태생들의 일반적인 글들은 진부하고 상투적인 문구의 반복입니다. 많은 사람이 글을 쓰기에 너무 게으릅니다. 심지어 말(연설)에서조차도 그들은 신중하고 침착하며, 의도적으로 들을 만한 말을 거의 하지 않습니다. 그들은 가장 쉬운 말을 하고 특히 불쾌감을 주지 않으려고 조심합니다. 능동적인 유형의 태생들은 거리낌 없는 비평이 그들의 특징이기도 하여 표현에 있어서 매우 날카롭고 종종 공격적인 발언을 하므로 위의 저 마지막 발언은 결코 해당되지 않습니다.

능동적인 유형의 게자리들은 중매결혼을 할 가능성이 높으며, 그는 자신의 활동이 결혼 생활에 지장을 줄 수도 있다는 느낌으로 특별히 어떠한 일을 간절히 하고 싶어 하지는 않습니다.

수동적인 유형의 게자리는 결혼을 서로의 합의로서 받아들이고, 그 안에서 같은 감정으로 생활합니다. 이러한 유형은 선천적으로 충실하지는 않지만, 가정적인 불화를 겪으니 차라리 충실할 것입니다.

사랑에 있어서 능동적인 유형은 애정이 한번 시작되면 끈기가 있고 인내심이 강하며 심지어 자기희생적이기도 하지만, 이러한 사람들은 다른 사람들의 천성적인 선한 본성과 기분을 맞춰 주려고 하는 욕구 때문에 변덕스럽다는 비난을 받을 수도 있습니다.

수동적인 유형은 순수하게 수용적입니다. 그들은 열정적이기보다는 감각적입니다. 안락함이 최우선 고려 사항이기 때문에 종종 돈 버는 데(목적성)만 관심이 있습니다. 이 사람들은 아이들을 좋아하지만, 그들의 어리석음에 대해서는 인내심이 거의 없습니다. 이것은 매우 나쁜 유형의 어머니입니다. 아이가 모든 면에서 버릇없이 굴어도 귀여워하지만, 엄마를 화나게 하는 첫 번째 잘못에 대해서는 불합리한 처벌이 가해집니다.

능동적인 유형의 게자리가 엄마가 되면 지나친 엄격함으로 실수하는 경향이 있을 수 있지만, 이해력은 더 좋고 전체적인 태도는 더 합리적입니다. 아랫사람들을 대할 때 능동적인 유형의 게자리 사람들은 공정하지만 엄격한 경향이 있으며, 수동적인 유형의 사람들은 부주의하고, 지나치게 방임하기 쉽습니다.

공공 업무에 있어서 능동적인 유형은 이미 설명한 바와 같이 공격 방법의 특성 때문에 매우 위험합니다. 수동적인 유형은 일상적인 일 처리도 잘 못할 수 있습니다. 그는 업무에 거의 관여하기 힘들고 개별 사건을 처리해야 하는 필요성에 대한 인식도 없습니다.

그는 모든 것을 다룰 수 있는 하나의 공식을 원합니다. 그가 정확하게 창조하지는 못하겠지만 부활의 기적을 행합니다. 수동적인 유형은 과학과 종교에는 전혀 관심이 없습니다. 그는 모든 조사의 기초가 되는 것에 불만을 가지고 있지 않습니다. 특히 정신적으로 여행하려는 성향은 능동적인 유형이 더 강합니다.

두 유형의 일반적인 성격에 대해서는 이미 말한 바와 같이, 그들이 시도된 통제에 어떻게 반응하는지를 볼 수 있을 것입니다. 능동적인 유형은 부러지지만 공격을 계속합니다. 수동적인 유형은 겉으로는 양보하지만, 실질적으로 느낌을 받아들이지는 못합니다.

게자리 태생들은 피부가 얇고, 과민하며, 경미한 급성질환의 증상을 겪습니다. 그들에게는 삶의 본질적인 측면에 대해 비슷한 견해를 가지고 있는 조화로운 주변 환경과 마음 맞는 동료가 있어야 합니다. 그렇지 않으면 그들은 그들의 기회를 최대한 활용하지 못할 것입니다. 그들은 사적인 관계와 공적인 문제 모두에서 동정심과 인정에 의존합니다. 불협화음이나 반대는 그들의 최선의 노력을 다른 데로 돌리게 하는 경향이 있습니다. 그들은 변화무쌍하고 안정감이 없어 보이는 경향이 있지만, 동시에 대단한 인내심과 목적의식을 가지고 있습니다. 그들은 자신이 사랑하는 사람들에 의해 매우 쉽게 영향을 받지만, 그들이 적응하는 것처럼 보일지라도 만약 강요한다면, 그들은 매우 단호하고 심지어 고집 센 정신을 보여 줄 것입니다.

이 싸인 아래 태어난 사람들과 친밀한 관계를 맺고 있는 사람들은 그들이 생각과 행동의 독립성을 기를 수 있도록 격려해야 합니다. 그들은 한 순간에 '혼자 있고 싶다'는 욕망을 표현하고, 그다음 순간에는 보호 없이 온전히 바다에 혼자 있는 것처럼 느껴지기 때문에, 그런 격려는 하기 어려울지도 모릅니다.

이 별자리 아래에서 태어난 사람들은 종종 심령적인 현상과 신통력(영매) 현상에 끌리는 경우가 많습니다. 그러나 그들이 초자연적인 영역에 너무 깊이 빠져들어 그들의 건강과 세속적인 성공을 방해할 수도 있다는 큰 위험이 있습니다.

이 별자리의 영향을 받아 태어난 아이들은 어린 시절에는 허약한 체질을 갖는 경향이 있지만, 몇 년이 지나고, 특히 40세 이후에는 더욱 강건해집니다. 부모가 육체적으로 건강하고 정신적으로 정상적인 건강한 보모와 가정교사를 선택하는 것이 가장 중요합니다.

그리고 게자리 아이들은 너무 감수성이 풍부하고 예민하여, 불친절하거나 나약하거나 또는 나이 많은 사람들과 관계를 맺을 때 에너지가 쉽게 고갈되기 때문에 좋은 성품을 가진 분이 필요합니다.

그 반대로, 이 아이들은 자신보다 강한 사람들 또는 그들 자신을 사랑하는 사람들의 생명력에 의지합니다.

그들은 서로 반대되고 침울한 경향이 있고, 상상을 하거나 아니면 사소한 것들에 대해 곰곰이 곱씹어 생각하는 경향이 있습니다.

그들은 매우 예민한 소화기관을 가지고 있습니다. 그들은 보통의 아이들만큼 많은 음식을 필요로 하지 않으며, 좋아하는 것과 싫어하는 것에 있어 매우 유별납니다. 이것은 많은 경우에, 그들에게 간편하고 영양가 있는 음식을 좋아하도록 가르쳐야 하며, 그들이 자신의 식단을 선택하는 데 있어서 피해야 하는 음식을 스스로 선택하도록 허용되어서는 안 됩니다. 그들은 감염성 또는 전염성 질병에 노출되어서는 안 됩니다. 왜냐하면 그들은 수용적인 성향 때문에 다른 사람들로부터 세균을 옮길 가능성이 높기 때문입니다.

이 태생의 아이들은 정이 많을 뿐만 아니라 사랑을 원하기도 합니다. 그러나 겸손함으로 인해 드러내놓고 표현하질 못합니다. 그들은 자기보호가 부족하고 이타심 때문에 그들은 종종 또래 친구들에 의해 이용당하며, 나중에는 인생에서 현명하게 친절하기보다는 어리석은 관대함으로 나타날 수 있습니다.

그들은 진취성이 부족하고 저항이 가장 적은 노선을 따라가는 경향이 있기 때문에 그들의 가능성과 한계를 연구하고, 그리고 그들의 교육에 있어서 현명한 방향을 제시해야 합니다. 물론 그들의 천궁도상의 어스펙트가 아주 강한 소질을 갖고 있지 않는 한, 또는 그들이 대학 교육에 대한 열망을 표현하지 않는 한, 부모들이 그 아이들을 대학에 보내기 위해 고집하거나 너무 많은 희생을 하는 것은 현명하지 못합니다.

게자리 태생은 손재주가 뛰어나고 매우 철저한 일꾼입니다. 그들이 수공(手工) 훈련에 대한 욕구를 보인다면 그것을 장려하는 것이 좋을 것입니다. 그들은 책을 통해 쉽게 지식을 얻는 것이 아니라 유대관계나 여행 및 경험을 통해 지식을 흡수합니다.

2월 20일부터 3월 22일까지 태양이 물의 원소이며 이타적인 별자리인 물고기자리에 태어난 사람과 10월 24일부터 11월 23일까지 태양이 물의 원소이며 무의식적인 별자리인 전갈자리에 태어난 사람들은 게자리의 태생으로 태어난 사람들에게 자연스럽게 호의적이고 서로에게 도움이 됩니다. 그들의 특성은 상호보완적이기 때문에, 결혼 생활이든 아니든 게자리의 태생들에게 좋은 파트너입니다.

3월 22일에서 4월 21일(양자리), 9월 24일에서 10월 24일(천칭자리), 또는 12월 23일에서 1월 21일(염소자리) 사이에 태어난 사람들과 지나치게 친밀한 관계를 맺는다면 게자리 태생들은 자신의 개성을 지키기 위해 자신의 이익을 잘 지키고 싸울 필요가 있을 것입니다. 그러한 친밀감은 게자리 태생이 너무 내성적이고, 너무 초조해하고, 자신감이 너무 부족해지는 결과를 초래할 수 있습니다. 이러한 이유로 양자리, 천칭자리, 염소자리에서 태어난 사람들과는 결혼 생활에서든 사업상으로든 가장 호의적이거나 도움이 되는 파트너가 되지 못할 것입니다.

게자리의 진동이 사자자리의 진동으로 합쳐지고 사자자리가 여전히 게자리의 일부를 유지하는 약 7일의 기간인 7월 21일부터 7월 28일까지를 커스프(cusp)라고 합니다. 이 날짜들 사이에 태어난 사람들은 과민하고 보수적인 게자리뿐만 아니라 과도하게 자신감이 넘치고 능수능란한 사자자리의 모습을 띕니다. 또는 이 둘의 조합된 모습을 보이게 됩니다.

정신을 지배하는 수성과 사랑의 본성을 지배하는 금성은 태양에 매우 가깝기 때문에 그들 역시 인접한 게자리 성질의 일부를 띄게 된다고 할 수 있습니다. 이것은 이해하기 어려운 복잡한 성격의 일부를 설명한 것입니다.

태양 또는 어센던트의 위치는 이러한 추론을 도출했을 때만 고려되었기 때문에 언급된 것 이외의 다른 별자리에서 태어난 사람은 게자리와 궁합이 맞거나 맞지 않을 가능성이 있습니다. 개별 천궁도에 의해 나타나는 영향들의 조합은 그러한 변동의 이유를 명확하게 해 줄 것입니다.

이러한 징후들은 단지 일반적인 것일 뿐이며, 자기 자신이 알고 있는 것처럼 개인의 모든 특성을 다루지는 않을 것입니다. 행성들에 의해 만들어진 변화들을 발견하기 위해 상세한 진술이나 천궁도가 만들어져야 합니다.

■ 사자자리(LEO)

사자자리는 7월 24일에서 8월 24일 사이에 태어난 사람이나 또는 출생 시 이 별자리가 떠오르는 사람(출생 시간에 대한 지식을 통해서만 확인할 수 있음)은 불의 원소이며, 고정 별자리의 지배를 받게 됩니다. 최고 책임자이며, 매력적인 별자리로 '모든 생명의 수여자'인 태양에 의해 지배되며, 사자로 상징됩니다.

태양이 그의 전체 시스템의 중심이자 원형이듯이 사자자리의 태생은 인류의 가장 완전하고 균형 잡힌 대표자입니다. 그의 모든 능력과 비율은 균형과 조화를 이루고 있으며, 특히 그의 신체적 외모는 더욱 그렇습니다. 그리스인들은 본능적으로 이것을 알아차렸고, 아폴로와 헤라클레스를 남성다운 아름다움의 모델로 태양의 신을 청소년기와 성인 타입으로 만들었습니다.

☽ 물리적(육체적) 특성

전형적인 두개골은 너무 길지도 넓지도 않고, 눈썹은 대범하고 명확하며 전두엽이 잘 발달되어 있습니다. 머리카락은 일반적으로 금발이며 때로는 붉은색을 띱니다. 눈은 두려움이 없고 명령적이며 때로는 거만함의 흔적이 있습니다. 사자자리 태생은 행동할 때는 예리하게 관찰하지만, 종종 자신의 생각에 몰두하는 것처럼 스스로에게 빠져드는 경우가 많습니다. 그들은 솔직하고 도전적이며, 그들이 만나는 모든 새로운 사람들을 잠재적인 적으로 여기는 것처럼 보입니다.

하지만 그럼에도 불구하고, 그들은 아주 훌륭한 유머를 가지고 있습니다. 본연의 색상은 화사한 유채색입니다. 이마는 높고 넓습니다. 젊은 나이에도 대머리가 많으며, 특히 앞머리는 매우 흔합니다.

코는 너무 크지도 작지도 않으며 잘 생겼습니다. 일반적으로 직선형이지만 때로는 약간의 매부리코의 경향이 있습니다. 입은 작고 모양이 좋으며, 단단히 고정되어 있고 움츠러들지는 않았습니다. 턱은 뾰족하기보다는 사각형이며, 얼굴의 평면은 그룹 별자리의 특정적인 평탄함을 가지고 있습니다. 그리스인의 이상적인 형태에서 유일한 일탈(편차)은 타원형이 아닌 사각형인 얼굴의 일반적인 형태입니다. 젊었을 때 다소 우아했던 신체는 성장 기간이 끝날 무렵 건강한 유형으로 자리 잡으며, 활동적인 힘이 강화됩니다. 팔다리는 균형이 잘 잡혀 있습니다.

일반적으로 관상학에서 매우 사자 같은 표현으로 인식되는 것이 있으며, 또한 어깨의 너비와 엉덩이와 옆구리의 호리호리한 모습에서도 유사한 암시가 있습니다. 사자자리의 수동적인 유형에서는 이전 우리가 게자리에서 알아차린 것과 같은 방식의 능동적인 유형과 구별되지 않습니다. 그것은 단지 고귀한 유형의 퇴보일 뿐입니다. 실제로, 특정한 별자리를 특징짓는 이러한 극단적인 유형의 다양성은 그들에게 영향을 미치는 행성의 본질에 대한 약간의 충돌로 인한 것으로 보입니다. 사자자리는 조화로운 지배자와 더불어 완벽하게 솔직한 별자리입니다. 태양과 불의 원소 사이에는 위화감이 없으며, 두 번째 유형(수동형)을 만들기 위해 별자리에 엑젤테이션된 행성도 없습니다. 게자리에서 목성의 엑젤테이션은 논리적으로 그 별자리의 능동적인 유형이 두드러지게 더 우수한 특징들의 원인으로 볼 수 있습니다. 그 별자리(게자리)의 지배자가 수동적이기 때문입니다.

변형된 사자자리는 알아보기가 매우 쉽습니다. 그 표현은 사자라기보다는 불독에 가깝습니다. 고귀한 유형의 안색은 맑고 장밋빛이지만, 변형된 사자자리는 일반적으로 어둡고 붉어지며 짙은 색조를 띠고 전체적인 얼굴은 초췌하고 오므려진 입과 쭈글쭈글한 주름이 있으며, 사자의 핵심적인 힘이 모두 제거된 것처럼 보입니다. 몸은 훨씬 더 작고 약하지만, 때때로 거만하고 무거워지는 경향이 있습니다. 이런 나쁜 타입에도 사자자리의 투지는 존재하지만, 걸핏하면 싸우려는 모습으로 변질됩니다.

사자자리의 체질은 신경과 근육뿐만 아니라 신체의 중요한 기관들이

고도로 발달되어 있고 기능적으로도 균형이 매우 잘 잡혀 있습니다. 회복력은 엄청납니다. 사자자리의 태생은 질병에 걸리기 쉽지만, 그가 질병이 걸리자마자 그의 모든 생명력이 그를 돕는 것처럼 보이고, 그는 매우 빠른 속도로 질병을 물리칩니다. 겉보기에 많은 심각한 장애들은 단순한 기능장애로 판명될 것입니다.

사자자리 태생은 때때로 그의 건강 상태에 대해 다소 놀라움을 금치 못하지만, 그는 빠르게 용기를 되찾고 가장 심각한 질병에도 자신감을 가지고 싸웁니다. 사자자리는 심장과 등을 다스리며, 그리고 동정적으로 순환기, 목, 생식기를 관장합니다. 이러한 부분에 영향을 미치는 장애는 시스템이 고갈되면 쉽게 악화됩니다.

그는 그가 가지고 있는 어떤 슬픔도 극복하려고 노력해야 합니다. 왜냐하면 만약 그가 슬픔을 간직하려 한다면, 그것은 그의 건강에 매우 혼란스러운 영향을 미칠 것이기 때문입니다. 그의 심장은 그의 강점이기도 하고 약점이기도 한 곳인데, 그의 생명력이 너무 커서 때때로 그것을 과장하기도 하며, 그의 힘에 너무 큰 부담을 주기 때문입니다. 그의 심장은 특히 확장증과 비대증에 걸리기 쉽습니다.

후자의 상태는 확실히 사자자리 태생들의 고유의 특징이며, 특별히 표시되지 않는 한 정상적인 것으로 간주될 수 있습니다. 진찰을 받을 때 의사를 지나치게 놀라게 해서는 안 됩니다.

☾✦ 도덕적 특성

사자자리 태생의 도덕적인 성격은 태양신의 의식에 대해 깊이 연구한 사람들이 가장 잘 이해할 수 있습니다. 그는 자신의 영광과 운명에 대해 똑같이 강렬하게 의식하고 있으며, 그는 자신의 부활에 대해 무한한 확신을 갖고 있는 왕족이자 비극적인 인물입니다.

따라서 그는 왕실의 의미와 신성의 의미에서 인류를 대표합니다. 그는 이 잠재의식적 지식을 끊임없이 자신 안에 지니고 있습니다.

사자자리의 대표적인 기관은 심장입니다. 사자자리 태생들은 아마도 물병자리와 관련되어 발견하게 될 우주에 대한 분석적인 이해를 가지고 있지 않을 것입니다. 그러나 그의 이해는 어떤 면에서는 무의식적이지만 물병자리 태생보다 훨씬 뛰어납니다. 왜냐하면 그는 모든 생명을 한 세기에 걸쳐 하나로 간주할 뿐만 아니라 그것을 완전히 신성한 인격의 신성한 의식으로 인식하기 때문입니다. 물론 일반적인 유형에서는 이것이 믿음, 희망, 사랑의 세 가지 기본 덕목을 행사하는 것에 불과하지만, 가장 위대한 유형에서는 우주 전체를 영원한 축제, 끝없는 기쁨의 행렬로 인식하는 인식이 존재하며, 그 안에서 고통은 단지 행복의 현실을 강조하는데 필요한 '사건'일 뿐입니다. 캐릭터의 진정한 단맛을 내기 위해서는 역경이 필요하며, 과일의 풍미가 가장 좋은 것은 서릿발 같은 기후에서만 찾을 수 있습니다.

사자자리 태생의 성격은 대담하고 자신감이 넘치며, 그의 행동은 확신에 차 있고, 그의 모습은 위엄이 있습니다. 대부분의 다른 유형들은 자발적으로 그를 존경하거나 두려워하며, 본능적인 질투로 많은 적을 만들어 냅니다. 여기서 우리는 형제들의 질투로 살해를 당한 태양신의 상징적인 모습으로 다시 한번 돌아갑니다.

사자자리는 일하는 노동자보다는 싸움하는 전사들을 배출합니다. 일반적으로, 그들은 황소자리의 태생들만큼 지속적인 노력을 할 수 있는 능력이 거의 없습니다. 그들은 험난한 전투를 그렇게 잘하지 않습니다. 그들은 더 쉽게 상처를 입습니다. 이것은 전투의 질에서도 적용됩니다. 일단 전투에 나서면 버팔로는 사자보다 훨씬 더 무서운 적입니다. 사자자리의 자존심이 오히려 싸움에서 그를 방해합니다. 그는 기사다운 무기를 가지고 싸우고 싶어 합니다. 그는 디테일(세부 사항)을 싫어합니다.

그는 독일군이 보여 준 것처럼 전쟁에 대한 철저한 준비 능력이 없습니다. 그는 산업적으로 준비할 수도 없고, 정교한 스파이 시스템을 개발할 수도 없습니다. 그는 깃발을 휘날리고 밴드를 연주하며 전투에 참여하는 것을 좋아합니다. 그의 본성은 매우 고귀합니다. 그는 비열하고 비천한 사람, 비밀스럽고 부정직한 사람을 싫어합니다. 그리고 이러한 자질들이 때론 성공의 필수 요소인 분쟁에서, 그는 때때로 오히려 실패자입니다.
또 다른 이유로, 그는 물질적인 이익보다 영광을 더 중요하게 여깁니다. 그는 상업적인 전쟁을 하지 않습니다. 그는 보편적인 제국을 원합니다. 사자자리가 지배하는 프랑스가 이러한 정신을 잘 보여 주고 있습니다. 최초의 나폴레옹이 이 별자리에 태양을 가지고 있다는 점은 흥미로운 사실입니다. 사자자리의 매력은 항상 이상에 있습니다. 그는 천박함을 이해하는 데 일반적으로 더디고, 자신의 주장을 위대한 원칙, 정의, 인간성, 의로움에 기초한다면 반드시 성공해야 한다고 생각합니다. 그는 대부분의 사람이 물질적 이점을 고려하여 질문을 결정한다는 것을 전혀 깨닫지 못합니다. 또 하나, 그는 과거와 미래를 참조하여 모든 각도에서 질문이 고려되기를 기대한다는 것입니다.

그리고 일반적인 예의범절을 언급하는 반면, 현실에서 사람들은 그 순간의 사소한 편법을 계산합니다. 사자자리는 또한 다른 사람들에 대한 그의 관대함과 믿음 때문에 잘못을 저지를 수 있습니다.
사자자리 태생들이 속임수가 불가능하다고 생각하게 만드는 것은 부분적으로 사자자리 태생의 자부심입니다. 그 자신은 진실을 말할 뿐만 아니라 속임수나 은폐 없이 직설적이고 솔직하게 행동합니다. 그는 모든 사람 중에서 가장 속이기 쉽고, 심지어 자신이 배신을 당했다고 느끼더라도, 그가 복수하기에는 너무 고귀하여 복수를 할 수 없습니다.

"Father forgive them, for they know not what they do(하나님 아버지여 그들을 용서하소서, 아버지는 그들이 무엇을 하는지 알지 못하나이다)."

위의 예문이 바로 이러한 사자자리 유형의 전형적인 태도입니다. 사자자리 태생들은 자기 자신도 극심한 고통을 겪고 있으며, 아마도 그 결과 다른 이들의 고통에 매우 공감하고 있습니다. 복수라든가 심지어 처벌에 대한 생각은 그의 본성과는 전혀 다른 것입니다.

그는 불행이 내재되어 있는 인류의 영웅적이고 비극적인 운명을 너무나 잘 이해하고 있으며, 그는 그 내재된 불행의 본질적인 할당량을 가지고 있기 때문에 그가 추가적인 고통을 가해야 한다는 생각은 그에게 반감을 주고 있습니다.

그는 정의보다 자비를 더 사랑합니다. 그는 어떤 영역에서든 실수는 반드시 상응하는 결과를 만들어 내야 한다는 것을 분명히 이해하고 있지만, 그는 그 사실을 안타깝게 생각할 것이며 고의적인 벌칙 부과로 상황을 악화시키는 것을 분명히 거부할 것입니다.

사자자리가 떠오른 비스마르크(Bismarck)의 성격과 자질을 예로 들 수 있습니다. 그는 독일어를 사용하는 사람들을 통합하는 것이 그의 목표였으며 그는 포괄적인 왕실의 방식으로 그렇게 했으며, 그는 어떠한 반대 입장도 표명하지 않았습니다. 그러나 나폴레옹의 지위가 최악의 상태로 후퇴하지 않았다면, 그는 아마도 프랑스를 그냥 내버려 두었을 것입니다. 나폴레옹 3세는 나폴레옹의 자질을 전혀 갖고 있지 않았습니다. 그는 야망의 실체가 없는 나약하고, 까다롭고, 옹졸하고, 진정한 야망이 아닌 야망을 가지고 있었으며, 위대한 코르시카인의 위업에 대해 그가 어설프게 모방함으로써 유럽에 경종을 울렸습니다.

그러나 프랑스는 완전히 폐허가 되었고 정복자의 수중에 놓여 있었을 때, 비스마르크는 합병 정책에 반대했습니다. 프랑스를 공정하게 이겼기 때문에, 그는 프랑스를 모욕하고 싶지 않았습니다. 그는 프랑스의 영토를 그대로 두는 것을 선호했을 것이고, 관대함을 실천함으로써, 영원한 우정의 기초를 다지는 것을 선호했을 것입니다.

그의 생각이 거부된 것이 그날부터 지금까지 독일의 불행이자 위험이었습니다. 두 명의 흑인을 백인으로 만들어 내지 못한다거나, 또는 두 명의 흑인이 잘못된 권리를 만들지 않는다는 사실을 이해한다면, 그것은 인류에게는 정말로 밝은 순간이 될 것입니다. '용서하고 잊어버리는 것'이 '눈에는 눈으로, 이에는 이로'보다 더 나은 규칙이라는 것을 이해할 수 있을 것입니다.

유럽은 1871년 비스마르크의 관대함은 동시대 사람들의 생각 수준을 넘어섰기 때문에 오늘날까지 붕괴가 된 상태입니다. 물질적 배려와 동정은 모든 시간에 속합니다.

사자자리는 지나치게 자존심이 강하기 때문에 다소 화가 나기 쉽습니다. 그는 흥분하기 쉽고, 그의 성품이 아무리 좋더라도, 조금이라도 지나치게 활달하거나 풀어 놓으면, 그것들은 치명적이 됩니다.

사자자리에게는 항상 자제가 필요합니다. 그의 확장 경향은 그의 가장 큰 위험입니다. 그는 무엇보다도 겸손하고 하나님과 함께 걷는 것을 배워야 합니다. 극단적인 경우, 과대망상증은 전혀 드물지 않습니다. 자제하지 못하는 사자자리는 오만함을 의미하지만, 뛰어난 자신감에도 불구하고 효과적으로 반대할 때 그는 갑자기 자원이 없는 자신을 발견하기 쉽습니다.

지금 이 순간, 그는 자신의 비극적인 운명을 기억할 것이고, 싸우다가 죽을 각오를 하고 궁지에 몰리게 될 것입니다. 이러한 사자자리의 자질들은 황소자리의 끈기와 인내심보다 덜 유용합니다. 다른 한편으론, 그것들은 다른 두 개의 불 싸인에서 나타나는 유사한 성질보다는 훨씬 더 좋습니다.

사자자리는 불 원소의 성향이 잘 나타나고, 불은 모든 힘과 균형이 잘 잡혀 있으며, 그리고 더 나아가 사자자리는 별자리의 상징입니다. 그러므로 혈기왕성하고 고집스러운 특성이 있지만, 그것은 어떤 지구력을 필요로 했을지도 모르는 견고함이 부족합니다.

사자자리는 왕족처럼 자신이 왕족에 대한 감정을 느끼면서, 자신의 당연한 권리로서 다른 사람들에게 모든 것을 기대하는 경향이 너무 강합니다. 그는 모든 사람이 자기 자신에게 공물로써 경의를 표해야 한다는 태도를 취하고, 그중 일부를 선물의 형태로 되돌려주는 것은 매우 훌륭한 사람이라는 태도를 취합니다.

그는 상업적인 생각은 전혀 하고 있지 않습니다. 그는 자신이 요구하는 것을 즉시 행동하지 않는 다른 사람의 배은망덕이나 불성실함을 끊임없이 한탄합니다. 그가 그들에게 그의 미소의 헤아릴 수 없는 유익을 그들에게 주지 않았나요? 하며.

그는 아첨에 쉽게 넘어갈 수 있으며, 그것이 진실하지 않다는 경고를 받으면 기분이 상합니다. 그에게는 그 진술이 사실이라는 것이 너무도 명백해서, 그 진술을 하는 사람이 진실이 아닌 다른 사람이라는 걸 믿을 수가 없습니다. 그는 그 사람이 자신에게 무언가를 얻어내고자 하는 생각으로 칭찬하고 있다는 것을 인정할 것이지만, 그것은 그에게 용서할 수 있습니다. 그것은 아주 당연한 일입니다. 그는 모든 은총을 베풀지 않는가? 아랫사람들은 그의 은혜를 기대하는 것이 맞습니다.

이솝이야기에서 지적하듯이 사자는 자칼에 의해 매우 쉽게 관리됩니다. 사자는 저 비열한 짐승을 경멸하고, 종종 그에게 매우 화를 내지만,

그 교활한 동물은 사자에게 자신의 환심을 보여 주기 위해 사자의 분노가 최고조에 달했을 때 사자에게 맹수들의 왕임을 상기시키며, "불쌍한 작은 자칼에게 너무 많은 것을 기대하지 마십시오."라고 말하면 됩니다.

금전적인 문제에 있어서 사자자리는 관대하고, 그 보답으로 너그러움을 바라고 있습니다.

그는 어떤 종류의 쩨쩨한 것도 이해할 수 없습니다. 그는 돈을 생각할 때 큰 금액을 생각합니다. 그는 결코 돈 자체를 위해 돈을 생각하지 않으며, 그것을 추하게 쌓아 두는 생각이 그를 역겹게 합니다. 그러나 그는 그것을 소유하기를 좋아하며, 그것은 힘으로써, 특히 삶의 더 높은 목적을 위해서 유용하다는 것을 인식합니다.

사자자리의 태생은 종종 언변과 글쓰기에 능통합니다. 그의 매력은 언제나 솔직하고 직설적이며, 그것은 머리보다는 가슴으로 호소합니다. 그는 오히려 변증법적인 기술을 경멸합니다. 그는 진실을 말하지만 과장하고 자랑하는 경향이 있으며, 위험한 낙천주의 경향을 보입니다. 사자자리 태생은 선량한 마음씨 덕분에 일반적으로 가족들과 잘 지냅니다. 어떤 의미에서는 길들여진 사람이라고도 할 수 있지만, 그는 어떤 집단의 중심이 되어야 한다고 주장합니다.

그의 가족들은 그를 중심으로 돌아가야 합니다. 그의 삶의 위치가 아무리 보잘것없는 신분이라도 그는 자기 스스로를 작은 궁전의 왕으로 칭합니다. 때때로 그 효과는 불쾌합니다.

말을 탄 거지들은 그들의 말을 잘 관리하는 경우가 거의 없습니다. 외부 세계가 그것을 거부하면 아첨에 대한 욕망이 과장되고, 이러한 사람 중 일부는 결과적으로 가정생활에서 폭군이 됩니다. 그들은 게으름에서가 아니라 자신이 보는 대로 자신의 권리를 행사하려는 욕망에서, 모든 것이 자신을 위해 이루어지기를 기대합니다.

그들은 끊임없이 자신의 위치를 증명해야 한다고 느낍니다. 이것은 삶이 그들에게 다소 힘들 때 발생합니다. 삶이 잘 풀릴 때, 그들은 누구도 그들에게 도전할 수 있다는 것을 거의 상상할 수 없습니다. 그들이 가정생활에서든 사회생활에서든 그들이 빛을 발할 수 있는 영역이 있는 한 별문제가 되지 않습니다.

사랑의 문제에 있어서 사자자리는 고상하고 다소 관습적이지만, 그는 일반적으로 인정받고 싶은 생각에 있어서는 다소 불운합니다.

그의 유일한 생각은 자기 자신에게 최대한으로 노력을 기울이게 하는 것이며, 그는 자신의 가치에 대한 감각이 너무 커서 그의 제안을 받아들이는 것을 거절하는 어떤 사람도, 그것을 거부하는 어떤 상황도 상상할 수 없습니다.

받아들여질 때 그는 너무 못마땅해하고 동시에 너무 까다롭게 합니다. 그는 상대방을 망칠 가능성이 커 보이거나, 무시하거나 배은망덕한 것을 발견했을 때 그는 터무니없이 상처를 받습니다. 이것들은 존재하지 않을 수도 있지만, 그는 너무 많은 것을 기대하기 때문에 그는 가장 사소한 일에 매우 터무니없는 중요성을 부여합니다. 그는 변덕스럽지는 않지만, 십여 개의 행성이 자신의 주위를 돌고 그의 빛으로 빛나게 할 정도로 큰 성격을 지닌 자신을 느끼며, 그의 마음속에는 많은 사람을 사랑하고 있습니다.

사자자리 태생에게 사랑에 대한 고급스러움은 문학인들이 평범함이라고 부르는 것입니다. 즉, 그의 마음을 사로잡는 것은 낭만적이고 기사도적인 생각입니다. 그것은 감성적인 것으로 변질될 가능성이 매우 큽니다. 멜로리(Mallory)는 그의 저서 『모트 다아더(Morte d'Arthur)』에서 이 이상을 표현했습니다.

사자자리의 태생은 원한을 품는 것이 불가능합니다. 태양을 가리고 있는 구름은 일시적인 것일 뿐이며, 게다가 그 구름들은 그의 것이 아니라 그들이 태어난 지구에 속한 것입니다. 그러한 구름은 자신의 과도한 열에 의해 생성된다는 것을 관찰하는 것은 중요합니다.

사자자리의 태생들은 위험과 모험을 좋아합니다. 왜냐하면 그들은 위험과 모험의 열정이 그에게 고귀함으로 만드는 것처럼 보이기 때문입니다. 그는 환상을 발견한 후에도 그 환상을 유지하는 어떤 힘을 가지고 있습니다. 그의 이상에 대한 그의 믿음으로 인해 그는 그의 애인의 결점을 간과하게 만듭니다. 이것 또한 허영심입니다.

사자자리는 육체적인 마음뿐만 아니라 사랑에 대한 본성도 지배합니다. 이 싸인의 영향으로 강하게 태어난 사람은 애정에 매우 의존하기 때문에 감정에 대한 정상적인 배출구가 있어야 합니다. 사실, 그의 칭찬과 찬성에 대한 열망은 과장된 자아나 전시 콤플렉스를 가지게 만드는 경향이 있습니다.
이런 타입의 사람이라면 "가장 큰 권위를 가진 자는 그것을 좀처럼 드러내지 않는다."는 옛 격언을 기억하는 것이 좋을 것입니다.

사자자리 태생은 그의 심장에 미칠 수 있는 나쁜 영향 때문에 지나친 과로나 울화통을 피해야만 합니다. 사자자리가 떠오르는 사람들은 그들의 일에 있어서 절제를 느끼지 못하고, 오히려 과로로 인해 생명에 위험이 있을 수 있습니다. 열정이 가득할 때, 그들은 스스로에게 휴식을 허락

하지 않습니다.

"빈둥거리며 노느니 일하다가 죽는 것이 낫다(It's better to wear out than to rust out)."는 그들의 좌우명입니다. 그들은 삶의 기쁨을 충분히 이해합니다. 짧고 즐거운 인생이 길고 슬픈 인생보다 훨씬 더 그들의 이상에 가깝습니다. 그들은 시간이 낭비되고 있다고 느낄 때 비참함을 느낍니다.

아랫사람들을 대할 때, 관대하고 다소 느슨한 경향이 있습니다. 그러나 그들에게 적절한 존경을 받지 못한다면 사자자리들은 매우 가혹합니다. 사자자리들은 충성심과 열정을 불태우는 힘을 가지고 있으며 매우 동정심이 많고 배려심이 깊지만, 사자자리의 선한 마음은 그들의 의도적인 악의에 좌우됩니다. 사자자리들은 누군가의 악의를 믿지 아니하며, 심지어 불성실함을 발견하더라도 신속하게 처벌할 수는 있지만 악의를 품지 않습니다.

사자자리 태생들은 아랫사람들뿐만 아니라 그들이 접촉하는 모든 사람에게 선물을 주는 데 있어서 개방적입니다. 그러나 그들은 사자자리 사람들에게 어떤 요구나 상대방이 호의를 가질 권리가 있다는 가정에 몹시 불쾌해합니다. 사실 사자자리 태생들은 모든 사람을 그 자리에 앉히고 그들을 그곳에 가두고 싶어 하는 열망이 매우 강합니다. 사랑에 대해 말한 내용은 역설적으로 들릴 수 있지만 결혼에 대해서는 매우 많이 적용됩니다. 사자자리 태생은 결혼에 대해 신성한 관점을 취하는 경향이 있습니다.

그는 약속에 대한 자신의 생각에 매우 충실합니다. 그의 약속, 명예, 이것들은 그에게 모든 것 중에서 가장 신성한 것입니다. 만약 그가 "사랑하고 소중히 하고 죽음이 그들을 갈라놓을 때까지 보호하겠다."라고 맹세한다면, 그는 자신의 서약을 지킬 것입니다. 그 상대가 아무리 가치가 없다는 것을 증명하였더라도, 그것은 오히려 상대를 더 보호해야 할 더 적합한 대상으로 보이게 만듭니다. 이런저런 이유로 이혼이 절대적으로 필요한 상황에서도 그는 끝까지 자신의 맹세를 굳건히 지켰다는 느낌을 받을 수 있도록 자신의 성격과 물질적인 이익을 희생시킬 것입니다. 자기만족은 사자자리의 매우 독특한 특성이며, 그가 자신의 관대함을 고려하면서 취하는 즐거움은 평생 지속됩니다.

사자자리 태생은 종종 오해를 받습니다. 왜냐하면 그것은 완전히 다른 두 가지 동기로 인해 오해를 받는데, 하나는 어떤 행동도 거의 하지 않기 때문이며, 그리고 또 하나는 종종 사자자리 태생들의 관대함이 바로 그 영혼인 것처럼 보일 때, 이 사자자리 태생들을 이기적이라고 비난할 것입니다.

사자자리 태생의 사업 능력은 관심 부족으로 인해 약해지기 쉽습니다. 그의 상상력이 강력하게 흥분되어 있어야만 그는 이 삶의 분야에서 눈에 띄는 성공을 기대할 수 있습니다. 공적인 업무 수행에서도 동일한 특성이 작용합니다. 이 태생은 왕다운 태도에서 결코 벗어나지 않습니다. 그의 자신감은 그가 매우 빠르게 결정을 내릴 수 있게 해 주며, 어떤 논쟁도 진정으로 그를 흔들지 않습니다. 그러나 그는 위엄 있는 자비심으로 모든 사람에게 미소를 지어야 하며, 비록 대부분의 사람이 저항할지라도 묵인하는 것처럼 보일 필요가 있습니다. 그는 자신의 정의와 진리를 확신하고 있으며, 더 이상 그 문제에 대해 말할 것이 없기 때문에 논쟁거리는 그에게 미치지 못합니다.

태양이 사자자리인 아서 제임스 밸포어(Arthur James Balfour, 영국의 정치가, 1848~1930)는 이러한 전형적인 방식의 훌륭한 예입니다. 아일랜드의 최고 장관이 밤마다 하원에서 80명의 성난 사람들과 대치했을 때 "달을 향해 울부짖는 아일랜드 늑대들"이라고 말했습니다. 그는 반쯤 잠든 것처럼 앉아 있다가 필요할 때 일어나 가장 격렬한 비난에 대해 정교한 대답은 없었습니다. 그는 조금도 자신의 정책을 바꾸지 않았습니다.

국가 문제에 있어서 일반적으로 말하자면, 이 태생은 대담하고 총명하며, 항상 분명히 자신의 원칙을 위해 싸울 준비가 되어 있지만, 보통 불가피한 일이 아니면 싸움을 회피합니다. 사자자리가 떠오르는 비스마르크와 사자자리의 태양을 가진 나폴레옹이 이러한 기질의 좋은 예입니다.

과학, 철학, 종교에서 사자자리 태생은 대체로 건전하고 실용적이지만, 그의 이해력은 지적이라기보다는 열정적입니다. 따라서 과학계의 위대한 인물 중 이 별자리가 떠오르는 곳에서 찾을 수 없습니다. 모든 진보는 균형에 대한 교란을 내포하고 있으며, 사자자리는 항상 사물의 전체와 조화를 이룹니다.

그러나 이 싸인은 두 가지 진보적인 방법 중 하나를 사용할 수 있는데, 둘 다 가장 중요합니다. 그것의 첫 번째는 일반화하고, 완벽한 배열로 현대적인 지식을 이끌어 내는 것이고, 두 번째는 모든 지식의 총합을 아름답게 하고, 그 핵심을 뽑아내고, 그것을 발현시키는 힘을 가지고 있다는 것입니다. 그러나 이러한 단계는 전문화된 방향으로 나아가는 것이며, 개척자는 전문화된 방향으로 나아가고 있지만 일반적인 상황과 관심을 끊지 못하는 경향이 있기 때문에, 이러한 단계는 진정한 의미에서는 결코 진보가 아닙니다.

모든 비즈니스에는 이따금 회계감사가 필요합니다. 세부 사항으로 사업의 번영을 판단하려고 시도하는 것은 절망적일 수밖에 없습니다. 합산

(요약)하는 능력에 대한 큰 예는 사자자리의 라이징 싸인인 발자크(Balzac)에게서 찾아볼 수 있습니다. 사자자리는 자질구레한 세부 사항들이 쌓이면, 본능적으로 거부감을 느낍니다.

'나무 때문에 숲을 보는 것'이 종종 불가능하다는 것을 깨닫습니다. 사자자리가 탁월한 또 다른 점은 순수한 창조라는 것입니다. 그러나 사자자리의 창조는 다른 어떤 별자리보다 천왕성과 해왕성과 같은 종류의 새로운 것은 아닙니다. 그것은 오히려 죽은 자의 영광 속에서 부활하는 것입니다.

르네상스는 문자 그대로 사자자리의 독특한 창조물인 것입니다. 그것은 아름다움과 불멸로 새롭게 되살아난 이교도였고, 사자자리에 의해 통치된 이탈리아와 프랑스에서 탄생했다는 것은 의미심장합니다. 이러한 특성은 별자리의 전통적이고 신비주의적인 의미와 밀접하게 일치하는 것입니다.

언제나 '오리지널(원조)'한 것을 외쳐 대는 천박한 아테네 사람들은 종종 사자자리의 창조물을 경멸하는 눈으로 바라보곤 합니다. 마치 진실이 계속 진실일 것이라는 것이 불가사의한 일인 것처럼 보입니다. "태양 아래 새로운 것은 없다." 단지 익숙하지 않은 조합들만 있을 뿐입니다. 새로운 감동을 만들어 냄으로써 새로운 창조물의 효과를 낳는 것은 바로 이것들의 만화경 같은 아름다움입니다.

사자자리의 행동에는 별난 것이 없습니다. 아름다움에 대한 감각은 강렬하고 아름다움에 대한 사랑이 압도적이지만, 균형은 항상 조화에 대한 타고난 본능에 의해 유지됩니다. 이것은 이 별자리의 일반적이고 정상적으로 된 상태의 일부입니다.

그러나 정오의 태양이 쇠퇴의 가장자리에 있는 것처럼 사자자리의 태생은 항상 영광의 순간에 위험을 발견합니다. 그의 명성은 갑작스럽게 역전될 가능성이 있습니다. 사자자리 아이들은 마음이 따뜻하고 관대하며 동정심이 많습니다. 그들은 가족, 친구, 소유물뿐만 아니라 그들의 성취에 대해서도 다소 뽐내는 경향이 있습니다. 어떤 것이든 그들에게 속해 있다는 사실이 그들의 눈에는 그것을 세상의 최고의 것으로 만듭니다.

만약 그들은 게임이나 대회에서 1등을 하지 못하거나 친구들의 존경을 받지 못한다면 그들은 매우 불행해집니다. 이러한 면들이 현명한 판단력에 의해 조절되지 않는 한, 사자자리 아이가 행복하고 성공하도록 돕기보다는, 사자자리의 동료들이 보이는 우월감과 '과시'하는 경향을 원망하기 때문에 그것은 종종 그들에게 장애물로 나타납니다. 사자자리들이 칭찬이나 공로를 받을 만한 합당한 일을 했다면, 다른 사람들이 그것을 인정할 것이며 그들이 '스스로 나팔을 불(자화자찬)' 필요가 없다는 것을 깨닫도록 가르치십시오.

사자자리 아이들의 가장 큰 약점 중 하나는 다른 사람들을 지배하려는 욕망입니다. 그래서 그들이 어린아이일지라도 다른 사람들도 자유를 원한다는 것을 깨닫게 해야 합니다. 그들은 책임감을 느끼거나 권위 있는 위치에 있을 때 가장 행복할 것입니다. 그들이 신체적으로나 정신적으로 최상의 상태를 유지하기 위해서는 그들의 감정적 본성을 자유롭게 표현하는 것이 절대적으로 필요합니다. 그들의 본성이 매우 리듬감이 있을 것이고, 만약 그들이 어떤 특별한 재능을 보인다면, 그것의 능력이 발전하도록 가르치는 것이 좋을 것입니다. 특히 그들은 음악적 또는 예술적인 면에서 실제로 어떤 일을 처리하는 능력을 가질 수 있습니다.

사자자리 태생의 어린아이들에게는 칭찬과 감사는 필수적입니다. 만약 그들은 잘못이 지적되면 매우 짜증이 나고 무관심해집니다. 그들은 불일치를 빠르게 감지하며, 이것들은 그들을 혼란스럽게 할 뿐만 아니라 그들의 눈에는 용납할 수 없습니다. 그들의 관찰력 때문에 약속을 하거나 사실을 진술할 때 매우 정확하거나 문자 그대로의 것이 필요합니다. 이것은 모든 아이에게 다소 필요하지만, 특히 사자자리 태생의 경우 더 두드러집니다. 아이들은 보통 성인이 생각하는 것보다 종종 더 현명하기 때문입니다.

다시 말하지만, 그들의 예리한 관찰력 때문에 사자자리 아이들은 대부분의 다른 아이들보다 더 빨리 그들 주변 사람들의 예를 흉내 내는 것에 매달리는 경향이 있기 때문에, 그들의 부모나 보호자들이 예의 바르고, 친절하며, 세심하게 대함으로써 그들에게 현명한 모범을 보여 주는 것이 필수적입니다. 모험을 좋아하고 자신에 대한 모든 것을 이상화하는 경향이 있기 때문에 그들의 조기교육과 그들이 읽는 책들, 그리고 그들이 어울리는 친구들에 대해 엄격한 주의를 기울일 필요가 있습니다.

사자자리 태생 아이들은 선천적으로 건장하고 지구력이 뛰어납니다. 그들은 모든 신체적인 활력을 회복할 기회가 주어지지 않거나 억압을 당하면 고통을 받기 쉽습니다.

태양이 불타는 듯하고 끌어당기는 양자리에 있는 3월 22일부터 4월 21일까지, 태양이 불타는 듯하고 직관적인 별자리 사수자리에 있는 11월 23일부터 12월 23일까지 태어난 사람들은 자연스럽게 공감하고 사자자리 태생 사람들에게 도움이 됩니다. 그들의 특성은 상호보완적이기 때문에, 부부로서든 아니든 간에 사자자리 태생에게 좋은 파트너들입니다.

만약 1월 21일부터 2월 20일까지(물병자리), 4월 21일부터 5월 22일까지(황소자리), 10월 24일부터 11월 23일까지(전갈자리)에 태어난 사람들과 너무 밀접하게 관련되어 있다면 사자자리 사람들은 너무 독재적이거나, 고집스럽거나, 자만하지 않는 것이 필요하단 걸 알게 될 것입니다. 그들과의 그러한 친밀감으로 인해 사자자리의 태생은 너무 짜증이 나고, 참을성이 없고, 불만족스러워지는 결과를 초래할 수 있습니다. 이러한 이유로 물병자리, 황소자리, 전갈자리의 태생으로 태어난 사람들과는 결혼 관계로든 사업 관계로든 가장 호의적이거나 도움이 되는 파트너가 되지 못할 것입니다.

8월 21일부터 8월 28일까지 약 7일 동안 사자자리의 진동이 처녀자리의 진동으로 합쳐집니다. 그리고 처녀자리는 사자자리의 일부를 여전히 유지하고 있으며, 이를 커스프(cusp)라고 합니다. 이 날짜들 사이에 태어난 사람들은 사자자리의 지배적이고 화려한 특성들뿐만 아니라 처녀자리의 분석적이고 지적인 측면들, 또는 둘의 조합을 취하게 될 것입니다.
정신을 지배하는 수성과 사랑의 본성인 금성이 태양과 매우 가깝기 때문에, 그들 역시 사자자리의 인접한 별자리의 특성 중 일부를 가지고 있을 수 있습니다. 이것은 이해하기 어려운 복잡한 성격 중 일부를 설명한 것입니다.

다른 모든 별자리와 마찬가지로, 이러한 추론은 태양이나 어센던트의 위치에서 도출되었으며, 사자자리 태생의 가장 친한 친구 중 일부는 분명히 어울리지 않는 별자리에서 태어났을 가능성이 있습니다. 이러한 경우 개별 천궁도(horoscopes)를 참조하여 어떤 영향들이 결합하여 예상치 못한 결과를 생성하는지를 알아내야 합니다.

이러한 징후들은 행성의 영향도 고려해야 하기 때문에 우리가 알고 있는 개인의 모든 특성을 포괄할 수는 없습니다. 모든 진리를 밝히기 위해서는 상세한 진술이나 천궁도(horoscope)를 보아야 합니다.

처녀자리(VIRGO)

8월 24일부터 9월 24일 사이에 태어난 사람, 또는 태어날 때 이 싸인이 떠오르는 사람(출생 시간에 대한 지식을 통해서만 확인할 수 있음)은 흙의 원소로 현실적이고, 변동•변화의 별자리이며, 분별력이 있고, 비판적인 별자리인 처녀자리의 지배를 받게 됩니다. 처녀자리는 옥수수 이삭을 들고 있는 처녀에 의해 상징되며 '신들의 전령사'인 머큐리에 의해 지배를 받게 되는 별자리입니다. 처녀자리의 태생으로 태어난 사람들의 지성은 수성이 지배하는 다른 별자리(쌍둥이자리)의 지성만큼 똑똑하지만, 다행히도 그렇게 침착하지 못하거나 안정감이 없어 보이는 사람들은 아닙니다.

처녀자리는 다소 모순적인 별자리로, 세 가지 흙 원소의 별자리 중 가장 흙(지구)적이며, 수동적인 별자리인 동시에, 거기에 엑젤테이션된 수성의 영향을 두 배로 받고 있습니다. 이 별자리는 황도대에서 이처럼 엑젤테이션된 행성과 지배 행성으로 높이 평가받는 유일한 별자리이며, 그 점성학적 전통은 처녀자리의 지배자를 '수성의 음(-)적인 면'으로 묘사합니다. 이러한 사실들은 별자리의 진정한 지배자가 몇몇 천문학자들이 의심해 온 미발견 행성인 벌컨(Vulcan)이라는 특정 밀교 점성가들의 주장에 특별한 의미를 부여합니다. 벌컨(Vulcan)의 존재는 일부 천문학자들에 의해 그 존재가 의심되어 왔으며 그의 비가시성(눈에 보이지 않음)은 태양과의 가까움으로 쉽게 설명될 수 있고 벌컨의 작은 빛의 소멸의 이유입니다.

1846년 해왕성의 발견으로 이 추측이 더욱 그럴듯해졌으며, 그것의 영역에 대한 점성학적 관찰은 우리로 하여금 행성의 주인별을 정당화하려는 이전의 시도에서 유사하게 부조화로 보였던 물고기자리의 주인별인 해왕성을 물고기자리의 진정한 지배자로 받아들이도록 이끌었습니다.

고대의 신(god)인 벌컨(Vulcan)의 상징성으로부터 추론된 이 신비로운 주장에 대한 완전하고 매혹적인 분석은 이사벨 파간(Isa belle Pagan)의 '개척자에서 시인으로(From Pioneer to Poet)'라고 이름 붙여진 황도대 별자리에 대한 연구에서 찾을 수 있을 것입니다. 그러나 우리의 목적은 내내 과학적 해석을 엄격하게 유지해 왔기 때문에, 우리는 이 별자리를 통해 작동하는 수성의 음(-)적인 면이 있다는 고대의 진술을 염두에 둘 때 모순되지 않는 수성적 의미에서 이 별자리를 논의할 것입니다.

☪ 물리적(육체적) 특성

수성은 모든 면에서 흙과 정반대입니다. 왜냐하면 수성은 변화무쌍하고, 움직이며, 공기가 잘 통하고, 안정감이 없고, 끊임없이 변화하기 때문입니다. 그리고 이 이율배반(모순)은 해결하기 어렵습니다. 그러므로 우리가 쌍둥이자리의 경우에서 볼 수 있었듯이 처녀자리의 태생 중 이 행성 요인에 의해 외형이 변형되지 않은 경우를 찾는 것은 매우 어려운 일입니다. 흙의 유형인 처녀자리 태생은 크고, 수성적인 유형은 작습니다. 그러나 우리가 다른 별자리에서 본 것과 같이 능동적인 유형과 수동적인 유형 사이에는 큰 차이가 없습니다.

일반적으로 말해서 흙의 유형에서는 머리가 넓은 편이며, 때로는 몸에 비해 큰 경우도 있습니다. 얼굴은 대체로 호감형의 편안하고 콧구멍이 넓은 경향이 있으며, 다소 공격적이며, 때로는 위압적인 모습을 보이기도 합니다. 눈은 맑지만 작으며, 종종 교활한 표정을 짓는 경우가 많습니다. 그들은 거의 동정심이 없습니다. 입은 작고 가늘며, 때때로 보이는 매우 처진 입술은 아마도 행성의 간섭 때문으로 보입니다. 몸은 종종 볼품이 없고 팔다리가 좋지 않은 상태에서 종종 실제 기형이 있을 수도 있습니다.

자연은 이런 사람들과 장난을 치는 것을 좋아하는 것 같습니다. 거인과 난쟁이들은 일반적으로 어센던트에 이 별자리가 있는 것으로 발견됩니다. 머리카락의 색상은 다소 불분명하며, 밝거나 어두울 수도 있지만, 전문가의 눈을 사로잡는 독특한 특징이 있습니다. 그것은 종종 빳빳하거나 물결 모양이며, 그리고 아주 독특한 방식으로 이마에서 멀리 있고, 일어나 뻗쳐 있습니다.

처녀자리 태생의 변덕스러운(수성적인) 유형은 매우 다른 개체입니다. 대부분 이 유형은 처녀자리의 후반부 도수로 떠오를 때, 훨씬 더 흔하다고 말해야 하며, 이 유형이 실제로 천칭자리가 어센던트에 진입한 영향에 기인한 것이 아닌지에 대해서는 다소 의심스러운 점이 있습니다. 그러나 사실은 이 유형은 거의 모든 면에서 유사하지 않다는 것이 사실로 남을 수 있으며, 가장 유사한 점은 약간의 변형이나 믿기 힘든 경향이 있다는 것입니다. 처녀자리 태생의 키는 유난히 작습니다. 그는 매우 잘생겼고 균형이 잘 잡혀 있는 몸매이고, 활동적입니다. 두개골은 매우 길고, 작고 규칙적인 특징을 가지고 있으며, 약간 여성스러운 섬세함을 지니고 있습니다. 머리카락은 보통 연한 갈색이고, 눈의 색은 녹갈색 또는 회색입니다. 드물게 파란색도 있습니다. 코는 곧고 작으며 민감하지만 여전히 콧구멍이 꽤 넓습니다. 그리고 동일한 표현들로 입을 잘 묘사합니다. 눈동자의 표정은 다소 솔직하고 단순합니다. 그들은 호기심이 많고 활동적이며 예리한 지성을 표현합니다. 처녀자리는 창자, 명치, 그리고 폐와 신경계를 관장합니다. 이러한 조직의 장애는 보호되어야 합니다.

위 질환에서 부차적으로 발생하는 장 질환과 직접적으로 발생하는 장 질환은 구별해야만 합니다. 특히 처녀자리 태생의 부위는 소화기관 그 자체입니다. 또한 처녀자리와 신경계의 뿌리 사이에도 연관성이 있는데, 쌍둥이자리가 신체의 신경계에 미치는 영향은 더 부차적인 부분에 관계가 있습니다. 보행성 운동실조증과 같은 원발성 병변 부위의 많은 신경 장애는 처녀자리의 고통으로 추적될 수 있습니다. 여기에 다시 청소년기의 위황병(萎黃病, 철분 결핍에 의한 빈혈증)이 속할 것입니다.

점성가들은 곧 경험을 통해 행성의 영향이 다른 질병보다는 어떤 방식으로 하나의 질병을 일으킬 것인지를 알게 될 것입니다. 따라서 처녀자리 토성의 고통의 원인은 장의 결핵으로 유발할 수 있습니다. 화성은 발진티푸스, 장열, 콜레라 또는 대장염과 같은 염증성 문제를 일으킬 수 있습니다. 반면에 천왕성이나 해왕성은 등뼈와 그레이브스병, 애디슨병, 그리고 아마도 당뇨병과 같은 질병을 일으킬 가능성이 더 높습니다.

처녀자리가 상승하고 있는 사람들은 일반적으로 건강 문제에 대해 매우 현명하기 때문에, 잘못된 관리나 방종으로 인해 흔히 발생되는 대부분의 문제를 피합니다. 그들은 절제하며 쾌락을 남용하려는 강한 유혹이 없습니다. 그들은 조용하고 규칙적이며 활동적인 삶을 좋아하며, 일반적으로 그들의 건강을 유지하기 위해 격렬한 운동이 필요하지 않습니다. 그들은 일반적으로 균형이 잘 잡혀 있고, 다이어트의 어떤 오류도 대개 금욕의 편에 있지만, 그들은 자연스럽게 뚱뚱함보다는 마른 체질로 기울어지는 경향이 있습니다.

감각의 유혹은 이 사람들에게 강한 끌림이 없습니다. 단순한 생활은 그들과 일치합니다. 그들의 특징적인 질환의 대부분은 그 기원에 있어 다소 불분명함을 주목해야 할 것입니다.

그러므로 의사는 처녀자리 태생으로 태어난 사람들을 상담할 때, 그 고통의 주요 원인을 매우 깊이 조사하는 것이 좋을 것입니다. 처녀자리는 초기 유아기의 위험을 피한다면 수명이 장수하는 별자리 중 하나입니다. 경련과 유아 설사는 출생 초기의 가장 큰 위험요소입니다. 그 후, 불명확한 퇴행성 질환이 체질을 위협하기 시작하는 때가 올 때까지 처녀자리 사람들은 하루의 병세를 결코 알지 못할 것입니다. 만약 이 처녀자리 태생이 35세부터 50세까지의 생애 동안 좋은 방향과 통과(트랜짓)를 한다면, 그는 아마도 완전히 탈출할 것이고, 그 후 원기 왕성한 노년기까지 살 것이라고 기대하게 될 것입니다. 이 경우, 생의 마감은 아마도 마비로 인한 것이 될 것입니다.

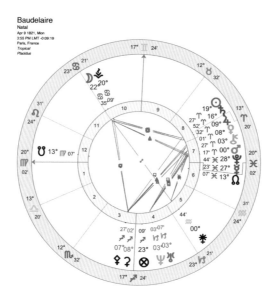

보들레르(Baudelaire, 프랑스의 시인, 1821~1867)는 이러한 영향들이 작용하는 방식에 대한 놀라운 실례를 제시합니다. 왜냐하면 그는 천왕성과 해왕성이 정확히 컨정션되어 있는 상태에서, 이들이 화성과 정확한 스퀘어를 이루고 있고, 화성과 3도 이내로 컨정션된 어센던트의 룰러인 수성과 각도를 맺고 있기 때문입니다. 따라서 그는 완전히 마비되어 쓰러져 말하거나 움직일 수 없게 되었지만, 반면에 그는 지능과 의식을 온전히 사용할 수 있었습니다. 그의 이러한 상태는 약 1년 동안 계속되었습니다.

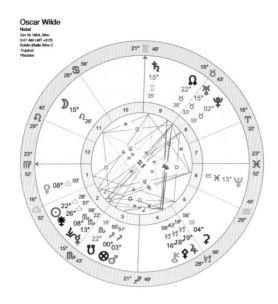

이와는 대조적으로 수성이 전갈자리에 있고, 수성과 사자자리 달은 스퀘어로 되어 있고, 수성과 황소자리 천왕성은 어포지션되어 있는 오스카 와일드(Oscar Wilde, 아일랜드의 시인·소설가·극작가, 1854~1900)가 있습니다. 이러한 T-스퀘어의 어스펙트들은 처녀자리의 타고난 절제력을 압도합니다. 오스카 와일드의 이른 죽음을 초래한 특정 질병을 악화시키는 압생트(독주)에 탐닉했습니다. 그리고 처녀자리의 영향은 전기 작가에 의해 그래픽으로 기록된 그 죽음의 장엄한 방식에 의해 강력하게 나타납니다.

☾✦ 도덕적 특성

수성은 이 별자리에서 매우 강하기 때문에 정신적인 문제에서 수성과 쌍둥이자리 사이에는 매우 큰 유사점이 있지만, 흙의 성향인 처녀자리의 이 태생은 순수한 이성적인 성향을 감소시키고 그의 추리력은 그 자체로 가치가 없다는 것을 우리는 더 긍정적인 수성의 별자리에서 발견했기 때문입니다.

처녀자리 태생은 매우 실용적이며 그의 목표는 일반적으로 소위 물질적 이점에 의해 영향을 받습니다. 그의 견해는 사소한 경향이 있고, 그의 이성은 실용주의적 견해의 끊임없는 침입에 의해 방해를 받습니다. 따라서 그는 실질적으로 생산할 능력이 없습니다.

진정한 천재의 불이 붙은 것으로는 어떤 것도 만들어 낼 수 없으며, 그가 아무리 재능이 있다 하더라도 '딴 속셈'이 있다는 사실을 숨기기는 어렵습니다. 그래서 찰스 디킨스(Charles Dickens, 영국의 소설가, 1812~1870)는 자신의 예술을 선전 운동을 통해 도덕적으로 이용하려는 시도에서 자신의 예술을 희생시켰습니다. 발자크(Balzac)처럼 아름다움을 추구하는 대신, 그는 빚에 대한 투옥을 폐지하고 모든 종류의 학대를 개혁하는 것을 돕기 위해 의도적으로 소설을 썼습니다.

물병자리에 있는 그의 태양은 그에게 더러운 금전적 이득 대신 인도주의적 목표를 주었습니다. 그의 등장인물이 모두 도덕적인 캐리커처라는 것은 우리가 이미 처녀자리와 연관시키기 위해 배운 기형적인 경향을 암시하는 것으로, 거장이 보여 준 디테일과 그의 줄거리 구성에 있어서 약점을 한 번에 극도의 주의를 환기시키는 것도 바람직합니다.

주제를 떠나기 전에, 그의 아름다움에 대한 감각은 너무 심오해서 그곳에 있을 만큼 심오한 미의식을 지닌 매우 다른 개인, 한없이 더 위대한 예술가, 영혼의 자녀를 얼핏 살펴보겠습니다.

그의 시선은 그가 봄의 모든 찬란함으로 빛나는, 빛의 여신으로 변하지 않았다는 점에서 결코 여성스럽지는 않았습니다. 하지만 그의 시적 상상력은 어떤 소재에서 이러한 기적을 일으켰을까요? 거인, 난쟁이, 음탕한 여자, 절대적인 술꾼, 또는 요약해서 말하면 단언할 수 없는 쥬이브(Juive) — 줄여서 어떤 종류의 기형. 이것이 샤를 보들레르의 탄생에 따라 처녀자리가 상승한 그런 효과였습니다.

이 별자리를 특징짓는 세심한 정확성과 세부 사항에 대한 주의는 그의 단어 선택에서 나타납니다. 그 뒤에 숨겨진 생각의 강도만큼이나 형태에서의 미세한 완벽함은 그에게 필요했습니다. 비록 그가 시집을 한 권밖에 남기지 않았지만, 그 책은 모든 프랑스 시집 중에서 가장 위대한 책 중 하나가 된 것도 이 때문입니다.

보들레르(Baudelaire)의 천궁도는 행성들의 영향이 너무 강력하게 커서 지배적인 별자리들은 그저 배경에 불과합니다. 이 별자리의 정신적 영향력에 대한 훨씬 더 특징적인 예로는 코넬리우스 아그리파(Cornelius Agrip-pa)가 있는데, 그의 책들은 그것들을 조화시키고 이해하는 능력 없이 사실을 수집하고 배열하는 놀라운 능력을 보여 주었습니다.

처녀자리의 실용성과 질서와 배열에 대한 사랑, 인내심과 선견지명으로 인해 처녀자리의 기호 자체에서는 가지고 있지 않은 윤리적 품행으로 오해받기 쉬운 삶의 관습에 대한 관심을 제공합니다. 처녀자리의 성향은 무엇이 옳고 그른지 그 스스로 느끼지 않고 윤리에 대해 이야기하는 것입니다. 자연의 모든 사실은 그것을 조사하기 위한 근거가 되지만, 그 사실은 항상 외부에서 관찰되므로 결코 실제로 이해되지 않습니다. 처녀자리 유형의 개혁가는 희망 없는 교리주의자입니다. 그는 모든 사람에게 가장 좋은 것이 무엇인지 수학적으로 계산하고, 그의 제안을 냉담하고 비도덕적이라고, 열정적으로 공격하는 사람들의 어리석음에 짜증이 날 뿐입니다.

러시아의 황제 니콜라스 2세(Nicholas 2)와 프랑스의 루이 16세(Louis 16)는 모두 처녀자리의 라이징 싸인이었고, 두 군주의 운명은 매우 비슷합니다. 두 군주 모두 대중의 불만으로 위협을 받고 있다는 것을 깨닫고 의회 정부에 권한을 부여하고 그 정부를 우스꽝스럽게 만들었습니다. 그들은 둘 다 실제로 고충을 겪고 있는 사람들이 종이(신문) 구제책으로 만족할 수 있을 것이라는 착각에 빠져 있었습니다.

이 별자리의 태생은 합리적이지 못한 인간의 열정을 이해할 수 없다는 것이 처녀자리의 오류의 주요 원인입니다. 처녀자리의 특징적인 인간성과 동정심의 결핍은 우리가 쌍둥이자리에서 발견한 것보다 훨씬 더, 너무 자주 두드러집니다. 왜냐하면 처녀자리는 모든 문제를 볼 때 물질적인 면에 지성을 습관적으로 적용하며 결국 이 별자리는 지성의 완전성으로 스스로를 정당화하기 때문입니다.

이 두 개의 별자리에서 태어난 사람들은 마음과 정신 사이의 연결 고리를 형성하려고 시도해야 합니다. 따라서 물병자리의 공기 성향이 강한 성질은 인도주의적 방향으로 인해 고귀해지고, 천칭자리는 아름다움과 밀접한 관계에 의해 고귀해집니다. 그러나 처녀자리는 공기를 땅으로 끌어내립니다. 공기를 압축하고 제한한다는 생각에는 무언가 혐오스러운 것이 있습니다. 바로 그 안에는 자유의 정신이 있는 것인데, 그 자유 정신이 제한 없이 돌아다니며 방황하는 대신 오래된 풀 무덤을 휙휙 누르는 것처럼 타락할 때, 그 신성에 대한 우리의 개념은 모욕을 당합니다.

기술된 자질들은 물론 어느 정도 지적인 유형들만의 특징입니다. 이 싸인 아래에서 태어난 일반적인 남자는 그의 유형에 대해 농업 부문의 전문가 기질을 가지고 있습니다. 그는 꾸준하고 인내심이 강한 일꾼이지만, 그의 일은 항상 일상적입니다.

그러나 처녀자리는 탁월한 비평가입니다. 그는 결코 스스로 창조한 적은 없지만, 종종 실제로 매우 불필요한 정확도를 가지고 분석하고 구별합니다. 그는 순수주의자, 통계학자, 규칙에 따라 일하고, 일반적으로 규칙을 가능한 한 가장 한정된 방식으로 해석하는 사람입니다. 그는 본능적으로 정신보다 편지를 더 좋아합니다. 특히 흙과 같은 타입의 경우 그는 자신만의 결점에 대해 어느 정도 의식하고 있는데, 이는 매우 무의식적이지만 열심히 일하고 적은 급여로 만족하게 만드는 역할을 합니다.

그의 고민 중 하나는 달러가 너무 많은 센트이기 때문에 달러에 대한 개념을 이해할 수 없고 실제로 센트를 이해한다는 것입니다. 그는 급여와 같은 문제에서조차도 위대함에 필요한 상상력이 부족합니다. 성공은 그에게 매우 천천히 다가오고 일반적으로 잘 얻어냅니다. 이 점에서 처녀자리는 황소자리와 비슷합니다. 그러나 처녀자리는 적응력이 뛰어나 장애물을 통과하거나 극복하기보다는 장애물을 잘 피하므로 같은 에너지를 소비하지 않고도 황소자리와 같은 결과를 얻어낼 수 있습니다.

처녀자리 태생은 종종 너무 겸손하지만, 때때로 그는 그가 가지고 있는 약간의 자존감에 대해 매우 민감합니다. 그는 더 따뜻하고 품위 있는 별자리를 가진 사람들과는 달리 강한 혐오감을 가지고 있지만, 그는 성향이 다른 양자리, 사자자리 또는 전갈자리 사람들에게는 매우 매혹적입니다.

그는 공격적이지 않기 때문에 쉽게 친해집니다. 그의 사소한 행동은 시기심을 일으키지 않으며, 그의 태도는 원망을 일으키지 않습니다. 그의 끈질긴 인내심은 그의 능력과 영리함에 도움이 되며, 비록 그는 어떤 일에든 다른 사람을 이기지 못할지라도, 그는 때때로 그것을 요구하지 않고 최고의 직업을 얻기도 합니다. 사자와 곰이 싸우는 동안, 여우는 전리품을 가지고 도망칩니다. 이 사람들은 종종 정치권에서 타협적인 후보라고 불리는 사람들입니다. 어떤 사람이 악의 없이 어떤 장소를 필요로 할 때, 주변의 어센턴트 처녀자리가 누구인가를 찾아봐야 합니다.

정말로 강력한 세력들 사이의 투쟁은 너무 치열해서 어느 쪽의 승리도 양쪽 모두의 파멸 없이는 달성될 수 없는 많은 상황이 있습니다. 그리고 그러한 경우에 받아들일 수도 없고, 안 받아들일 수도 없는 사람, 양쪽 모두에 긍정적이지만 실제로는 둘 다에 부정적인 사람이 유일한 해결책을 제시합니다.

처녀자리는 재정 문제에 있어서 절약하고 건설적입니다. 처녀자리 태생은 자신의 말에 정확하며 사소한 세부 사항에도 많은 주의를 기울이는 경향이 있는데, 구체적으로 만약 그가 페니를 관리한다면 달러는 저절로 관리가될 것이라고 믿고 있습니다. 따라서 그는 인색하다는 비난을 받아들이기 쉽습니다, 그러나 발달되지 않은 유형에서는 매우 비열할 수도 있습니다.

수성은 도둑들뿐만 아니라 상업의 신이기도 한 처녀자리의 태생은 일상적인 사업에 매우 잘 적응하고 흥정을 하는 데 매우 영리합니다. 그는한 푼이라도 아끼는 데 무한한 수고를 쏟을 것이며, 싸게 가장 좋은 것을얻는 데서 큰 즐거움을 찾을 것입니다. 다른 사람들은 처녀자리의 제한적인 행동을 경멸하겠지만, 상상력에 있어서 처녀자리의 제약을 받는 사람보다 훨씬 더 넓은 범위의 시야를 가진 도덕적 유형 중 하나에 의해 자기 자신이 속아 넘어갔다는 것을 발견하는 것에 몹시 더 화가 납니다.

처녀자리는 시야가 좁다는 것이 그가 과민반응을 나타내는 원인인 경우가 많습니다. 그는 고통스럽게 가로와 세로의 숫자를 정확하게 합산을하지만, 다른 사람들은 대략적으로 어림짐작을 한 후 계산을 합니다. 그는 계획의 역동적인 특성에 몰두하고 있습니다. 즉, 처녀자리는 우수한은행원이나 출납원은 될 수 있지만, 금융인(자본가)으로 배출되는 경우는거의 없습니다.

처녀자리의 말투와 글쓰기에 있어서, 일반적으로 어느 정도 지루하며,그는 페이지나 그의 담화를 불필요한 모든 종류의 세부 사항으로 채우고, 다른 사람이 무언가를 토론 없이 기꺼이 받아들이려 하는 것에 대해논쟁하는 데 힘을 씁니다. 그리하여 그는 핵심을 건드리지 않고서도 그의 주제를 꿰뚫어 볼 수 있습니다.

처녀자리 태생의 가정생활은 일반적으로 충분히 행복합니다. 그는 문제를 일으키지 않고 어떤 일에 쉽게 반응하지 않습니다. 그에 대한 분노는 그의 다른 열정만큼 얕아지기 쉽습니다. 그는 변화를 싫어하고 집을 떠나는 것을 좋아하지 않습니다. 그는 도시의 삶보다 시골이나 작은 마을의 삶을 선호하고, 도시에서는 상업적인 직업 중 하나를 우선하여 선택할 것입니다.

그는 법률상 논쟁의 여지가 있는 법률 분야에서 훌륭한 변호사가 될 수 있지만, 쌍둥이자리 태생만큼 확실히 훌륭한 변호사가 되지는 않습니다. 다만, 그는 확실히 비즈니스의 법학 전문 분야에서는 완전히 존경받을 만합니다. 예를 들어 부동산양도법과 같은 전문 분야 등에서 그러합니다. 그는 펀드 투자에 대한 믿을 만한 가이드이며, 어떤 문제들에 대한 그의 조언은 빈틈없고, 많은 문제가 그러하듯이 눈에 보이는 사실보다 더 깊은 배려를 요구하지 않는다면, 상황판단이 빠르고 현명합니다. 사업에서 다른 사람과 분쟁이 발생했을 때, 처녀자리 사람들은 종종 매우 좋은 사건을 가지고 있고, 거기에 승소함으로써 한편으로 다른 사람들은 많은 돈을 잃을 수도 있습니다. 처녀자리는 때때로 멀리 볼 수 있지만, 더 멀리 보는 경우는 드뭅니다. 그는 항상 매우 활기가 넘쳐서 유리한 위치를 점하고 있습니다.

사랑에 있어서 처녀자리는 성질이 까다로운 사람들에게는 불가능한 짝입니다. 그는 열정적이지도 않고, 특별히 다정하지도 않습니다. 이 별자리로 여겨지는 Narcissus(나르시스, 물에 비친 자기의 모습을 연모하여 빠져 죽어서 수선화가 된 인물)는 훌륭한 상징입니다. 그는 자기중심적이기 때문에 차갑습니다. 그는 사랑의 가장 본질적인 깊은 비밀에 대해서도, 사랑하는 사람에 대한 상호 간의 자아를 버림으로써 진정한 영적 융합을 정신적인 온전함으로 이끌어 내려는 어떤 개념도 가지고 있지 않습니다. 실제로 자아와 비자아의 구분은 고통의 본질이지만, 처녀자리는 이것을 전혀 의식하지 않습니다. 그는 자포자기(항복)의 생각을 싫어합니다. 그는 정복에 대한 생각조차 별로 신경 쓰지 않습니다. 그래서 진정한 열정을 불러일으킬 수 없습니다.

그러므로 우리는 그가 사랑할 능력이 없다고 아주 단호하게 말할 수 있습니다. 역설적이게도, 바로 이러한 특성 덕분에 처녀자리가 사랑과 관련된 커뮤니티에서 매우 많은 계층의 사람들에게 인기 있게 만듭니다. 이 싸인이 떠오르는 사람들은 더 가벼운 의미에서 연애에 성공하는데, 고귀한 타입들은 게임에서 뛰지 않을 것이라는 단순한 이유로 실패하게 됩니다. 여자는 또한 그런 사람들과 소위 연애를 하는 데 있어서도 안도감을 가지고 있는데, 그 이유는 처녀자리는 이 모든 일을 너무 가볍게 여겨서 심각한 문제를 일으킬 리가 없다는 것을 본능적으로 인식하기 때문입니다.

자녀들에 관해서 처녀자리 사람들보다 더 나은 부모를 거의 찾을 수가 없습니다. 처녀자리 태생들은 아동복지에 관한 모든 세부 사항들을 보는 데 매우 주의를 기울입니다. 보호할 가치가 있는 성격을 가진 아이는 모든 중요한 문제에 있어서 부모에게 적절한 영향력을 행사하는 법을 쉽게 배울 것이며, 동시에 처녀자리 생활의 평온한 일상은 아마도 자신의 특별한 재능이 발달할 수 있는 최고의 토양일 것입니다.

아랫사람들을 대하는 데 있어서 이 싸인의 태생은 일반적으로 성공적입니다. 보통 동정심은 부족하지만, 그들은 세세한 부분까지 주의 깊게 살펴보고 그들이 잘 지내는지 확인하는 경향이 있습니다. 고용된 사람은 어떠한 부주의도 허용되지 않을 것임을 알고 있고, 비록 그가 그의 주인으로부터 애정을 거의 얻지 못할지라도, 주인의 오만함이나 고압적인 기질에 불쾌해하지는 않을 것입니다.

처녀자리 사람들은 결혼이나 사업에서 훌륭한 파트너가 됩니다. 작은 편안함과 편리함으로 정성껏 모십니다. 파트너는 가사이든 사무직이든 비즈니스 같은 사람입니다. 심지어 추파를 던지는 것도 보통 가벼운 순서일 것입니다. 가정을 위협할 만한 일은 일어나지 않을 것입니다. 사업에 있어서 그는 지배하려고 하지 않으며, 진취성이 뛰어난 사람은 이러한 이유로 처녀자리와 같은 파트너를 찾아야 합니다.

공적인 문제에 있어서 처녀자리 태생은 유용한 비서가 됩니다. 그는 어떤 조직에서나 유용한 개선 사항을 제안할 수 있을 것이고, 그의 활동성과 민첩성은 위대한 프로젝트에 몰두하는 마음이 중요한 모든 사소한 것들을 놓칠 가능성이 있는 사람들에게 귀중한 안전장치가 될 수 있습니다. 이 태생은 자신의 개인적인 관심사뿐만 아니라 국가적인 모든 문제까지 신뢰할 수 있고 근면합니다.

그러나 그의 활동 전체 영역에 걸쳐 주목해야 할 특정 예외가 있습니다. 처녀자리는 변덕스러운 별자리인 쌍둥이자리와 같기 때문에 그 자체로 좋지도 나쁘지도 않습니다. 그것은 큰 행복이나 큰 불행을 만드는 열정과는 다소 거리가 있습니다. 수성은 냉정하고 무관심하지만, 처녀자리가 쌍둥이자리보다 덜 위험하게 만드는 요인이 있습니다. 즉, 그 이유는 별자리가 공기 성향이 강한 쌍둥이자리보다 흙의 성향인 처녀자리가 더 안정적이며 실용적이라는 것입니다. 따라서 처녀자리에는 특정한 보수주의가 있습니다. 정신 활동은 한마디로 덜 강박적이며, 처녀자리에는 닻을 가지고 있습니다.

이 별자리의 태생은 관습과 일상을 준수하는 것이 더 쉽습니다. 그는 쌍둥이자리 태생처럼 생각에 사로잡혀 있지는 않지만, 그러한 격렬한 인상의 가능성은 여전히 남아 있으며, 처녀자리의 바로 그 실용성은 때때로 탐욕을 내포하기도 합니다.

황소자리와 사자자리에서 볼 수 있는 것처럼 명확한 도덕적 성향이 없을 때, 이 별자리의 자연적인 성향에 대한 강력한 행성 간섭이 쉽게 작용할 것입니다. 범죄에 대한 무의식적인 혐오감은 없습니다. 자살은 처녀자리 태생들에게 어느 정도 흔한 일입니다. 우리는 모파상(Guy de Mau-passant, 프랑스 소설가, 1850~1893)의 천궁도를 주목할 수 있는데, 그의 네이탈 태양과 트랜짓 천왕성은 역행으로 스퀘어되어 있었고, 그의 아홉 번째 하우스의 룰러가 어센던트에 있는 화성과 컨정션되어 있습니다.

이러한 측면에서 그의 자살은 거의 놀랄 일이 아닙니다. 또한 그의 이야기에서 그는 때때로 극도로 초연한 관점을 보여 준다고 말할 수 있습니다. 그에게는 읽기조차 괴로울 정도로 냉혹한 잔인함이 담긴 여러 이야기를 가지고 있습니다. 비록 이 위대한 현실주의자는 의심할 여지 없이 그것들을 삶에서 관찰했지만, 그는 적어도 그러한 생각들이 그의 기질의 범위를 벗어나지 않았을 가능성을 나타냅니다.

과학과 철학에서 처녀자리 태생은 탁월할 수 있습니다. 왜냐하면 그는 미세한 차이를 인식하고, 세심한 측정을 하고, 궁극적인 비밀이 드러날 때까지 외모를 분석하는 능력을 가지고 있기 때문입니다. 그는 거짓과 진실을 구별할 수 있으며, 진짜와 겉모습을 구별할 수 있습니다. 무엇보다도 이러한 자질은 언급된 부서 중 하나에서 연구를 성공적으로 수행하는 데 필요합니다. 종교에서, 처녀자리 태생은 위대한 일을 성취하지 못할 것입니다. 그는 열정이 부족합니다. 그는 감정적인 면도 부족합니다. 진리에 대한 그의 인식은 그로 하여금 모든 영적 계시를 미신으로 거부하도록 이끌 것이며, 그가 교육받은 신앙에 대해 완벽하게 만족할지라도 그는 그것을 매우 피상적으로 받아들일 것입니다.

여기에서 브리검 영(Brigham Young, 미국의 몰몬교 제2대 교주, 1801~1877)의 탄생을 살펴보는 것은 유익할 것입니다. 몰몬교를 창시한 사람은 그가 아니었습니다. 그는 영리하고 계산적인 관리자였습니다. 열 번째 하우스에 있는 태양, 금성, 수성이 있으며, 화성은 거의 목성과 컨정션되어 있고, 천왕성하고 화성은 정확히 섹스타일을 맺었습니다. 이것은 그의 의지를 최우선으로 삼는 엄청난 힘을 그에게 부여했습니다.

이것을 그 흥미로운 신앙의 창시자이자 선지자인 조셉 스미스(Joseph Smith, 미국, 1805~1844)와 대조해 보십시오. 그의 어센던트는 게자리의 예언적 싸인에 있고, 달은 일곱 번째 하우스에 있고 수성은 디센던트 커스프에 컨정션되어 있으며, 이 수성은 토성과 천왕성이 정확히 컨정션되어 있는 행성들과 스퀘어를 맺고 있습니다.

브리검 영(Brigham Young)은 세계 연맹을 통치할 수 있었지만, 조셉 스미스(Joseph Smith)에게는 그러한 행정 능력이 없었습니다. 기독교가 성 바울의 조직적이고 행정적인 천재성에 엄청난 전파와 능력을 가지고 있는 것처럼, 몰몬교에서도 우리는 그 가르침의 전파를 선도하는 그 지도자의 사도의 능력과 에너지에 달려 있음을 발견합니다.

처녀자리 태생들의 우정은 종종 친밀하고 오래 지속되지만, 일반적으로 지적인 차원에서 이 관계의 공동체 덕분에 존재합니다. 이러한 우정은 견해 차이로 인해 쉽게 깨집니다. 왜냐하면 이 별자리의 태생은 간섭을 극도로 경계하고 심지어 상상 속의 위험까지도 그것을 의심하기 때문입니다.

처녀자리 태생은 특별히 구속에 짜증 나지 않습니다. 그는 그것을 조금 느끼지만 거의 느끼지 않습니다. 햄릿은 "간단히 말해서 나는 구속될 수 있고, 내가 나쁜 꿈을 꾸지 않았다면 무한한 우주 공간의 왕이라고 생각할 수 있을 것이다."라고 말했습니다. 처녀자리에게는 나쁜 꿈이 없습니다. 그에게는 모든 일이 다소 소박하게 정리되어야 하는 것이 당연하다고 생각하며, 불평할 이유가 없다고 생각합니다.

처녀자리 아이들의 질문하는 경향에 대해서 낙담해서는 안 됩니다. 그들은 살아 있는 심문 장소이며, 이것은 그들이 지식을 얻는 방법이기 때문에 억압되어서는 안 됩니다. 그러나 너무 비판적이거나 트집을 잡으려는 경향은 억제되어야 합니다. 그들은 천성적으로 질서 정연하고 까다롭지만, 마치 어른들처럼 작은 일들이 삶의 더 중요한 것들을 무색하게 하는 경향이 있습니다. 그들에게 작은 실망감을 가볍게 받아들이도록 가르치십시오. 그렇지 않으면 그들은 나중에 인생에서 겪을 더 큰 시련이나 어려움을 극복할 수 없을 것입니다.

그들은 사소한 일에 대해 걱정하거나 초조해함으로써 정신적으로 고갈되기 쉽습니다. 그러나 더 큰 관점에서 볼 때, 그들은 매우 희망적이고 긍정적인 측면을 가지고 있으므로 그것을 개발해야 합니다. 이 아이들은 정신 활동이 활발하여 신경을 많이 소모하기 때문에 휴식 시간을 자주 가져야 하며, 그러한 아이들은 보통 아이들(쌍둥이자리처럼)보다 일찍 일을 끝내게 하는 것이 더 필요합니다.

또한 그들이 평온하고 조화로운 분위기 속에서 살아가야 하며 흥분하거나 강요하거나 신경질적인 사람들이 참석하지 말아야 한다는 것도 중요합니다. 처녀자리 아이들은 건전한 교육뿐 아니라 가능하다면 좋은 환경과 많은 여행의 이점을 얻을 수 있는 모든 기회를 주어야 합니다. 왜냐하면 만약 그들이 그들의 동료들보다 정신적으로 열등하다고 느낀다면 그들은 불행함을 느끼기 때문입니다. 그러나 그들은 자발적인 "혼합자"가 아니며, 다른 사람들에 대한 무관심으로 인해 그들이 친구나 가족에게 덜 의존할 수 있도록, 그들에게 잠재된 재능을 계발할 기회를 주어야 합니다. 만약 날카롭거나 너무 높은 음조를 가진 경향이 있는 경우, 그들에게 그들의 목소리를 조절하는 법을 가르치는 것이 좋습니다.

4월 21일부터 5월 22일까지 태양이 소박하고 실용적인 별자리 황소자리에 있고, 12월 23일부터 1월 21일까지 태양이 소박하고 성실한 별자리 염소자리에 있을 때 태어난 사람들은 처녀자리에서 태어난 사람들에게 호의적이고 도움이 됩니다. 그들의 특성은 상호보완적이기 때문에, 그들은 처녀자리 태생의 좋은 파트너입니다.

만약 2월 20일~3월 22일(물고기자리), 5월 22일~6월 22일(쌍둥이자리) 또는 11월 23일~12월 23일(사수자리)에 태어난 사람들과 너무 밀접하게 관련되어 있다면, 처녀자리 태생은 그들과 조화롭게 함께 가기 위해선 덜 비판적이고 더 많은 공감이 필요하다고 느낄 것입니다.

그러한 친밀감은 처녀자리의 태생이 너무 하찮아지고 그의 신경계를 화나게 할 정도로 작은 일에 스트레스를 주는 결과를 초래할 수 있습니다. 이러한 이유로, 물고기자리, 쌍둥이자리 및 사수자리에서 태어난 사람들과는 결혼생활이나 비즈니스 면에서 가장 호의적이거나 도움이 되는 파트너가 되지 못합니다.

9월 21일부터 28일까지 약 7일 동안 처녀자리의 진동이 천칭자리의 진동으로 합쳐지고 천칭자리가 여전히 처녀자리의 일부를 유지하는 기간을 커스프(cusp)라고 합니다. 이 날짜 사이에 태어난 사람들은 처녀자리의 분별력 있고 지적인 자질과 천칭자리의 정의롭고 균형 잡힌 면 또는 이 둘의 조합을 받아들일 것입니다. 정신을 지배하는 수성과 사랑의 본성인 금성이 태양에 매우 가깝기 때문에 그들 역시 처녀자리의 인접한 별자리의 일부 특성에 참여할 수 있습니다. 이것은 이해하기 어려운 복잡한 성격의 일부를 설명한 것입니다.

다시 말하지만, 이러한 추론은 태양이나 어센던트의 위치에서 나온 것이기 때문에 처녀자리에서 태어난 가장 친한 친구나 그와 사이가 좋지 않은 사람 중에는 언급된 시기에 태어나지 않은 사람들도 있을 가능성이 높습니다. 천궁도에서 각각의 별들이 처녀자리의 별자리들과 어떻게 결합하는지 그리고 서로에 미치는 영향의 조합을 확인하기 위해 참조되어야 합니다.

이러한 싸인들은 행성의 영향을 고려하지 않기 때문에, 우리가 알고 있는 개인의 모든 특성을 다루지는 않았습니다. 전체 진리를 밝히기 위해서는 상세한 진술이나 천궁도를 보아야 합니다.

■ 천칭자리(LIBRA)

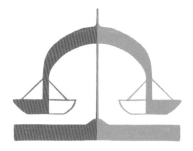

천칭자리는 9월 24일에서 10월 24일 사이에 태어난 사람 또는 출생 시 이 싸인이 떠오르는 사람(출생 시간에 대한 지식을 통해서만 확인할 수 있음)으로, 공기의 원소이며 시작의 별자리로 공정하고 저울로 상징되는 균형

잡힌 별자리의 지배를 받게 될 것입니다.

천칭자리의 지배 행성은 '사랑과 미의 여신'인 금성입니다.

금성과 토성에 의해 진동하는 것과 전갈자리에 의해 진동하는 두 가지 다른 유형이 있음에도 불구하고, 어센던트에 천칭자리가 있는 사람들을 알아보는 것은 매우 쉽습니다.

☾ 물리적(육체적) 특성

전체적인 체격은 작고, 날씬하고, 우아하고, 대체적으로 비율이 탁월하며, 움직임이 가볍고, 단정합니다. 쌍둥이자리의 차분하지 못하고 안정감이 없는 것과는 전혀 다른 평온한 활동이 있습니다. 머리는 길게 늘어뜨려 있으며, 이목구비가 작고, 규칙적이며 보기에 좋습니다. 헤르메스 (Hermes), 안티누스(Antinous), 아프로디테(Aphrodite)의 고대 조각상들은 천칭자리의 특징과는 다른 화려함이나 부조화를 보이는 경향이 있지만, 그 유형에 대한 공정한 이해를 제공합니다.

타고난 안색은 올리브빛이며, 머리카락은 매우 짙은 갈색 또는 검은색이지만, 광택과 따뜻함을 가지고 있어 매우 보기에 좋습니다. 곧고 질감이 매우 부드러우며 이마에 낮게 자라는 경향이 있습니다. 코는 작고 그리스형의 코이며, 다리는 거의 특별한 특징 없이 직선형으로 곧습니다. 입술은 짙고 매혹적이며 정교한 모양을 하고 있습니다. 얼굴의 모든 라인은 부드럽고, 우아하며, 섬세하고, 품위가 있습니다.

대부분의 사람은 본능적으로 이 조형적인 아름다움에 끌린다고 느낍니다. 팔다리는 작고 놀랍도록 균형이 잘 잡혀 있으며, 손과 발은 특히 잘 형성되어 있습니다. 아무리 강한 타입이라도 여성스러운 섬세함이 있습니다. 그러나 이 모든 것은 금성이 가장 활발하게 움직이는 별자리인 천칭자리에 적용됩니다. 천칭자리에서 토성의 엑젤테이션(격상)으로 인해 완전히 다른 유형이 있습니다. 토성의 힘은 금성의 영향을 매우 현저하게 변형하여, 이 별자리가 시작(카디널)의 별자리라는 사실을 강조하고, 그것의 공기의 본질적인 성질에 대해서는 거스릅니다.

이 별자리에서 토성의 영향이 지배적일 때, 그것은 천칭자리를 일반적인 금성인의 유형보다 훨씬 더 힘이 있고, 탄탄하며, 강하고, 단단하게 만듭니다. 사실 이러한 유형은 천칭자리의 후반부가 상승할 때 주로 발견되는데, 이는 그 당시 전갈자리의 상당량이 실제로 어센던트에 접근하고 있기 때문입니다. 쉽게 알아볼 수 있고 지나치게 특징적인 특성이 하나 있는데, 이것이 바로 흥미로운 표현이라고 할 수 있습니다. 천칭자리의 눈은 천성적으로 미묘하고 매혹적이지만, 그들은 매우 부드럽고 온화하며 애정이 넘칩니다.

토성 유형에서 천칭자리 눈은 두 가지의 특징을 가지고 있는데, 첫 번째 표정(표현)은 다소 사악합니다. 그들 안에는 권력에 대한 강렬한 사랑이 담겨 있습니다. 그들이 책략적이고 비양심적이라는 것을 알 수 있습니다. 사람들은 그들이 반드시 거짓이라고 말하는 것은 너무 지나치지만, 하지만 그 효과는 거짓의 결과입니다.

이러한 유형의 사람들은 속이려고 의도된 것들의 말을 하고 매우 성공적으로 속이는 경향이 있지만, 그들이 속이는 방법은 종종 듣는 사람이 잘못된 인상을 받을 수 있는 방식으로 진실을 말하는 것입니다.

두 번째 표정은 얼굴 전체가 눈에 띕니다. 그것은 교활하고 비밀스럽습니다. 사람들은 항상 그러한 사람들이 어떤 특별한 방식으로 왕좌 뒤에 있는 권력을 구성한다고 생각합니다. 그들은 공격 및 방어 방법에 있어 매우 경제적입니다. 그들은 절대 모든 물건을 상점 창문 앞에 진열해 두지 않습니다. 소매에는 항상 에이스가 있습니다.

세상에서 가장 신비로운 사람들은 천칭자리가 지배하는 중국인입니다. 로버트 하트 경(Sir. Robert Hart)은 50여 년 동안 그들과 함께 보낸 후 영국의 집으로 돌아가려고 할 때, 그 나라의 시골 도보 여행을 막 마친 젊은 친구에게 말했습니다. 로버트 하트 경은 반세기 동안 이 사람들의 성격에 대한 정당한 평가에 의존해 왔으며, 로버트 하트 경에게 심리학적 해석에 도움을 청한 젊은 친구였습니다. 젊은 친구는 이제 중국인이 어떤 주어진 상황에서 무엇을 할 것인지를 꽤 잘 알고 있었지만, 중국인들이 왜 그렇게 해야 하는지는 전혀 몰랐습니다. 이러한 천칭자리 유형은 자신의 목적이 무엇인지 알지 못하는 경우를 제외하고는 어느 누구도 당신의 목적을 좌절시킬 수 없다는 매우 중요한 심리적 진실을 이해해야 합니다. 많은 여성이 남성을 대할 때 본능적으로 이 방법을 따릅니다. 어떤 여성도 신비로운 여성만큼 위험한 여성은 없다는 것이 일반적으로 인식되고 있지만, 암시된 지능의 유형은 남성적 지능과 마찬가지로 결코 여성적 지능이 아닙니다.

토성의 영향은 종종 안색에 거친 질감을 부여하고, 얼굴에서는 종종 잔인함이 느껴지고 있습니다. 그러나 이러한 특성으로 인해 대부분의 사람은 그러한 타입을 훨씬 더 강력해 보이게 하며, 영원히 가능해집니다. 마음이 단순한 사람들은 그러한 유형에 대한 본능적인 불신을 가지고 있습니다. 자신의 본질적인 힘을 의식하는 사람들은 성격이 완전히 다르지만, 오히려 그것을 존경하고 좋아하는 경향이 있습니다. 지식을 두려워하는 사람들은 그가 그 무엇보다 지식을 두려워할 만큼의 지식의 깊이가 있는 사람처럼 보일 것입니다.

이 유형의 어깨는 순수한 금성 유형의 어깨보다 더 사각형입니다. 체형은 더 크고 우아함은 훨씬 덜합니다. 팔다리는 더 짧고 손과 발은 더 강하고 외관상 더 실용적입니다. 그러나 이러한 모든 변화는 토성보다 전갈자리의 영향을 더 많이 받는 특징이 있습니다. 천칭자리의 일반적인 체질은 매우 좋지만, 견고함이 부족합니다. 경미한 원인은 건강에 다소 심각한 장애를 일으킵니다. 다른 어떤 별자리도 행복은 그러한 훌륭한 몸의 균형에 달려 있지 않습니다. 반면에 질병은 빨리 치료됩니다.

천칭자리는 허리, 신장(여성의 경우 난소), 척수와 요추 부위, 그리고 동정적으로 머리, 위, 무릎을 관장합니다. 신경중추의 구조적 변화와 소화 장애로 인해 발생할 수 있는 많은 불분명한 상태를 포함하는 이러한 부분의 문제는 시스템이 고갈되거나 타고난 에너지를 남용한다면 이 별자리에서 태어난 사람들이 겪을 수 있는 문제입니다. 천칭자리 태생이 경계해야 할 가장 심각한 문제는 신장과 척추와 관련된 문제입니다.

천칭자리 사람들은 조화로운 움직임을 좋아합니다. 예를 들어, 춤은 특징적으로 가장 좋아하는 오락입니다. 리듬 감각이 형태의 감각만큼 강합니다.

천칭자리는 자연의 꽃들처럼 이러한 것들은 서리가 내리면 가장 먼저 고통을 겪습니다. 언급된 예외를 제외하고 질병에 대한 특별한 책임은 없지만, 이것은 일반적으로 행성의 위치 또는 어스펙트에 따라 달라질 수 있습니다. 천칭자리 태생의 생명력은 일정 범위 내에서 매우 좋지만, 그래도 자신에게 결코 과도한 부담을 주지 마십시오. 천칭자리는 모든 것을 적당히 받아들이며 일을 처리할 수 있다면 영원히 갈 수 있지만, 그를 혼란스럽게 만드는 과잉은 그에게 가장 위험합니다. 그는 일반적으로 이 사실을 의식하고 있습니다. 그는 걸을 수 있을 때 절대 뛰지 않을 것이고, 종종 훨씬 더 강한 사람이 쓰러지는 곳에서도 쾌활하게 헤쳐 나갈 것입니다. 그는 자신의 에너지를 절약하는 방법을 알고 있고, 거의 힘을 낭비하지 않습니다.

이 싸인의 타고난 절제감은 건강에 관한 모든 문제에서 그에게 좋은 도움이 됩니다. 그는 너무 많이 먹거나 마시고 싶은 유혹을 받을 때 강한 거부감을 느낍니다. 그가 이런 종류의 실수를 하기 전에 혐오감이 그를 지배합니다. 자연 또한 이러한 점에서 매우 친절합니다. 먹거나 마시는 것의 무절제는 대개 메스꺼움을 유발합니다. 그러므로 천칭자리는 다른 별자리들보다 외모는 강하지는 않지만, 종종 더 강력한 별자리 아래에서 태어난 사람들보다 더 오래 삽니다.

☪ 도덕적 특성

천칭자리는 공기에 기인하는 시작의 별자리로, 가장 활동적인 형태에 해당하는 공기의 원소를 나타냅니다. 공기는 형태가 없으며 보이지 않습니다. 그것은 물질적인 물체의 움직임에 거의 저항하지 않으므로, 그래서 어떤 사람들은 이 순수한 것처럼 보이는 물질이 어떻게 파괴적인 힘이 될 수 있는지 이해하기 어렵습니다. 그러나 공기가 공격적일 때 그것은 모든 원소 중에서 가장 끔찍하고 저항할 수 없습니다.

토네이도와 허리케인, 사이클론과 태풍은 화산만큼 저항할 수 없습니다. 공기는 인간 삶의 가장 중요한 영양 공급원이지만, 어떤 식으로든 공기는 다른 모든 원소를 합친 것보다 매년 더 많은 사람을 죽입니다. 그러므로 우리는 천칭자리를 어떤 식으로든 수동적이라고 생각해서는 안 됩니다.

수동적인 유형 공기는 쌍둥이자리가 부여하는 것으로, 불안정하고 쉽게 흔들리며 저항하지 않는 것입니다. 균형 잡힌 유형은 물병자리에 의해 주어졌으며, 인류에 대한 확고하고 신성한 사상을 대표합니다. 후자는 황도대의 비상하는 인간 독수리이며, 인간의 정신 사상과 밀접하게 연결되어 있지만, 천칭자리는 무례하고 원시적이며 길들여지지 않았습니다. 그것은 다른 공기의 원소 싸인들처럼 지적인 면에서 작동하지만,

그 기능은 매우 역동적입니다.

　주전자 주둥이에서 아주 조용히 분출되는 보이지 않는 증기가 궁극적으로 지구의 표면을 찢는 데 사용될 수 있는 힘으로 바뀔 수 있다는 생각에는 역설적인 무언가가 있습니다. 이 역설은 더 깊이 전달될 수 있습니다. 공기의 주성분은 질소인데, 이는 가장 비활성적인 기체 중 하나이며 이런 이유로 질소는 거의 모든 고 폭발물의 주요 구성 성분입니다. 이러한 물리학 및 화학의 사실들은 천칭자리 태생의 도덕적인 구성, 특히 토성의 유형에서 정확하게 대응합니다. 부드러움과 상냥함은 분명하지만 언제나 열정적인 얼굴에는 가면을 써야 하는 것이 아니라 최소한의 저항으로 날카로운 창이 관통할 수 있는 부드러움이 돋보입니다. 천칭자리는 그 무례한 솔직함이 자신의 은밀한 목적을 수행하는 데 있어서 가능한 큰 손해라는 것을 인식하고 있습니다.

　지금까지 우리는 가장 강렬하게 활동적인 형태의 천칭자리에 대해 이야기했습니다. 금성의 영향으로 그 날카로움을 빛나게 하고 그 강렬한 에너지를 은혜의 망토 아래 숨기는 역할을 하지만 천칭자리는 정적이고 동시에 역동적인 힘을 가지고 있습니다.

　천칭자리는 균형의 상징(저울)이며 타로카드에서의 천칭자리의 카드는 '정의'입니다. 천칭자리의 힘은 이 모든 특성 중 가장 큰 특성을 갖고 있다는 점, 즉 모든 것을 정확하게 측정하고 평형을 고려하지 않고는 힘을 사용하지 않는 힘으로 인해 더욱 두드러집니다. 천칭자리는 조건이 정확히 딱 들어맞지 않는 한 절대 행동하지 않습니다. 토네이도 자체는 그것을 움직이게 하는 힘에 의해 제어되며, 토네이도의 작용에 대한 진정한 설명은 그것이 흐트러진 평형을 회복하고 공백을 메운다는 것입니다.

　천칭자리의 목적은 항상 교란을 구성하는 것이며, 그것의 명백한 활동은 잘못된 명칭입니다. 사람들이 인식하지 못하면 상황이 매우 잘못될 수 있습니다. 천칭자리는 그 문제를 발견하고 그것을 해결하기 위해 조정을 진행하는 사람입니다. 평형 상태에서 행동하는 습관은 모든 기계의 효율성에 절대적으로 필요합니다. 화살은 깃털로 균형을 잡지 않으면 똑바로 날지 못합니다. 이 사실을 알게 된 이집트인들은 깃털을 정의와 진리의 여신의 상징으로 삼았고, 그들의 신들과 왕들은 깃털이 일반적인 법에 따라 적용되는 것이기 때문에 그들이 정의와 저항할 수 없는 힘을 상징하기 위해 머리 장식에 깃털을 썼다.

천칭자리는 자연의 법칙에 따라 변함없이 작용하기 때문에 황도대의 모든 힘 중에서 가장 효과적입니다.

비록 다른 사람들에게는 그렇게 보일지 모르겠지만, 결코 그것이 사업성이 없는 곳에 끼어들려고 하지 않는다. 천칭자리는 모든 가능성을 계산했으며, 그것의 행동이 진행됨에 따라 그것의 목적이 평화로웠다는 것을 알게 될 것입니다. 만약 나폴레옹의 경력이 야심찬 영국의 끈질긴 반대에 의해 무너지지 않았다면, 그는 모든 현대 법체계 중 가장 공정하고 이해하기 쉬운 나폴레옹 법전 아래 유럽합중국을 설립했을 것입니다.

천궁도에서 활동적인 원소가 약하고 수동적인 싸인들이 차지하고 있는 경우, 어떤 종류의 큰 추진력이 없는 경우, 이때 이러한 사법적 기질은 활동적이지 않은 상태가 됩니다. 천칭자리 태생인 그는 균형을 잡는 데 모든 시간을 보내고, 내일 아침까지 행동을 미루지만 결코 오지 않습니다. 모든 인간 중에서 가장 비효율적인 사람들의 일부는 이 별자리를 가지고 태어납니다. 마치 두 개의 엉겅퀴 중 어느 것을 먼저 먹어야 할지 결정하지 못하고 굶어 죽은 당나귀처럼, 그들은 스스로 행동을 강요할 능력이 없습니다.

정신은 너무나 정확하게 조정되어 있어서 어떤 생각도 마음에 들어오자마자 모순된 생각이 자동적으로 제시됩니다. 이러한 자질은 천칭자리 태생에게 극단적인 넓은 마음, 편견이 없는 보편적인 관용을 부여합니다. 그것은 단지 성급하게 요약하고, 가능한 최대한 많은 요소를 결합하면서, 개인의 목적과 조화를 이루는 계획을 세우고 실행에 옮기는 것이 가장 적극적인 유형일 뿐입니다. 명상하는 마음은 어센던트에 있는 천칭자리와 함께 태어난 신체와 관련하여 매우 흔하게 발견됩니다.

천칭자리 성격의 또 다른 특징은 균형과 조화에 대한 이러한 헌신이 아름다움에 대한 헌신이기도 하다는 것입니다. 아름다움은 요소들의 적절한 비율, 한 가지와 다른 것의 적절한 균형으로 구성되어 있으며 그에 따라서 우리는 천칭자리의 본성에서 강렬한 미학적인 특징을 찾습니다.

이러한 천칭자리 태생은 특히 더럽고 추하고 무질서한 것에 의해 방해를 받습니다. 이 감정은 매우 날카로워서 그는 종종 잘못된 것에 대한 생각에 의해 실제로 병들게 됩니다. 그는 매우 예민합니다. 전쟁과 같은 혼란은 그에게 가장 끔찍한 정신적 고통을 줍니다. 그는 단 한 번의 배려로 자신이 위안을 얻습니다.

그는 옛 문명이 편협하고 끔찍하며 추악함과 비참함을 낳았으며, 변화하고 재건하기 위해서는 건물을 완전히 부숴야 한다고 스스로에게 말합니다. 아니, 더 나아가 기초를 새롭게 다져야 한다고 생각합니다. 그러므로 이 문제에 대한 그의 최종 판단은 전쟁이 진정한 아름다움의 법칙에 따라 세워질 새로운 시대의 수립에 필요한 정신적 준비라는 것입니다.

그는 과학의 운영을 갑자기 실험실에서 현장 및 공장으로 갑자기 확대된 것은 준비되지 않은 경보이자 그것을 왜곡할 수밖에 없는 기성 문명에 대한 침략이었다고 주장할 경향이 있을 것입니다. 그는 새로운 시장에 대한 수요가 시급해졌고, 교통수단의 가능성이 도시의 과장을 허용했으며, 이 모든 것들이 함께 작용하면 화해할 수 없는 원초적인 힘의 충돌을 일으킬 수밖에 없다는 것을 보여 주곤 했습니다.

한마디로, 뇌우가 견딜 수 없는 잠재력이 축적된 결과인 것처럼, 인구 과잉으로 인해 발생하는 상업적이고, 정치적인 긴장감은 전쟁이라는 수단을 통해 저절로 배출되었습니다. 이 주장의 논거는 천칭자리의 매우 특징적입니다. 천칭자리 태생의 모든 본능은 폭력에 대항하지만, 그는 폭력을 평온의 필수적인 전조라고 인식하고 그것에 그의 승인의 도장을 찍을 것입니다.

천칭자리는 이상적인 관념을 방해하는 개인적인 배려를 결코 허용하지 않기 때문에 이러한 이유로 가장 신뢰할 수 있는 별자리입니다. 당신은 종종 이 별자리의 태생들이 매우 인기 없는 태도를 취하는 것을 발견하게 될 것입니다.

예를 들어 만약 어떤 사람이 벨기에를 침공했을 때 독일이 전적으로 옳다고 생각한다고 말할 수도 있지만, 그럼에도 불구하고 그는 자신이 영국 태생이라는 이유로 영국을 위해 싸웠을지도 모릅니다. 따라서 그의 도덕성과 사회적 존재를 완전히 구별했다고 말할 수 있습니다.

천칭자리는 절대 사물들을 섞지 않습니다. 철학적이고 오컬트적인 논쟁의 주요 오류 중 하나는 그렇게 하는 것입니다. 예를 들어 신비주의자들은 죄와 같은 것은 없다고 주장하면서, 죄를 지을 때 그들 자신을 정당화하려고 할 것입니다. 따라서 어떤 사람들은 우리 모두가 한 위대한 아버지의 자녀들이기 때문에 구운 토끼를 만족스럽게 먹을 수 있을 것이라고 주장합니다.

그러나 천칭자리가 떠오르는 사람은 이 오류를 범하지 않습니다. 그는 구운 토끼를 좋아하지 않기 때문에 먹지 않으며, 만약 그가 죄를 짓는다면 그것은 그가 그것을 좋아하기 때문일 것입니다. 그는 결코 자신을 속이면서 몸에 맞는 행동과 마음에 맞는 생각을 혼동하지 않을 것입니다. 그는 육식 동물이며, 소의 신성함에 대한 어떠한 논쟁도 그가 스테이크를 먹는 것을 막을 수 없습니다. 다시 말해서, 그는 각 부서가 자신의 업무에 집중하도록 하고, 자신의 본성에 맞는 방식으로 행동하도록 만듭니다.

돈 문제와 관련하여, 천칭자리는 너무 관대해서 문제의 어떤 한 가지 요소도 중요하게 여기지 않으며, 이 공기의 별자리는 돈의 속성과 정면으로 반대됩니다. 하지만 계산적인 능력은 매우 뛰어나며, 천칭자리 태생인 그는 재정적인 문제를 처리해야 할 때 놀라울 정도로 정확합니다. 잘못된 계산을 사용하는 것도 충분히 가능하기 때문에 천칭자리 태생이 영리한 수치 조작자인지, 재정에 있어서 청렴한 회계사인지는 천칭자리 태생들의 성장에 달려 있을 것입니다.

이 싸인의 태생은 그의 말과 글에서 매력을 발산하는 힘을 가지고 있습니다. 그는 온화하고, 섬세하고, 설득력이 있으며, 그리고 정의롭고 위대한 모습으로 자신의 길을 찾아갑니다. 그는 자신의 관점을 표현하는 데 있어서 매우 그럴듯하며, 누군가 그를 꿰뚫어 볼 때 항상 약간의 충격과 상처를 받은 척합니다.
이 유형은 꼭 위선적이지는 않지만 천칭자리 태생은 사랑과 전쟁에서 모든 것이 공평하고, 목적이 수단을 정당화한다고 본능적으로 느낍니다. 그것은 많은 호기심을 자극하는 마음의 규칙적인 특징 중 하나입니다. 이 사람들은 위험한 논쟁가가 되곤 합니다. 그들은 대단한 기술로 동정심을 얻고, 그들의 온순함이 종종 상대방을 짜증 나게 하여 상대가 화를 내게 하고, 그에 따른 불이익을 자극합니다. 왜냐하면 천칭자리 태생이 그를 자비롭게 여기지만 두 눈에 눈물을 흘리며 자신이 학대를 당하고 부당한 대우를 받고 있음을 지적할 수 있기 때문입니다. 그리고 상대방의 분노는 단지 그가 곤경에 처해 있다는 것의 더 많은 추가적인 증거일 뿐입니다.

천칭자리 태생은 매력적인 태도와 일을 할 것 같지 않게, 미묘하게 일을 처리하는 일반적인 능력 때문에 집에서 아주 잘 지냅니다. 그러나 그는 자신의 가정에 대해 특별히 강하거나 뿌리 깊은 애착을 갖고 있지 않으며, 가족과의 단절은 비교적 드물지만 황소자리나 게자리와 같은 정도의 가정적인 감각은 가지고 있지 않습니다.

사랑에 있어서 천칭자리 태생은 아마도 황도대에서 가장 흥미로운 기질을 가지고 있을 것입니다. 천칭자리의 영향력은 균형을 이루는 데 매우 강력하게 작용합니다. 활동적인 원소의 카디날 싸인인 천칭자리는 확실히 남성적입니다. 그러나 천칭자리의 지배 행성인 금성과 하우스는 확실히 여성적입니다. 이 태생의 기질은 결과적으로 남녀 간의 성별 사이에서 균형을 이룹니다. 일반적으로 그는 매우 강하고 성적인 면에서 매우 발달되어 있으며, 이것은 때때로 그가 남성과 여성 사이의 중간적인 본성을 소유한 것으로 특징지어집니다.

그리고 때때로 두 가지 기질을 가지고 있는데, 하나는 거의 지나치게 남성적이며 다른 하나는 매우 여성적입니다. 천칭자리 태생이 연애에 대한 이해 범위가 넓기 때문에 모든 연애의 문제에 있어서 훌륭한 전문가라는 것을 알게 되는 것은 당연합니다. 그는 본능적으로 다른 사람의 본성을 이해하고 있으며, 그는 노력하지 않고도 상대방에 대해 적응할 수 있을 정도로 적응력이 좋습니다. 그는 다른 사람들을 지배하려는 본능적인 욕망 때문에 이 능력을 행사 할 때 큰 기쁨을 느낍니다. 그가 역할을 맡는 것은 당연합니다.

이러한 특성으로 인해 천칭자리 태생들은 종종 변이주의적인 성향을 띠며, 특정한 행성의 조합에서는 동성애의 변형이 나타날 수도 있습니다. 이것은 어떤 실제적인 선입견에 기인하는 것이 아니라, 두 성별 사이에 있는 천칭자리의 미묘한 균형에 기인하는 것입니다. 이러한 유형의 천칭자리 사람은 종종 매우 관능적이면서도 가능한 한 가장 높은 수준까지 세련되게 표현되기도 합니다. 심지어 관능적인 표현이 많은 곳에서도 추한 것은 없습니다. 그는 사랑을 욕망으로 생각하지 않고 예술로 생각합니다. 그가 믿을 수 없을 정도로 엄청나게 추악한 행동을 하는 것은 사실이지만, 그의 목적은 결코 욕망의 충족이 아니라고 생각합니다. 그는 다른 사람들과 비슷한 교육을 받는 것을 동등하게 받아들이거나 또는 더 크게 기뻐할 것입니다. 그렇게 함으로써 이 사람들은 종종 그들의 동료들에게 매우 치명적이게 해로운 영향을 끼칩니다.

금성이 염소자리나 전갈자리에 있는 사람에게는 그들이 자연스럽게 하고 동물적인 느낌의 행위가 예술이라는 이름하에 다른 사람들에 의해 정확히 같은 방식으로 행해져야 한다는 것이 이해되지 않습니다. 그러나 금성이 천칭자리 태생은 자신의 그러한 행위가 다른 사람들에게 이해가 되지 않거나 조롱을 당하는 것을 알게 되면 화가 나지만, 그는 자신의 영혼이 천박하다고 생각하는 것들의 오염으로부터 안전하다는 생각에 특별한 자부심과 안정감을 느낄 것입니다.

천칭자리의 중립성은 때때로 천칭자리의 영향으로 강하게 태어난 사람이 불리한 상황에서 대처할 수 있는 능력을 보이는 것이 가끔 신기할 정도로 대단합니다. 이것은 특히 사랑에 적용되지만, 그의 다른 사람들과의 관계에서 전체로 확장될 수 있습니다. 그는 어떤 결과를 얻기 위해 무한한 노력을 기울이지만, 만약 그가 실패했더라도, 그는 그가 성공했을 때와 거의 마찬가지로 관련된 힘에 대한 분석에 있어서 정신적인 만족을 느낍니다. 그의 실패는 단지 이 문제의 한 가지 요소일 뿐이며, 만약 그는 그가 처음에 성공했다면 할 수 없었을 방식으로 매우 자주 새로운 기회를 잡게 될 것이고, 실패에 의한 결과로 성공할 것입니다.

천칭자리 사람의 유형에 대해 심각하게 화를 내는 것은 어렵습니다. 왜냐하면 다른 사람에게는 용서할 수 없는 솔직한 표현이 점성술적 관점에서 그들을 이해하는 사람들에게 천칭자리 태생에 대한 분노를 일으키지 않기 때문입니다. 그러나 이 사람들은 진정으로 열정적이긴 하지만, 낭만적인 문학에서 정의되는 한계 안에서 실제로 사랑할 수 있는 능력이 없는 것이 사실입니다. 이 사람들에게 평생 충성을 다한다는 생각은 자연스러운 것이 아니기 때문에, 이 사람들은 좀처럼 '영원히 행복하게 사는' 경우는 거의 없습니다. 더욱이, 결혼생활에서 그러한 유형은 아마도 더 큰 자유와 책임감이 거의 없는 상태에서 온전히 행복하지 않을 것입니다.

그들은 다른 사람에게 기분을 맞추기 위해 계산된 생각으로 모든 속성을 가지고 있으며, 동시에 엄청난 재치를 가진 사람들이기도 하지만, 대부분 결혼한 천칭자리 태생들은 일에 있어서 배우자에게 극도로 비판적인 분석을 할 때가 옵니다. 천칭자리 태생은 이례적으로 분석을 할 것이며, 이것으로부터 완전히 벗어날 수 있는 파트너는 거의 없습니다. 하지만, 다른 싸인을 가진 남편이나 아내들의 분석을 통해 이 천칭자리 유형의 영리함은 파트너의 기질을 이해하고, 미리 경고를 함으로써 사전에 무장을 할 것이고, 따라서 조사의 완전한 결과를 피할 수 있습니다.

천칭자리 태생은 일반적으로 아이들을 좋아하고 아이들과 함께 노는 것을 즐깁니다. 그들은 아이들을 정의와 온화함으로 대할 것입니다. 그는 그들의 본성을 이해하고 결코 그들을 학대하지 않을 것입니다. 그는 아이들을 망치지 않을 것이며, 가능한 최고의 경력을 쌓고 그들이 그것을 위해 신중하게 준비할 것입니다. 이것이 모든 자녀가 가질 수 있는 가장 좋은 부모의 유형이라는 견해를 취하는 것이 가능합니다.

대부분의 부모는 아이가 스스로의 본성에 상응하는 권리와 의무를 가진 개인의 영혼이라는 사실을 깨닫기가 매우 어렵습니다. 그 경향은 항상 부모가 가던 방식으로 아이들을 키우려 하고, 아이가 가야 할 길로 아이를 키우려 하지 않는 경향이 있습니다. 대부분의 아이는 부모의 이러한 끔찍한 태도에 의해 중단되거나 훼손됩니다. 매우 독립적인 성격을 가진 아이는 어리석고, 애정이 많고, 고집 센 부모의 힘에 이끌려있다는 것을 알게 되고, 자유를 위해 싸울 때까지 극심한 고통을 겪습니다. 그러나 아이가 이러한 반대에 맞서 자신의 고결함을 유지할 만큼 충분히 강하다면, 그 아이는 삶의 전투에서 훌륭하게 적합하다는 것을 알 수 있습니다. 하지만 불행하게도, 그런 엄청난 인물은 드뭅니다. 불행한 어린 시절의 일반적인 결과는 아이의 정신을 망가뜨리고 아이가 가질 수 있는 어떤 자질도 영원히 발달하지 못하게 하는 것입니다.

아랫사람들을 대할 때 천칭자리 태생들의 방법은 강요보다는 설득을 하며, 천칭자리 태생의 타고난 정의감은 그에게 고용된 사람들의 존경을 받습니다. 그러나 그의 자연스럽게 느슨해지는 경향은 다루기 어렵고 반항적인 사람들을 다루는 데 있어 다소 결점이 됩니다. 결과적으로 그는 때때로 다소 나쁘게 다루어지는 경향이 있습니다.

공적인 일과 비즈니스 파트너십에서 그의 타고난 본능은 강력한 힘에 의지하지 않고 모든 어려움을 조정하는 것이기 때문에, 이 태생에게 이러한 상황은 더 행운이 좋았습니다. 그러나 양자리가 일곱 번째 하우스의 커스프에 있으면, 일상적으로 화성의 영향으로 인해 때때로 그의 의지와 크게 반대되는 공공연한 분쟁에 의존하게 될 것입니다.

　역사를 더 깊이 연구하는 학생은 나폴레옹(Napoleon, 1769~1821)이 처음 정복자가 되었을 때부터 전쟁을 피하기 위해 일생을 보냈다는 사실을 깨닫게 될 것입니다. 그러나 일곱 번째 하우스에서 천왕성이 첫 번째 하우스의 목성과 어포지션되어 있기 때문에 그는 그러한 평화적인 의도에서 성공할 것이라고는 거의 기대할 수 없었습니다. 그러나 그에게 다행스럽게도 열한 번째 하우스의 화성은 천왕성에 의해 트라인되어 있어서, 오랫동안 그에게 강요된 전쟁을 성공적으로 끝낼 수 있었습니다.

　이와 관련하여 전쟁을 피하려는 우드로 윌슨(Woodrow Wilson, 미국 제28대 대통령, 1856~1924) 대통령의 시도에서 눈에 띄는 예를 볼 수도 있습니다. 그는 자신의 나라와 해외에서 미국을 분쟁 속으로 끌어들이려는 수많은 영향력에 맞서 끈질기게 싸웠습니다. 자신의 나약함과 무능함에 대한 분노를 자극한 무한한 인내심과 외교력으로 그는 2년 넘게 모든 타격을 피했습니다. 그러나 1916년 트랜짓 천왕성이 그의 네 번째 하우스의 급진적인 네이탈 화성에 컨정션되었고, 1917년 3월 말과 4월 초에 트랜짓 천왕성이 일곱 번째 하우스의 역행하는 급진적인 네이탈 천왕성과 스퀘어를 맺었을 때 그의 천칭자리 본능에도 불구하고 그에게 계속해서 행동하도록 강요합니다.

　비즈니스 특성으로 돌아가서, 이 별자리 태생은 건전하고 보수적이지만, 어떤 식으로든 새로운 사고에 대한 편견은 없습니다. 그의 판단력은 예리하고 전술은 독창적이지만 진취적인 모습은 찾아보기 힘듭니다. 그는 치열한 경쟁을 좋아하지 않습니다. 그의 정신은 너무 가톨릭적이어서 돈을 좇는 일에만 몰두하지 못합니다. 실제로 천칭자리 태생들은 단순한 상업보다는 전문직이나 금융업 분야에 종사하는 사람들을 발견할 가능성이 훨씬 더 큽니다.

　과학, 철학 및 종교의 문제에서 천칭자리는 다시 한번 매우 뛰어납니다. 나쁜 유형은 종종 얄팍하고 생각에 너무 쉽게 응하는 경향이 있는데, 이는 그것들이 전통적이기 때문이 아니라 그것들을 손에 잡기 쉽기 때문입니다. 별자리에서 디그니티가 좋을 때, 천칭자리는 세밀한 판단력, 증거를 평가하는 힘, 그리고 명백히 양립할 수 없는 개념들을 조화시키는 능력을 발견하게 되는데 이것은 진보의 목적에 매우 가치가 있습니다.
　천칭자리는 확실히 다방면에 걸쳐 다양합니다. 그러나 그것은 과거를 먼저 정리하지 않는 한 진보를 거부합니다. 이러한 성향이 지배적인 특징인 사람은 결코 일방적이거나 지나치게 편중되지 않을 것입니다. 그가 과거를 존중하는 것이 아니라, 그가 정말로 알았어야 하는 것을 고려하지 않아 나중에 되돌려야만 할 수밖에 없는 조치를 취하고 싶지 않다는 것입니다.

　천칭자리 사람들은 종교에 대해 편협함을 보이지 않습니다. 그들은 논쟁하는 경향이 있지만 반대되는 관점을 조화시키기 위해 대화 상대의 관점과 반대되는 관점은 무엇이든 변함없이 취할 것입니다. 그들의 가족들은 종종 그들이 일관성이 없다고 비난하는데, 이것은 정말로 매우 재미있는 일입니다. 왜냐하면 그들은 그들이 주장하는 견해를 유지해야 할 이유를 알지 못하기 때문입니다. 다른 사람은 다른 주장을 제시하기 위해 거기에 있습니다. 천칭자리가 정말로 하고 싶은 것은 황금 비율을 찾는 것입니다. 형식적인 아름다움에 대한 사랑은 종교적인 의식에 대한 감사를 표하는 경향이 있습니다.
　그리고 그들의 종교 생활에서, 천칭자리 사람들은 카톨릭이나 성공회 교리를 매우 선호하는 경향이 있습니다. 그들은 또한 흔히 프리메이슨

회원(Masonic fraternity)으로 소속감을 느낍니다.

천칭자리는 다른 12별자리와 마찬가지로 어떤 제약에 참을성이 없습니다. 이 별자리의 태생을 공격하려고 시도하는 것은 즉시 그의 모든 병력이 움직여야 합니다. 중국인의 기질에서 이러한 점을 분명히 잘 보여줍니다. 다른 민족의 사람들은 그들이 겉으로 보기에는 온화하고 인내심이 강해 보임에도 불구하고 효과적으로 그들을 통제하는 것은 불가능합니다. 왜냐하면 그들은 저항하는 것처럼 보이지 않고, 상대방의 의도를 무효화시킬 수 있는 교묘하고 효과적인 방법을 찾기 때문입니다. 역사를 통틀어, 그들은 항상 그들의 정복자로 여겨지는 것을 흡수하고 그들 스스로 변형되어 왔다는 점은 주목할 만합니다. 천칭자리에 힘이 몰려 있는 사람을 상대로 승리를 거두었다고 생각해서는 안 됩니다. 당신이 앞에서 그의 전선을 끊고 있는 동안 그는 뒤로 미끄러져 당신의 통신을 끊을 것입니다.

이 싸인의 영향을 강하게 받고 태어난 아이들은 의지력을 발휘하고, 자신의 결정을 고수하며, 삶의 명확한 목적을 가져야 할 필요성을 가르쳐야 합니다. 이것은 그들이 근면한 습관이 형성될 때까지 꾸준히 과제를 수행하지 않으면 나태함으로 전락할 수 있는, 그들이 극복해야 할 어떤 특정한 무관심을 가지고 있습니다. 그들의 조화와 아름다움에 대한 사랑은 자산이 될 수 있지만, 만약 그들이 나중에 생계의 수단이 될 수 있는 예술적 교육을 받는다면 그들은 아마추어 평론가로 성장할 수 있으므로, 그들의 성취나 가능성을 헛되이 낭비하게 내버려 두어서는 안 됩니다.

비록 그들이 그것에 반응하지 않거나 또는 그것에 감사하지 않는 것처럼 보일지라도 천칭자리 아이들에게 많은 애정을 가져 주어야 합니다. 정서적인 본성을 성장시키지 못한다면, 그들의 동료나 친구들이 그들을 차갑고 무관심하다고 생각할 수 있기 때문에 외로움을 느낄 가능성이 높으며, 나중에 그들은 친구와 동료들이 많지 않아 고통을 겪을 것입니다.

만약 이 자녀들의 부모들이 자녀들의 성격과 맞지 않는 미래의 계획을 세웠다면, 자녀들의 타고난 적성을 보이는 일을 하도록 준비하는 것이 현명할 것입니다. 그들에게는 어울리지 않는 상업적인 직업보다는 성공한 배우, 무용수, 작가, 화가 등이 되는 것이 훨씬 더 낫습니다. 경주마로 마차의 말을 만들려고 하지 마십시오. 오히려 그들의 섬세한 감수성과 이러한 특성들이 잘 들어맞고 성공할 수 있는 채널로 전환해야 합니다.

1월 21부터 2월 20일까지는 태양이 공기의 성향이며 인도적인 별자리인 물병자리에, 5월 22일부터 6월 22일까지는 태양이 공기의 성향으로 지적인 별자리인 쌍둥이자리에 있을 때 태어난 사람들이며, 이들은 천칭자리의 태생으로 태어난 사람들에게 자연스럽게 공감하고 도움이 됩니다. 그들의 특성은 상호보완적이기 때문에 그들은 결혼이든 아니든 천칭자리의 태생에게 좋은 파트너입니다.

3월 22일~4월 21일(양자리), 6월 22일~7월 24일(게자리), 12월 23일~1월 21일(염소자리)에 태어난 사람들과 너무 밀접하게 관련되어 있거나, 천칭자리 사람들과 너무 친밀하게 연관되면 천칭자리 사람들은 개성을 잃지 않기 위해 의지력을 발휘해야 합니다.

천칭자리 태생의 친밀감은 매우 유연하지만, 그다음에는 다른 극단적으로 반응하며 완고하고 양보하지 않게 되는 결과를 초래할 수 있습니다. 이러한 이유로 양자리, 게자리, 염소자리 태생으로 태어난 사람들과는 결혼이나 사업적으로 가장 호의적이거나 도움이 되는 파트너가 되지 못할 것입니다.

천칭자리의 진동이 전갈자리의 진동과 합쳐지고 전갈자리의 진동은 여전히 천칭자리의 일부를 유지하는 약 10월 21일부터 10월 28일까지 약 7일 동안의 기간을 커스프(cusp)라고 합니다. 이 날짜 사이에 태어난 사람들은 천칭자리의 정의롭고 예술적인 특성뿐만 아니라 전갈자리의 이기적이고 물질적인 면, 또는 이 둘의 조합에 참여할 것입니다. 정신을 지배하는 수성과 사랑의 본성인 금성이 태양에 매우 가깝기 때문에 그들 역시 천칭자리의 인접한 별자리의 특징 중 일부를 가지고 있을 것입니다. 이것은 매우 이해하기 어려운 복잡한 성격의 일부를 설명합니다.

다른 모든 별자리와 마찬가지로 이러한 추론은 태양이나 어센던트의 위치로부터 도출되었으며, 천칭자리 태생의 가장 친한 친구들 중 일부는 명백히 어울리지 않는 별자리에서 태어났을 가능성이 있습니다. 이러한 경우 개별 천궁도를 참조하여 예상치 못한 효과를 생성하기 위해 어떤 영향이 결합되는지 알아내기 위해 각각의 천궁도를 살펴봐야 합니다. 행성들의 영향도 고려되어야 하기 때문에, 이러한 징후들은 우리가 알고 있는 한 개인의 모든 특성을 포괄할 수는 없습니다. 모든 진리를 발견하려면 상세한 진술이나 천궁도가 나와야 합니다.

　10월 24일부터 11월 23일 사이에 태어난 사람이거나 태어날 때 전갈 자리가 상승하는(출생 시간에 대한 지식을 통해서만 확인할 수 있음) 사람은 물의 원소이고 픽시드 싸인으로, 이기적이며 전갈과 독수리로 상징되는 전갈 자리의 지배하에 놓이게 됩니다.

　전갈자리는 행성 간 인력(끌어당김)의 충돌이 없기 때문에 행동하기가 비교적 단순한 별자리입니다. 그것은 격상(exaltation)을 포함하고 있지 않으며, 그것의 룰러인 화성은 '전쟁의 신'으로 별자리 자체의 본질과 조화를 이루지 않습니다.

　비록 전갈자리는 물 성향의 싸인이기는 하지만, 그것은 가장 힘이 센 물입니다. 물의 비압축성, 자신의 수준을 찾으려는 불굴의 의지가 화성을 가장 강력하게 표현하는 특성입니다. 화성은 더 이상 우리가 양자리에서 볼 수 있는 불같은 씩씩한 젊은 군인이 아닙니다. 그는 전쟁의 현실에 대한 엄청난 감각과 온갖 고난을 견뎌 낼 수 있는 힘을 가진 노련한 베

◇◇◇◇◇

* 　저자가 집필할 당시에는 명왕성이 발견되지 않았으므로 이것을 염두에 두고 읽어 주십시오.

테랑입니다. 그는 전쟁이 기병(騎兵)의 화려한 돌격에 따라 달라지는 제복, 깃발, 훈장, 행렬 및 밴드 등 이러한 것들이 중요한 획일적인 문제라는 환상을 버렸습니다. 이러한 태도는 전갈자리 태생의 외모에서 뚜렷하게 나타납니다.

☾ 물리적(육체적) 특성

두개골은 일반적으로 넓은 유형이지만, 때때로 충돌하는 사수자리의 영향 때문에 다른 방향으로 매우 많이 달라질 수도 있습니다.

전갈자리는 육체적인 부분에서는 극단적인 것을 좋아합니다. 머리카락은 일반적으로 어둡고, 매우 강하고, 풍성하며, 때로는 뻣뻣하고 때로는 가늘고 곱슬곱슬합니다. 얼굴은 사각형이며 사자자리로 착각할 수 있지만, 광대뼈가 더 높고 심합니다. 눈빛이 강렬하게 자리 잡고 있으며 엄청난 생각과 힘이 넘치는 모습입니다.

브래들로(Bradlaugh)에 대해 묘사한 제임스 톰슨(James Thomson, 영국, 1834~1882)의 설명이 본능적으로 떠오릅니다.

'항상 견고하고 참을 수 없는 두 눈동자'

약한 사람들의 경우에는 이 별자리 태생의 시선에서 매우 강렬한 것이 종종 느껴질 수 있습니다. 코는 때로는 짧고 넓으며, 때로는 곧고, 때로는 매부리코이지만, 그 모양이 어떻든 항상 공격적인 에너지와 강력한 의지의 인상을 보여 줍니다. 입은 다소 크고, 입술은 오히려 얇아지는 경향이 있습니다. 턱은 네모나고 강하며, 때때로 무거운 인상을 주는 경향이 있습니다.

이러한 타입의 수동(부정)적인 변형은 여성적이라고 부를 수 있습니다. 여기서 머리는 일반적으로 길고, 얼굴은 아주 완벽한 타원형으로 관능적인 표정을 짓고 있습니다. 입술은 다소 도톰하고 때로는 느슨하지만, 아래턱의 특징적인 묵직함은 남성적인 형태와 거의 비슷합니다.

이 사람들은 일반적으로 키가 작고 날씬하지만, 동작이 느리고 때때로 서투릅니다. 겉으로는 천칭자리와 유사한데, 경험을 통해 곧 천칭자리의 매력이 어떤 의미에서는 좋은 의미이지만, 전갈자리의 매력은 이기적이고 심지어 악의적이라는 것을 곧 알게 될 것입니다.

전갈자리의 남성적인 유형은 종종 상당히 과장될 정도로 쪼그려 앉고 뭉툭한 경향이 있습니다. 누군가는 어느 장르의 괴짜 난쟁이들이 이런 타입이었을 거라고 상상합니다.

이 싸인의 영향력은 매우 강하기 때문에, 그것을 어느 정도까지 수정하려면 매우 강력한 행성의 간섭이 필요합니다. 그러나 초기 단계의 특성들을 아무리 변화무쌍하게 변장을 하더라도 여전히 알아볼 수 있습니다.

일반적으로 안색은 거무스름하며 남성의 경우 턱수염이 유난히 강하고 두껍습니다. 이 별자리 태생들은 점과 같은 태반을 갖는 것은 드문 일이 아닙니다. 행성들이 조화롭게 균형을 이루는 곳에서 신체는 엄청나게 강해지고, 지구력이 대단히 뛰어납니다.

전갈자리 태생의 몸이 가볍고 활동적인 경우는 거의 없습니다. 그는 오랜 시간에 걸쳐 자신의 에너지를 분산시킵니다. 때때로 그는 매우 갑작스럽고 예상치 못한 재빠른 행동을 할 수 있지만, 재빠른 행동은 그에게 늘 해 오던 것은 아닙니다. 그는 결코 토끼처럼 달릴 수는 없지만 뱀처럼 공격할 수는 있습니다. 그의 힘은 황소자리의 경우처럼 결코 만만치 않습니다. 그것은 매우 탄력적입니다. 신경과 근력은 단단한 강철로 되어 있습니다. 어떤 면에서 이 태생은 다른 어떤 유형보다 더 큰 부담을 견딜 수 있습니다.

스콜피오 어센던트를 가졌던 리처드 버튼 경(Sir Richard Burton), 알프레드 러셀 월러스 박사(Dr. Alfred Russell Wallace), 토마스 에디슨(Thomas Edison), 빅토르 위고(Vicor Hugo), 폴 크루거(Pual Kruger), 그리고 벤자민 디즈레일리(Benjamin Disraeli)의 이름을 인용하기만 하면 이 별자리가 신체적, 정신적 긴장감에 얼마나 강한 저항력을 가지고 있었는지를, 전갈자리의 라이징 싸인의 저항이 얼마나 강력했는지 분명히 알 수 있습니다. 일을 할 수 있는 능력에는 한계가 없어 보입니다.

전갈자리 태생은 일반적으로 매우 튼튼한 유형의 건강을 누립니다. 경력이 많은 오래된 점성가들은 특히 이 별자리가 생식 기관에 기인한다고 주장해 왔지만, 이것은 부분적이고 아주 많지 않은 견해입니다. 화학적 성질과 관련된 일은 특히 전갈자리에게 탁월한 업무입니다. 소화의 화학적 과정(음식이 혈액으로 변하는 것)은 전갈자리의 영향 아래 있는 반면에, 사자자리의 기능은 혈액이 다 만들어진 후에만 시작됩니다.

처녀자리와 천칭자리는 그들 장기기관의 실제 구조를 지배합니다. 따라서 전갈자리 특유의 질병은 생식기관에만 있는 것은 아닙니다. 많은 소화기 계통의 장애는 전갈자리에서의 문제로 거슬러 올라가는 것입니다. 모든 독성의 효과는 전갈자리에서 나타날 수 있습니다. 체내 담즙, 위액, 정액 등의 모든 내부 분비물이 전갈자리 아래에 있습니다. 이 별자리의 자기 파괴적인 특성에서 우리는 또한 신체의 모든 요소, 심지어 정상적으로 기능이 보호되고 있는 사람이라도 그것에 불리하게 돌아가는 것처럼 보이는 악성 질병의 원인을 찾아야 한다는 암시를 발견합니다.

마지막으로, 궤양에서 괴저(몸이 썩어들어감)에 이르기까지 모든 형태의 부패와 오염은 일반적으로 이 별자리의 고통과 함께 발견됩니다. 이 태생의 엄청난 생명력은 위에서 언급한 전형적인 질병 중 하나에 걸리지 않는 한 그에게 매우 긴 수명을 보장합니다. 유아기의 일부 독성 질환으로부터의 특이한 위험이 있지만, 아마도 가장 흔한 조기 사망의 원인은 성병 질환의 발병으로 인해 청소년기 또는 성인 초기에 체질이 망가졌을 경우일 것입니다.

전갈자리 태생은 어떤 원인으로 인해 아플 때, 그의 현실감각은 즉각적인 실천에 조치를 취하도록 이끌고, 그의 특유의 에너지는 그를 과감한 치료법을 사용하도록 촉구합니다. 질병과 싸우는 전갈자리는 다른 전투에서와 마찬가지로 효율적입니다. 그는 자신의 컨디션을 소홀히 하지 않습니다. 그는 다른 사람들이 계속 일할 때 바로 잠자리에 들고, 그가 우연히 알게 된 가장 강력한 치료법을 사용하여 병을 몰아내려고 합니다. 이런 유형의 사람에게는 어중간한 조치란 없습니다. 몸이 전갈자리 자체에 반역자로 변하는 질병을 제외하고는 회복력은 엄청나게 강합니다.

전갈자리 태생은 가능한 경우 항상 외과적 치료를 선택합니다. 그것의 급진적인 본성은 그에게 강하게 나타납니다.

☾✦ 도덕적 특성

전갈자리의 일반적인 신체적 특성은 도덕적 특성과 매우 유사합니다. 이 태생의 의지력은 매우 강해서 언뜻 보기에는 다른 별자리 아래 태어난 사람들을 부끄러워하는 것처럼 보이지만, 이러한 과도한 힘은 쉽게 아집(완고함)으로 전락합니다. 그것은 천칭자리의 유연성과 재치를 보이는 데 전혀 부족합니다.

전갈자리 태생은 항상 핵심으로 직접 다가갑니다. 그는 결코 타협하지 않으며, 그는 결코 빙빙 돌려 말하지 않으며, 그리고 그는 결코 굴복하지 않습니다. 이 별자리에는 천칭자리에서 관용을 베풀어 주는 사법(재판)적

기질이 전혀 없습니다.

　이 별자리는 엄청나게 이기적이고 심지어 염소자리보다도 훨씬 더 이기적입니다. 아직 발달하지 않은 전갈자리 태생은 자신의 의지에 의한 노예입니다. 그는 완전히 고집불통이고 그렇게 하는 것은 확실히 자신이 파멸로 이어질 것임을 알면서도 자신의 목적을 고집합니다. 불로 둘러싸인 전갈은 자신의 몸에 독침을 쏘았다고 하는데, 이것이 자연에서 사실이든 아니든 적어도 이 별자리 태생의 성격을 아주 잘 묘사한 것입니다.

　모든 황도대에는 긍정적인 별자리와 부정적인 별자리 사이에서 매우 큰 차이를 나타낼 수 있는데, 전갈자리는 이러한 별자리 성향이 없기 때문에, 유익한 행성의 어스펙트나 위치에 대한 도움의 증진을 위해 이 별자리 태생으로 태어난 사람의 천궁도를 판단할 때 엄청난 중요성이 부여됩니다. 만약 전갈자리 태생의 광범위하고 이타적인 본성이 잘 강화된다면, 우리는 이 모든 의지력이 고귀한 목적으로 바뀐다는 것을 발견할 수 있을 것입니다.

　반면에 제한적이고 뚜렷하게 이기적인 영향력이 나타난다면 우리는 아마도 어떤 종류의 비열한 짓도 할 수 있는 가장 철저한 악당을 발견하게 될 것이고, 그는 자신의 이기적인 목적을 추진하는 데 있어서 어떠한 반대도 용납하지 않을 것입니다.

　더 좋은 발전의 예로서, 우리는 앨프리드 러셀 월러스 박사(Dr. Alfred Russell Wallace)의 천궁도를 생각할 수 있습니다. 여기에서 지배 행성인 화성은 인도주의적이고 이타적인 별자리의 물병자리에 있으며, 비록 화성이 토성과 스퀘어되어 있지만, 그 강력한 행성인 토성은 해왕성과 천왕성이 컨정션되어 있는 행성과 트라인되어 있습니다. 따라서 이 태생의 의지는 과학과 신비주의(occult)를 추구하는 것으로 돌아섭니다.

목성은 태양, 수성, 금성이 컨정션된 행성과 트라인되어 있으며, 그로 인해 종교적 특성을 확장시키고, 강화시키고, 우아하게 만들어 줍니다. 그렇다면 여기에서 우리는 도덕적 본성의 탁월함으로 모든 면에서 위엄이 있는 전갈자리의 강렬한 의지력을 발견하게 됩니다.

벤저민 디즈레일리(Benjamin Disraeli)의 천궁도에서 목성은 금성과 해왕성과 함께 컨정션되어 떠오르고 있는데, 금성과 해왕성은 그의 에너지를 자선 활동의 어떤 큰 높이에 집중하지 않고, 목성의 영향력을 확장하는 조합입니다. 반면에 토성은 수성에 의해 스퀘어 된 채로 절정에 달했으며, 이것은 약간의 망설임도 없는 강렬한 현실감을 줍니다. 전반적으로 토성은 목성보다 확실히 강하며, 우리는 비 컨즈필드 경(Sir. Bea consfield)이 가장 좋아하는 숫자가 1번이라는 것을 후세의 자손들에 의해 알 수 있었습니다.

한편, 무정부주의자 베일런트(Vaillant)의 천궁도에서 어센던트에 화성이 붙어 있고, 목성도 함께 솟아오르고 있으며, 토성과 섹스타일을 이루고 있다. 두 행성 모두 수성의 스퀘어와 해왕성의 어포지션으로 인해 손상되어 있습니다. 따라서 캐릭터의 이타적인 측면은 약하고, 선견지명은 있지만 비이성적인 것으로 묘사될 수 있으며, 화성의 힘과 토성의 하드 어스펙트들은 증오를 표현하는 성격의 일부를 폭력적인 행동의 극단으로 몰고 갑니다.

이와는 대조적으로 존경할 만한 험프리 데이비 경(Sir. Humphry Davy)을 알아보자면, 열 번째 하우스에서 목성과 해왕성이 정확히 컨정션되어 있고, 세 번째 하우스의 금성과 해왕성이 트라인이며, 그리고 전갈자리에 있는 토성은 일반적으로 이 별자리의 해로운 형상이지만, 열 번째 하우스에 있는 고귀한 행성들의 컨정션과, 두 번째 하우스에서 우아한 행성, 둘 다에 의해 섹스타일되어 있습니다. 이로 인해 자신의 모든 나쁜 자질들은 없어지고 인격이 크게 강화됩니다. 이로부터 내적 갈등 없이 이타주의적인 생각을 하며, 그리고 자신의 이익도 어리석게 간과하지 않고 영향을 받는 균형 잡힌 영혼을 예지하는 것은 쉽습니다.

전갈자리의 마음은 강렬하고 매우 비판적이고 회의적입니다. 그것은 일단 힘을 자각하면 두려움도 없이 불굴의 에너지로 진실을 추구하지만, 아직 발달되지 않은 스콜피오 유형은 결코 그러한 고려가 통하는 경지에 도달하지 못합니다. 이 별자리의 상징 중 하나는 고여 있고 부패한 물인데, 고대의 전문가들은 이를 통해 독이 있는 물을 암시하고자 했습니다. 모든 물의 싸인들은 과거와 어떤 방식으로든 연결되어 있습니다. 비록 그들은 게자리를 과거, 전갈자리를 현재, 물고기자리를 미래라고 나눌 수 있지만, 전갈자리의 현재가 자극되지 않는 한 과거에 연결되지 않은 채로 남아 있습니다.

전갈자리의 회의적인 태도는 다른 어떤 것보다 개인적인 불만에서 더 자각되는 것 같습니다. 전갈자리가 상승하는 아이는 종교나 사회적 환경에 편안하게 적응하는 한 의문을 가질 것 같지 않지만, 만약 그의 부모가 그에게 거부감을 주는 생각을 받아들이고 순응하도록 강요한다면 그는 짓밟힌 뱀처럼 돌아서서 공격할 것입니다.

그는 황소자리처럼 사물을 밀어내거나 천칭자리처럼 그것들을 회피할 계획을 짜내느라 시간을 낭비하지 않을 것입니다. 전갈자리를 짜증 나게 하는 모든 것들을 파괴하는 것 외에는 그 무엇도 그를 만족시킬 수 없을 것입니다.

그런 상황에서 단순히 교회를 파괴하는 것은 하찮은 일입니다. 아이는 단순히 종교와 뿌리와 가지를 가리지 않고 공격할 것입니다. 그는 무관심으로부터, 아니 어쩌면 지역 사회의 열광적인 구성원이었던 것에서 그는 분노에 찬 회의론자가 될 것입니다. 게다가 그는 복수심이 강합니다. 이런 종류의 사건으로 인해 그는 영원한 증오의 결의를 하도록 만들 것입니다. 그는 단순히 무관심하거나 경멸하는 것이 아니라 공격적인 무신론자가 될 것입니다.

일부 성적인 제한과 관련된 비슷한 문제들이 그를 평생의 자유분방한 사람으로 만들 수 있습니다. 그는 단지 통제하려는 시도에 대한 증오심을 만족시키기 위해 무의식적으로 자신의 건강을 파괴할 것입니다. 더 나아가, 그는 이것을 자신의 삶의 지배적인 동기 중 하나로 만들 것입니다. 그는 자신을 망치는 것에 만족하지 않고, 다른 사람들을 망치기 위해 모든 수단과 방법을 가리지 않을 것이며, 그는 종종 가장 절대적인 성실함과 심지어 가장 고귀하고 가장 자기희생적인 이타주의에 대한 확신을 가지고서 이 모든 일을 할 것입니다. 기존의 어떤 원칙이 그에게 상처를 입혔으며, 그 원칙은 반드시 사라져야 합니다. 그는 스스로를 복수하는 천사라고 생각하며, 어떠한 균형감각도 가지고 있지 않습니다.

"다른 고려 사항은 결코 그를 제지하지 못합니다."

당신은 그의 더 나은 판단에 호소해도 소용없습니다. 아마도 그는 당신의 주장을 완벽하게 잘 보고 이해하고 있지만, 행동을 해야 할 때가 오자마자 모든 것이 그의 원래 충동에 의해 휩쓸려 사라집니다.

스콜피오는 자주 반역자이기는 하지만 그는 결코 전향자(turncoat, 변절)가 아닙니다. 그가 평생 자신의 생각을 근본적으로 바꾸는 경우는 거의 없습니다. 그가 그렇게 행동하는 것처럼 보인다면, 그것은 어떤 깊은 의미에서도 그것은 결코 진정한 그의 의견이 아니었음을 보여 주는 증거입니다. 하지만 그가 항상 가지고 있던 것을 되돌리는 것에 대한 개인적인 이익을 바라보는 인간의 이기심은 그가 적에게 넘어가기로 결심하게 합니다.

열두 사도 가운데 전갈자리를 상장하는 유다(Judas)의 전설에서 우리는 이러한 마음의 자질을 볼 수 있습니다. 유다의 관심사는 가방 안에 들어 있는 내용물에 있었습니다. 그는 도둑이었고, 그 안에 있는 것을 훔쳤습니다. 대제사장들과 바리새인들이 예수를 없애 버리기로 마음을 먹었을 때, 그는 그 가방 안에 더 이상의 돈이 없을 것을 예감하고, 자연스럽게 은화 30개를 얻어 담장의 오른쪽(힘 있는 편에 서다)에 서게 될 기회를 잡았습니다. 만약 그가 실제로 전갈자리의 태생으로 태어났다면, 그의 그 이후의 자살은 양심의 가책으로 여겨져서는 안 됩니다. 우리는 그가 어떤 식으로든 궁지에 몰렸고 죽음 외에는 빠져나갈 길이 없었다고 추측할 수 있습니다.

정신의 경직성과 한 사물을 다른 사물과 저울질할 수 없는 무능함은 기이한 결과를 낳습니다. 정신은 말하자면 일련의 물샐틈없는 방수 구역(칸)입니다. 예를 들어 천칭자리 사람에게는 직접적으로 서로 충돌하는 것처럼 보일 수 있는 의견도, 전갈자리 태생은 두 가지 의견을 가질 수 있으며, 전갈자리는 각 의견을 동등한 끈기와 고집으로 서로를 지지할 것입니다.

예를 들어 그가 언론의 자유라는 생각에 전념하고 있다고 가정해 봅시다. 사회주의자들은 억압되어야 한다는 그의 견해를 막을 수 있는 것은 아무것도 없습니다. 그의 심리 상태는 거의 모든 다른 별자리에서는 우스꽝스럽거나 형편없는 것처럼 보일 것이지만, 그와 논쟁하는 것은 불가능할 것입니다. 제기된 모든 주장은 그에 의해 분명히 그의 모순된 견해

중 하나 또는 다른 것의 일부로 그에게 받아들여질 것이며, 심지어 전문적인 논리학자에 의해 궁지에 몰리더라도, 그 결과는 전갈자리의 생각이 양립할 수 있을 것이라고 인식시키긴 못할 것입니다. 그리고 그들의 이율배반(모순)을 조정해 보려는 어떤 해결책도 그러할 것이며, 그것은 단지 그를 화나게 할 뿐입니다.

아주 가벼운 사례를 들자면, 우리는 월러스 박사(Dr. Wallace)가 그의 논리적 경향이 명백히 물질주의적이며 동시에 가장 조잡한 형태의 심령술을 확고하게 믿는 과학적 논제를 옹호하는 데 평생을 바쳤다는 것을 발견합니다. 매우 성실한 기독교 신자인 크루거(Kruger)는 교리가 일반적인 정신에 의해 해석되는 것처럼 교리의 모든 원칙과 반대되는 행동을 하는 것은 어렵지 않다고 보았습니다. 그의 적들은 그를 위선자라고 불렀지만, 그것은 전혀 사실이 아니었습니다.

전갈자리에는 사실을 직시하는 거의 초인적인 능력을 가지고 있습니다. 이 별자리 태생은 어떤 주제에 대한 조사가 불쾌하다는 이유로 결코 물러서지 않습니다. 반대로 그는 이런 주제를 다루는 가장 좋은 방법은 항상 그것의 깊이까지 탐구하는 거라고 생각합니다. 흔히 의사들은 이 별자리의 영향을 받는다고 하지만, 그것은 외과 의사들에게는 훨씬 더 적용 가능합니다. 대부분의 위대한 연구자들은 천궁도에서 전갈자리의 영향력을 강하게 받습니다. 아무튼 이 전갈자리가 상승하거나 정신적인 행성 중 하나인 토성, 천왕성 또는 수성 중 하나가 전갈자리이거나 또는 그것의 룰러와 어스펙트가 있을 때 그러합니다.

그의 조사에서, 전갈자리 태생은 무한한 인내심을 발휘하고 장애를 극복하는 데 있어 보이지 않는 에너지를 소비합니다. 그의 노력은 그의 방법의 파괴적인 경향으로 인해 상당히 어려움을 겪고 있습니다. 그는 황소자리처럼 자신의 길에서 장애물을 제거하는 것에 만족하지 않고, 우리가 천칭자리와 연관시키는 방식으로 장애물을 피하고 심지어 그것들을 흡수하는 것에도 만족하지 않습니다. 그는 그것들을 파괴하려고 합니다.

예를 들어, 나비를 분류하는 일에 종사하는 과학자는 자신이 반대 이론에 직면해 있다는 것을 깨닫고, 중도를 찾으려고 하는 것에 만족하지 않으며, 다른 사람이 틀렸다는 것을 증명하는 것에 만족하지도 않을 것입니다. 그는 모든 것을 개인적인 일로 만들 것입니다. 그는 나비 문제뿐만 아니라 상대방의 가정생활과 그의 개인적인 외모까지도 공격할 것입니다.

허버드 조지 웰스(H.G.Wells, 영국, 1866~1946)는 『타임머신(The Time Machine, 1895년 소설)』이라는 종말론적 공상과학 이야기를 가지고 있는데, 이 이야기는 논란이 되고 있는 전갈자리 사람에 대한 가장 심오한 심리학적 연구로 읽힐 수 있습니다.

하울리(Hawley)라는 이름의 교수는 사소한 과학적 문제에 대해 포킨스(Pawkins)라고 불리는 다른 교수와 의견이 다르다며, 그의 평생을 포킨스(Pawkins)을 박살내는 데 바칩니다. 그 과정에서 그는 여러 과학에 혁명을 일으키고 유럽에서 명성을 얻었습니다. 그러나 저자의 진정한 원동력은 그가 거의 본 적이 없는 평범한 인간에게 쓴 소리를 낼 만한 타입의 사람도 전혀 아닌, 순진한 늙은이인 포킨스(Pawkins)에 대한 증오라는 점을 분명히 합니다.

하울리(Hawley)는 그를 끈질기게 쫓아가, 잔인하게 개인적인 공격을 퍼붓고, 그가 죽을 때까지, 그의 인생은 아마도 그의 적대자의 독설로 인해 짧아졌을 것입니다. 마지막으로 자신의 직업이 사라졌다고 느끼며 휴식을 원한다는 것을 알게 됩니다. 적의 죽음으로 인해 생긴 공허함이 너무 커서 타고난 증오심을 빼앗긴 그의 정신은 스스로 잠식되기 시작하고, 그 결과 그는 완전히 새로운 종의 환각으로 상상 속의 나방을 갖게 되었고, 며칠 후에 포킨스(Pawkins)처럼 보이기 시작했습니다. 결국 그는 미쳐 버립니다.

이 기질의 가장 큰 위험 중 하나는 그것의 대상에 대한 깊은 집중과 쉬지 못하는 능력입니다. 이것이 엄청난 작업 능력을 수반한다는 것은 다행스러운 일입니다. 버튼(Burton), 월러스(Wallace), 괴테(Goethe), 에디슨(Edison)과 같은 사람들의 노력은 100명 중 99명을 짓밟았을 것입니다.

버튼(Richard Francis Burton)은 끊임없이 가장 끔찍한 탐험의 어려움을 겪었지만, 100권이 넘는 책을 번역하거나 집필할 시간을 벌었습니다. 그 책들의 대부분은 관찰의 명작이며 학문의 명작이 되었으며, 『The Arabian Nights』만 해도 16권이라는 방대한 분량이 됩니다.

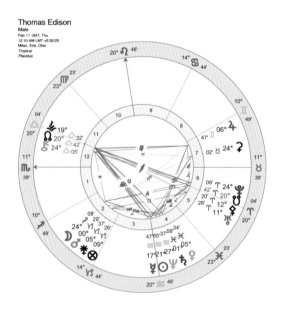

에디슨(Edison)은 습관적으로 그의 연구에 얼마나 많은 시간을 할애하고 있는지는 잘 알려져 있습니다. 그러나 이 모든 사람은 상당한 나이까지 살았습니다. 버튼(Burton)은 모든 종류의 열과 열대성 질병에 노출되었지만 일반적으로 69세까지 살았습니다.

이 기질은 원칙적으로 어떤 형태로든 감정에 지배당하는 것을 경멸합니다. 전갈자리 태생은 자신에게도 고통을 아끼지 않으며, 원칙적으로 다른 사람들의 예민함에는 전혀 관심이 없습니다. 그는 모든 사람이 자신만큼 강해지기를 기대합니다. 사실 그는 다소 위험한 동료입니다. 왜냐하면 그의 매력이 너무 커서 그와 함께 일하는 사람들은 그의 활기찬 에너지를 따라 하기 위해 무감각할 정도로 끌리기 때문입니다. 그리고 그들은 과도하게 무리를 해서 쓰러질 가능성이 큽니다.

스콜피오는 자신의 한계 안에서 조직력의 훌륭한 달인입니다. 그는 준비에 있어 매우 철저하고, 선견지명이 뛰어납니다. 사실 이 별자리의 가장 좋은 유형은 일생 동안 일반적으로 실현이 불가능할 정도로 너무 큰 아이디어를 가지고 있어서 즉각적인 성공에 대해서는 결점들 중 하나입니다. 우리는 그들이 후세를 위해 건설하고 있음을 발견하고, 아마도 일시적인 위급상황에 대처하기 위해 지정된 경로에서 벗어나기를 절대적으로 거부한 결과, 극심한 고통을 겪고 있다는 것을 발견합니다.

돈 문제에 있어서 전갈자리 태생은 자신의 목적에 너무 집중되어 있어서 모든 것을 자기 것으로 돌리려고 할 것입니다. 따라서 금융 거래에 있어서 엄격한 정직을 기대할 수 있는 것은 오직 발달된 유형들뿐일 것이며, 이것들 사이에서도 다른 사람의 권리가 관련되어 있을 때 무엇이 공정한 플레이인지에 대한 그들 자신의 생각에 있어서 지나치게 자신감이 생기기 쉽습니다.

따라서 이것은 행운을 얻게 될 좋은 별자리입니다. 품위(dignity)가 있을 때, 이 행운은 고귀한 용도로 사용될 수 있지만, 항상 소유자의 개인적인 생각을 만족시키는 방향으로 진행됩니다.

권력에 대한 사랑은 이런 유형에서 매우 잘 나타납니다. 심지어 가장 불행하고 비참한 표본조차도 엄청난 개인적인 자력(매력)을 가지고 있으며, 어떤 식으로든 전갈자리 태생은 자신이 자신의 영역에서 주도권을 잡을 수 있다는 것을 알게 됩니다.

여기서 다시 자기 파괴적 능력이 발휘됩니다. 이 태생은 재치가 없습니다. 비록 그는 진심으로 자기와 말하고 있는 다른 사람을 달래고 싶어 하지만, 그가 다른 사람의 기분을 상하게 할 것임을 알고 있음에도 불구하고, 그는 자신이 생각하는 바를 말할 것입니다. 그는 인터뷰를 위해 신중하게 고려된 과장된 계획을 가지고 인터뷰를 하러 갈 것이며, 인터뷰를 하기 5분 전에 그는 진실을 불쑥 말할 것입니다. 결과는 이 태생이 모든 사람의 기분을 불쾌하게 하는 것으로 끝이 납니다.

그는 존경받고 두려워합니다. 그가 가장 큰 존경을 받고 있는 건지는 모르지만, 그를 좋아하는 사람은 거의 없습니다. 따라서 경력을 쌓는 데 있어서 그는 좀처럼 운이 좋은 경우가 거의 없습니다. 사람들은 격렬하게 끌리다가 그러고 나서 격렬하게 떠납니다. 이 세상에서 지위를 얻는 것은 자신과 관련된 사람들의 선의에 크게 좌우되며, 전갈자리는 거의 항상 이 방향에서 자신의 기회를 활용하지 못합니다.

그는 다른 사람들과 독립적일 때 충분히 잘 지냅니다. 그러나 그는 '끌어당기고' 또는 '밀어내기'를 잘 이해하지 못합니다. 버튼(Burton)은 자신에 대해 다른 사람들을 활용하는 방법을 아는 것을 제외하고는 모든 재능을 가지고 있다고 말했습니다. 전갈자리 태생에게 가장 좋은 기회는 어떤 강력한 힘이 있는 사람(권력자)의 호감을 얻고 그것을 유지하는 데 마음을 집중하는 것입니다.

전갈자리는 그의 에너지에 상응하는 용기를 가지고 있지만, 이러한 자질은 종종 무모함이나 잔인함으로 변질됩니다. 그것은 단지 의지의 갑옷으로 여겨질 수 있으며, 왕이 만 명과 함께 앉아서 자기에게 다가오는 2만 명을 상대할 수 있는지 여부에 대해 조언을 듣지 않는다면, 그는 아마도 혹독한 교훈을 배우게 될 것이 분명합니다. 전갈자리는 자신의 결심을 방해하는 어떠한 고려도 허용하지 않을 것입니다. 전갈자리 태생은 행동하지 않을 때 다소 비밀스러우며, 그의 갑작스러운 반란이 깨어나는 순간 적대감을 불러일으키는 것만큼이나 그의 모임의 사람들을 놀라게 할 수 있습니다.

입센(Ibsen)은 『헤다 가블레르(Hedda Gabler)』에서 전갈자리 여성에 대해 완벽하게 작품으로 표현하였습니다. 그녀의 광란의 돌발성, 폭력성, 과장은 그녀의 느긋한 남편뿐만 아니라 그가 그녀를 능가하고 지배했다고 생각하는 세상의 영리한 사람에게는 전혀 이해할 수 없습니다. 전갈자리 유형인 그녀가 스스로 목숨을 끊었을 때, 그 불쌍한 사람들이 할 수 있는 말은 사람들은 그런 일을 하지 않는다는 것뿐입니다. 사실 이것은 전갈자리가 거의 항상 마주치는 비판에 대한 매우 공정한 진술입니다. 이 태생의 모든 전형적인 행동은 분노로 느껴지며, 사실 그러한 모든 행동은 그 자체로 충분히 쉽게 변명할 수 있을지라도 폭력으로 보입니다. 왜냐하면 그것은 터무니없는 방식으로 행해지기 때문입니다.

전갈자리가 상승하는 남성 또는 여성은 자신의 주장을 관철시키기 위해 모든 것을 무너뜨릴 것입니다. 아내, 남편, 자녀, 집, 가족, 친구들, 그 어떤 것도 그들의 분명한 목적에 어긋나지 않습니다. 이 별자리가 떠오르는 여성이 사랑에 빠지면, 그녀의 가족, 직위, 경력 모든 것이 아무짝에도 쓸모없게 됩니다. 그녀는 잠시도 주저하지 않으며 세상에 대한 증오와 경멸을 공개적으로 보여 줍니다.

언변에서 전갈자리는 흥분할 때 오히려 유창해지고, 솔직하고, 직접적이며 격앙된 표현을 씁니다. 그는 자신이 모임의 중심이 되어야 한다고 주장하기 때문에 그는 결코 좋은 대화를 하는 사람은 아닙니다. 글쓰기에 있어서 학문적인 관점에서 보면 문체가 좋은 경우는 거의 없습니다. 그것은 거칠고 갑작스럽고, 매우 심각하고, 표현이 풍부할 수 있고, 확실히 심오할 것입니다.

전갈자리 태생은 주제에 대한 모든 세부 사항의 달인일 가능성이 크지만, 문체는 즐겁기보다는 인상적입니다. 다행히도 문학에서 명성을 얻은 전갈자리를 가진 세 명의 훌륭한 예가 있습니다. 이들 각각에서, 강력한 행성의 어스펙트는 전갈자리의 부족한 것을 정확히 제공하고 문체에서 탁월함을 제공해 주었지만, 그들 모두에서 그 문제는 방식이나 태도보다 훨씬 더 중요했습니다.

리차드 버튼 경(Sir. Richard Burton)의 『카시다(Kasidah)』는 모든 철학의 개론서이며, 오마르 카이얌(Omar Khayyam)은 열악한 철학이 일반적인 지성인들에게 사랑받게 했지만 즐겁고 조화로움 없이 쓰였습니다. 버튼(Burton)의 금성은 화성의 컨정션에 의해 고통을 받았지만, 이것과 별개로 우리는 설득력보다 발표에서 더 많은 힘을 기대해야 합니다.

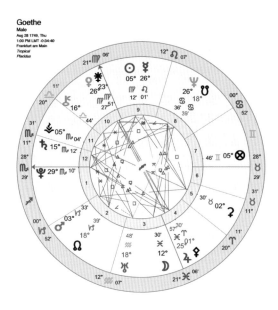

괴테(Goehte)는 해왕성과 섹스타일을 맺은 금성이 그에게 환상을 다루는 데 뛰어난 힘을 부여하여 큰 성공을 이루게 하였지만, 이 위대한 시인의 가장 큰 경이로움은 그의 지식은 백과사전적인 범위에 있습니다. 그가 빛의 이론을 연구하면서 10년을 보냈다는 사실은 때때로 잊힙니다. 요점은 그의 작품이 훌륭했기에 그 안에 담긴 아이디어의 가치가 더욱 중요하다는 것입니다.

빅토르위고(Victor Hugo)의 천궁도를 보면 비슷한 특성을 발견할 수 있습니다. 우리는 사실을 이해하고 그들의 본질을 탐구할 수 있는 동일한 힘을 발견합니다.

우리는 또한 다른 두 작가와 마찬가지로 일의 방식보다 문제가 더 중요하다는 것에 주목합니다. 게다가, 이 세 명의 문인들은 모두 논쟁에 매우 많은 에너지를 소비했습니다. 위고에 대한 증오는 주로 제3의 나폴레옹에 대한 증오, 괴테와 버튼의 증오는 사상과 체계에 대한 증오였습니다. 그러나 세 가지 방법 모두 동일하며 타협은 없습니다. 악한 것은 다시는 일어날 수 없는 방식으로 파괴되어야 합니다. 그것을 보여 주는 어떠한 주장도 고려되어서는 안 됩니다. 악에는 선한 면이 있습니다. 악은 나쁘고 반드시 사라져야 합니다. 그리고 이 문제에는 끝이 있습니다.

전갈자리 태생이 그의 집에서 어떻게 행동할 것인지는 다음의 언급에서 상당히 분명해질 것입니다. 모든 것이 그의 뜻대로 되는 한, 모든 것은 좋습니다. 그러나 그를 반대하면, 그 이후에 당신은 강한 고통을 받을 것입니다. 이 태생이 일찍 집을 떠날 가능성이 있다는 징후는 없습니다. 그는 미지의 것을 시험하려는 타고난 성향이 없습니다. 그는 어디에든 남아 있는 것이 유리하다고 생각하는 한, 그는 거기에 남아 있습니다.

품위 없는 유형의 전갈자리는 종종 지배하려는 성향이 강해집니다. 그들의 비전은 아주 작은 원 이상으로 확장되지 않으며, 그리고 그들이 할 수 있는 모든 것은 모든 것을 계속 지속시키는 엔진을 스스로 만드는 것입니다. 이 태생이 상상력이 부족한 곳이라면, 흔히 그렇듯이 우리는 쇠막대기로 집안을 다스리고 모두를 뛰게 하는 유형의 주부가 있습니다. 그녀는 항상 옳았고 아주 온순한 남편이 공개적으로 반항하거나, 더 자주 그녀를 떠날 때 매우 화가 납니다.

사랑에 있어서 전갈자리는 황도대의 어떤 별자리에서보다 가장 강렬하고 열정적인 사람들을 만들어 내지만, 이 열정은 거의 항상 이기적입니다. 성숙하지 않은 전갈자리의 경우 그는 거칠고, 음탕하고, 징그럽고, 역겹고, 야수적일 가능성이 높으며, 그것은 과식이나 과음과 같은 다른 종류의 자기 방종과 연관되어 있습니다.

일에 대한 열정에도 불구하고, 만약 스콜피오 태생이 순간적으로 그의 능력이 떨어지면 각성제(흥분제)에 의지하는 경향이 있습니다. 전갈자리 태생은 일반적으로 어떠한 장애물도 염두에 두지 않는 단 하나의 또는 총체적인 강렬한 열정에 의해 사로잡혀 있습니다. 그는 지나치게 질투심이 많고, 폭압적이고, 탐욕스럽고, 화를 내기 쉬우며, 기분이 상하면 복수를 합니다.

만약 그가 용서를 한다면 그것은 진정한 용서가 아닐 것입니다. 오히려 그의 열정이 너무 강해서 그가 선택한 대상 없이는 잘 지낼 수 없습니다. 또한 전갈자리에게는 '범죄 수사의 광기'와 '법률화되지 않는 법'의 남용에 많은 원인이 있다고 보아야 합니다. 격렬한 열정, 광기 어린 질투, 완전한 균형 부족을 보여 주는 모든 범죄의 경우 전갈자리가 관련 당사자 중 하나의 천궁도에서 두드러지게 발견될 것이라고 해도 과언이 아닙니다.

그나저나 그것은 이기심을 충족시키고 사람들을 불화시켜 목적을 달성하려는 전갈자리 유형의 대단한 속임수입니다. 전갈자리의 집중된 열정조차도 사랑에 대한 진정한 위안을 거의 제공하지 못합니다. 폭풍우가 몰아친 후엔 거의 잔해밖에 아무것도 남지 않습니다.

전갈자리가 상승하면서 태어난 사람들 사이에서 다양한 종류의 엽기적인 성적 과잉이 종종 발생하지만, 그 정신이 비슷한 상황에서 천칭자리 태생을 특징짓는 것과는 완전히 다릅니다. 전갈자리에서는 자신이 스스로 생각의 즐거움을 극대화할 가능성을 거부하지 않는 것입니다.

자녀 문제에 있어서 전갈자리가 상승하는 사람들은 아이를 낳거나, 낳는다면 다소 많은 편이지만, 전갈자리 사람들은 여유가 없는 부모가 됩니다. 그가 아이의 입장에서 바라보거나 타고난 성격을 고려하는 것은 현실적으로 불가능합니다.

그는 자신을 반대할 만큼 충분히 힘이 있는 사람들을 상대하는 데 있어서 어려움을 겪습니다. 무방비 상태의 아이에게 그는 진정한 오거(ogre, 사람을 잡아먹는 거인)가 될 수도 있습니다. 그는 매우 자주 열정적인 헌신을 공언할 수도 있으며, 이 헌신이 진짜일 수도 있지만, 모든 것이 그가 원하는 대로 정확하게 이루어져야 합니다. 그는 그곳에서 선택의 자유도 없고, 융통성도 없습니다. 그에게 집은 감옥과 같은 형태로 운영하는 곳입니다.

결혼생활에서 이 태생은 일반적으로 엄격하고, 근엄하고, 강압적입니다. 그는 활동적이거나 적대적인 행성이 일곱 번째 하우스에 있거나, 그 지배 행성이 하드 어스펙트를 가진다면 결혼하지 말아야 합니다. 그가 견딜 수 있는 조건을 찾을 수 있는 유일한 기회는 유순하고 인내심이 강한 파트너를 만나는 것입니다.

전갈자리 태생과 다른 사람들의 일반적인 관계와 관련하여 말한 것은 우정에도 적용됩니다. 가장 큰 차이점은 가족이나 연인처럼 친구에게 엄격하게 얽매이지 않는다는 것입니다. 전갈자리 태생과 거리를 두면 우정을 유지할 수 있습니다. 일단 친밀감이 형성되면 단절의 위험이 임박합니다. 비즈니스 파트너십에서도 거의 동일한 내용이 적용됩니다. 전갈자리 유형의 사람들과 조화로운 협력은 있을 수 없습니다. 그들이 하는 말은 그대로입니다.

선천적으로 강한 성격을 우러러보고, 다른 사람들에게 의지하는 것을 좋아하고, 그것이 그들에게 어떤 두려운 책임감을 덜어 주기 때문에 다른 사람이 '보스'되는 것을 즐기는, 그러한 별자리 태생들의 사람들에게 전갈자리 태생은 최고의 파트너가 될 것입니다. 그러한 경우 일이 아주 잘 풀릴 수도 있습니다.(EX. 게자리, 처녀자리, 물고기자리)

전갈자리는 자신을 간섭하지 않고 일상을 위임할 수 있는 사람들을 갖는 것을 좋아합니다. 비즈니스 업무에서 전갈자리 태생들은 비양심적이고 욕심이 많습니다. 그는 선견지명으로 볼 수 있는 능력을 가지고 있지만, 다만 그의 기질에 따라 달라질 수 있습니다. 그는 새로운 환경에 적응하는 힘이 거의 없습니다.

그러한 사람들은 구부리는 힘이 부족하여 종종 사업을 망치는 경우가 많습니다. 그들은 무슨 일이 일어나고 있는지 모르는 것이 아니라, 최후의 배수로에서 죽는 것을 더 선호합니다.

공적인 업무 수행에 있어서 이 별자리는 가장 불만족스럽습니다. 전갈자리 태생인 그를 자신에게 굴복시키고 무릎을 꿇리고 싶은 생각을 가진 사람을 만날 가능성은 전혀 없습니다. 그러므로 동등하게 대하기 위해서는 항상 재치와 예의가 필요하며 일반적인 정신은 타협의 정신이어야 합니다. 그러나 전갈자리는 이러한 것들에 대해 전혀 모릅니다. 그는 다른 사람의 관점을 볼 수 없습니다.

전갈자리의 잠재의식은 매우 넓은 범위를 가지고 있습니다. 말하자면, 전갈자리 태생의 영혼은 매우 고귀하거나 참을 수 없을 정도로 비천할 수 있지만, 어느 경우든 모두 그것과 의식 사이에 어떠한 충돌을 발견하는 것은 드문 일입니다. 과학과 철학에서도 전갈자리 태생들은 같은 넓은 범위에 속하기 쉽습니다. 때때로 우리는 그가 매우 편견이 심하고 편협하다는 것을 발견할 수 있습니다. 사실 이것은 일반적인 경향이라고 불릴 수 있지만, 이에 반하여 지식은 너무 백과사전적이어서 그러한 경우 편협성이 거의 무지에 근거하지 않는다는 사실을 설정해야만 합니다.

그것은 어떤 주요 사상을 보호하려는 특이한 의지를 뒷받침하기 위해 모든 사실을 사용하여 완고한 태도를 취하려는 비뚤어진 결정에서 더 흔합니다.

종교에서 우리는 이 태생이 매우 좁고 동시에 회의적이라는 것을 발견합니다. 다음의 조합은 종종 매우 불쾌하지만, 종교적 본능을 어떤 식으로든 성의 본질 또는 무의식적인 의지와 연관 짓는 일반적인 힘이 있습니다. 아마도 무의식적일 것입니다. 일반적으로 매우 흔한 유형은 히브리어 성경에 기술된 바와 같이, 보다 더 인간적이고 발달된 사람들이 신의 고귀한 속성이라고 여기는 것에 대한 진정한 이해를 못 하는 열정적인 개신교도입니다.

그들의 신은 질투심 많은 신으로, 그들은 아버지의 죄를 자식들에게로, 심지어 삼대째와 사대째까지 이르게 하시나니, 그리고 그런 유형의 신의 관례에 따라 그들은 자비도 양심의 가책도 없습니다.

그들은 욕망, 잔인함, 폭력성을 가지고 행동하며 항상 자신을 정당화하기 위해 성경에서 한 구절을 찾을 수 있습니다. 체스터턴(Chesterton)은 부러진 검에 대한 그의 이야기에서 이러한 유형의 사람에 대해 훌륭한 묘사를 하고 있습니다. 별자리의 특징적인 독선은 외부 의지와 내부 의지 사이의 갈등이 전혀 없기 때문일 수 있습니다.

전갈자리가 어떤 형태의 제약에도 얼마나 격렬하게 저항하는지는 이미 설명되었지만, 이 태생은 매우 가벼운 손이 말고삐를 잡고 있다면 자신이 생각했던 것보다 훨씬 더 쉽게 탈 수 있습니다. 그가 통제를 의심하지 않는 한, 그가 스스로 상황을 지휘하고 있다고 상상하는 한, 그는 직감적으로 천천히 나아갈 수 있습니다. 그 자신의 이기심과 허영심이 영리한 손에 의해 자신이 원하는 것을 하도록 만드는 데 이용될 수 있습니다.

전갈자리 아이들은 그들의 잉여 신경 에너지를 사용할 수 있는 충분한 기회를 주어야 합니다. 그렇지 않으면 그들은 참을성이 없고, 조급하며, 그리고 관리하기 어렵게 만들 것입니다. 단순히 그들의 말만 듣고 어떤 일을 해야 하거나 해서는 안 된다는 생각을 그들에게 심어 주기보다는, 그들과 함께 추리하고 그들을 동등하거나 동반자로 대해 주는 것이 좋을 것입니다.

이 아이들은 엄청난 의지력을 가지고 있으며, 매우 영리하고 통찰력이 있습니다. 그들을 속이는 것은 거의 불가능하므로, 그들과의 관계에서 매우 직설적이고 솔직한 것이 현명할 것입니다. 그들은 역할에 대한 자연스러운 이해를 갖게 되며, 퍼즐을 맞출 수 있는 많은 기계적인 장난감이 주어져야 합니다.

전갈자리의 아이들에게 튼튼한 체질과 훌륭한 회복력을 제공합니다. 그들은 과도한 양의 육체적 에너지 때문에, 그들에게 정상적이고 행복한 방식으로 그것을 해결할 수 있는 충분한 기회가 주어져야 합니다. 만약 억제된다면 그들의 건강에 영향을 미칠 가능성이 큽니다. 이기심, 자기 보호 및 불성실함이 그들의 구성에 매우 강하게 나타나기 때문에 그들은 그들의 장난감과 즐거움을 그들의 놀이 친구들과 공유하도록 가르쳐야 하며, 숨은 동기(딴 속셈)를 갖지 않도록 가르쳐야 합니다.

품위가 손상된 타입의 유형은 종종 불량배들을 만들어 괴롭히고, 이웃의 모든 아이와 싸우고 싶어 합니다. 이 아이들은 '펜은 칼보다 강하다'는 것을 깨달아야 하고, 모든 전갈자리 유형은 그들의 영리한 사고방식을 활용해야 합니다. 그들이 가진 모든 힘을 현명하게 이끌 수 있도록 광범위한 교육을 받는 것이 매우 필요합니다. 그러나 그들이 대학에 가기를 원하지 않는다면 그들에게 매뉴얼, 군사 또는 해군 훈련 또는 비즈니스 과정을 제공하는 것이 훨씬 더 현명할 것입니다.

2월 20일부터 3월 22일까지 태양이 물의 성질이며 이타적인 별자리인 물고기자리에 있고, 6월 22일부터 7월 24일까지 태양이 물의 성질이고 모성적인 게자리에 있는 사람들은 전갈자리 태생으로 태어난 사람들에게 자연스럽게 공감과 도움이 됩니다. 그들의 특성은 상호보완적이기 때문에, 그들은 전갈자리 태생에게 결혼이든 아니든 아주 좋은 파트너입니다.

만약 1월 21일에서 2월 20일(물병자리), 4월 21일에서 5월 22일(황소자리), 7월 24일에서 8월 24일(사자자리)에 태어난 사람들과 너무 밀접하게 관련되어 있으면 전갈자리 태생들은 그들의 강한 개성을 가라앉혀야 할 것이고, 부당하게 적대감을 갖지 않기 위해 노력해야 할 것입니다.

그러한 친밀감은 전갈자리 태생이 매우 긍정적인 별자리의 가장 바람직하지 않은 특성을 표면화시키는 결과를 가져올 수 있습니다. 이러한 이유로 물병자리, 황소자리, 사자자리에서 태어난 사람들과의 결혼생활에서든 사업상으로든 가장 공감하거나 도움이 되는 파트너가 되지 않을 것입니다.

11월 21일부터 11월 28일까지 약 7일 동안 전갈자리의 진동이 사수자리의 진동으로 합쳐지고 사수자리 진동이 여전히 전갈자리의 일부를 유지하는 기간을 커스프(cusp)라고 합니다. 이 날짜 사이에 태어난 사람들은 전갈자리의 영리함과 에너지, 사수자리의 확장성과 관대함, 또는 이 둘의 조합에 참여할 것입니다. 정신을 지배하는 수성과 사랑의 본성인 금성이 태양에 매우 가깝기 때문에 그들 역시 전갈자리의 인접한 별자리의 일부 특성에 참여할 수 있습니다. 이것은 이해하기 어려운 복잡한 성격의 일부를 설명한 것입니다.

또한 이 별자리에서도 태양이나 어센던트의 위치에서 추론을 이끌어냈기 때문에, 일부 친구나 비협조적인 동료들은 언급된 별자리 이외의 다른 별자리에서도 발견될 가능성이 높습니다. 그러한 경우, 각각의 개별 천궁도를 참조하여 별들이 어떻게 전갈자리로 태어난 사람들과 결합되는지 살펴보아야 합니다. 그리고 결합된 영향력이 이 두 사람에게 어떻게 영향을 미치는지를 결정해야 합니다. 이러한 징후는 일반적인 것일 뿐이며, 행성의 영향으로 별자리가 수정되기 때문에 우리가 알고 있는 개인의 모든 특성을 다루지는 않을 것입니다. 모든 진리를 발견하기 위해서는 천궁도를 상세히 들여다 보아야 합니다.

■ 사수자리(SAGITTARIUS)

11월 23일에서 12월 23일 사이에 태어난 사람 또는 태어날 때 사수자리가 상승하는(출생 시간에 대한 지식을 통해서만 확인할 수 있는) 별자리에 있는

사람들은 불의 원소이며, 뮤터블 싸인으로 변하기 쉽고 영감을 주는 별자리인 사수자리의 지배를 받게 됩니다.

그것은 화살을 쏘는 켄타우로스로 상징되며, 큰 행운을 나타내는 목성의 지배를 받습니다. 마지막 불의 별자리인 사수자리는 불 자체라기보다는 불의 반영입니다. 이 별자리의 상징은 반은 사람이고 반은 짐승인 켄타우로스입니다.

☾ 물리적(육체적) 특성

사수자리의 두개골은 매우 정교하게 비례하며, 비교적 길이가 길고 너비가 적당합니다. 이마가 높고 관자놀이의 머리카락은 뒤로 넘어갑니다. 눈은 보통 몽환적이고 먼 곳을 바라보지만, 이는 행성의 영향으로 인해 눈에 띄게 변형됩니다. 코는 일반적으로 길고 곧지만 강력한 목성은 종종 독수리 부리의 곡선을 만들어 주는 반면, 어센던트의 달은 그것을 약간 위로 향하게 할 수 있습니다. 입은 유동적이지만 오히려 통통해지는 경향이 있으며, 이 후자의 특징은 목성의 우세함에 의해 다시 강조됩니다. 이 같은 영향이 얼굴을 통통하게 만들지 않는 한, 턱은 좁고 뾰족해집니다. 일반적으로 눈은 회색이나 연한 갈색입니다.

머리카락은 종종 적갈색을 띠는 경향이 있습니다. 하지만 이러한 규칙들은 명백히 많은 예외를 가지고 있습니다. 왜냐하면 어떤 이유에서인지 금발 타입의 인류는 점점 사라져 가는 경향이 있기 때문입니다.

사수자리 태생의 얼굴 표정은 말과, 사슴, 또는 긴 코의 개 종류 사이의 유사성을 인식하는 것은 거의 항상 쉬운데, 이는 사자자리나 때때로 전갈자리에서 볼 수 있는 짧은 코를 가진 사람과 구별됩니다. 많은 경우 이러한 유사성은 매우 보기 쉽습니다.

가장 두드러진 특징은 얼굴의 표정이 민첩하고 순진한 솔직함입니다. 매부리코는 뾰족한 턱과 결합될 수 있으며, 이는 얼굴이 비정상적으로 창백한 경우 남성적인 형태의 게자리 유형으로 오인될 수 있는 도끼 모양과 같은 옆모습을 제공합니다. 그러나 이 마지막 상황은 사수자리에서는 드뭅니다.

전형적인 안색은 장밋빛 핑크입니다. 전체적으로 볼 때 모든 피부색 중에서 가장 아름답고 섬세한 피부입니다. 몸은 우아하고 활동적이기 때문에 때때로 천칭자리와 혼동되기도 하지만, 주의 깊게 관찰하면 그 차이가 뚜렷하게 잘 나타납니다. 사수자리의 고전적인 유형은 금성보다는 아르테미스(Artemis)나 또는 아탈란타(Atalanta)입니다. 우아함은 수동적인 것보다 더 능동적이며, 유혹이나 나른함의 암시가 없습니다. 게다가 키는 보통 평균보다 훨씬 크며, 팔다리는 운동능력이 뛰어나고 모든 활동적인 활동에 훌륭하게 적합합니다.

이 별자리는 천칭자리와는 완전히 구별되는 고도의 끈끈하거나 신경질적인 기질의 일정한 감촉이 항상 남아 있을 것입니다. 가장 중요한 특징 중 하나는 참으로 가만히 있질 못하고, 어떤 면에서는 목적 없는 신체활동을 떠올리게 할 것입니다. 그것은 쌍둥이자리에서 보여 주는 정신적 특성과 적잖이 유사합니다.

이러한 싸인이 떠오르는 사람들은 거의 항상 사냥에서부터 거의 평범한 스포츠에 이르기까지 모든 종류의 야외 운동을 매우 좋아하지만, 그들은 사냥이나 심각한 전투의 요소가 있는 스포츠는 피한다고 말할 수 있습니다. 그들은 스포츠와 관련된 사소한 사고를 제외하고는 신체적인 위험을 감수하는 것을 좋아하지 않습니다. 이 긍정적인 판단에서는 이 별자리의 룰러인 목성의 영향을 볼 수 있습니다.

적과 대등하거나 심지어 우세한 적과 싸우는 것을 즐기는 것은 불 싸인의 태생들입니다.

사수자리는 기병과 같아서 민첩한 움직임과 승리에 참여하기 위한 틀을 갖추고 있으며, 상징적인 무기는 화살입니다. 그것은 자신의 기세로부터 힘을 얻습니다. 짧은 거리에서는 모든 유형의 활동 중 최고입니다. 그것은 신경계에 아주 많이 의존합니다. 실제로 이러한 유형의 건강에 대한 주요 위험은 신체의 과잉 활동에서 발생하며 불필요한 에너지 분산으로 인해 생명력이 고갈되기 쉽습니다. 그러나 일반적으로 이러한 위험을 극복할 수 있는 충분한 활력이 있으며, 일반적으로 말해서 이 별자리는 좋은 수명을 약속합니다.

허버트 스펜서(Herbert spencer)는 신경질적으로 계속 살았지만, 좋은 노년을 보내며 꽤 오래 살았습니다. 사수자리 유형의 더 나은 예로 셸리(Shelly)의 이른 사망은 그의 돌발적인 죽음이 행성의 고통에 의해 표시되었기 때문에 이 규칙과 모순되지 않습니다. 세 번째 유형의 신경질적인 섬세함은 새뮤얼 테일러 콜리지(Samuel Taylor Coleridge)에 의해 제시되었지만, 그의 인생을 망친 불행한 습관에도 불구하고 그 또한 62세까지 살았습니다. 이 태생의 체질은 천칭자리와 비슷하지만 균형은 덜 잡혀 있으며, 활동적인 생활을 하고 있고, 야외 여가 활동을 빼앗기면 그는 바로 수척해질 것이며, 강제로 구속하면 그는 빠르게 무너질 것입니다.

사수자리는 엉덩이와 허벅지, 운동 근육, 그리고 동정적으로 손과 발, 가슴과 폐, 내장과 신경계를 관장합니다. 시스템이 고갈되거나 건강이 나빠지면 이러한 태생은 소화불량, 좌골 신경통, 통풍 및 류머티즘으로 고통받기 쉽습니다. 폐와 신경계도 또한 다소 혼란에 빠지기 쉽습니다. 그들은 엉덩이, 손 또는 발의 사고와 관절의 탈구로 고통받을 수 있습니다. 양자리와 사자자리의 태생과 같이 열이 나는 경우(둘 다 사수자리처럼 불의 싸인) 그들은 극단적으로 섬망 증세(헛소리)에 시달리거나, 다른 한편으로는 극단적으로 정상 이하의 체온을 유발하는 오한으로 고통받을 위험이 있습니다.

  사수자리 어린이들의 경우, 이것은 종종 경련의 형태를 취합니다. 그러나 일반적으로 사수자리 태생들의 팔순 노인이 다른 어떤 별자리보다 더 많다는 것은 잘 알려져 있습니다.
  그들은 대단히 큰 예비적인 힘을 가지고 있는데, 이것은 그들이 수면 중에 매우 자주 깨어남에도 불구하고 부분적으로 깊이 쉴 수 있는 능력이 있다는 사실 때문입니다. 극단적인 경우 일상생활에서 일반적인 유형의 사람들보다 더 많은 신경 에너지를 소비하고, 그들이 해야 할 만큼 힘을 절약하진 못합니다. 힘의 축적을 요구하는 이러한 경향은 쓸데없이 그들의 자산이나 자본을 고갈시키며, 그것은 너무 자주 신경쇠약을 초래합니다. 특정한 형태의 마비들은 가능성으로 나타납니다. 그러므로 환경은 매우 중요합니다. 그들은 활동적이고, 야외생활에 대한 사랑, 그리고 그들의 성급함은 아마도 그들을 대부분의 다른 별자리 태생들보다 더 자주 사고로 이어지게 할 수도 있을 것입니다. 그러나 돌발적인 문제들을 제외하고는 사수자리 태생들은 일반적으로 건강과 긴 수명을 기대할 만한 충분한 이유들이 있습니다.

  그러나 그는 자신의 에너지를 흩뜨리기 쉽기 때문에 불 싸인들이 주는 것과 같은 질병에 대한 저항력이 없고, 회복력도 또한 다른 불 싸인들에 비해 그다지 좋지 않습니다. 이 별자리 태생은 모든 면에서 선천적으로 온화하므로 별자리의 영향을 쉽게 받고, 행성의 나쁜 어스펙트도 원래의 성향 때문에 극복할 수 있습니다. 콜리지(Samuel Taylor Coleridge, 영국의 시인·비평가, 1772~1834)의 경우 금성이 토성과 해왕성의 컨정션되어 있는 것을 발견하고, 반면에 목성은 달과 어포지션으로 약해지고, 그리고 달과 목성은 천왕성과도 T-스퀘어로 약화됩니다. 그러므로 우리는 아첨꾼이 그에게 laudanum(아편 약물)을 제공한 교활한 유혹을 뿌리치지 못하는 그의 무능에 대해 놀랄 일이 아닙니다.

☾✦ 도덕적 특성

이 별자리의 상징은 무지개입니다. 목성에 의해 지배를 받고 있기 때문에 이 태생의 본래의 기질은 광범위하고 이타적이며, 때때로 객관적인 마음과 주관적인 마음이 그것의 진동 속에서 조화롭게 함께 작동하기 때문에 그것은 때때로 선지자의 별자리라고 불립니다.

사수자리는 타고난 이상주의자입니다. 그는 비전을 보는 젊은이이고 꿈을 꾸는 노인입니다. 그러나 그의 이상주의에는 규칙성이 있습니다. 왜냐하면 그는 거래의 시작부터 거래의 결과를 예견할 수 있고, 그의 성격의 활동성과 직설성은 활을 쭉 뻗고 화살을 그 표적으로 향하게 쏘는 켄타우루스인 사수자리의 고대 그림 표현에서 나타나기 때문입니다.

이상적인 비전의 사수자리의 특성은 아마도 에이브러햄 링컨보다 더 잘 예시된 것은 없을 것이며, 그는 신에 의해 인도를 받는 켄타우로스가 있는 다른 그림 상징의 중요성을 똑같이 잘 보여 줍니다.

사수자리 사람의 민첩한 두뇌의 지능은 말이 부드럽고 활동적이며 튼튼한 몸을 통해 자연 속에서 그의 동물적인 기쁨을 표현합니다. 솔직하고, 정직하고, 성실하며, 항상 진실하고, 그렇지 않은 사람들에 대해서는 편협하고 관용적이지 않은 태도를 보이는 사수자리는 두 가지 면이 끊임없이 다양한 기분으로 자신을 드러내는 자연의 아이입니다. 그는 호불호가 매우 뚜렷하고 대담하고 침착하지 못하며 대범하고 동시에 예민하고 감수성이 민감하며 내성적이기 때문에, 주변 환경이나 동료들과 조화를 이루는 데 매우 민감합니다.

그는 민첩하고 발이 빠른 것처럼 생각도 빠르고 정확합니다. 그는 직설적이며 곧이곧대로 말하고, 다른 사람의 이중성만큼 그를 화나게 하는 것은 없지만, 그의 분노는 오래가지 않고 결코 악의를 품지 않습니다. 비록 그는 종종 그가 실제 원칙과 관련되어 있을 때 자신의 입장을 매우 올바르게 고수할 수 있지만, 논쟁을 시작하기보다는 자신의 주장을 양보할 것입니다. 그에게는 심각한 어려움보다 작은 골칫거리가 더 큰 고통을 안겨 주며, 이러한 어려움들은 일반적으로 그가 타고난 약간의 앞선 생각이나 외교적인 자질을 갖추고 있으면 이러한 문제를 피할 수 있습니다.

그는 모든 순수한 이상주의를 가지고 있으며, 그는 모든 질문을 추론하고, 인생을 공정하게 마주하고, 솔직하게 삶의 문제를 그들의 가장 단순한 용어로 줄이려고 노력하는 데서 즐거움을 찾습니다.

특이할 정도의 정신 활동은 이 별자리의 가장 두드러진 특징 중 하나입니다. 몸의 기민함과 직접적인 움직임은 정신의 활동으로 이어지며, 이 태생의 결론은 싸인의 상징인 화살처럼 빠르고 똑바로 과녁을 명중하는 경향이 있습니다. 사수자리의 일반적인 기질은 자신감이 있고, 활기차고, 쾌활하며, 결과적으로 이 태생들은 나이가 들어도 일정한 젊음을 유지합니다. 실제로, 그들은 결코 그들의 나이만큼 늙어 보이지 않습니다.

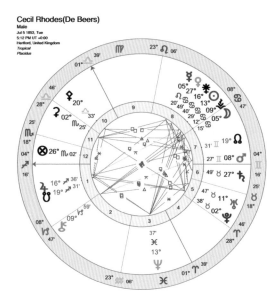

Cecil Rhodes(De Beers)
Male
Jul 5 1853, Tue
5:12 PM UT +0:00
Hertford, United Kingdom
Tropical
Placidus

사수자리는 서서히 발달하여 중년이나 노년에 이르러서야 완전한 힘을 발휘하게 되는 별자리입니다.

사수자리의 비전은 세실 로즈(Cecil Rhodes, De Beers)의 '세계 제국의 꿈'에서 매우 분명하게 나타납니다. 그러나 이 경우 토성과 천왕성 둘 다 흙의 싸인이긴 하지만, 그의 꿈을 현실로 만들 수 있는 실제적인 에너지를 쏟아부을 수 있게 하였습니다. 그의 태양과 해왕성은 트라인이고, 그리고 태양과 천왕성은 섹스타일로 그의 비범함은 그의 특별한 능력이 성취할 수 있는 것보다 훨씬 더 비전의 크기를 확대시켰습니다. 그가 죽을 때 그는 탄성을 질렀습니다.

"할 일이 너무 많았지만, 거의 아무것도 하지 않았다(So much to do, so little done)."

물론, 목성의 상승은 순수한 사수자리의 열망과 특성을 굳히고 보다 더욱 실용적으로 만들었습니다. 우리는 엘리자베스 1세 여왕(Queen Elizabeth 1)과 노스클리프 경(Sir. Lord Northcliffe)의 별자리에서도 이와 동일한 요소를 발견할 수 있습니다. 그들의 세 가지 차트를 주의 깊게 비교하는 것은 학생들에게 매우 유익할 것입니다. 각각의 경우에서 우리는 거의 비정상적이라고 부를 수 있는 비전을 발견하게 됩니다. 그리고 각각의 경우에서 우리는 목성이 상승하는 것을 보고, 그 자신의 별자리의 특성에 실제적인 힘이 더해지는 것을 보게 됩니다.

네 번째 예는 에드워드 7세 왕의 천궁도에서 찾아볼 수 있습니다. 그의 지평선 바로 위에 있는 목성은 천왕성에 의해 스퀘어되었고, 반면에 화성과 토성은 어센던트에 있습니다. 하지만 목성의 영향력이 강하지 않은 곳에서는 우리는 스웨덴보그(Swedenborg), 셸리(Shelley), 콜리지(Coleridge)의 경우처럼, 비전은 더 상상력이 풍부해지고 더 많은 정신적인 용어로 표현되는 경향이 있습니다. 또는 루이스 캐롤(Lewis Carroll) 과 에드윈 더닝-로렌스 경(Sir. Edwin Durning – Lawrence)처럼 좀 더 공상적인 방식으로 말이죠.

우리는 이미 비범한 정신적 활동이 사수자리 태생의 주된 특징이라고 언급했고, 우리는 그가 모든 문제를 추론해 내는 끝없는 호기심과 지칠 줄 모르는 에너지에 주목했습니다.

그리고 사물의 진상을 파헤치고 각각의 질문을 가장 간단한 용어로 줄이는 것에서 기쁨을 찾습니다. 따라서 유리한 조건하에서, 그는 스스로 지적 발달에 있어서 빠른 발전을 이루었을 뿐만 아니라, 자신의 열정을 다른 사람들에게 전달할 수 있습니다.

그는 일반적으로 심문을 통한 소크라테스식 교수법을 따르는 훌륭한 교사일 수 있습니다. 따라서 그는 논쟁과 토론에 지능적으로 반응할 수 있는 고학년의 학생들을 가르치는 데 가장 적합합니다. 법조계는 그의 재능에 있어 탁월한 분야이지만, 그는 저널리즘과 종종 문학 분야에서 잘할 가능성이 크고, 종교나 철학을 가르치는 것은 아마도 모든 직업 중에서 가장 잘 맞는 직업일 것입니다.

대화에서 사수자리 사람들은 논쟁을 좋아하고, 좋은 적수와 칼을 겨누는 것을 즐기므로 능숙한 변증법사가 되기 쉽습니다. 그는 상대의 논리의 약점을 직관적으로 알고 있는 것 같고, 답변에서 좀처럼 빗나가지 않으며, 재치 있는 말솜씨가 탁월합니다. 그는 교묘한 반대심문자(cross-examiner)이지만, 본래 그 성격의 감정적인 면이 잘 발달되지 않는 한, 그는 타인의 견해나 추리를 끈질기게 탐색함으로써 다른 사람들의 감정을 무시할 뿐만 아니라, 감정을 죽일 정도로 엄격한 시험에 자신을 굴복시킬 가능성이 높습니다.

이러한 자질들 중 최고는 링컨에게서 훌륭하게 예시되었으며, 그의 감정적인 본성은 떠오르는 해왕성에 의해 강력하게 흥분되었습니다. 보통의 경우 불필요한 말을 자주 사용하여 수다쟁이로 이야기되는 경향이 있지만, 일반적으로 사수자리 태생에게서 잘 발달된 유머로 가득 차 있습니다. 이러한 종류의 대화에 대한 훌륭한 예가 콜리지(Coleridge)의 『Table Talk』입니다.

글쓰기에서 문학적 표현의 대화 형식으로의 매우 자연스러운 전환이 있고, 극적 구성으로의 전환이 드물지 않지만, 그러나 이 후자의 분야에서 정신적인 자질이 고취되어 줄거리를 비현실적으로 만들고, 연설을 장황하게 길어지게 할 가능성이 큰 반면, 등장인물들은 그것들을 실제처럼 보이게 하기에는 충분한 육체적인 삶을 가지고 있지 않습니다. 로버트 브라우닝(Robert Browning)의 저술은 사수자리의 영향력에 있어서 많은 결점뿐만 아니라 최상의 장점을 보여 줍니다.

돈 문제와 관련하여, 사수자리는 목성의 고유한 별자리이며, 행성의 고통에 의해 심각하게 제한되지 않는 한 이 태생은 재정적 성공을 위해 잘 갖추어져 있습니다. 그는 신속하게 행동하고 목표를 정면으로 겨냥하고 있으며, 이것은 대부분의 금융 거래에서 가장 중요합니다. 성숙하지 않은 유형의 경우, 이것이 무모하고 성급한 판단으로 표현될 수 있으며, 이로 인해 작은 거래가 부풀려지고 더 큰 사업의 기회를 방해할 수 있으며, 성숙된 사수자리 태생은 금융 세계에서 지배적인 인물이 되기 쉽습니다.

사업에서, 사수자리 태생들은 혼자 또는 협력하여 성공하는 데 잘 적응합니다. 그는 열정적인 활동과 에너지, 그의 재치 있는 임기응변, 어려운 방식을 가장 단순한 용어로 줄이고, 불필요한 세부 사항을 제거하는 습관, 그리고 그의 일반적으로 훌륭한 판단력은 모두 사업적 성공을 위한 가치 있는 요소들이지만, 사소한 세부 사항이나 소액 거래의 집합체로 이루어진 사업을 수반하는 성격의 작업은 그에게 매우 불쾌합니다. 따라서 그는 사무적인 의무에 잘 적응하지 못합니다. 이러한 동일한 특성이 사적인 관심사와 마찬가지로 공적인 업무에서도 탁월하다는 것을 쉽게 알 수 있을 것입니다. 그리고 그의 풍부한 자신감과 비전의 명료함을 쉽게 볼 수 있습니다.

그의 솔직한 친밀감과 함께라면 그는 정치적 선호도에서 훨씬 높은 위치를 차지할 것입니다.

그러나 사수자리의 가장 큰 결점 두 가지 중 하나는 섣부른 행동을 부추기는 조급함과 성급함입니다. 그는 열매를 따고 싶어 안달이 나서 항상 익을 때까지 기다릴 수 없습니다. 그는 지체되는 것을 참지 못하고, 그는 명령이 떨어지기 전에 거의 실행되기를 바라고 있습니다. 따라서 인내심을 기르는 것이 항상 권장되어야 합니다.

아랫사람들을 대할 때, 이 태생의 상냥함과 재치는 상당한 자산이지만, 그는 아랫사람을 대할 때 자신의 지위를 이용하고 그러한 가정을 느끼게 하려는 경향이 약간 있습니다. 성숙하지 않은 태생들의 경우 선을 넘었을 때는 매우 독할 수 있으며, 그를 불쾌하게 하는 사람들에게 사소한 복수를 할 수 있습니다. 그는 아랫사람의 호감을 얻을 수는 있지만 좀처럼 그들의 애정을 끌지는 못합니다.

특히 짜증 나기 쉬운 또 다른 일반적인 특징은 이 별자리의 태생이 하고 싶은 약속을 기쁘게 한 다음 잊어버릴 수 있다는 것입니다. 때때로 그가 약속을 실행으로까지 옮기려는 의도가 있었는지 말하기는 힘듭니다. 스페인은 사수자리의 영향을 받고 있으며, 무엇보다도 스페인은 완벽한 관습과 함께 거창한 예절의 나라입니다. 스페인 사람은 훌륭한 연설의 달인이지만 아무 의미도 없습니다. 스페인 신사를 처음 만났을 때, 그는 자신이 사는 곳을 말하며 자신의 집을 내 집처럼 여겨 달라고 간청하지만, 만약 당신이 이 초대에 대해 공식적으로 응하고, 그 초대에 많은 비용이 들었다면 그는 당신이 savoir faire(재치/수완) 면에서 매우 부족하다고 생각할 것입니다. 그것은 단지 공손한 어구에 의미를 부여하기 전에 어떤 행동에 의해 뒷받침이 되고, 반복된 초대를 기다리는 것이 필요할 것입니다.

마찬가지로, 편지에 서명할 때 관례적으로 마무리하는 문구는 항상 "당신의 손에 키스하는 당신의 하인(your servant who kisses your hand)"이지만 스페인 사람이 손에 키스하는 느낌을 아직 경험해 본 적이 없습니다. 그러한 매너가 국가적 특성이고 완벽하게 잘 이해되는 경우에는 해가 되지 않지만, 사회적 교류의 이상이 무뚝뚝하고 솔직해야 하는 다른 나라에서는 부주의한 사람들이 완전히 잘못 인식되어 끔찍하게 실망할 수 있습니다. 이것을 몰랐던 사람들이 진정한 고통에 처했을 때 얼마나 잔인한 상황이 만들어질 수 있는지는 분명합니다.

사수자리 사람들의 아주 큰 기쁨은 야외에서의 움직임에 있는 것이며, 모든 종류의 야외 스포츠와 직업에서 이 태생들은 솔직하고 진심 어린 민주적 충동을 갖게 되고, 그로 하여금 온갖 종류의 사람들과 기꺼이 친하게 지내게 되고, 제한되거나 폐쇄된 환경에서 노동을 하도록 강요받는 사람들에 대한 진정한 연민을 발전시킵니다. 이러한 사람들은 종종 사회 개혁과 노동계급의 작업환경 개선을 위한 프로젝트에 깊은 관심을 가지고 있습니다. 그들의 이론들은 실제 상황에 대한 인내심 있는 연구에 기초할 것이기 때문에 그러한 작업에서 매우 실용적이고, 그들은 너무 선견지명이 있어서 어떤 불균형적인 급진주의에도 쉽게 빠져들 수 없습니다.

친구 관계에 있어서 사수자리는 꽤 발전적이며 존경받을 만하다는 것은 매우 분명합니다. 왜냐하면 사수자리 태생들은 적극적이며, 그들에게 관심을 보이는 사람들에게 빠르게 다가갈 수 있고, 그들의 관심은 주로 정신적인 자질에 의해 흥분될 수 있고, 그들은 일반적으로 지속적인 친밀감을 쌓을 수 있는 확고한 기반을 가지고 있고, 그들은 현재 있는 친구 관계에 있어서 건전하고 진실한 것으로 만드는 것은 솔직한 진심과 거침없는 정직으로 매우 충실합니다.

그들의 연애 문제에 있어서도 그를 지배하는 것으로 적용됨을 알 수 있습니다. 그러나 여기서, 비록 진정한 애정에도 불구하고 이러한 특성들이 항상 만족스러운 것으로 입증되지는 않을 것입니다.
만약 이 별자리의 태생들이 그를 사랑하고 신뢰할 수 있을 만큼 그를 진정으로 이해하는 여성을 찾는 데 성공한다면, 그의 본성은 최고로 확장될 것이고 그는 헌신적이고 감사하는 최고의 남편이 될 것이지만, 가장 큰 위험은 평범한 여성들이 그의 솔직함을 이해하지 못할 것입니다. 그러나 그는 평범한 낭만적인 여성과의 구애에서 작은 성공을 거둘 수도 있습니다. 그는 또한 자신과 가장 잘 어울려야 하는 자질에 대한 진정한 정신적 분석보다는 논리적인 추론에 의해 아내를 선택하려는 경향이 너무 많이 있습니다.

그의 충동적이고 직설적인 성격은 그가 쉽게 파트너와 애정을 시작할 수 있도록 해 주고, 다시 생각해 보면 그는 자신이 이행할 수 없다는 것을 알게 될 수 있는 약혼에 성급하게 행동합니다. 사수자리 태생들은 그의 제단에 눕는 것이 어렵다는 것을 알게 되었고, 파혼은 이런 유형에서 드문 일이 아닙니다. 이 별자리는 또한 그 영향의 특징인 주의와 신중함에서 비롯되어 많은 독신자를 배출합니다. 정서적 발달이 사수자리 태생의 성격에서 가장 필요한 요소이기 때문에 이것은 유감스럽게 보입니다.

결혼생활에서 사수자리 태생은 제약이나 질투심을 용납할 수 없습니다. 만약 이렇게 된다면 겉으로는 복종하는 것처럼 보일지 모르지만, 그의 현실성에 있어 기존 상황을 최대한 활용하게 되는 경우가 많기 때문에 그는 짜증을 내고 비아냥거리게 되고 결혼생활은 행복한 것과 거리가 멀게 됩니다. 발달되지 않은 유형에서 이러한 자질은 종종 결혼 자체에 대한 냉소적인 태도로 자신들을 표현합니다. 남녀 모두 이기적이고 사려 깊지 못한 경향이 있으며, 그들은 좀처럼 그들의 감정을 실제의 친밀 관계로 끌어들이지 않는 반면, 여론에 대한 그들의 관습에 얽매이지 않는 무시는 종종 스캔들에 휘말리게 할 수도 있습니다.

사수자리 태생들은 대체로 따뜻한 마음을 갖고 전반적으로 인류에게 우호적이지만, 그들의 동정심은 매우 넓기 때문에 그들의 온화함은 덜해 보이고 민주적인 동정심이 덜 뚜렷한 많은 사람보다 가정과 가정생활에 대한 헌신이 덜합니다. 그 결과로 그들은 종종 가정과 친척들로부터 상당히 멀리 떨어져 있음을 알게 됩니다. 가까운 직계 가족 및 친척들이 마음에 들면 친구처럼 대해 주지만, 친족이 이런 식으로 강력하게 어필하지 않으면 매우 자유롭게 비판하고, 곤란한 결점을 솔직하게 지적하는 경향이 있습니다.

심지어 아이들조차도 부모의 자질을 분석할 것이고, 부모가 이 조사에 정직하게 응하지 않는 한, 훈육을 유지하려는 모든 시도에서 상당한 마찰이 있을 가능성이 큽니다. 그러나 공정한 대우와 진실성은 일반적으로 빠르게 인정하고 기꺼이 따르는 것을 발견할 것입니다.

이 별자리의 태생과 처녀자리에서 거의 소리치는 물음표에 가까운 어린 소년이나 소녀의 예를 많이 볼 수 있습니다. 그러한 자녀들의 부모들은 성장하는 정신에 충분한 운동과 성찰을 위한 음식을 제공해야 하며, 자연의 정서적인 측면을 자극하는 것을 결코 소홀히 해서는 안 됩니다. 이것이 없으면 정신은 너무 경직된 자기 성찰로 인해 스스로를 다치게 할 수도 있으며, 또한 아이가 놀리는 습관을 갖게 되어 나중에 극도로 짜증 나고 불편해질 수 있습니다.

종교적 믿음에서 사수자리 태생들은 그의 정신 활동과 신앙을 조사하고 추론하려는 그의 타고난 욕구 때문에, 그리고 어디에 있든 간에 다소 회의적일 수 있습니다.

그는 그러한 분석을 견딜 수 없는 종교적 가르침에서 자랐고, 그는 그들의 결점에 대해 솔직하게 거침없이 비판했습니다. 그러나 목성에 의해 지배되는 어떤 별자리도 비종교적일 수 없으며, 그의 적절한 균형감각은 종종 그가 상당히 정통적인 견해를 가지기 쉽게 만듭니다. 실제로, 사수자리 태생들은 종종 훌륭한 성직자가 되어 신도를 정확히 지키는 것보다는 교구 신자들의 복지를 돌보는 실용적인 기독교에 훨씬 더 관심을 기울이는 훌륭한 성직자를 만듭니다. 그러나 그것은 이러한 종류의 종교에서 철학으로 가는 잠깐의 변화일 뿐이고, 그러한 사고의 분야에서 발달된 사수자리 태생들은 자연스럽게 한껏 즐기는 것이 뛰어납니다.

요약하자면, 고대 철학자 중 가장 위대한 소크라테스(Socrates, 고대 아테네의 철학자, B.C.470~399)의 생애와 성격은 사수자리가 가장 발전했을 때를 암시하고 별자리의 많은 특징과 심지어 약점들을 보여 주고 있다고 말할 수 있습니다. 대화식 탐구로 가르치는 그의 방법, 그의 제자나 그의 반대자를 영리한 반대 조사로 설득하여 그의 가설의 진실을 증명하도록 강요하는 그의 교수법, 그의 정신적인 활동과 삶의 모든 지위에 있는 사람들과 교제할 수 있는 민주적 자유, 여론에 대한 그의 반항과 국가에 대한 그의 비타협적인 태도, 가정생활의 편의에 대한 그의 완전한 무관심, 가족 관계로부터의 분리, 결혼에 대한 그의 이론, 그리고 그를 집 밖에서 환영받을 수 있는 동반자로 만들어 준 관대함, 그리고 그가 그를 인도하기 위해 마음 대신 그의 머리가 허락해야만 했던 그의 결혼생활의 절망적인 부적응은 모든 것이 틀림없는 사수자리인의 자질들입니다. 드레이퍼 박사(Dr. Draper)의 크산티페(Xantippe, 소크라테스의 악처)에 대한 고귀한 옹호는 그녀가 일상적인 아내로서 그녀의 모든 일반적인 장점을 지적하며, 우리는 정말로 훌륭한 가정적인 여자에게서 생성되는 짜증을 잘 이해할 수 있게 해 줍니다.

그녀의 관점에서 보면 불가능하고 하찮게만 보였던 남편 소크라테스는 친구에게는 기쁨으로, 세상에게는 영광이었던 바로 그 사수자리의 특성을 가졌던 것입니다. 그리고 한편 우리는—비록 그녀가 의무적으로 철학자의 집을 충실히 지키고 청소했지만—그녀의 머리 위에 있는 구정물 통을 비우도록 이끄는 그녀의 모멸감도 깨달을 수 있습니다.

　사수자리의 아이들은 본질적으로 이기적이지 않고 진실하며 고차원적인 생각을 가지고 있습니다. 그들의 타고난 마음은 쾌활하고 명랑할 뿐만 아니라 희망적이고 믿음직스럽습니다. 그들은 노는 것을 좋아하고 춤도 자연스럽게 춥니다. 그들의 자발성과 열정은 억제되어서는 안 되며, 이러한 자질들은 현명하게 이끌어야 합니다.
　그들의 구성에 있어서 의심이 적고, 타고난 정직성이 있기 때문에 다른 사람들이 동등하게 개방적이지 않고, 공명정대하지 않다고 믿기가 어렵습니다. 이러한 이유로 그들은 그것을 절대적인 진리로 받아들이기 전에 그들에게 말하는 것을 신중하게 하도록 가르쳐야 합니다.

　사수자리 태생들은 동물, 특히 말과 개, 그리고 모든 야외 스포츠를 매우 좋아합니다. 어릴 때 그들에게 사랑하고 돌볼 수 있는 애완동물을 주어야 하며, 가능하다면 말을 탈 수 있는 기회가 주어져야 합니다. 그들은 오리가 물을 찾는 것처럼 자연스럽게 말을 대하며, 심지어 아주 어린 나이에도 말과 함께 있을 때 절대적으로 겁이 없습니다. 그들은 인형이나 고정된 물건과 같은 무생물 장난감보다 살아 있거나 약간의 움직임이 있는 장난감을 더 선호합니다.
　전갈자리 태생의 아이들과 달리, 사수자리에서 태어난 아이들은 신체적으로 너무 활동적이어서 독서에 많은 시간을 할애할 수 없습니다. 부모들은 사수자리 태생의 자녀들을 믿고 그들에게 많은 자유를 주며, 명령하는 대신 친구와 동반자처럼 대하는 것이 좋습니다. 그들은 앞에서 끌고 가려고 하지 말고 현명하게 뒤에서 인도하여야 합니다.

　그들이 그들의 직업을 선택하고 그에 따라 교육받을 수 있도록 하는 것이 좋을 것입니다. 균형이 잘 잡혀 있고 정상적이기 때문에, 그들은 현명하지 않게 음식을 먹거나 전염병 또는 전염성 질병에 노출되지 않는 한 최상의 건강을 누립니다. 그럼에도 불구하고, 그들은 아주 쉽게 질병을 물리치고 훌륭한 회복력을 가지고 있습니다. 그들은 감정을 억누르거나 타고난 열정과 풍부한 감정을 억제함으로써 그들이 불행해지지 않도록 하는 것이 중요합니다.

태양이 불타는 3월 22일부터 4월 21일까지 태어난 사람은 웅장한 별자리인 양자리와 태양이 불타는 7월 24일부터 8월 24일까지 태어난 사람은 고귀한 별자리인 사자자리의 사람들이며, 사수자리 태생으로 태어난 사람들을 자연스럽게 호의적으로 대하고 도움을 줍니다. 그들의 특성은 상호보완적이기 때문에 결혼생활에서든 아니든 사수자리에서 태어난 이들에게 좋은 파트너입니다.

만약 2월 20일~3월 22일(물고기자리), 5월 22일~6월 22일(쌍둥이자리), 8월 24일~9월 24일(처녀자리)에서 태어난 사람들에게 사수자리 태생들은 그들의 조급함을 확인하고 너무 솔직한 경향을 억제할 필요가 있을 것입니다. 친밀해지면 사수자리 태생이 너무 냉소적이고, 너무 무뚝뚝하고, 너무 무시하는 결과를 초래할 수 있습니다. 이러한 이유로 물고기자리, 쌍둥이자리, 처녀자리 태생으로 태어난 사람들은 결혼이든 사업적으로든 가장 호의적이거나 도움이 되는 파트너가 되지 않을 것입니다.

12월 21일부터 12월 28일까지 약 7일 동안 사수자리의 진동이 염소자리의 진동으로 합쳐지고 염소자리는 여전히 사수자리의 일부를 유지합니다. 그러한 사수자리의 일부는 커스프(cusp)라고 알려져 있습니다. 이 날짜 사이에 태어난 사람들은 사수자리의 관대함과 충동성과 염소자리의 보수성과 진지함, 또는 이 둘의 조합에 참여할 것입니다. 생각을 지배하는 수성과 사랑의 본성인 금성이 태양에 너무 가깝기 때문에 그들 역시 사수자리의 인접한 별자리의 특성 중 일부를 가지고 있을 수 있습니다. 이것은 이해하기 어려운 복잡한 성격의 일부를 설명한 것입니다.

태양 또는 어센던트의 위치는 이러한 추론을 도출할 때에만 고려되었습니다. 그러므로 언급된 것 이외의 다른 별자리로 태어난 사람들도 사수자리에서 태어난 사람들과 궁합이 맞거나 또는 어울리지 않을 가능성이 있습니다. 각각의 개별 천궁도에 의해 나타내는 영향의 조합은 그러한 변동의 이유를 명확하게 할 것입니다.

이러한 징후는 일반적인 것일 뿐이며, 자기 자신이 알고 있는 개인의 모든 특성을 포함하지는 않았습니다. 행성에 의해 만들어진 변화를 발견하기 위해서는 상세한 진술이나 천궁도를 작성해야 합니다.

■ 염소자리(CAPRICORN)

12월 23일부터 1월 21일 사이에 태어난 사람 또는 태어날 때 염소자

리가 상승하는(출생 시간에 대한 지식을 통해서만 확인할 수 있음) 별자리가 있는 사람들은 흙의 원소이며, 카디날 싸인으로 보수적인 별자리에 있는 염소자리의 지배를 받게 됩니다.

염소자리는 매우 타협적이지 않은 싸인이며 토성에 의해 지배를 받고 있습니다. 그리고 화성은 그 안에서 엑젤테이션되며, 염소자리는 흙의 원소이지만 카디날 싸인이기 때문에 활동적입니다.

흙(earth)에 대한 본질적인 개념은 수동성과 안정의 하나입니다. 흙이 활동한다는 것은 전혀 성격에 맞지 않습니다. 활동 중인 흙은 비옥함, 견고함, 편안함의 상징이 아니라 파괴의 상징입니다. 시작도 하지 않은 자연이 어떻게 이 관점을 확인하는지 생각해 보세요. 활동 중인 흙은 눈사태나 지진을 의미합니다. 그 생각은 파괴의 동의어입니다. 따라서 이 별자리에서 기인한 타로카드를 '악마(Devil)'라고 불러야 한다는 것은 놀라운 일이 아닙니다. 그러므로 우리는 이 별자리에서 흙 자체가 그 본성에 반하는 것임을 알 수 있습니다.

토성은 흙 전체를 미묘하게 바꾸는 힘의 도움을 받았을 때 훌륭한 행성이지만, 그러한 도움이 없으면 그는 인류를 방해하고 짓누르는 모든 것을 대표합니다. 그는 아무런 도움도 받지 않으면 오로지 상식적으로만 최선을 다합니다. 이 싸인은 엄격함에 비해 균형이 지나치게 한쪽으로 치우쳤습니다. 또한 물질적인 면에서 거두어들일 수 있는 것이 거의 없습니다.

☾ 물리적(육체적) 특성

일반적으로 염소자리 태생의 두개골은 넓다기보다는 길지만, 이 특성은 행성의 영향으로 쉽게 변형될 수 있습니다. 어센던트에 태양이나 목성이 존재한다면 의심할 여지 없이 두개골과 그 특징을 확장시킬 것입니다. 이마는 높고, 눈은 작고 날카로우며, 코는 길고, 뼈는 앙상하며, 입은 가늘고 조밀합니다. 뼈 구조가 두드러집니다.

전형적인 태생들은 평균 키 정도이며, 날씬하고 각진 경향이 있습니다. 뼈는 크고 팔다리는 다소 불균형적으로 깁니다. 일반적으로 모든 존재에서 우아함이 결여되어 있습니다. 특히 손과 발이 못생기기 쉽습니다. 그 모습은 근육질이라기보다는 여위고 힘찹니다.

이 싸인이 상승하는 여성들은 종종 불필요한 머리카락 때문에 고민합니다. 그들의 표정은 강렬하고 뭔가 쓸쓸함이나 슬픔이 담겨 있습니다. 안색은 자주 또는 실제로 납빛인 경우가 매우 많습니다. 얼굴에 살이 거의 없고 주름이 일찍 생기는 경우가 많습니다. 쾌활함이 눈에 띄게 결여되어 있습니다. 때때로 우리는 그 외모에서 침울함이나 우울함을 느끼기도 합니다.

이 싸인의 낮은 유형의 특성은 이러한 모든 특성을 최악의 방식으로 과장합니다. 신체는 종종 작고 변형이 될 가능성이 있지만, 때때로 여전히 특유의 힘과 지구력을 보유하고 있습니다. 그러한 경우에 우리는 보통 괴로움이나 우울함과 더불어 신경질적인 소심함의 요소를 발견합니다. 이러한 라이징 싸인의 유형을 표본으로 외모를 판단한다는 것은 가장 큰 어려움이 발생할 수 있습니다.

왜냐하면, 흙은 가장 활동적인 형태일지라도 쉽게 변형됩니다. 사실, 이 발생 초기 상태의 거대한 유동성은 행성이 일반적인 방식으로 수소와 결합하는 것이 아니라 초기의 미성숙한 수소와 결합할 것이기 때문에 초기 상태에서의 그것의 유동성은 행성들이 그것에 매우 강하게 영향을 미칠 수 있게 하는 것으로 보입니다. 따라서 이 유형에서 가장 극단적인 이탈이 자주 나타납니다.

이러한 유형의 일부 포인트들은 불리한 조건 속에서도 상당히 일정하게 유지됩니다. 사수자리의 빠르고 직접적인 활동과는 매우 구별하기 쉬운, 염소자리의 격렬하고 불규칙한 민첩성으로 신체적인 움직임을 특징 짓습니다. 인내의 힘과 결의에 대한 일반적인 인상을 파괴하는 것은 아무것도 아닌 것 같습니다.

이 유형이 얼마나 극단적으로 변형될 수 있는지 보여 주기 위해 어센턴트에 염소자리를 가졌던 넬 그윈(Nell Gwyn)의 천궁도를 잠시 살펴보겠습니다. 여기에서 우리는 어센턴트가 염소자리이며 여기 떠오르는 금성이 물병자리에 있고, 목성과는 스퀘어로 되어 있습니다. 그리고 목성과 달이 트라인된 것을 볼 수 있습니다.

게자리에는 루미너리가 있습니다. 이 조합은 염소자리의 천성적인 거칢과 억셈을 목성이 어떻게 부드럽게 완화시켜야 하는지를 분명히 합니다. 왜냐하면 목성과 달은 물의 별자리여서 둘 다 통통하게 살이 찌는 경향이 있습니다. 다시 말하지만 토성은 공기의 별자리인 쌍둥이자리에 있는데, 그것은 골격을 수정하고 높이를 줄여 줄 것입니다. 특히 토성이 떠오르는 태양에 트라인되어 있기 때문에 그러합니다. 다시 말하지만, 화성은 물고기자리에 있으며 목성과 달 모두에 트라인되어 있으므로, 그래서 근육은 가능한 한 가장 우아한 형태를 취합니다. 이러한 모든 성향은 원래의 별자리와는 완전히 반대되므로 그것을 완전히 압도하기에 충분합니다.

글래드스톤(Gladstone)의 경우 어센턴트의 커스프에 있는 태양이 수성과 정확히 컨정션되어 있으므로 그의 체형이 크고 위엄 있게 하기에 충분합니다. 그리고 금성과 목성의 트라인으로 인해 어떤 근사함을 부여하게 됩니다. 이것은 또한 염소자리 유형의 과도하게 마른 체형으로의 경향을 막아 줍니다. 그리고 염소자리의 거친 특징들이 더욱 만족스러운 다른 행성들의 변형에 기초하고 있다는 것을 쉽게 알 수 있습니다.

점성학을 공부하는 학생들은 상승하는 염소자리의 많은 예를 연구해야 하는 것은 가장 중요한데, 이것은 그가 종종 이런 유형의 가장 주목할 만한 특징인 행성의 변화에도 불구하고 근본적인 특징들을 인식하는 것을 배울 수 있도록 하는 것이 가장 중요합니다.

조디악에서 가장 어려운 유형 중 하나는 염소자리에 의해 제시됩니다. 염소자리 태생들의 업무 능력은 무궁무진합니다. 그의 근육은 강철입니다. 그는 모든 문명화된 인간의 신경계가 증가하는 것으로부터의 위협에서 면제받았습니다. 그의 감각은 결코 떨어지지 않습니다. 여든에도 그의 시력은 스무 살 때처럼 예리하고 선명하며 날카로운 경향이 있습니다. 그의 청력은 일반적으로 그 어느 때보다 예리할 것입니다.

염소자리는 뼈와 힘줄을 단단하게 하고, 근육을 단단하게 만드는 원리도 함께 지배합니다. 염소자리는 또한 무릎을 관장하며, 동정적으로 머리, 위, 신장, 그리고 난소(여성의 경우)를 관장합니다. 관절의 류머티즘은 가장 큰 위험한 것 중 하나입니다. 선천적으로 많은 고통을 겪는 토성은 골격의 변형을 유발할 가능성이 큽니다. 많은 꼽추들은 이 별자리를 가지고 있습니다. 경련이나 소아마비와 같은 경련을 수반하는 관련된 질병들이 이 싸인 속에 분류될 수 있습니다.

근원적으로 신경이 과민하지 않은 모든 형태의 마비도 여기에 분류될 수 있습니다. 염소자리 또는 그 지배 행성이 방향(direction) 또는 트랜짓에 의해 고통받지 않는 한, 다른 별자리의 태생에게서 발생하는 신경 질환은 거의 마비로 정점에 도달하지 않는다는 점에 주목하는 것은 흥미롭습니다.

　낮은 유형의 염소자리의 태생에서는 엄청난 무절제의 위험이 있으며, 많은 술주정뱅이들이 발견됩니다. 대체로 이 별자리에 있는 토성의 우울함이 과도한 음주의 동기가 됩니다.

☾ 도덕적 특성

　염소자리 태생의 정신은 매우 보수적입니다. 그들은 끝까지 옛날 방식을 고수하고, 반복되는 움직임이 있고, 좀처럼 가고 있는 길을 벗어나려고 하지 않습니다. 그의 생각은 광활한 영적 의미에서 완벽하게 진실인 것처럼 보이지만, 우리가 일반적인 세기를 기준으로 시간을 계산한다면 결코 그렇지 않습니다. 이 생각은 우주의 질서는 불변하고 영원하다는 것입니다. 그는 현재에 살고 있지만, 여러 면에서 그는 고대의 기본 사상을 발견한 게자리 태생처럼 행동합니다.

　염소자리 태생들은 어떤 새로운 적성을 습득하는 것이 매우 어렵고, 새로운 적성을 발명하는 것보다 기존의 형태 내에서 진행하는 것이 훨씬 쉬우며, 이성을 발휘하여 자신의 제안을 증명하는 것보다 권위에 호소하는 것이 훨씬 더 쉽다는 것을 알고 있습니다.

　염소자리 태생의 에너지는 매우 큽니다. 그러나 토성의 영향으로 시간의 구두쇠가 되기 때문에 그는 무엇이든 조금도 낭비하지 않을 것입니다. 그가 환경의 한계 안에서 일하는 것이 그것을 바꾸거나 초월하는 것보다 훨씬 덜 귀찮습니다.

　그는 야망이 강합니다. 그는 반드시 등반을 해야 하지만, 그는 전통적인 방식으로 그렇게 할 것입니다. 그는 일상의 사소한 위반일지라도 그것이 얼마나 많은 혼란과 무질서를 야기하는지 알고 있습니다. 그는 외형을 관찰하는 데 세심하게 주의를 기울입니다. 그가 사무실에 있다고 가정해 봅시다. 그는 그 자리에 있는 모든 사람의 생각을 뒤엎는 방식으로 승진하려고 하지 않을 것입니다. 그는 50년 동안 단 1분도 늦지 않는 사람입니다.

그는 계좌에서 단 한 푼도 실수하지 않고, 필요할 때마다 정확한 정보를 가지고 항상 거기에 있는 사람입니다. 그는 근면성, 성실성 정확성이 비즈니스의 필수 요소라고 믿습니다. 그는 고용주가 자신이 완벽한 기계이며, 모든 면에서 절대적으로 신뢰할 수 있으며, 절대 궤도에서 벗어나지 않을 것이라고 느끼기를 바랍니다. 그는 항상 꾸준하고 근면하며, 그의 모든 역량이 주어진 일에 가혹할 정도로 빠져 있다는 것을 알 수 있습니다.

그는 자신이 맡은 바 임무를 성실히 수행합니다. 그는 목표가 목표로 향하는 단계들의 논리적인 결과여야 한다는 것을 상상하지 않기 때문에, 그는 목표가 무엇일지 결코 생각하지 않습니다. 그의 인생은 기회와 모험으로 가득 차 있다는 사실을 잊은 듯하며, 그러한 일들은 그에게 몹시 억울하다는 것조차 잊은 것 같습니다. 그의 생각은 삶에 다양성을 부여하는 다른 차원의 간섭에 대한 고려가 부족합니다.

일반적으로 독일 교수들의 정신은 대개 이런 유형입니다. 그들은 이론을 보고 그것에 완전히 집착하게 됩니다. 막스 뮐러(Max Muller)와 에른스트 헤켈(Ernst Haeckel)과 같은 저명한 사람들조차도 이런 경향을 공유합니다. 낮은 유형의 사람들의 경우, 가장 터무니없는 결론은 쓰라린 완고한 고집으로 유지됩니다. 성 본능이 꿈에 미치는 영향에 대한 그의 이론으로 프로이트를 예로 들 수 있습니다. 그가 그렇게 극단적으로 밀어붙인 이론입니다.

이 제한된 관점과 극도의 결단력이 결합된 것은 그가 선택한 직업에서 염소자리 태생에게 가장 큰 도움이 됩니다. 하나는 염소 토템(특히 아메리카 원주민 사회에서 신성시되는 상징물)에 대한 그의 마법 같은 이미지가 끊임없이 생각납니다. 아이벡스(길게 굽은 뿔을 가진 산악 지방 염소)가 바위틈에서 바위틈으로 뛰어오를 때 얼마나 발이 든든한지, 그리고 어떤 희박한 풀 위에서 영양분을 얻기 위해 얼마나 확실하게 찾아내는지 보십시오.

마찬가지로 염소자리 태생들은 황도대의 다른 어떤 별자리보다 훨씬 덜 만족하며 그들의 삶을 살아갑니다. 그들은 자신을 산만하게 할 몽상가의 비전이 거의 없습니다. 쾌락은 대부분의 사람들처럼 그들에게 매력적이지 않습니다. 심지어 보상이라는 개념조차 이 별자리가 상승하는 상태로 태어난 대다수의 사람들에게 강하게 심기지 않습니다. 그들은 자신의 일을 하는 재미가 그들에게 중요한 것 같습니다. 그들은 불평하지 않고, 비길 데 없는 인내로 그들의 길을 갑니다.

순수한 염소자리 유형의 경로를 조명하는 상상력을 찾는 것은 참으로 드뭅니다. 자기중심적이고 자신만의 채널에 충실한 그는 자신의 둑이 넘치게 하려 하지 않고 심지어 그 둑이 실제로 존재하지 않을 가능성을 인식하려고 하지도 않습니다. 그러나 어떤 사람들은 그들이 최소한 어떤 추구하는 것이 있더라도 상상력이 부족하여 따라올 수 없을 것이라는 선입견을 가질 수 있지만, 그렇지 않습니다.

사람의 발로 밟을 수 있는 모든 길 중에서 가장 위험한 성자의 길을 선택한 스와미 비베카난다(Swami Vivekananda)의 경우를 생각해 보십시오. 그는 놀라운 학문적 연구에도 불구하고, 그가 추구하기 시작했던 것들을 비범하게 성취했음에도 불구하고, 우리는 그에게서 약간의 독창적인 성향을 거의 발견하지 못했습니다. 그의 가르침은 새로운 특징을 추가하지 않았습니다. 그는 완벽한 고전이지만, 그는 세븐 리시스(Seven Rishis, 고대 인도의 7명의 리시스)가 이전에 말하지 않았던 것은 어떤 말도 하지 않았습니다.

교황 알렉산데르 6세(Pope Alexander 6)에게서 우리는 양심의 가책 없이 수행된 비범하고 편협한 야심을 발견합니다. 그는 새로운 독살 방법에 대해 너무 심각하게 고민하지 않고 오히려 고대의 전통적인 방법을 고수했습니다. 글래드스톤(Gladstone)의 경력에서도 우리는 유사한 사례를 찾습니다. 젊었을 때 그는 '엄격하고 굽히지 않는 토리당(영국의 보수당)의 희망'이라고 불렸으며, 그는 스스로 자신이 자유주의자라고 칭하고 싶은 그의 야망에 굴복하지 않았고, 그는 항상 엄격하고 굽히지 않는 토리당원으로 남아 있었습니다.

또 다른 위대한 정치가인 마자린(Mazarin)도 이 싸인을 가졌습니다. 우리는 정확히 같은 특질을 발견합니다. 마자린은 리슐리외가 하지 않았을 일을 했지만, 리슐리외가 했다면 훨씬 더 잘했을 것입니다. 이탈리아인들은 시대가 변하고 있다는 것을 인식하지 못했습니다. 그는 왜 오래된 방법이 더 이상 통하지 않는지 이해할 수 없었고, 따라서 그의 비범한 영리함에도 불구하고, 그는 그것을 유지하는 것이 그의 목표였던 군주제를 거의 무너뜨리기 직전에 이르렀습니다. 실제로, 그의 정책은 그가 죽은 지 한 세기가 조금 넘은 시점에 붉은 수확을 가져오게 될 혁명의 씨앗을 위한 기반을 마련했습니다.

음악이나 예술과 같은 정신적인 문제에서도 염소자리 태생은 상대적으로 좁은 장벽을 넘지 못하는 것 같습니다. 예를 들어, 슈만(Schumann)은 비록 그의 토성이 해왕성과 컨정션되어 있고, 천왕성이 미드헤븐(중천)에 있지만, 거의 음악의 한 분야에 국한되어 있습니다. 터너(Tuner, 영국의 화가, 1775~1851)는 떠오르는 달이 수성과 섹스타일, 천왕성과 트라인일 뿐만 아니라 토성과 트라인이므로 터너는 거대한 힘의 조합으로 상상력과 색채의 훌륭한 자질을 충분히 가지고 있었음에도 불구하고, 그다지 다재다능하지 않아 보입니다. 그 자체로 그는 훌륭하지만 그를 벨라스케스(Velasquez)와 비교하는 것은 어리석은 일입니다. 이 모든 것은 어센던트 염소자리가 전문가의 별자리라는 것을 증명합니다.

이 별자리의 유일한 결점은 그가 황소자리처럼 장애물을 옆으로 밀어내지 않고, 사자자리처럼 전투에서 그들을 죽이지 않고, 전갈자리처럼 완전히 파괴하지 않고, 천칭자리처럼 자신에게 유리하게 만들지 않는다는 것입니다. 그는 단지 그들을 뛰어넘었고, 그를 동정하지 않게 만드는 것은 바로 이 분리(냉담성)입니다.

돈을 다루는 데 있어서, 이 태생은 철저하게 꼼꼼하고 충실하지만, 그의 상상력의 부족은 그를 소탐대실하게 만듭니다.
"penny-wise and pound-foolish(적은 금액을 절약하려다 그 때문에 큰돈을 잃는다)."
그는 안전한 투자를 위해 돈을 맡길 수 있는 세계 최고의 사람입니다. 그는 그것을 신중하고 현명하게 다룰 것입니다. 그는 마지막 한 푼까지 그것에 대해 설명할 것입니다. 그러나 그는 그것으로 큰 성공을 거두기에는 너무 조심스러울 것입니다. 염소자리 태생이 훌륭한 품위에 의해 승격되지 않는 한, 이러한 자질은 궁핍함으로 변질되기 쉽습니다.

마자린은 악명 높은 예입니다. 이 세상 그 무엇보다 그에게 충성심과 헌신이 필요한 긴급 상황에서, 그는 그의 추종자들의 훌륭한 봉사에 대해 그들에게 하찮은 보상을 줌으로써 추종자들의 혐오감을 받았습니다. 그는 끊임없이 사람들로 하여금 자신과 전임자를 비교하게 만들었습니다. 리슐리외는 끔찍하고 어쩌면 증오스럽기까지 했지만, 마자린에 관해서는 경멸적이었습니다. 마자린이 목회를 하는 동안 리슐리외는 약 4천만 달러를 훔쳤는데, 이것은 당시로서는 큰 액수였습니다. 하지만 마자린은 야망이 있었고 권력에 대한 탐욕이 강했으므로 그것을 얻기 위해 절대 돈을 사용한 적은 없었습니다. 그는 항상 하나의 왕관을 만들기 위해 열 개의 작업을 수행하게 하려고 노력했습니다.

말과 글에서 이 별자리의 태생들은 직접적이고 때로는 웅변적이겠지만, 문체나 스타일에서 독창성은 없을 것입니다. 이것은 건조한 경향이 있지만 때로는 전통적인 방식으로 매우 화려하고 정교합니다. 이 태생은 암시를 매우 좋아합니다. 그는 말과 글쓰기를 모두 고전적인 문구와 인위적인 이미지나 은유, 또는 자연적인 생동감이 거의 없는 로코코 양식의 거품을 함께 끼워 넣습니다. 그 스타일은 그 당시 가장 열정적이고 학문적으로 완벽합니다.

글래드스톤(Gladstone)과 맥컬리(Macaulay)는 이런 종류의 표현을 가장 잘 보여 주는 좋은 예입니다. 영원하지 않은 특정한 건조함이 항상 존재합니다. 그러므로 사람은 항상 인위적이고 긴장된 결과를 얻습니다.

염소자리 태생들은 자신이 말하고자 하는 바를 정확히 말해야 한다는 것을 너무 고통스러울 정도로 분명히 알지만, 성경 말씀에 "당신이 어떻게 또는 무엇을 말할지 생각하지 말라. 왜냐하면 당신이 말하는 것은 당신이 스스로 말하는 것이 아니라 당신 안에서 말하는 당신 아버지의 영(Spirit)이기 때문이다."라고 되어 있어 스스로 자제를 하게 됩니다. 현대의 언어에서 이 태생은 영감이 부족합니다. 이 태생은 다른 사람들과 구별되는 자신에 대한 의식을 결코 잃지 않습니다. 그는 사랑하는 사람으로 인해 자신을 잃음으로써만 비로소 자신이 깨달을 수 있다는 것을 이해하지 못합니다. 신비주의자들이 본능적으로 최고의 악으로 인식하는 것은 바로 이러한 자질입니다.

염소자리는 오히려 다른 방법보다 길들여져 있습니다. 한 가족으로 태어났다고 해서, 가족을 떠나는 것은 그에게 아무런 문제가 되지 않습니다. 현재의 어떤 규칙이 무엇이든지 간에 그는 사물의 자연스러운 질서의 일부로 받아들이고, 그는 그러한 한계 안에서 일합니다. 그는 거칠고 불친절할 수도 있지만, 그에게는 현재의 상황을 깨트리는 경향이 없습니다.

사랑에 있어서 이 태생은 매우 자기중심적이며, 이 정서가 반드시 상호작용해야 한다는 것을 이해하지 못합니다. 그는 진정한 질투심조차 느끼지 않습니다. 그는 불륜으로 상처받은 것이 아니라, 단지 도둑맞았을 뿐입니다. 그는 식욕에 있어 왕성하고 자제력이 없으며, 별미를 별로 좋아하지 않습니다. 이 별자리로는 진짜 성적인 변태 또는 반전을 찾지 못한다고 해도 과언이 아닙니다. 만약 성적 도착이 존재한다면 그것은 순전히 동물적입니다. 좋은 행성의 영향이 존재하는 곳에서는 이 태생은 전통적이고, 가정적인 가족이 되는 것이 규칙입니다.

염소자리는 아이들을 대하는 데 있어서 위압적이며 종종 독재적입니다. 그는 적극적이거나 의식적으로 잔인하지는 않습니다. 그는 단지 차갑고 동정심이 없을 뿐입니다. 개성적인 아이라면 염소자리 부모에게 불쾌감을 줄 수 있습니다. 염소자리 부모는 아마도 정의나 훌륭한 훈육에 따른 규칙을 만들 수 있지만, 그러나 그 규칙은 너무 엄격해서 가장 마음이 약한 아이들만이 고통 없이 그 규칙을 따를 수 있을 것입니다.

이 태생은 아랫사람을 대하는 데 엄격합니다. 그는 합의된 임금을 지불하는 데 있어 공정하고 정확할 수 있지만, 관대하지는 않습니다. 비즈니스 파트너로서 염소자리는 신뢰할 수 있지만 동정심이 없습니다. 그는 움켜쥐고 독재적인 경향이 있습니다. 그는 이것을 이해하고 일반적으로 혼자 일하는 것을 선호합니다.

염소자리는 너무 물질주의적이어서 잠재의식의 문제들은 그들을 조금도 방해하지 않습니다. 그는 항상 삶을 진지하게 생각하며, 사물을 있는 그대로, 아니 오히려 첫눈에 보이는 그대로 받아들입니다. 이 별자리는 위대한 과학적 발견에 필요한 상상력을 가지고 있지는 않지만, 이 태생은 모든 연구에 매우 필요한 최소한 한 가지 특성인 인내심을 가지고 있습니다. 이 별자리가 상승하는 화학자는 한 물질의 화합물 연구를 반세기 동안 계속할 수도 있습니다. 그는 하위 직책에서 완벽한 실험실 보조가 됩니다. 그는 세부 사항에 대한 주의, 지칠 줄 모르는 인내와 엄격한 정확성이 주요 필수 요소일 때마다 타의 추종을 불허합니다. 그러나 그가 한번 트랙을 벗어나게 되면, 그는 자신의 위치를 재조정할 방법이 없습니다.

인도는 염소자리가 지배하고 있으며, 인도가 독창적인 것을 생산했던 것이 있는지 의심스럽습니다. 타지마할(TajMahal)은 이탈리아 사람이 디자인했습니다. 거의 모든 위대한 인도 걸작들은 영향력 있는 중국인들 덕분입니다.

인도인 재단사에게 옷 한 벌을 줄 수 있습니다. 그는 원본과 구별할 수 없을 정도로 정확하게 복사합니다. 혹시라도 바짓가랑이가 패였다면, 그는 가장 꼼꼼하게 패인 곳을 재현합니다.

인도 요리사는 감자로 요리하는 한 가지 방법을 배웁니다. 당신이 변화를 원한다고 그에게 말하고, 그에게 날마다 새로운 방법을 보여 주십시오. 그러면 그는 그것을 배우려고 매일 밤마다 새로운 방식으로 나아갑니다. 당신은 그에게 40가지 방법을 계속 가르칠 수 있지만, 그가 할 일은 당신이 그에게 마지막으로 가르친 방법을 따르는 것뿐입니다. 그래서 당신이 다양한 식단을 받고 싶다면 매일 밤 새로운 명령을 내려야 합니다. 이 별자리 태생의 특징도 역시 인내심이 많고 힘들어도 불평하지 않는 평범한 삶입니다. 그의 카스트 제도는 완전히 경직되어 있어서 그들이 태어난 독특한 직업이나 교역을 제외하고는 야망을 갖기 위한 여지가 없습니다.

염소자리는 혼자 있는 것을 매우 좋아해서 지속적인 우정을 쌓을 수가 거의 없습니다. 이 태생은 일반적인 의미의 제약에 대해 강하게 반응하지 않습니다. 그는 그것을 자연스럽게 자신이 존재하는 조건의 일부로 받아들입니다. 우리는 이것을 인도 사람들의 특성에서 다시 볼 수 있습니다.

알렉산더 대왕 시대부터 클라이브 시대에 이르기까지 그들은 거듭거듭 정복되었지만, 복종 자체가 승리의 방식이라는 독특한 특성이 있습니다. 인도인들이 그의 모든 정복자에게 카스트 제도를 부과했다고 해도 과언이 아닙니다. 그들을 전통적인 사고방식에서 벗어나게 하는 것은 불가능하며, 힌두교도들을 서두르게 하려는 시도는 많은 사히브(Sahib)*에게 치

◇◇◇◇◇

* Sahib: 특히 과거 인도에서 사회적 신분이 어느 정도 있는 유럽 남자에 대해 쓰던 호칭. 늑나리

명적인 것으로 판명되었습니다. 그것은 소극적 저항의 극치입니다.

염소자리 아이들은 나이에 비해 매우 어른스러운 경향이 있으며 기질이 너무 진지합니다. 그들은 매우 자의식이 강하고 내성적이며, 겁이 많습니다. 그들에게 결코 두려움을 심어 주려는 경향이 있는 이야기를 해서는 안 됩니다.

그들은 많은 칭찬과 애정을 받아야 합니다. 그들은 혼자 있고 같은 또래의 친구를 거의 두지 않는 경향이 있습니다. 그들은 학교 공부를 열심히 할 뿐만 아니라, 집안에서 심부름을 하거나 어른들을 모시면서 가정의 일을 돕는 것을 즐깁니다. 가능하면 그들에게 대학 교육을 시켜 주거나, 비록 그들이 대학을 졸업하는 데까지 일을 해야 할지라도, 그들이 대학 교육을 받도록 권장하는 것이 좋습니다. 이러한 아이들을 위한 대학 교육의 장점 중 하나는 같은 또래의 다른 젊은이들과 긴밀한 접촉을 한다는 것인데, 이것은 그들의 수줍음과 자의식을 극복하는 데 도움이 될 것입니다. 그들의 교육은 순수하게 학문적이기보다는 실용적인 방향으로 진행되어야 합니다.

4월 21일부터 5월 22일까지 태양이 소박하고 실용적인 별자리인 황소자리에 있고, 8월 24일부터 9월 24일까지 태양이 지적인 별자리인 처녀자리에 있을 때 태어난 사람들은 자연스럽게 동정심을 나타내며 염소자리에서 태어난 사람들에게 도움이 됩니다. 그들의 특성은 상호보완적이기 때문에 염소자리에서 태어난 사람들에게 결혼으로든 사업적으로든 좋은 파트너입니다.

3월 22일부터 4월 21일까지(양자리), 6월 22일부터 7월 24일까지(게자리), 9월 24일부터 10월 24일까지(천칭자리)에 태어난 사람들과 너무 밀접하게 관련된 경우, 그러한 친밀감은 염소자리의 태생이 너무 내성적이고 자기중심적인 결과를 초래할 수 있습니다.

이러한 이유로 양자리, 게자리, 천칭자리 태생으로 태어난 사람들은 결혼으로든 사업적으로든 가장 호의적이거나 도움이 되는 파트너가 되지 않을 것입니다.

1월 21일~1월 28일까지 약 7일간 염소자리의 진동이 물병자리의 진동으로 합쳐지고 물병자리가 여전히 염소자리의 일부를 유지하는 것을 커스프(cusp)라고 알려져 있습니다.

이 날짜 사이에 태어난 사람들은 개인적이고, 전통적인 염소자리와 인도주의적이고 비인간적인 물병자리 또는 이 둘의 조합에 참여합니다. 정신을 지배하는 수성과 사랑의 본성인 금성이 태양에 매우 가깝기 때문에 그들 역시 인접한 염소자리 별자리의 일부 특성에 참여할 수 있습니다. 이것은 이해하기 어려운 복잡한 성격의 일부를 설명할 수 있습니다.

또한 이 별자리와 함께 이러한 추론은 태양 또는 어센던트의 위치에서 가져왔기 때문에 염소자리 태생의 가장 친한 친구 또는 그와 사이가 좋지 않은 사람들 사이에서 이 시기에 태어나지 않은 사람들이 발견될 가능성이 있습니다.

각각의 별자리를 참조하여 별들이 염소자리에서 태어난 별과 결합하는 방법을 확인하고, 따라서 어떤 영향으로 결합되며 서로에게 어떤 영향을 미치는지 결정하기 위해 참조되어야 합니다.

이러한 별자리는 일반적인 것일 뿐이며 염소자리 태생으로 태어난 사람들은 행성에 의해 변형될 수 있기 때문에, 우리가 알고 있는 개인이 자신이 알고 있는 것처럼 개인의 모든 특성을 다루지 않을 것입니다. 모든 진리를 밝히기 위해서는 상세한 진술이나 천궁도를 보아야 합니다.

물병자리(AQUARIUS)

  1월 21일부터 2월 20일 사이에 태어난 사람 또는 태어날 때 물병자리가 상승하는(출생 시간에 대한 지식을 통해서만 확인할 수 있음) 별자리가 있는 사람들은 공기의 원소이며, 픽시드 싸인으로 인도주의적인 별자리인 물병자리의 지배를 받게 됩니다. 물병자리의 상징은 항아리에서 물을 따르는 사람으로, 덜 성장하여 세상과 타협하지 않는 어린아이 같은 성향과 자기 통제에 도달하여 사람들에게 지식을 전달하는 것을 좋아하는 모습을 그래픽으로 나타냅니다.

  물병자리는 공기 속성 유지의 별자리로, 가장 정적인 형태로 그 원소를 나타냅니다. 이 별자리는 천왕성의 지배에 아무런 이의도 제기하지 않고 받아들였습니다. 유지의 속성에서 물병자리는 인간을 나타내며, 그 지배자의 속성과 혼합된 이 성질은 물병자리 태생의 고유성과 인류 전체의 관심사들 사이에 강한 공감대를 형성합니다. 물병자리에는 특별한 것이 없습니다. 물병자리의 정적인 공기는 천왕성을 진정시키고, 천왕성의 인도주의는 이 태생들이 인류의 선봉자가 되도록 영감을 줍니다.

☾ 물리적(육체적) 특성

이 별자리의 사람들은 전반적으로 그들의 동료들보다 조금 앞서 있는 것처럼 보입니다. 약간 더 높은 차원에서 사는 것은 그들에게 자연스러운 일이며, 그들의 신체적인 외모에 대한 모든 것의 효과는 다른 사람들로부터 멀리 떨어져 있는 것처럼 보이게 합니다.

평범한 사람들은 물병자리의 외모에 깊은 인상을 받습니다. 그런 타입에 대해 본능적인 존경심이 느껴진다고 해도 과언이 아닙니다. 그 느낌은 사람들이 그를 윗사람(형님)으로 인식하는 것 같다고 말함으로써 더 잘 표현됩니다. 두개골은 어떤 행성의 작용에 의해 변형되지 않는 한 길이에 비례하여 넓습니다. 머리카락은 햇빛의 유희를 암시하는 독특한 반짝임이 특징이며, 꼬불거리는 경향이 있으며, 종종 젊음에도 희끗희끗한 회색이 되는 경우가 많습니다.

얼굴은 길고 타원형이며, 다른 유지의 별자리와 마찬가지로 반듯한 면을 가지고 있습니다. 이마는 매우 넓고, 자애로운 표정과 심오한 사상의 힘을 표현하고 있습니다. 일반적으로 눈은 휘둥그레져 있으며, 눈동자는 연한 갈색 또는 회색이지만 약간 파란색에 가까운 경향이 있으며, 그들의 표정은 매우 딱딱하고 차가운 수성적인 회색-청색 눈의 특징과는 완전히 다릅니다. 반면에 이 눈은 크고 빛이 나며 이해심이 풍부하고, 매우 빠른 이해력과 생동감을 가지고 있으며, 대부분 친절하고 긍정적으로 미소를 짓습니다. 코는 어떤 면에서 너무 길거나 너무 짧거나 너무 가늘지도 않고 너무 넓지도 않아 극단적이지는 않지만, 우리는 본능적으로 호기심이 많다고 인식하는 종류의 코를 볼 수 있습니다.

입은 중간 정도 크기이고, 입술이 약간 얇은 경향이 있으며, 턱은 일반적으로 천사 같은 턱입니다. 전갈자리처럼 무겁지도 않고, 사자자리처럼 공격적이지도 않으며, 황소자리만큼 단호하지도 않지만, 이러한 다양한 극단 사이에서 어느 정도 행복한 평균을 유지하고 있습니다. 중용은 참으로 모든 면에서 물병자리의 특징입니다. 이러한 주요 유형에서의 현저한 이탈을 보이는 경우는 드뭅니다.

가장 강력한 다른 행성들의 영향을 받지 않는 한, 그것은 어떤 것에 저항하는 조용한 힘을 가지고 있습니다. 이것은 아마도 다른 어떤 별자리보다 더 그럴 것입니다. 신체는 모든 면에서 적당하며 표현할 기회가 거의 없습니다. 우리는 엄청난 힘이나 강건함을 찾지 못하고, 천박함의 예도 많이 찾지 못합니다. 모든 것이 잘 균형이 잡혀 있습니다. 실제로 성장하는 힘의 강도에도 동일한 설명이 적용됩니다.

육체적인 인내의 능력은 다른 세 그룹의 그것만큼 크지 않습니다. 물병자리는 그들의 육체적인 도움보다는 정신적인 도움의 의해 살아갑니다. 이 태생들은 열심히 일하지 않을 때 실제로 아픈 것처럼 보입니다. 그러나 그러한 작업은 항상 아이디어에 의해서 영감을 얻어야 합니다. 이 태생들은 물질적인 보상 없이는 도움이 되지 않기 때문에, 아무런 이득도 없이 정신적으로라도 열심히 일한다고는 생각할 수 없습니다. 물병자리의 사람들을 흙의 수준으로 끌어올리려면 토성의 엄청난 고통이 필요할 것입니다. 동시에 그는 어떤 식으로든 약해지지 않는 한 육체적인 노동을 회피하지 않습니다.

금성의 상승은 알프레드 드 뮈셋(Alfred de Musset)의 경우처럼, 또는 로버트 루이스 스티븐슨(Robert Louis Stevenson)과 예이츠(W.B.Yeats)의 경우처럼 달과 해왕성의 상승과 같은 종류의 일을 할 수 있습니다. 심지어 달만으로도 어떠한 연약함을 만들어 낼 수 있습니다. 우리는 이 별자리에서 지나치게 남성적이거나 지나치게 여성스러운 유형을 찾을 수 없습니다. 그 경향은 오히려 성별을 변형시켜 물병자리 남성들은 상당히 여성다움을 갖고, 물병자리 여성들은 상당한 남성다움의 풍미를 갖도록 하는 것입니다.

물병자리는 다리의 종아리, 발목, 치아, 순환계, 그리고 동정적으로 심장, 목구멍 그리고 특히 림프 계통들을 관장합니다. 그는 또한 체액을 포함한 신체의 모든 혈관, 특히 림프계에 영향을 미칩니다. 점액질(임파선)이라고 할 수 있는데, 실제로 이 점액질(임파선)은 이 별자리의 특징이라고 말할 수 있습니다. 일반적으로 말해서 이 태생은 건강 문제에 있어서 거의 어려움을 겪지 않습니다. 그들은 평온하고 절제된 생활을 하면서 사는 경향이 있어서 치명적인 질병의 씨앗을 뿌릴 수 있는 어떠한 일도 하지 않습니다.

그러나 스티븐슨(Stevenson)은 이 규칙의 예외인 것처럼 보입니다, 그의 어센던트는 물병자리이며, 첫 번째 하우스에 있는 물고기자리의 해왕성과 함께 여섯 번째 하우스의 룰러인 달(Moon)이 해왕성과 컨정션되어, 이것은 선천적으로 결핵에 걸리기 쉬운 성향을 보여 줍니다.

그러나 태양은 화성과 컨정션되어 있어서 함께 그의 신체적 약점과 싸울 수 있는 불굴의 에너지를 주었고, 그의 물병자리의 절제된 습관은 의심할 여지 없이 심각한 역경들에도 맞서 그의 수명을 연장시켰습니다. 물론 위에서 언급한 혈관 중 하나는 아니지만, 방광이 전갈자리(전갈과 물병은 스퀘어 별자리) 지배하에 있기 때문에 방광의 질병에는 일반적인 책임이 있을 수 있으며, 정맥류 및 동맥류에도 책임이 있을 것입니다(물병자리와 어포지션 관계인 사자자리 아래에 심장이 있습니다).

☾ 도덕적 특성

물병자리를 이해하기 위해서 우리는 다른 세 개의 픽시드 별자리들이 가지고 그것들을 조화시키는 것보다 이 별자리를 더 잘 이해할 수 있는 것은 거의 없습니다. 물병자리는 그들의 모든 능력과 자질을 어느 정도 가지고 있지만 결코 지나치지 않습니다. 그는 맹목적으로 헌신하지 않는 황소자리의 친절함, 전투적으로 도전하지 않는 사자자리의 용기, 열정적으로 강렬함이 없는 전갈자리의 과학적 정신을 가지고 있습니다. 물병자리는 본질적으로 만능인입니다. 그 사람이 성격적으로는 확실히 부족하다고 손가락질할 수도 없고, 동시에 모든 면에서 무장되어 있다는 점 외에는 어느 한 가지 두드러지게 뛰어나다고 말할 수도 없습니다.

이러한 정신의 완전성은 쌍둥이자리처럼 지상과 하늘로부터 분리되어 있지 않기 때문에, 쌍둥이자리의 표면적으로 유사한 특성들과 가장 조심스럽게 구별되어야 합니다. 물병자리는 모든 차원에서 자기만의 공간이 있으며, 결코 그것들을 분리하거나 섞이게 하지 못합니다. 사실 물병자리의 가장 큰 단점은 이런 식으로 전문화할 수 없다는 것입니다. 그는 순수 수학에 대해 전문가가 되는 경우는 거의 없는데, 그 학문의 무미건조함이 인도주의적인 물병자리에 맞지 않기 때문입니다.

물병자리는 수술을 단순히 자르고 묶는 문제로만 간주하기 어렵다는 것을 알고 있으며, 그의 마음속 깊은 곳에는 항상 수술대 위에 사람이 있다는 느낌이 있습니다. 그러므로 전갈자리는 물병자리에 비해 훨씬 더 외과수술을 잘합니다. 그러나 우리는 일반적으로 그가 황소자리의 인내심과 사자자리의 용기와 전갈자리의 통찰력을 잘 결합할 수 있어 의사로서 훨씬 더 뛰어난 것을 발견하기도 합니다.

자연은 과도하게 발전하기 때문에 모든 진보의 영역에서 천재성은 혁명가일 수밖에 없지만, 물병자리는 항상 기존의 조건을 뒤엎지 않고 진보하려고 노력합니다. 그는 현실에 대한 감각이 뛰어나고 사실에 눈을 감지 않습니다. 그러나 그의 경향은 사물을 있는 그대로의 것에 도전하고 새로운 지평을 여는 것보다는 친절한 지혜의 작용에 그것들을 복종시킴으로써 기존의 사실을 꽃피우게 하는 경향이 강합니다. 따라서 이런 유형의 광적인 사람은 결코 없습니다. 그 포용력은 넓기도 하고 깊기도 합니다. 그의 상식은 대단하다고밖에 표현할 수 없습니다. 세상에 대한 지식은 다른 많은 경우처럼 경험에 의해 고통스럽게 획득되는 것이 아니라 자연스러운 것처럼 보입니다.

인간 지능이 불완전한 상태에서, 우리는 완전히 반대되는 견해들 사이에선 싸움 이외에는 다른 어떤 진보의 수단을 거의 인식하지 못합니다. 그래서 논란이 계속되고, 실제 원인이 밝혀지고 적절한 비율로 취해진 다양한 요소로 구성되어 있음이 밝혀질 때까지 극단 대 극단으로 가 버립니다.

그러나 물병자리는 절대 평형을 잃지 않습니다. 극단적인 유형의 마음을 가진 사람들, 특히 전갈자리의 태생들은 물병자리의 태생들이 행동하는 방법의 침착함과 온건함에 대해 완전히 짜증을 내고 있으며, 실제로 인간의 편견이 대다수의 사람들에게 깊이 뿌리박혀 있어서 세상이 물병자리 태생의 방법에 대해 아직 성숙하게 받아들지 않았다는 것을 인정해야 합니다.

물병자리 태생들은 너무 현실적이어서 환상을 꿈꾸기에는 부족하지만, 이 태생은 일반적으로 충동적인 사람의 명령에 대해 통제당하지 않습니다. 사람들이 좋은 조언만큼 듣기 싫어하는 것은 없습니다.

일반인은 항상 극단적인 행동을 서두르고 싶어 합니다. 사실, 자연적으로 좋은 감각의 조용한 미덕을 감상하는 것은 매우 분별력 있는 사람들, 즉 그들 자신의 구성에서 약간의 물병자리 태생들의 감각을 지닌 사람들만이 자연스럽게 좋은 감각의 조용한 미덕을 감상할 수 있습니다. 물병자리 태생의 기질을 이해하지 못하는 사람들은 그들을 비효율적이고 집중력이 부족하다고 묘사하기 쉽습니다. 이것은 사실과 매우 거리가 멉니다.

이러한 착각은 이 태생의 빠른 결론이 매우 광범위한 기반에 있다는 사실에 기인합니다. 그의 빠른 결론은 아무것도 빠뜨리지 않았는데, 경솔한 관찰자는 그가 아무것도 하지 않았다고 생각하기 쉽습니다. 한 사람의 조각상으로 몸의 전체 표면을 적당한 비율로 약간 늘려 확대한다면, 그것은 그다지 크게 보이지는 않을 것이지만, 이 모든 재료를 머리 부분에만 더한다면 그 차이가 확연해집니다. 대부분의 사람은 후자의 방식으로 발전하기를 좋아합니다.

사람들의 세 가지 소원을 들어주는 옛날 동화가 생각납니다.

어느 착한 여자는 검은 푸딩을 원한다면서 첫 번째 소원을 사용했습니다. 그녀의 어리석음에 화가 난 그녀의 남편은 그것이 그녀의 코에 달라붙기를 원했고, 그리고 그들은 세 번째 소원으로 다시 그것을 떼어 내 달라는 데 사용해야만 했습니다.

이 이야기는 대부분의 남녀가 가지고 있는 매우 독특한 이야기입니다. 물병자리 사람은 이런 바보 같은 짓을 절대 하지 않습니다.

그러나 위급한 상황이 실제로 발생했을 때 대처하는 데 어려움을 겪는다는 기질적 결함이 있습니다. 인생을 살다 보면 가장 격렬한 행동이 절대적으로 필요한 경우가 있습니다. 복통을 앓고 있는 사람의 타고난 성향은 아마도 그를 악화시킬 수 있는 격렬한 치료법을 채택하는 것입니다. 그의 물병자리 카운슬러는 그에게 식단에 주의하고, 휴식을 취하고, 가벼운 교정법을 사용하고, 약간의 시간을 달라고 말함으로써 그를 이 모든 어리석은 행동으로부터 구할 것입니다. 그 사람의 불만이 우연히 맹장염일지라도 이 계획은 일반적으로 그에게 다른 어떤 것보다 좋을 것이지만, 몇 시간 안에 수술을 받지 않으면 이 사람이 사망하는 맹장염의 경우가 간혹 있는데, 어떤 물병자리의 사람이 그렇게 과감한 조언을 해줄 것인지는 매우 의심스럽습니다. 인생의 거의 모든 문제에 동일하게 적용됩니다.

버마인들은 매우 간단한 방법으로 이혼을 해결합니다. 어느 여인이 그녀의 남편에 대한 불만을 가지고 마을 장로들에게 다가갔을 때 그들은 대답하기를 "어째서? 그래, 확실히 이건 모욕적이며 말도 안 되는 짓이야." 하며, 우리는 즉시 이혼 서류를 작성할 것이니 3일 후에 다시 찾아주기를 바란다며 그녀를 돌려보냅니다. 물론, 아마 그녀는 거의 다시 오지 않을 것입니다. 그러나 아내에 대한 폭행의 경우 즉석에서 제지하지 않으면 살인으로 끝날 수도 있고, 세상의 모든 지혜는 상담 지연과 절제로 그 상황을 구하지 못할 것입니다.

발달되지 않은 유형에서 이러한 결함은 정말로 심각한 문제입니다. 지혜가 가능한 한 가장 광범위한 경험에 기초하지 않은 곳에서는 거의 모든 상황이 새롭기 때문입니다. 역사에 대한 지식도 없고, 과거에 대한 경험도 없는 그들은 자신의 경험이 거의 없는 무경험자 또는 반경험자들은 아주 사소한 개인적인 일이나 아주 평범한 긴급 상황에서도 속수무책이 됩니다.

일반적으로 물병자리의 마음은 움직임이 빠르지 않고, 이것은 사물을 그냥 있는 그대로 두려고 하는 경향이 있습니다. 이 태생은 주어진 상황에서 완벽하게 활동적이고 유능하지만, 새로운 것들이 그를 혼란스럽게 만들기 쉽다는 것은 의심의 여지가 없습니다. 이것은 결코 이 태생이 새로운 생각에 반대한다고 말하는 것은 아닙니다. 반대로, 그는 천부적인 신중함으로 생각에 반대한다고 말하는 것도 아닙니다. 그는 그것들을 기꺼이 받아들이는 것 같지만, 대부분의 사람들은 적극적으로 받아들이는 데까지 가지 않습니다. 그는 타고난 재량으로 모든 것을 부드럽게 합니다.

물병자리 태생들은 극도로 호의적인 성격임에도 불구하고 빌리 선데이, 노란 신문, 그리고 비명을 지르는 자매 단체와 같은 평범한 사람들에게 인기 있는 곳에서 종종 인기가 없을 수 있다는 것을 쉽게 알 수 있습니다. 평범한 사람들은 물병자리 태생들의 반응을 한순간의 관찰만으로 그들이 즉각적으로 반응하지 않는 행동에 대해 이 태생들을 평가할 수 없습니다. 동시에 많은 경우에 있어서는 평범한 사람들은 물병자리의 경솔하고 심지어 어리석은 행동들이 지혜로운 신중함보다 훨씬 더 현명하다는 것을 인정할 수밖에 없습니다. 이것은 지혜로운 자의 잘못이 아니라 어리석은 자의 잘못입니다. 하지만 우리는 종종 바보의 어리석음에 따라 대답해야 하는 세상에 살고 있습니다. 신중함의 올바른 습관은 쉽게 시간을 끄는 습관이 될 수 있는데, 이것은 잘못된 것입니다. 심지어 어떤 일이 일어나지 않은 경우에도 신중함은 때때로 일시적인 것처럼 보일 수 있고, 심지어 비겁한 것처럼 보일 수도 있습니다.

물병자리는 때때로 다음과 같은 것을 기억하는 것이 더 나을 수 있습니다.

A stitch in time saves nine(제때의 바느질 한 번이 아홉 바느질을 던다)[*]

물병자리 태생의 관심사의 넓이와 균형은 어떤 의미에서 그를 남성과 여성의 사소한 관심사로부터 멀어지게 하면서, 그를 인류의 높은 이상과 가깝게 접촉하게 합니다. 그는 폐결핵보다는 폐결핵 환자의 치료법에 더 관심이 많습니다.

개인의 고통을 덜어주는 것보다, 일부 경제적인 문제를 완화하는 것에 관심이 더 많습니다. 그는 습관적으로 친절하며, 그 점에 대해서는 잘못된 판단을 하지 않습니다. 하지만 그의 마음속에는 공공복지에 대한 생각으로 너무 고정되어 있기 때문에 그에게 어떤 특별한 경우를 제외하고는 그 어떤 것도 특정한 일로 간주하기가 어렵다는 것을 알게 됩니다.

물론 때때로 물병자리 특성에 대한 과장과 왜곡이 부도덕적인 재앙을 초래할 수 있는데, 로베스피에르(Robespierre, 프랑스의 혁명 정치가, 1758~1794)의 천궁도를 예시로 들었습니다.

로베스피에르의 물병자리 어센던트 근처로 솟아오르고 있는 물고기자리 토성이 쌍둥이자리 수성과 스퀘어로 되어 있고, 첫 번째 하우스에서 물고기자리 천왕성은 물고기자리 금성의 바로 위에 있으며, 어센던트로 상승하고 있는 물고기자리 토성으로 인해 그는 정직하지 못했습니다.
물고기자리 토성과 쌍둥이자리 수성의 스퀘어는 그에게 그 단어의 의미를 더 나쁜 의미의 학자로 만든 것 같습니다. 그의 도덕적 원칙들, 프랑스의 재건을 위한 그의 계획은 의심할 여지 없이 진실했지만, 그것들

◇◇◇◇◇

* 우리나라의 "호미로 막을 걸 가래로 막는다." 속담과 비슷하다.

은 프랑스가 인간이 살고 있는 나라라는 사실에 대해 완전히 잊어버리게 만들었습니다. 그는 인류를 향한 열정으로 많은 사람의 목을 베었습니다. 개인에 대한 이러한 계산의 어려움은 물병자리가 떠오르는 사람들에게 매우 흔한 실패입니다. 이전의 별자리에서 우리는 나무를 보고 숲을 보지 못하는 사람들을 만났습니다. 물병자리 사람들은 숲은 보고 나무를 보지 못하는 경우가 너무 자주 있었습니다.

의심할 여지 없이 이 물병자리 유형은 확실히 냉정함이 있습니다. 이 태생들은 "인간의 문제 대부분은 이기심과 개인적인 감정의 과장으로부터 옵니다."라고 자기 자신에게 말하는 것처럼 보입니다. 이것은 꽤 사실입니다. 그러나 대부분의 인간은 일반적으로 이것을 인식하지 못하며, 그리고 앞으로도 오랫동안 그것을 인식하지 못할 것입니다. 물병자리는 본능적으로 인류가 자신의 관점으로 발전하지 않았음을 인식하면서도, 종종 자신과 같은 위치에 있는 것처럼 말하고 행동합니다. 그래서 때때로 판단의 오류가 발생할 수 있습니다. 한 가지 예로 물병자리는 보통 사람들의 정신에 맞추기에는 너무 낙천적입니다. 만약 그것이 불꽃놀이를 좋아하는 사람들을 위한 열정의 낙천주의라면 그들에게 그것은 그다지 중요하지 않을 것입니다.

종종 곤경에 처한 사람들에게 가능한 모든 호의를 베풀고자 하는 물병자리 태생들의 성향이지만, 그 호의를 받는 사람들은 단지 그들의 모호한 일반적인 사랑을 제공하는 것으로 받아들여지는 경우가 있습니다. 한마디로 말해서 마음이 없는 호의를 베푸는 것처럼 보일 수 있지만, 그러나 그것은 정반대입니다. 사실은 사랑이 너무 커서 자신을 하나의 사소한 사례로 좁힐 수 없을 뿐만 아니라, 그의 넓은 시야에서 물병자리 사람들은 종종 고통을 통해 영혼이 완성되고, 숙명의 작용이 방해하는 것을 허용하지 않는다는 점에서 슬픔이나 불행의 더 깊은 의미를 알고 있습니다.

돈을 다루는 데 있어서 물병자리 태생들은 매우 신뢰할 수 있습니다. 그들에게 돈은 목적을 위한 수단일 뿐이라는 것을 깨닫고, 인류의 복지를 위한 거래를 촉진하는 데 사용하기 위해 주로 돈을 가치 있게 여깁니다. 그는 그 단어들의 일반적인 의미에서는 관대하지도 않고 비열하지도 않습니다. 그는 결코 돈을 함부로 쓰지 않고 결코 저축하지 않지만, 그러나 그는 일반적으로 돈을 가지고 정말 좋은 일을 하고 있다고 느낄 때 기꺼이 돈을 쓰려고 합니다.

그가 돈을 다루는 데 있어 지나치게 신중함을 보일 때, 그것의 진정한 이유는 그가 돈을 현명하게 사용하기 위해 그의 힘을 보존하고 싶어 하기 때문입니다. 이 물병자리 싸인에서 가장 큰 위험은 지나치게 낙관적인 경향이 있다는 것입니다.

우리는 저자들 사이에서 물병자리 기질에 대한 몇 가지 주목할 만한 사례를 가지고 있습니다. 물병자리 스타일은 유창하고 유쾌하므로 인기가 있을 것 같습니다. 그것은 항상 가장 위대한 사상의 대가들의 특징일 수밖에 없는 폭발적이고 괴팍한 힘으로 특징지어지지 않습니다.

영국에는 로버트 루이스 스티븐슨(Robert Louis Stevenson)과 존 러스킨(John Ruskin)이 있는데, 두 사람은 모두 표현에 있어 가장 뛰어난 재능을 타고났으며, 시의 영역에서는 윌리엄 버틀러 예이츠(William Butler Yeats)가 있습니다. 각각의 경우에, 우리는 표현에 대한 독특한 행복, 즐거움과 유쾌한 낙관주의, 부드럽고 온화한 불빛으로 스며들게 장식하는 예술을 발견합니다.

그러나 어떤 경우에도 우리는 사물의 본질을 깊이 탐구할 수 있는 어떤 적성도 발견하지 못합니다. 이 세 사람 모두의 철학은 온화하고, 시적이며, 낙관적이며, 적어도 겉으로 보기에는 일반적인 사람들에게 다소 불쾌한 어떤 주제에 대해서도 매력의 베일을 씌웁니다. 스티븐슨(tevenson)이 결코 그의 본질적인 유쾌함을 잃지 않는 배경의 더 깊은 곳에는 데미안 신부(Father Damien)에 대한 기억을 추모하는 그의 편지에서 최대한 꽃을 피운, 뿌리 깊은 인간성이 있습니다.

물병자리는 너무 피상적이어서 획기적인 작가를 만들어낼 수 없는 것처럼 보입니다. 일반적으로 그것은 삶을 살기에 가장 적합한 현재의 문제에 대한 해설자를 배출하지만, 혁명을 일으키거나 새로운 원칙을 세우는 것은 아닙니다. 일상적인 연설이나 서신에서도 동일한 발언이 적용됩니다.

물병자리 태생의 대화는 유쾌하고, 유익하며 고학력의 교육을 받은 사람들에게 진짜 관심 있는 주제를 다루며 정보를 줍니다. 그것은 생산적으로 도움이 되고 태도 면에서는 생기를 줍니다. 대부분의 사람은 항상 이 별자리의 태생들과 대화를 나누다 보면 훨씬 더 기분이 좋아질 것입니다. 그러나 삶의 심각한 문제들을 회피하지 않고, 그들은 항상 건전한 상식으로 다루어지며, 경험에 근거한 지혜를 알고 있습니다. 거기에는 항상 가장 위대한 사상가들의 마음을 사로잡았던 절망적인 불안과 날카로운 생각의 고뇌는 없습니다.

우리는 엘렌 테리(Ellen Terry, 영국 여배우, 1847~1928)에 있는 이 삶의 부분에서 물병자리의 훌륭한 예를 가지고 있기 때문에, 잠시 무대의 문제에 대해 언급하려고 합니다. 이 일로 반세기가 넘도록 이 여성이 발휘한 엄청나게 훌륭한 영향력에 감탄하지 않을 수 없습니다.
영국에서 그녀의 지위는 독특하고 최고의 여성이었습니다. 그녀의 영향력은 무대를 완전히 더 높은 차원으로 끌어 올리는 것이었습니다. 그녀의 경력 초기에, 여배우들은 천박한 여자에 불과한 것으로 간주되었으며, 일반적인 연극은 가능한 한 가장 기본적인 유형이었습니다. 엘렌 테리(Ellen Terry)는 별난 일도, 혁명적인 일도 하지 않았습니다. 그녀는 단지 다른 사람들보다 한 시대를 앞서 살았고, 별다른 노력 없이 극장의 나머지 부분을 그녀의 수준까지 끌어올렸습니다.

이 별자리는 전체적으로 우리에게 최고의 개인적인 유형을 제공합니다. 황소자리에 대한 헌신은 때때로 현명하지 못하고 과도합니다. 물병자리는 넘어지지 않을 만큼 적절한 독립심을 발달시킵니다. 그것은 한편으로는 원하지 않는 희생을 강요하거나, 다른 한편으로는 부끄러운 희생을 치르지 않고 높은 수준의 행동을 유지합니다.

물병자리 태생은 자기 자신을 존중합니다. 그는 다른 사람들을 존중하고, 다른 사람들이 그들 자신과 다른 사람들을 존중하기를 기대합니다. 그러한 각각의 개인 생활의 기반은 감상주의보다 훨씬 낫습니다. 이 태생들은 집을 떠나고 싶어 하지 않으며, 마치 바위에 붙은 도마뱀처럼 집에 집착하지도 않습니다. 그는 일찍부터 독립심을 키웠지만, 그는 항상 사람들과 가장 원만한 관계를 유지하려고 노력합니다.

이 별자리의 특징인 정신의 보편성은 물병자리 태생이 쉽게 사랑에 빠지는 것을 허용하지 않습니다. 그는 인류를 위해 의도된 것을 개인에게 집중시키는 것이 어렵다는 것을 알게 됩니다. 그는 너무 진보적이고, 너무 분별력이 있습니다. 낭만주의는 그에게 다소 어리석고 고도로 발달된 영혼에 합당하지 않은 것처럼 보입니다. 그는 어떤 개인보다 학교, 병원 또는 과학을 훨씬 더 사랑하게 되는 경향이 있습니다.

이것은 그가 일반적인 의미에서 사랑에 무감각하다는 것을 말하는 것은 아니지만, 우리는 이 점에서 그의 태도가 그의 금성의 위치 또는 어떤 다른 행성의 영향에 크게 좌우된다는 것을 알게 될 것입니다. 그는 동성에 대해서도 이성에 못지않게 강한 애정을 느낄 가능성이 높습니다. 그가 사랑할 때, 그의 일반적인 친화력은 그가 상대방의 감정을 만족시키기 위해 그가 할 수 있는 한 온 힘을 다하게 하며, 이 방향으로의 그의 노력은 사수자리 태생들의 경우보다 훨씬 더 진실하고 만족스럽습니다.

물병자리는 대체로 존경할 만한 부모가 되지만, 이 별자리는 다른 별자리들에 비해 다산하지는 못합니다. 그러나 아이들을 돌보는 데 이보다 더 좋은 사람은 없습니다. 영향력은 온화하고 합리적입니다. 이 태생은 생각과 행동에 있어서 독립성을 장려하고, 아이의 개성을 존중하는 동시에 달콤하고 합리적이고 적당한 양의 단호함으로 결점을 바로잡습니다.

우리는 스티븐슨(Stevenson)과 러스킨(Ruskin)이 쓴 작품, 특히 젊은이들을 위해 쓴 작품들에 대해 다시 언급할 수 있습니다. 러스킨의 『Sesame and Lilies(참깨와 백합)』과 스티븐슨의 『Virginibus Puerisque(비르기니버스 푸에리스케)』는 항상 같은 종류의 고전으로 남아 있어야 합니다.

물병자리의 전체 구성의 가장 큰 장점은 우정에 대한 능력입니다. 그는 자신을 헌신할 수 있는 대상의 수에 제한이 없기 때문에, 그는 사랑이나 결혼보다 우정의 관계를 훨씬 더 좋아합니다. 이것은 결코 그가 세상 전체에 대해 "Hail fellow, well met(안녕하세요, 잘 만났어요)."라고 말하는 것은 아닙니다. 오히려 그와는 반대로 그는 항상 인간관계의 존엄성에 대한 섬세한 감각을 유지합니다.

이 태생들은 우정의 대상이 단순히 시간을 즐겁게 보내는 것이 아니라는 것을 결코 잊지 않습니다. 그의 우정은 생각의 상호 교환을 촉진하는 것의 중요성을 알고 있습니다.

그리고 그는 다른 사람들을 배려하고 실제로 도움이 필요한 사람들에게 도움을 베풀어 삶을 더 쉽게 만드는 그것의 진정한 목적을 잊지 않습니다. 결혼이나 사업의 파트너로서 물병자리가 원하는 것의 모든 것입니다. 그는 결코 문제를 일으키지 않으며, 그의 뛰어난 감각과 실용적인 지혜는 문제를 피하는 데 도움이 될 수 있습니다.

이 태생은 절대 싸우지 않고 기존의 상황을 타파하기 위해 어떤 행동도 하지 않을 것이라고 믿을 수 있습니다. 유일한 어려움은 그의 극도로 발달된 지적 능력에서 비롯됩니다. 그의 파트너는 그의 기준에 맞추어 살기가 어렵다는 것을 알게 될 수도 있습니다. 합리적으로 대우를 받는 것에 대해 가장 극심한 짜증을 경험하는 특성이 있습니다. 그러나 물병자리는 결혼에 대한 강한 충동을 가지고 있다고 보기 어렵습니다.

물병자리 태생은 특별한 사업적 능력을 보여 주지 않습니다. 그는 그것을 지적이고 아마도 약간의 가벼운 열정으로 수행하지만, 단순히 돈을 버는 문제는 그에게 강하게 어필하지 않습니다. 그는 항상 물질주의를 초월합니다. 이 태생들이 의심스러운 사업에 종사하는 것을 결코 발견하지 못할 것입니다. 실제로 사업의 본질이 이 태생의 이상에 가까울수록 그 사업은 더 잘 성공할 것입니다. 그에게 인류에 대한 진정한 궁극적인 가치보다 더 큰 동기를 부여하는 것은 없습니다.

이 태생은 공적인 업무 수행에서 매우 탁월합니다. 마찰을 피할 수 있는 사람도 아무도 없고, 싸움을 벌일 수 있는 사람도 아무도 없습니다. 분쟁을 조정하기 위해 마찰을 피하는 것보다 가장 좋은 방법은 없습니다. 그는 어떤 황도대 유형보다 상황을 잘 이해하고 있으며, 그것에 대한 대처 방법에서 그는 항상 철저하고 현명할 것입니다. 그는 결코 광신적인 것에 굴복하지 않을 것이고, 자기 스스로가 폭력적인 결정을 성급히 하도록 내버려두지 않을 것입니다.

개인적인 부분에 있어서 상식에 부합하는 한 단체에서 사람들 사이에 대한 일정한 보수주의가 있습니다. 일반적인 사람들, 즉 목소리를 전혀 내지 않는 사람들은 실용적인 지혜의 기질을 대표하며, 물병자리의 사람들이 항상 호소하는 것은 바로 이러한 사람들입니다. 그는 결코 극단주의자들을 만족시키지 않을 것이지만, 그러나 거대한 인류 대중들의 잠재의식적인 감정을 표현할 것입니다. 그의 유일한 위험은 그가 이상을 현실로 착각할 가능성이 조금 있고, 그 사람들을 실제보다 조금 더 좋게 상상하거나, 그들이 말한 것보다 조금 더 낮다고 상상한다는 사실에 있습니다.

미덕과 좋은 감각은 대부분 마음속에 조용히 있습니다. 이에 따라 물병자리는 자신만의 판단 기준에 의존하지만, 사람의 삶에는 의식적인 고통이나 분노가 더 깊은 감정을 압도할 때 스트레스를 받을 때가 있으며, 그러한 순간 물병자리는 인기가 없어지는 때입니다.

셰익스피어는 "싸움에 휘말리지 않도록 조심하되, 싸움에 휘말리게 되는 것은 상대방이 당신을 경계하게 하는 것이니라."고 말했습니다. 여기서 우리는 일단 돌이킬 수 없는 지점에 도달하게 되면, 물병자리는 그 반대편인 사자자리에게 길을 양보해야 함을 알 수 있습니다.

전투가 벌어졌을 때 비로소 그의 기능은 다시 한번 시작되는데, 진정한 필요성은 당파주의의 폭력을 진정시키는 것입니다. 물병자리의 잠재의식은 일반적으로 그의 객관적인 의식을 알리는 데 매우 중요합니다.

이 둘은 일반적으로 매우 부드럽고 자연스러운 방식으로 조화를 이루는 것으로 나타났습니다. 두 마음 사이에는 충돌이 없으며, 일반적인 방법으로 물병자리는 대부분의 다른 유형들보다 내면의 자아에 훨씬 더 쉽게 접근할 수 있다고 말할 수 있습니다.

과학과 철학에서 물병자리 태생은 깊은 연구를 하지 않을 것입니다. 사실, 이 기질을 가졌기 때문에 이 사람들은 그렇게 할 필요가 없습니다. 그의 종교적 신념에서, 물병자리는 관대하고 분별력이 있으며, 완전히 무관심하지는 않지만 종교의 큰 문제, 격세유전(과거의 생각과 행동 방식으로 회귀하는 경향), 미신, 편협한 신앙으로부터 벗어나고 싶어 합니다.

광신적인 기독교인이나 이슬람교인은 그를 이단자, 불신자, 악인, 무신론자, 그리고 그들이 생각할 수 있는 다른 어떤 추악한 단어로도 묘사할 것이지만, 물병자리의 태생은 그의 편협함과 공격적인 삶을 동정할 뿐입니다.

물병자리 아이들은 다른 별자리에서 태어난 아이들보다 더 특이하고 더 까다로울 수 있습니다. 그들은 나이에 비해 비범한 지능과 삶에 대한 이해 때문에 그들을 친구나 동등한 파트너로 대우하는 것이 가장 중요합니다. 그들의 부모들은 그들이 어떤 일을 해야 하거나 하지 말아야 하는지 뚜렷한 이유가 주어져야 한다는 것을 깨닫고, 그들의 신뢰와 의견을 공유할 수 있도록 해야 합니다. 그러고 나면 그들은 선천적으로 순종적이고 옳은 일을 하고자 하는 욕망을 가지고 있기 때문에 기꺼이 협력할 수 있고 행복할 수 있습니다.

그러므로 물병자리 자녀의 부모들은 자녀를 연구하고 합리적인 관대함과 과도한 참견 사이에 선을 긋는 데 충분히 현명해야 합니다. 그렇지 않으면 이 아이들은 자신의 능력을 과신하게 되고, 자기 확신이 너무 강해지게 되며, 완벽하게 따분한 사람으로 성장합니다.

평범한 장난감이나 유치한 놀이는 일반적으로 이러한 아이들에게 호소력이 없습니다. 그들은 나이보다 훨씬 앞서서 책을 읽고 이해하며, 그들의 부모들은 그들의 신체 상태를 관찰하고 야외 스포츠를 장려하는 것이 더 중요하기 때문에 학교 공부에서의 책을 강요해서는 안 됩니다.

동물들은 그들의 보호 본능적이고, 인도적인 본능에 강한 호소를 하며, 사랑하고 돌볼 애완동물을 키우는 것만큼 그들을 기쁘게 하거나 그들의 본성을 최상으로 이끌어 낼 수 있는 것은 없을 것입니다. 같은 또래의 아이들은 지능이 동등하거나 시대보다 훨씬 앞서 있지 않는 한, 그들을 특별히 끌어들이지 못합니다. 왜냐하면 그들은 그들보다 연장자이거나 비범한 지능을 가진 아이들을 선호하고, 보통의 아이들과는 거의 공통점이 없기 때문입니다.

이러한 아이들은 감염에 의해 건강이 쉽게 악화되기 때문에 치아와 편도선에 특별한 주의를 기울여야 합니다. 그들은 육체적인 것보다 정신적으로 훨씬 더 활동적입니다. 이 아이들은 좋은 교육을 받기를 원하며, 그들에게 좋은 교육을 받을 기회를 주기 위해 모든 노력을 기울여야 합니다. 그들은 인생에서 위대한 업적을 성취한 사람들을 존경하고, 단지 물질적인 세속적 소유물에 대해서는 덜 관심을 갖습니다. 뛰어난 사람들과의 여행과 만남은 그들에게 많은 의미가 있을 것입니다.

태양이 공기이며 지적인 별자리인 쌍둥이자리에 있는 5월 22일부터 6월 22일까지, 그리고 태양이 공기이며 예술적인 별자리인 천칭자리에 있는 9월 24일부터 10월 24일까지 태어난 사람들은 자연스럽게 물병자리 태생으로 태어난 사람들에게 공감하고 도움이 됩니다. 그들의 특성은 서로 상호보완적이기 때문에 물병자리 태생에게 좋은 파트너입니다.

4월 21일~5월 22일(황소자리), 7월 24일~8월 24일(사자자리), 10월 24일~11월 23일(전갈자리)에 태어난 사람들과 너무 밀접하게 관련되어 있다면 물병자리에서 태어난 사람들은 이득을 보려는 사람들을 경계해야 할 필요가 있다는 것을 알게 됩니다. 그러한 친밀감은 물병자리의 태생이 너무 긴장하고 짜증을 내는 결과를 초래할 수 있습니다. 이런 이유로 황소자리, 사자자리, 전갈자리 태생으로 태어난 사람들은 결혼으로든 사업적으로든 가장 호의적이거나 도움이 되는 파트너가 되지 않을 것입니다.

물병자리의 진동이 물고기자리의 진동으로 합쳐지고 물고기자리가 여전히 물병자리의 일부를 유지하는 2월 19일부터 2월 26일까지 약 7일간의 기간을 커스프(cusp)라고 합니다. 이 날짜 사이에 태어난 사람들은 실용적이고, 정신적으로 집중적인 물병자리와 감성적이고 예지능력이 있는 물고기자리의 모습을 볼 것입니다.

정신을 관장하는 수성과 사랑의 본성인 금성은 태양과 매우 가깝기 때문에 그들 역시 물병자리의 인접한 별자리의 일부 특징적인 성질을 가질 수 있습니다. 이것은 이해하기 어려운 복잡한 성격의 일부를 설명할 수 있습니다. 이러한 추론은 태양이나 어센던트의 위치에서 나오기 때문에 물병자리에서 태어난 가장 친한 친구나 그와 사이가 좋지 않은 사람 중에는 언급된 시기에 태어나지 않은 사람들도 있을 것입니다.

각각의 천궁도는 물병자리가 별들과 어떻게 결합하는지 확인하고 서로에 대한 영향의 조합을 결정하기 위해 참조되어야 합니다.

이러한 징후들은 행성들의 영향력을 고려하지 않았기 때문에, 제가 알고 있는 모든 특성을 다루지는 않았습니다. 모든 진리를 밝히기 위해서는 상세한 진술이나 천궁도가 만들어져야 합니다.

■ 물고기자리(PISCES)

2월 20일에서 3월 22일 사이에 태어난 사람 또는 태어날 때 물고기자리가 상승하는 별자리(출생 시간에 대한 지식을 통해서만 확인할 수 있음)를 가진 사람들은 물의 원소이며, 뮤터블 싸인으로 감정적인 물고기자리를 상징하게 됩니다. 두 마리의 물고기로 상징되며 영적이고 감수성이 예민한 해왕성의 지배를 받게 됩니다.

물고기자리는 두 마리의 물고기가 서로 반대 방향으로 헤엄치는 것으로 상징되며, 고대인들이 이 별자리에 부여한 그림 표현이었습니다. 이 사람들은 타고난 방랑자이며 정신적 집중력과 단순명쾌함이 부족합니다. 그들은 육체적으로 침착하지 못하고 정신적으로도 주의가 산만합니다. 그들은 너무 많은 이해관계를 가져서는 안 되며, 그들은 힘을 분산시키려는 성향을 극복하기 위해 노력해야 합니다.

금성은 이 별자리에서 엑젤테이션되고 있으며, 타로카드에서 달을 나타내는 카드가 물고기자리에서 기인한다는 사실에서 알 수 있듯이 달은 이 태생들에게 강한 영향을 미치는 것으로 보입니다. 실제로 이 별자리는 황도대에서 가장 여성스럽고 수용적인 별자리입니다. 바다의 신, 즉 감정적이고 영적인 면의 물리적 상징인 물의 세계는 고대에는 '구세주'로 칭송받았습니다. 물고기자리는 탁월한 구세주의 별자리이자 육체와 영혼 그리고 정신의 진정한 화로이며, 인간 속에서 결합된 것은 오직 감정적 또는 정신적 육체의 진화를 통해서만 얻을 수 있습니다.

바다는 고요하더라도 절대적으로 고요하지 않습니다. 밀물과 썰물, 보이지 않는 저류는 영원히 끊임없이 움직입니다. 모든 바다는 미풍에 응답하고 떨림으로 대답하며, 그 위에 있는 하늘을 비추는 동안, 그 물은 단단한 땅 위에 머물러 있습니다.

이 생각은 감정을 통한 행동과 연결되어 있으며, 정신적 성장에 대한 교훈이 잘못된 행동을 저지른 자신의 내면으로 되돌아오기 때문에 사람은 적어도 자신의 쾌락을 올바르게 선택하는 법을 배우는 것은 감정적 특성의 점진적인 진화에 의해 이루어집니다.

우리는 신비주의 점성학에서 해왕성이 인간의 영혼을 전형적으로 보여 주는 것으로 여겨지며, 그리고 그것은 아직 개발되지 않은 이 태생들에게서 모순이 없이 딱 들어맞는 물고기자리에 대한 무언가가 있습니다. 그럼에도 불구하고 구속되어있는 열정적인 영혼이 이 세상에서든 아니면 저세상에서든 투쟁과 패배를 통해서 완전한 결실을 맺어야 한다는 징조에 대해 그가 지배 행성에 매우 적합한 것이 있다는 것을 알게 될 것입니다.

게다가 해왕성(Neptune)이 남성적일 수 있지만, 그의 힘은 금성 빛줄기의 더 미세한 진동의 힘이며, 따라서 이 별자리에 대한 그의 지배력은 주님이시며 귀부인 사이에 어떠한 조화도 없는 것은 사실입니다. 또는 우리가 말했듯이 이러한 강력한 영향력을 가진 행성과 달과는 어떠한 부조화에도 손상되지 않습니다.

🌙 물리적(육체적) 특성

이렇게 변하기 쉬운 별자리의 물리적 유형은 행성의 영향에 크게 좌우되며, 따라서 그 유형에는 많은 변화가 있습니다. 특히 두개골의 모양은 토성의 위치와 목성의 강함과 약함에 따라 달라지지만 물고기자리의 얼굴은 쉽게 알아볼 수 있습니다.

물고기자리의 얼굴 라인은 독특하게 부드럽습니다. 그 안의 모든 것은 둥글지만, 특히 일반적으로 매우 두드러지는 볼은 거의 불룩하다고 말할 수 있습니다. 눈은 유난히 눈에 띄며, 대부분의 경우 물고기 토템을 암시하고, 일반적으로 졸린 듯한 표정이 비정상적으로 두드러집니다. 입술이 꽉 차 있고 이중 턱이 확고한 경향이 있습니다. 목은 짧고 굵으며, 전형적인 물고기자리는 일반적으로 둥근 어깨를 가지고 있습니다.

머리카락은 일반적으로 갈색이고 안색도 일반적으로 화사하지만, 어떤 경우에는 떠오르는 달이나 또는 이와 유사한 행성들의 영향으로 극도로 창백해질 수 있습니다. 남성적인 유형은 약한 사자자리로 오인될 수 있으며, 여성적인 유형은 수동적인 형태의 게자리로 오인될 수 있습니다.

반대로 강력한 행성 지표가 없으면 키는 평균보다 다소 작습니다. 뼈대는 다른 어떤 별자리보다 약합니다. 일반적으로 말하자면, 이 별자리가 떠오르는 여성이 남성보다 더 잘생겼습니다. 때로는 페르시안 고양이의 고요함 같은 우아함과 감각적인 아름다움이 많이 있지만, 이것은 곧

몸의 나태함으로 변질될 가능성이 높습니다. 다리는 짧고 뚱뚱해지기 쉽습니다. 이러한 약한 유형은 거의 단독으로 존재하지 않지만, 이 약한 유형에서 해왕성이 자신을 주장하는 것과 우리가 보는 밝고 유쾌한 얼굴을 발견하는 것과 구별하려면 세심한 주의를 기울여야 합니다. 소녀 같고, 다정한 태도, 그러나 그러한 경우에도 전문 점성가는 부드러움, 사치 및 자기 방종에서 나타나는 나약함의 흔적을 추적할 수 있습니다.

물고기자리는 발과 동정적으로 손, 팔, 폐 및 신경계를 관장합니다. 통풍은 이 싸인의 특징적인 질병입니다. 무기력하고 차가운 체질의 싸인이기 때문에, 조직에 대한 독특한 이완 및 연화 작용은 결핵 및 분비물과 관련된 많은 질병과의 명백한 연관성을 설명합니다.

체질은 강하지 않으며, 어떤 종류의 공격이나 감염에도 저항하지 않으며, 이 태생은 자신의 상황에 너무 잘 적응하여 쉽게 화를 내지 않습니다. 아플 때는 자신의 몸을 잘 돌보고 치료에 쉽게 반응하지만, 그는 주변의 영향을 쉽게 받기 때문에 그의 의사는 강인한 성격과 자신감을 가지고 그에게 강력하게 전달하는 능력이 무엇보다 가장 중요합니다. 어떤 경우에도 이 유형의 수명은 그리 길지는 않습니다. 많은 사람이 유아기에 사망하는 반면, 성인들은 게으름과 방종으로 인한 어떤 질병의 희생양이 될 것이 거의 확실합니다. 그는 특히 독소의 영향을 받기 쉬우며, 마약과 음료는 그에게 강한 매력을 가지고 있습니다. 만약 그가 모르핀에 중독되지 않았다면 그는 분명히 어떤 종류의 것에 과도하게 빠져들 것입니다. 이 경향은 사랑이나 종교에 대한 강렬한 열정, 또는 그것을 추구하는 정신적 표현에 의해 더 높은 유형으로 나타나며, 자제력은 거의 없습니다.

물고기자리는 이 모든 문제에 있어서 완전히 감각적입니다. 예를 들어 종교나 예술에 대한 그의 주요 관심은 그가 거기서 얻게 되는 영적 행복감이며, 그러한 감각은 관능으로부터 잠시 떨어져 있을 뿐이며, 그 관능은 아주 짧은 단계에 불과합니다. 그의 영적 감정은 절정을 느끼기 쉽습니다.

☾ ✦ 도덕적 특성

물고기자리는 물질적 또는 정신적 문제에 대한 반응에서 모든 별자리 중 가장 약합니다. 그것의 강점은 오로지 적절한 장소에서 논의될 더 미묘한 형태에 달려 있습니다. 이것은 소위 이중성의 별자리 중 하나이며, 여기서 우리는 관심의 구분이 매우 흥미롭다는 것을 발견합니다. 정말 약한 경우에, 이것은 거의 모든 도덕적 성격을 부정하는 것과 같습니다.

에드거 앨런 포(Edgar Allan Poe)는 꽤 좋은 행성간의 어스펙트를 가지고 있었습니다. 그의 어센던트 바로 위에 있는 금성은 천왕성과 정확히 트라인을 맺고 있으며, 금성 조금 아래에 있는 달은 목성과 컨정션되어 있습니다.

그러나 어센던트의 룰러인 해왕성은 이러한 배열에서 금성과 스퀘어되어 있습니다. 그리하여 이 별자리의 더 약한 면이 강조되는 것입니다. 그러므로 우리는 순간의 영향을 초월할 수 없는 의지를 가진 예민한 본성을 발견하는 것은 놀랄 일은 아닙니다.

일반적으로 말해서, 물고기자리의 태생은 그에게 도달할 수 있는 거의 모든 상태를 받아들입니다. 그는 그것들을 거울처럼 반사할 뿐만 아니라 스펀지처럼 흡수합니다. 그는 일반적으로 내면의 본질적 구조라고 부를 수 있는 진리의 기준을 가지고 있지 않습니다. 일반적으로 해왕성인 들의 잠재의식적인 마음은 세속적인 도덕에 대한 개념이 없는 것처럼 보인다는 것을 언급할 수 있을 것입니다.

물고기자리의 태생에게 진리는 그가 순간적으로 느끼는 것을 의미합니다. 모든 물의 별자리 유형에서 약한 유형의 별자리일 때 어느 정도 이러한 특성을 가지고 있는 것 같습니다.

"물처럼 불안정한 너는 뛰어나지 못하리라(unstable as water, thus shalt not excel)."

물고기자리의 태생으로 성숙하지 못한 사람은 자신의 도덕적 결함을 설명하거나 분석하는 데까지 거의 나아가지 않을 것입니다. 그는 단순히 문제가 있다는 것을 이해하지 못할 것입니다.

이 유형은 매우 인상적이어서 어떤 영향에도 즉각적으로 반응합니다. 그것은 혼자 있을 수 없습니다. 이 민감성은 모든 면으로 확장됩니다. 물고기자리 태생은 언제나 암시에 매우 개방적이며 항상 매우 심령적입니다. 그는 분별력이 없고 어떤 생각에도 저항할 능력이 없는 것처럼 보입니다. 그러므로 그의 성격은 정말로 부정적입니다. 그러나 만약 그가 보호받고 있는 세속의 삶을 떠나, 어떤 은신처에서 완전히 방해받지 않은 인생으로 살아오다가, 그의 은신한 전체 기간 중 어느 한 시기에 그의 행동이 노출된다면, 그는 아마도 그의 특별한 종류의 견해를 지지하는 일반적인 추종자들에게 전달될 것입니다. 그러므로 어떤 사람은 로버츠 경(Sir. Roberts)처럼 조용하고 전통적인 기독교인일 수도 있고, 신사이자 군인일 수도 있으며, 그리고 행복한 결혼생활을 하는 올바른 품성의 아들들의 아버지가 될 것입니다. 교장 선생님이 지휘봉을 잡고 있는 공립학교에서 시작하여, 자신이 지휘봉을 잡고 전쟁 같은 학교 교육을 끝마치고 졸업하는 등의 진로는 단순하고 직선적이며 자연스러운 발전일 수 있습니다.

환경이 다른 클레오 드 메로드(Cleo de Merode, 프랑스 댄서, 1875~1966)를 볼 수 있습니다. 물고기자리 태생의 성격에 대해 선천적으로 감탄할 만한 무언가가 있습니다. 상황에 대한 그들의 적응력은 그들의 생존을 위한 최선의 보장입니다. 그러므로 물고기자리의 어센던트 태생에게서 특별히 어떤 것을 우선시하는 것을 기대할 이유가 없습니다.

우리는 우리가 만나게 된 사람들에 대해 언급한 천궁도의 일부분들을 살펴보았다면 물고기자리 태생들이 훨씬 더 낫다는 것을 알게 될 것입니다. 예를 들어, 에드거 앨런 포(Edgar Allan Poe)의 가장 큰 도움은 친구들로부터 나온 것인데, 그의 열한 번째 하우스에 있는 염소자리에서 태양과 수성이 매우 강하게 정확히 컨정션되어 있다는 것을 보여 주는데, 태양과 수성의 로드인 토성이 해왕성과 컨정션되어 있습니다. 따라서 예술적인 공감에서 우정의 근원을 나타내는 것입니다. 어센던트에 있는 행성이나 강력한 목성 어스펙트에 의해서 그 사람의 개성이 강하게 나타납니다.

지금까지 우리는 외적 인상에 대한 물고기자리의 일반적인 반응을 따를 수밖에 없었지만, 물고기자리 태생 고유의 것에는 이것보다 훨씬 더 깊은 무언가가 있습니다. 물고기자리 태생들은 내면적으로 신비롭고 숭고합니다. 물고기자리에서 유래한 '달'이라고 불리는 타로 18번 카드는 여기서 의미하는 바를 매우 명확하게 보여 줍니다.

카드 상단에는 기울어가는 환상의 달이 비치고 있습니다. 그녀는 두 개의 탑 사이로 이어지는 구불구불한 길에 빛을 비췄고, 그 길의 양쪽에는 자칼들이 있습니다. 순례자는 환상, 편견, 강박관념의 희생물이지만, 그러나 카드의 밑바닥에는 밤 12시의 태양을 상징하는 이집트의 스카라브

(Scarab)인 케페레르(Kheperer)를 나타내는 딱정벌레가 있는 웅덩이가 있습니다. 이 별자리의 진정한 영혼은 생명의 주인이 태어나는 이 비밀스러운 성찰의 장소에 있지만 그러나 이 웅덩이는 고요하고 흔들림이 없습니다.

그것은 일반적인 규칙으로 외부 생활에서는 나타나지 않습니다. 물고기자리 태생들을 타고난 시인이나 신비주의자라고 말하기에는 너무 지나치지만, 그들의 감수성과 내면의 고요함 속에서 우리는 수동적인 천재의 반쪽을 발견합니다. 그것이 탄생할 가능성은 항상 있으며, 태생적으로 활동적이거나 창조적인 원리가 작용하는 곳에서 나타날 수 있습니다. 하지만 그럼에도 불구하고, 천재가 취하는 형태는 환경에 따라 달라지는 것 같습니다.

에드거 앨런 포(Edgar Allan Poe)는 그 시기에 신비주의자들이 취했던 독특한 형태에 강한 영향을 받았습니다. 그는 사업에 대한 체계적인 연구를 하지 않았습니다. 그는 학자였으나 그 주제에 대한 고전을 조사하고 비교하려는 생각이 없었던 것 같습니다. 그는 글랜빌(Glanville)이 마녀들에 대해 쓴 기이한 책을 가져갔습니다.

그는 미국에서 막 알려지기 시작한 최면술의 현상에 깊은 관심을 가지고 있었고, 이 얼마 안 되는 자료를 바탕으로 명상하고 거의 다른 어떤 도움도 없이 자신만의 매력적인 작은 철학을 만들어 냈습니다. 플라톤에 대한 그의 교육 중 하나는 충분히 자연스러웠습니다.

사람들은 자신의 환경에서 완벽하게 행복한 물고기가 황금빛 모래 위에 그의 황금빛 돛을 보여 주지만, 우연히 바닥이 진흙투성이인 웅덩이에 도달하면 순식간에 검게 변하는 물고기를 떠올리게 합니다.

그러나 모든 경우에, 우리는 이 비범한 유연성과 적응력이 그것에 작용하는 힘의 미묘하고 내부적인 특성을 선택하는 것처럼 보인다는 것을 발견합니다. 성숙한 물고기자리 태생은 미묘함과 거친 것을 구별하는 거의 신성한 힘을 가지고 있습니다.

자연 그 자체가 그의 손에서 형태를 자유롭게 만들 수 있는 플라스틱처럼 보입니다. 우리는 이것이 루터 버뱅크(Luther Burbank)의 경우에 매우 특이한 부분에서 매우 강력하게 나타났다는 것을 볼 수 있습니다. 그의 손에서는 살아 있는 생물조차도 마치 마술사의 조종을 받는 것처럼 그들의 본성을 변화시켰습니다. 생명의 변형은 금속의 변형보다 덜 경이롭지 않습니다. 오히려 그 이상입니다. 물고기자리는 사물의 표면에서 반응하는 것이 아니라 그 안에 있는 영혼에서 반응합니다. 물고기자리 태생은 어떤 현상에 있어서도 영적인 힘에 대한 깊은 이해를 가지고 있는 것처럼 보입니다.

우리는 에드거 앨런 포(Edgar Allan Poe)가 마엘젤(Maelzel's)의 체스 선수와 그의 이야기에서 보이는 유사한 힘에 대한 분석에서 볼 수 있듯이, 순수한 수학과 세밀한 관찰 모두에서 놀라운 재능을 가졌다는 사실에도 불구하고 에드거 앨런 포(Edgar Allan Poe)는 과학적 의미에서 최면술을 조사하고 있지 않았습니다. 그는 결과보다 원인을 다루기 위해 그 현상의 배후를 조사하는 것을 좋아했습니다. 물고기자리의 극도로 미묘한 상태는 종종 이 태생들에게 가장 심각한 위험을 초래합니다. 그는 실체를 위해 단지 그림자를 취하려는 경향이 많습니다. 그는 물질적인 면과 정신적인 면을 너무 쉽게 혼동합니다. 그는 원인과 결과의 상관관계에 대한 이성적 개념을 가지고 있지 않으며 종종 매우 터무니없이 미신적일 수도 있습니다.

물고기자리는 항상 이성적인 판단보다는 느낌에 따라 행동할 것입니다. 그는 미묘한 세계와 교감하는 자신을 느끼는 것을 즐거워하며, 잘 성숙되지 않았다면, 그는 더 높은 차원에 있는 진정한 원인의 세계와 꿈, 화려함과 환상의 세계를 구별할 수 있는 힘이 없습니다. 그러한 사람들은 종종 가증스러울 정도로 믿을 수 없을 것입니다. 그들은 그들이 의미하는 모든 것이 꿈을 꾸고 있을 때 "나는 무언가를 알고 있습니다."라고 말할 것입니다.

물고기자리 태생의 극도로 예민한 감성과 함께 또 다른 점은 더 강한 유형의 인간의 마음을 거의 방해하지 않는 신체적 영향에 대한 그의 과장된 반응입니다. 알코올은 이 별자리의 태생에게 매우 위험하며, 더 미묘하고 강력한 약물을 사용하려는 유혹이 훨씬 더 두드러집니다. 즉각적인 효과는 매우 나쁘며, 이 태생이 가지고 있을 수 있는 균형을 무너뜨리며, 습관적으로 그리고 과도하게 탐닉하려는 유혹에는 놀라운 힘이 있습니다. 마약은 그들 자신의 본성 안에 있는 그대로 다른 사람들의 도움을 받지 않고도 너무 쉽게 할 수 있는 것과 정확히 일치합니다. 마약은 그를 더 미묘한 세계로 데려가 줍니다. 항상 위험한 이 세계는 그러한 인위적인 방법으로 만들어졌을 때 언제나 치명적입니다.

돈 문제를 다룰 때, 이 태생은 지나치게 부주의하고 판단력이 거의 없이 과도하게 지출할 가능성이 큽니다. 그는 다른 사람과의 일을 처리하는 데 있어서 신뢰할 수 없는 사람이라고 할 수는 없지만, 확실히 책임감이 강한 사람은 아닙니다. 그는 관대하지만 현명하지 않습니다. 그는 진정으로 유용한 것이 무엇인지에 대한 고려 없이 다른 사람들을 무분별하게 돕습니다. 물고기자리 태생들은 그들의 도움을 받는 사람에게 일시적인 즐거움을 주기는 하지만, 그가 고통의 상태에서 영구적으로 벗어나는 데는 도움을 주지는 않습니다.

이 태생들은 말하기와 글쓰기를 매우 잘하고 언변이 유창합니다. 그의 말은 급류처럼 그에게서 흘러나오는 것 같습니다. 그는 매우 다정하고 파티의 활력소이자 영혼일지도 모릅니다. 그는 모든 것을 장밋빛 안경으로 보는 경향이 있습니다. 그의 스타일(문체)은 일반적으로 매우 듣기 좋습니다. 멜로디의 관점에서 보면, 에드거 앨런 포(Edgar Allan Poe)의 시는 지금까지 영어로 쓰인 것 중 가장 음악적입니다.

물고기자리 태생들은 본질적으로 게으르기 때문에, 가장 가정에서 길들여진 사람 중 하나입니다. 그는 집안일에 있어서 그다지 적극적으로 도움을 주지는 않지만, 항상 자신을 즐겁게 하고 종종 가족의 귀염둥이가 됩니다. 그는 주변 사람들을 행복하게 만드는 훌륭한 기술을 가지고 있습니다. 그러나 그들 중 어느 한 사람이라도 엄격하게 대하고 타협하지 않는 유형이고 그의 성격에 반대할 경우라면 예외일 것입니다.

그는 다른 사람들을 짜증 나게 하는 상황, 즉 야망에 대한 통제와 구속은 그에게 전혀 영향을 미치지 않기 때문에, 그는 결코 자기 주도적으로 그곳을 떠나진 않을 것입니다. 그는 야망이 부족하고 그가 있는 곳에서 매우 행복합니다.

사랑에 있어서 이 태생은 유난히 유쾌한 유형입니다. 황소자리 보다 더 많은 헌신을 보여 주지만, 그들의 성격이 훨씬 더 차분합니다. 그것은 거의 의존적인 현상입니다. 활동적인 성향들이 부정행위를 저지르는 경향은 거의 없지만, 다른 한편으로 어떤 새로운 추종자에 의해 가해질 수 있는 압력에 대해 그렇게 큰 저항을 할 수는 없습니다. 이런 유형의 남성과 여성 모두 가장 지속적인 관심을 필요로 하며, 특히 여성들은 관심을 더욱 필요로 합니다.

이 별자리가 상승하는 여성들은 일반적으로 매우 가임력이 좋습니다. 아버지와 어머니 모두 자식들에게 헌신적이지만, 너무 너그러워서 좋은 부모가 될 수 없습니다. 물고기자리 태생은 그의 아랫사람들에게 관대하게 대하는 타고난 성향과 그에 대한 그들의 헌신에 대한 분명한 감사 때문에 아랫사람들과 잘 지낼 수 있을 것입니다.

결혼생활에서 물고기자리의 여성은 동양적인 관점에서 이상적인 아내가 됩니다. 물고기자리 태생인 하렘(이슬람 부호의 아내, 첩)의 여성들은 느긋함 속에서 감정을 즐기는 감각적인 성격, 삶의 달콤한 맛에 대한 헌신 그리고 열정의 초대에 대한 순종적인 반응의 본질을 매우 정확하게 보여줍니다.

이러한 성향의 여성은 통제되지 않고 갇혀 있지 않은 개방적인 나라에서는 결혼에 적합하지 않은데, 만약 힘이 없는 물고기자리 태생의 여성이 자신의 자원에 너무 많이 맡겨지면 그녀의 지적 즐거움에 대한 적극적인 관심으로 결혼생활에 대한 문제를 해결할 가능성이 거의 없기 때문에 그녀의 타고난 관능적인 모습은 저절로 드러날 것입니다.

좀 더 성숙한 물고기자리 유형에서 이러한 성향은 헌신과 충성심으로 나타나지만, 여전히 나태함과 달콤함에 대한 많은 취향을 가지고 있습니다. 물고기자리 태생의 남성인 경우라면, 그는 매우 헌신적이며 상냥하고 아내를 사랑하겠지만, 가정의 실제적인 의무에는 거의 도움이 되지 않을 것입니다. 편안함(안락)이 그의 첫 번째 고려 사항이 될 것이지만, 그는 편안함을 확보하기 위해 그다지 적극적인 조치를 취하지 않을 것입니다. 그는 어떤 활동도 하지 않는 여성에게는 최악의 남편입니다.

『니콜라스 니클비(Nicholas Nickleby)』에 나오는 만틸리니(Mantilini) 씨는 미성숙한 유형의 물고기자리에 대한 좋은 그림입니다.

비즈니스 동료로서, 비록 그와 매우 비슷한 반대 의견이 있지만, 그는 쓸데없이 문제를 일으키지 않는 훌륭한 파트너입니다. 만약 어떤 사람이 자신의 돈을 투입하여 사업에 투자할 필요가 있다면 물고기자리의 태생을 찾는 것이 좋을 것입니다. 공적인 일을 수행하는 데 있어서, 물고기자리는 그가 그동안 한 번도 하지 않았던 어떤 종류의 일일지라도 그를 신뢰하고 맡긴다면, 그는 무조건적으로 열심히 일을 할 것이지만 업무 능력에 있어서는 완전히 형편없을 것입니다.

재미있는 예가 제시되어 있는데, 가족의 영향을 받아 중앙아메리카에서 철도 공사와 관련된 업무를 위탁받아 수행하게 된 한 남성이 있습니다. 그는 뉴욕으로부터 멀리 떨어진 곳에서 책임자로 있었습니다. 뉴욕에서 업무를 지시받고 업무를 수행해야 하는 그는 업무 수행 능력이 부족하여 뉴욕에서 지시된 편지들을 읽지도 않은 채 모든 편지를 휴지통에 던져 버리는 것이었습니다. 왜냐하면 그것은 그의 수고를 덜어 줬기 때문이었습니다. 그리고 누군가가 내려와서 그를 내쫓았을 때, 그는 또한 그에게 수고를 덜어 줬다고 말했습니다. 그 일들은 결국 자신에게 너무 맞지 않고 곤경에 빠뜨렸다고 말했습니다.

이 태생의 잠재의식적인 마음은 그의 가장 좋은 부분입니다. 사실, 그는 그런 정신세계 속에 살고 있으며, 그로 인해 이 세상에 살아가고 있다고 말할 수 있습니다. 그에게 있어서는 우리가 보고 만질 수 있는 이 세상이 현실의 세계가 아닙니다.

중앙아메리카에서 그렇게 터무니없이 실패한 바로 그 남성의 실제 생활은 진정으로 예언적인 재능을 보이는 변덕스러워 보이는 유형의 먼 곳을 내다보는 신비주의자였습니다. 그러나 그 기질 그 자체에는 물고기자리 태생이 잠재의식과 일상적인 마음 사이에 다리를 놓을 수 있게 하는 것이 없기 때문에, 많은 경우에 그는 광야에서 우는 목소리입니다.

그의 놀라운 능력은 선천적으로 행동 능력을 가지고 있지 않기 때문에 대부분의 경우 그에게 도움이 되지 않습니다. 하지만 조화롭게 균형 잡힌 적극적인 파트너들의 도움을 받는다면, 비즈니스 또는 공적인 업무에 있어서 그의 통찰력과 직관은 그를 왕좌 뒤에 있는 진정한 권력자로 만들 수 있습니다.

이 태생은 현상 뒤에 숨겨진 미묘한 힘에 대한 이해를 통해 과학에서 대단한 명성에 도달할지도 모릅니다. 철학에서도 이 태생은 같은 이유로 존경받을 만하다고 할 수 있을지 모르지만, 철학과 과학 모두에서 그의 작품은 거의 틀림없이 일방적일 것입니다. 그 태생은 새로운 것을 발견할 가능성이 높지만, 그 주제에 대한 전체적인 완전한 지적 이해와 같은 것은 가지고 있지 않습니다.

종교에서 물고기자리 태생들은 헌신적이며 신앙심이 강한 유형의 신비주의자들일 수도 있으며, 아마도 그는 예지 능력이 매우 뛰어날 가능성이 높습니다. 종교는 전적으로 믿음과 영감의 문제이기 때문에, 그는 합리주의의 겉치레조차 없앨 수 있습니다.
이 별자리의 품위가 매우 낮은 유형은 관습적이고 감정적으로 지나치게 종교적일 것입니다. 심지어 이 태생이 신비주의자일지라도 그는 정신적으로 불균형적입니다. 지적인 근본도 없고, 어떤 잘못 인식된 무신론을 바로잡아 정신적 균형을 유지하려는 생각도 없습니다.

이 태생은 그의 친구 관계에서 매우 열정적이며, 때로는 지나칠 정도로 그렇습니다. 그는 항상 달콤한 꿀이 든 컵의 마지막 한 방울까지도 빼내려고 노력합니다. 대부분의 사람은 공격적이고 방어적인 동맹의 성격보다는 우정을 선호합니다. 물고기자리의 태생은 그것을 사랑의 감정으로 만들려고 노력합니다. 그러므로 당신이 피곤하고 우울할 때 함께 식사하기에 이 태생보다 더 좋은 사람은 없습니다.

그는 오락의 기술을 아주 잘 이해하고 있으며, 모든 것을 충만하게 하려는 그의 열망은 그로 하여금 즐거움을 만드는 단 하나의 요소도 잊지 못하게 합니다.

물고기자리는 분노하거나 반항하려는 경향이 없으며 어떤 종류의 제제에도 즉시 굴복합니다. 그는 즉각적으로 자신에게 당면한 시스템의 일부가 됩니다. 그는 누구에게도 폐를 끼치고 싶은 마음이 조금도 없습니다.

해왕성은 화성에서 나타나는 차별적이고 명료한 성향과 대조되는 용매의 일치된 원리를 나타냅니다. 화성의 충동은 사람의 에너지를 물질로 몰아넣습니다. 해왕성과 물고기자리의 힘은 이 태생의 에너지를 물리적인 차원으로부터 멀어지게 하고, 신과의 합일을 갈망하게 합니다. 이러한 열망이 감정적 경험에 대한 갈망에서 나타나는 첫 번째 징후이므로 우리는 발달되지 않은 유형들이 어떻게 표면상으로 드러나는지 알 수 있으며, 정신적인 것은 너무 적고, 세속(육체)적인 것은 너무 많이 보여 준다는 것을 알 수 있습니다.

그러나 물고기자리 태생들의 진정한 힘은 그의 이상과 영감에 있기 때문에, 더 발달된 유형에서 이 별자리 태생의 징후는 영감에 의해 생활하고, 그들의 최고의 순간에 그들의 삶, 그들의 말 또는 그들의 글이 거의 '신'에 접근할 수 있도록 모든 것의 본질적인 통합을 실현하는 데 도달할 수 있습니다.

초창기 교회의 많은 성인과 신비주의자들은 이 행성과 별자리의 지배에 대한 증거를 제시하는데, 특히 성 베드로 대성전이 그렇습니다. 아시시의 성 프란치스코(Saint Francis of Assisi, 이탈리아의 수도사로서 프란체스코 수도회의 창시자, 1181~1226)가 대표적이며, 그의 가장 유명한 찬송가로 태양과 달과의 친밀한 감정(연대감)을 잘 묘사하고 있습니다. 그리고 그들의 삶은 끊임없는 사랑과 헌신 그리고 자기희생의 긴 기록이었습니다.

물고기자리 아이들의 본능은 좋은 쪽으로 향할 것이고, 그들은 사람들이 자신처럼 정직하기를 기대하기 때문에, 그들은 다른 사람들에게 너무 많은 확신과 신뢰를 주는 경향이 있습니다. 그러므로 그들은 상처를 받았을 때 분노하기보다는 더 슬퍼하고 혼란스러워할 것입니다. 이 별자리의 죄는 "하지 말아야 할 것을 하고 해야 할 것을 하지 않은 죄(omission and commission)"입니다.

이 아이들은 주도적인 것과 진취성이 부족하고 뒷자리에 기꺼이 앉으려고 하며, 종종 그들의 동료나 친구들에 의해 이용당합니다. 만년에 그들은 자신을 주장하고 전면에 나서는 것이 어렵다는 것을 알게 됩니다. 그들에게 자신감을 가르치고 그들 자신이 전투에서 싸워야 할 때, 모든 것들은 자기 자신과의 싸움을 하기 위해 행해져야 한다는 것입니다.

그들을 어떤 경우에도 응석받이로 만들어서는 안 됩니다. 그들에게 동정심을 가져야 하지만, 그들은 친구들과의 어떤 경쟁에서든 가장 좋은 자리를 차지하기 위해 '연약한' 행동을 하거나 그것을 받아들여서는 안 됩니다. 만약 그들이 지위를 얻고 그들 자신의 지위를 유지하기 위해 싸워야 한다는 것을 깨닫게 된다면, 이것은 그들에게 자신감을 심어 주고 미래에 대한 그들의 전망을 바꾸는 데 도움이 될 것입니다.

이 아이들에게 좋은 교육을 시키고, 가능하다면 그들을 전문적인 교육을 받을 수 있는 대학에 보내는 것이 필요합니다. 그들은 어떤 것이든 매우 쉽게 영향을 받기 때문에 자연스럽게 그들과 함께 있는 사람들의 습관에 빠져듭니다. 그들은 황소자리, 사자자리 형제와 달리 의지력이 부족합니다. 지식과 세상에 대한 그들 자신의 중요성과 잠재적 가치에 대한 깨달음은 그들을 더 자립적으로 만들고, 그들의 의지를 강화하는 데 도움이 될 것입니다.

물고기자리 태생은 원칙적으로 터무니없는(우스꽝스러운) 것에 대한 의식이 강하며, 친한 친구들이나 친한 동료들의 감정을 상하게 하는 희생을 치르더라도 재미있는 상황이 생기는 것을 볼 수 있습니다. 이러한 이유로 그들은 종종 위선자로 여겨질 수 있는데, 실제로 물고기자리 태생들은 단지 그 동료들과 친구들의 감정을 상하게 할 의도는 없으며, 단지 그들의 본성의 이면을 탐닉하고 있을 뿐입니다. 비록 물고기자리 태생들의 의도가 정당하다고 했을지라도, 그들은 상대방이 그들의 동기를 정확하게 이해하지 못했기 때문에 그들 자신이 상처를 받는 게 당연하다는 것을 깨달아야 합니다. 그들은 종종 다른 사람들을 위해서뿐만 아니라 이러한 이유로 잘못 판단하고 신뢰받지 못합니다.

물고기자리 태생들은 방심이나 부주의로 인해 그들의 소유물을 아주 쉽게 잃어버리며, 끊임없이 물건을 떨어뜨리고 그것들을 주워 오는 것을 잊어버립니다. 그들은 자기 자신을 끔찍하게 불쌍히 여기는 습관에 빠지지 않도록 경계해야 합니다. 물고기자리 태생들은 종종 이기적일 만큼 이기적이지 않고, 그것이 때론 정말로 반갑지 않은 사람들에게조차도 자신의 시간과 힘을 주겠다고 고집함으로 인해 무의식적으로 다른 사람들을 짜증 나게 합니다.

6월 22일부터 7월 24일까지 태양이 물의 원소에 있고 모성적인 별자리인 게자리와 태양이 물의 원소에 있고 자립의 별자리인 전갈자리에 있는 10월 24일부터 11월 23일까지 태어난 사람들은 물고기자리 태생으로 태어난 사람들에게 자연스럽게 호의적이고 도움이 됩니다. 그들의 특성은 상호보완적이기 때문에 결혼생활이든 또는 다른 방식으로든 물고기자리에서 태어난 사람들과 좋은 파트너가 됩니다.

5월 22일~6월 22일(쌍둥이자리), 8월 24일~9월 24일(처녀자리), 11월 23일~12월 23일(사수자리) 사이에 태어난 사람들과 너무 밀접하게 관련되어 있다면 물고기자리 태생들은 자기보호를 실천할 필요가 있습니다. 그러한 친밀감은 물고기자리의 태생이 너무 동요하고 야망과 의지력이 부족해지는 결과를 초래할 수 있습니다. 이러한 이유로 쌍둥이자리, 처녀자리 및 사수자리는 결혼으로든 사업적으로든 가장 호의적이고 도움이 되는 파트너를 만들지 못했을 것입니다.

3월 21일부터 3월 28일까지 약 7일 동안 물고기자리의 진동이 양자리의 진동으로 합쳐지고, 양자리는 여전히 물고기자리의 일부를 유지하는 기간을 커스프(cusp)라고 합니다. 이 날짜 사이에 태어난 사람들은 감수성이 풍부하고, 사심 없는 이타적인 물고기자리와 지배적인 양자리들을 만나게 될 것입니다.

우리가 이전에 말했듯이 이러한 추론은 태양이나 어센턴트의 위치에서 나온 것이기 때문에, 물고기자리 태생의 가장 친한 친구들 사이에서 또는 그가 친하지 않은 사람 중에서 언급된 시기에 태어나지 않은 사람들이 발견될 가능성이 높습니다.

각각의 천궁도는 물고기자리의 별자리에서 태어난 별들과 어떻게 결합하는지 확인하고, 따라서 그 별들의 조합이 서로에게 어떤 영향을 미치는지 알아내기 위해 참조되어야 합니다.

이러한 별자리들은 단지 일반적인 것이며, 물고기자리의 태생으로 태어난 사람들은 행성에 의해 변형되기 때문에, 우리가 알고 있는 것처럼 개인의 모든 특성을 다루지는 않을 것입니다. 모든 진리를 알기 위해서는 상세한 진술이나 천궁도를 살펴보아야 합니다.

제목	재료	제작자	디자인
태양 오컬트 주얼리	14K Yellow Gold, Diamond	주얼리 연 대표 박연배	박소현 안영은

제2부

행성
(PLANETS)

■ 태양(THE SUN)

눈에 보이는 행성들이 속한 별인 태양은 태양계의 모체입니다.

태양은 밤과 낮 모두 사자자리라는 별자리를 지배하고 있으며, 태양의 엑젤테이션(exaltation)은 양자리 19도입니다. 태양은 위도가 없고 황도에서 항상 존재하며, 결코 역행하지 않습니다. 태양은 토성을 제외한 모든 행성과 호의적으로 협력하는 것처럼 보입니다.

태양은 매우 뜨겁고, 건조하고, 남성적이며, 주행성이며, 디그니티가 좋으면 행운이 좋습니다. 태양과 함께 배치된 행성들에 따라 태양은 선하거나 악하다고 합니다.

자연에서와 마찬가지로 점성학에서도 태양은 모든 생명의 중심이자 수

여자이며 말하자면 전체 시스템의 중추라고 할 수 있지만, 사실은 점성학에서는 명확하게 이해할 수는 없습니다. 달은 형태를 주는 존재이며, 결과적으로 태양과 달 사이의 컨정션 또는 어포지션은 물리적인 면(육체적인)에서 하드하거나 소프트할 수 있습니다.

　태양과 달의 관계는 생명력을 조화롭게 표현할 수 있거나, 아니면 그 반대로 표현할 수 있는지를 크게 결정한다는 것은 분명합니다. 만약 태양과 달의 어스펙트가 우호적이라면 우리의 성격과 개성은 서로 협력하고, 태양과 달이 비우호적일 때 나타나는 많은 반대와 충돌하는 일들은 발생하지 않습니다.

　저자가 광범위한 연구를 통해 과거의 많은 잔 다르크와 같은 사람들이 보름달에 태어났다는 것을 발견했으며, 거의 모든 경우에 있어 그들은 순교자의 역할을 할 수밖에 없도록 강요받았습니다.

　비록 그들이 원래 잔 다르크처럼 화형에 처하지는 않았더라도, 그들은 그들의 메시지를 전달하려고 시도하는 데 어느 정도 마음의 고통을 겪었습니다.

　태양이 강한 위치에 놓여있을 때, 특히 자신의 별자리인 사자자리가 떠오르는 경우, 이 태생은 몸집이 크고, 뼈대가 굵고, 튼튼한 몸을 가지고 있습니다. 날카로운 눈매, 잘생긴 사람, 넓고 높은 이마, 가볍고 금빛이 섞인 것 같은 곱슬머리. 그는 젊은 나이에 머리카락이 빠지고 대머리가 될 수도 있습니다.

　만약 태양이 품위가 있으면 성품은 고귀하고 자랑스러우며, 너그럽고, 인간적이며, 상냥하며, 충실한 친구이자 관대한 적입니다. 그것은 사람들을 유난히 훌륭하게 만듭니다.

만약 태양이 품위가 없으면 이 태생은 어리석게도 교만하거나 허영심이 많으며, 거만하고, 귀찮아 하고, 고집스럽고, 피상적이며, 침착하지 못하고 자비롭지 못합니다.

태양이 인생에서 지배적인 영향을 미치는 곳에서는 의지가 강하고, 성품이 훌륭하며, 자존심과 삶에 대한 밝은 전망으로 주어진 자신감은 이 태생에게 훨씬 더 많은 행운으로 이끌어 줄 것입니다. 그는 너무 솔직해서 거침없는 말을 하지 않도록 경계해야 하고, 신중함과 서로의 비밀을 지키는 힘을 길러야 할 필요가 있다는 것을 생각할지도 모릅니다.

태양의 '전시 콤플렉스'를 부추겨서 과시욕을 즐기는 것을 허용해서는 안 됩니다. 태양은 생명의 신비를 들여다보고, 자연의 미세한 힘을 연구할 자격이 있으며, 태양은 태어난 위치를 초월할 수 있는 권한을 부여받았습니다. 다른 사람들은 자연스럽게 그에게 조언과 도움을 요청하지만, 그는 항상 '다른 사람과의 업무에는 위험이 있다'는 점을 명심해야 합니다.

많은 정부의 주요 관직이나 일반적으로 행정적인 성격의 업무를 하는 사람들이 이 발광체의 영향을 강하게 받고 태어났으며, 그것의 모든 달성과 성취되는 성공 정도와 유형에 관해서는 모두 개인의 영역에 달려 있습니다. 태양의 태생은 쉽게 받아주지만, 만약 자신이 '좌지우지 당한다'는 느낌을 받았거나, 어떤 식으로든 강요받고 있다고 느낀다면 매우 완고해지고 관리하기 어려울 수 있습니다.

태양은 태양의 체질, 생명의 원리, 태양의 원래 성격을 나타냅니다. 태양이 강한 곳에 있는 경우는 태양 그 자체로 강력하며, 본능적 감각의 활력 그 이상의 생명의 활력을 의미하진 않지만, 이것은 태양, 태양 별자리 및 룰러가 호의적인 행성들과 어스펙트를 맺었다면 보상을 받을 수 있게 하고, 반대로 불리한 입장에 처해 있다 해도 어려운 과정을 겪으며 견딜 수 있게 합니다.

태양이 약한 곳에서는 다른 행성들로부터 아무리 많은 혜택을 받아도 그 고통을 막을 수 없을 것입니다. 잠시만 숙고해 보면 이 명제의 타당성이 드러날 것입니다. 왜냐하면 만약 한 사람이 어떤 능력을 보유하고 있더라도, 그 능력을 발전시키기에는 수명이 너무 짧거나 또는 질병으로 인해 너무 망가진다면, 그 능력을 유익하게 사용할 수 없다는 것이 분명하기 때문입니다. 성공에 필요한 지속성으로 질병을 치료해야 합니다.

태양은 등, 심장, 동맥 및 눈을 관장합니다. 또한 재치 있는 능력 또는 기억력도 관장합니다. 그의 질병은 실신, 심장의 두근거림 및 시력 저하입니다. 태양은 인체의 장기를 다스리고 달은 기능장애를 다스린다는 사실을 명심해야 합니다.

■ 달(THE MOON)

태양이 개성, 즉 생명력을 상징하는 것처럼 달은 그 개성(personality)을

표현하고 게자리라는 별자리를 지배하는 행성입니다. 달의 공전주기는 29일 12시간 44분이며, 태양과 달의 컨정션 사이의 기간을 수행합니다. 달은 차갑고, 촉촉하고, 물기가 많으며, 침착하고, 여성스럽고, 야행성 발광체이며, 달의 모양(형태)에 따라 운이 좋거나 그렇지 않습니다.

　달 태생의 순수한 타입은 키가 크고, 안색이 하얗고, 창백하고, 얼굴이 동그랗고, 회색 눈동자에 둥근 눈, 짧은 팔, 두꺼운 손과 발, 부드럽고 뚱뚱하고, 냉 체질의 몸을 제공합니다.
　만약 태양과 컴버스트되어 있거나 태양에 어프로칭 컨정션되었다면, 이 태생은 달과 달의 별자리와 관련된 생명체는 생후 첫 4년 동안 매우 허약한 체질일 것입니다.

　달은 다른 모든 힘에 의해 쉽게 영향을 받기 때문에, 어떤 가능성으로든 달에게 반응할 수 있는 모든 것을 조사하는 것이 가장 중요합니다. 달은 어떤 행성보다도 황도대 별자리의 영향에 더 민감합니다. 실제로, 불과 몇 분 차이로 태어난 두 아이의 천궁도는 어센던트상의 도수와 달의 별자리를 제외하고는 모든 의도와 목적에서 동일할 것입니다. 이 작은 변화는 두 사람의 삶에서 가장 큰 차이를 만들어 낼 것입니다. 예를 들어 달이 황소자리에서 쌍둥이자리로, 어센던트는 사수자리에서 염소자리로 이동했기 때문입니다. 이것은 종종 쌍둥이가 서로 다른 이유입니다.
　별자리만 지대하게 달에 영향을 미치는 게 아니라 또한 10분각(de-canate)으로도 세분화되기도 합니다. 그러나 이러한 세세한 부분은 이 책에서 다루기에는 너무 미묘합니다.

　만약 달의 어스펙트와 품위가 좋으면, 그 태생들의 달과 달의 별자리들은 온화하고 부드러우며, 친절하고, 영리하며, 예의 바르게 행동하지만,

소심하고, 무심하고, 동요하지 않고, 장황하게 말하는 것을 좋아하겠지만, 평화롭고, 어떤 종류의 분쟁이나 문제에는 전적으로 싫어할 것입니다. 달의 디그니티(품위)가 떨어지면, 그는 게으르고, 어리석고, 거지꼴이며, 술을 좋아하는 경향이 있습니다.

달은 뇌, 위, 창자, 방광 및 왼쪽 눈을 관장합니다. 또한 체액, 침(타액), 림프선, 분비선(샘), 여성의 경우 유방에도 많은 영향을 미치는 것으로 보입니다. 달의 질병은 다양한 형태의 류머티즘, 폐병(폐결핵), 산통(복통), 현기증, 중풍(뇌졸중), 스쿠로풀라(연주창), 천연두, 수종(부종) 그리고 다양한 형태의 정신적인 병을 나타낼 수 있습니다. 어스펙트와 품위가 떨어지는 달은 건강에 대해서는 가장 의심할 여지 없는 위협 중 하나이며 대부분 기능장애가 원인이 됩니다.

만약 달이 운명의 별이라면, 이 행성은 특이하게도 이중적인 특성을 고려할 필요가 있습니다. 달의 진동은 극도의 순수함과 더 높은 것에 대한 헌신을 만들어 내거나 감정의 노예가 될 수 있기 때문입니다. 감수성이 많은 달의 영향 아래 강하게 태어난 사람들은 그들의 동료들을 잘 선택하고, 규율이 엄격한 생활 방식을 채택해야 하는 것이 중요합니다. 그렇지 않으면 그들은 모든 것이 번갈아 가며 바뀌게 되고 오래가지 않게 됩니다. 그들은 극도로 민감하고 자연스럽게 모든 종류의 영향력을 흡수하므로 참된 빛과 거짓, 가치 있는 것과 쓸모없는 것을 구별하려고 노력해야 합니다.

Luna의 영향력 아래에 태어난 사람들에게는 중간의 길은 없는 것 같습니다. Luna는 '환상의 어머니' 또는 '신비의 수호자 이시스'로 상징됩니다. 그들의 극단적인 순응력은 그들에게 매력을 줄 수 있고, 그들을 다재다능하게 만들고, 그들이 기회를 이용하도록 돕거나, 단순히 바람이 부는 방향을 가리키는 지푸라기와 같은 장점을 만들 수 있습니다.

화가인 터너(Turner), 스티븐슨(Stevenson), 버나드 쇼(Bernard Shaw), 블워리턴(Bulwer Lytton), J. 피어폰트 모건(J. Pierpont Morgan)은 모두 이 빛(발광체)이 동쪽 하늘에 있을 때 태어났으며, 자신의 힘을 분산시키려는 경향을 극복할 수 있는 충분한 의지력만 발휘한다면 그 힘이 안정될 수 있다는 것을 증명했습니다. 그것은 방랑벽(수성과 같다)을 줄 수 있고, 자신의 직업이나 거주지를 너무 자주 바꾸고 싶어 하는 욕구를 줄 수도 있고, 만약 한 사람이 더 제한된 삶을 살고 있다면, 단순히 자신의 집에 있는 가구들을 재배치하는 것으로 즐기게 만들 수도 있습니다.

달의 힘이 지배적일 때 비록 그것이 종종 나중에 진정한 일을 하게 하는 디딤돌이 되는 경우가 많지만, 사람들은 인생의 초기에 선택한 천직을 거의 따르지 않습니다. 그것은 많은 지위의 변화와 명성의 변동을 가져옵니다. 그러한 사람들은 불명확하거나 평범한 삶을 살 운명이 아니므로 그들의 일을 통제해야 하며, 그렇게 함으로써 어떤 홍보도 성공과 행복에 도움이 되므로, 자신의 일을 잘 관리해야 합니다.

이 행성은 종종 공적 업무, 정치 또는 그룹에서 중요한 역할을 할 기회를 가져다줍니다. 달이 대중을 지배하기 때문에 큰 인기를 누리고 대중들에게 영향을 미치는 많은 사람이 달 아래에서 강하게 태어납니다. 좀 더 개인적인 측면에서, 그것은 종종 유명한 사람들이나 또는 공적인 일에 관련된 사람들과의 연결을 통해 더 좋은 스캔들이나 더 나은 종류의 명성을 가져다줍니다.

달이 가정을 다스릴 때, 달빛 아래에서 태어난 여성들은 훌륭한 아내와 어머니가 되지만 새로움과 변화, 감각에 대한 사랑 때문에 그들은 종종 많은 친구와 지인들이 필요하다는 것을 알게 됩니다. 그리고 커다란 자유가 필요하다는 것을 발견하게 됩니다. 만약 그렇지 않으면 그들은 그들의 가정생활에 초조함을 느끼고 안절부절못하고 불만을 품게 됩니다.

남성의 차트에서 달이 남성적인 성향일 경우 아내의 성향은 남성적인 타입에게 끌릴 가능성이 높기 때문에 가족의 '어머니'인 경우가 많습니다. 이런 남자들은 의지를 기르고 자기주장을 더 많아 하지 않으면 공처가로 발전할 가능성이 높습니다.

비록 달이 부정적인 영향을 미치지만, 그 달은 감각중추를 대표하기 때문에 매우 중요합니다.

사람이 어떤 자질을 가지고 있든, 그의 자아와 관련이 있는 것이 무엇이든, 간단히 말해서 독일 철학자가 말하는 아마도 "The him-in-him-self(자기 자신을 구성하는 것)"가 무엇이든 간에, 이 모든 것들은 오직 감각의 매개체를 통해서만 나타날 수 있습니다.

예를 들어 어떤 사람이 음악에 대해 천재성을 지녔을 수도 있지만, 그것은 그가 예술을 어느 정도 마스터하지 않는 한 잠재력일 뿐입니다.

예술은 천재성과 기교라는 두 가지 요소로 구성되어 있습니다. 사람은 자신이 아무리 위대하다 할지라도 일을 할 수 있는 재료를 가지고 있어야 하며, 이 모든 재료의 전체는 감각을 통해 그에게 옵니다. 사람이 원래의 재능을 사용할 수 있는 모든 가능성은 이러한 경로를 통해 그에게 전달되는 정보의 정확성에 달려 있습니다.

위대한 예술가의 작품성 중 일부는 우주(삼라만상)에 대한 그의 관점에 달려 있습니다. 예를 들어, 티티안(Titian)이 보여 준 여성의 개념과 번 존스

(Burne-Jones)가 보여 준 여성의 개념 사이에는 엄청난 차이가 있지만, 이 차이는 바로 두 화가의 영혼의 차이며 그들의 눈은 똑같이 평범했습니다.

다른 두 화가인 J.J.헤너(J.J.Henner)와 외젠 카리에르(Eugene Carriere)를 예로 들어 보면, 우리는 이 두 경우 모두 예술가의 관점에서 매우 개성적이거나 주목할 만한 것을 찾을 수 없습니다. 두 사람의 그림은 다소 관습적이긴 하지만, 그들은 그들의 예술을 매우 독특한 구성을 통해 독특한 캐릭터를 얻습니다. 헤너는 흐릿한 윤곽으로 모든 것을 보았고, 카리에르는 안개 속에서 모든 것을 보았습니다. 영혼과 감각의 구분이 충분히 명확해지기를 바랍니다. 그렇지 않다면, 시각 장애인이 될 수 있는 극단적인 경우를 예로 들 수 있습니다. 그가 아무리 위대하다 할지라도 그 고통은 마치 그가 죽은 것처럼 그의 그림을 멈추게 할 것입니다.

차트의 다른 어스펙트와는 상관없이 고통받는 달은 점성학의 나머지 부분에서 약속할 수 있는 모든 것을 사용할 수 있는 능력으로부터 한 사람을 차단한다는 점을 염두에 두어야 합니다. 비록 많은 곡물을 갈 준비가 되어 있어도 분쇄기가 작동하지 않는 곳에서는 식사가 제공되지 않습니다. 태양이 너무 심하게 괴로워하면 생명이 끊어져 그 본래의 성질이 결코 발전할 수 없는 것처럼, 달의 어떠한 고통도 작동을 위한 잘못된 조건으로 인해 이러한 성질을 억제합니다.

구체적인 예를 들어, 선천적인 바보의 실제 점성학 차트를 봅시다. 태양과 달은 그를 영적으로 밝고 빛나게 할 해왕성에 트라인을 맺고 있고, 목성은 행운의 결혼을 의미하고 있는 일곱 번째 하우스에 있고, 그리고 화성과 컨정션된 금성은 그를 격렬하게 열정적으로 만들 것입니다. 그러나 달 때문에 이러한 것들 중 어느 것도 발달하지 못했는데, 그 이유는 매우 심한 고통을 받고있는 달 때문이며, 달 때문에 감각신경 중추를 충분히 괴롭혔기 때문입니다. 달은 감각신경 중추의 어떠한 진짜 충동이 밖에서 그의 자아에 도달하는 것을 막을 수 있습니다. 완벽을 기하기 위해서는 모든 것이 협력하여 함께 잘되어야 합니다. 타이타닉호의 복잡한 기계들과 엄청난 엔진 출력은 그 선체에 상처가 났을 때 아무 소용이 없었습니다.

달의 영향은 부분적으로 다른 행성들보다 더 빠르게 움직이기 때문에 우리의 삶의 더 많은 어스펙트를 형성하게 되어 사소한 사건, 상황, 변화 및 일상생활의 모든 행동을 나타내는 것으로 밝혀졌기 때문에 달의 영향력을 길게 설명하였습니다. 따라서 달은 평범한 남녀들이 흥미로워하는 일상적인 사건들에 대한 관심이 있습니다. 우리는 태양과 행성들의 거대하고 광범위하고 획기적인 사건들에 대해 위대한 존재로 바라봐야 합니다.

훗날 저자는 태양과 행성들을 더욱 철저하게 고찰하기를 희망합니다.

수성(MERCURY)

헤르메스라고도 알려진 '날개 달린 신들의 전령사'인 머큐리는 카두케우스(두 마리의 뱀이 지팡이를 감싸 몸을 웅크리고 거울을 들여다보고 있는 것)로 상징되며 태양으로부터 28도 이상 떨어지지 않습니다. 수성의 공전궤도는

87일, 23시간 동안입니다. 수성은 차갑고, 건조하고, 흙이 많고, 남성스럽거나 여성스럽고, 주행성 또는 야행성이며, 좋거나 나쁘고, 행운과 불운으로 여겨지며, 쌍둥이자리와 처녀자리의 별자리를 가지고 있습니다.

수성은 마치 수은이 변덕스러운 온도의 상승과 하락에 전적으로 의존하는 것처럼, 이 행성을 운명의 별(Star of Destiny)로 여기는 사람들의 기질도 마찬가지입니다. 우리는 그것을 연필로 비유할 수 있습니다. 연필은 똑바로 서기 위해 지지대가 필요하고 지지대가 제거되면 즉시 넘어집니다. 수성은 그것이 어떤 별자리와 하우스에 놓여 있든, 어떤 행성에 의해 둘러싸여 있든 간에 영향을 받습니다.

고대 신화에서 수성은 신들을 속이는 일을 즐기는 것으로 여겨졌고, 크든 작든 간에 이 행성은 인간의 일에 있어서도 같은 역할을 합니다. 그는 때때로 도둑의 신으로 불리고, 상인, 변호사의 신으로 불리기도 합니다. 그것은 자연스럽게 머큐리가 우호적인 어스펙트에 의해 지원을 받는지 아니면 수성의 영향으로 강하게 태어난 모든 사람의 행동의 동기를 되돌리도록 자극하는 것에 대해 디그니티가 떨어지는지에 달려 있습니다.

도둑들 사이에서도 솔직함이 있다는 말이 있습니다!

수성 태생의 순수한 타입은 키가 크고, 곧은 체형에 이마가 깊고, 코가 곧고, 입술이 가느다랗고, 좁은 턱, 가늘고 좁은 얼굴, 긴-팔, 손, 손가락, 허벅지, 다리, 발을 가지고 있습니다. 만약 수성이 동양적이라면 키가 더 작아지고, 안색과 성격이 더 낙천적이게 되는 경향이 있지만, 서양적이라면 더 날씬하고 얇고 창백합니다.

수성이 품위가 좋으면 정신은 강하고, 활동적이며, 영리하고, 기억력이 좋고, 온갖 종류의 지식을 추구하는 데 열심이며, 수성 성향이 강한 사람들은 말을 잘하며, 웅변이 뛰어나고, 재치 있고, 순발력이 뛰어나며, 성품이 유쾌합니다. 수성이 태양과 컨정션되어 있으면 학문보다 상업에 더 적합한 사람이 됩니다.

만약 수성이 품위가 나쁘고 심한 고통을 겪는다면 그 수성은 비열하고 회피적이고, 원칙이 없는 성격이 될 것입니다. 심지어 거짓말쟁이, 도둑, 소문을 퍼뜨리는 사람, 도박꾼이 되기 쉬우며, 어떤 종류의 유용한 지식이나 능력이 전혀 없으면서, 매우 자만심이 강할 수 있습니다.

만약 수성과 토성이 어스펙트를 맺고 있지 않는 경우, 수성의 태생들은 구체적으로 생각하지 않고, 약속을 이행하는 것이 무엇을 의미하는지에 대해 신중하게 고려해 보지도 않고 약속을 해 버리는 우를 범하지 않아야 함이 매우 중요합니다.

또한 새로운 프로젝트나 개인 인터뷰를 시도하기 전에 가능한 한 완벽하게 시각화하는 것이 매우 중요합니다. 이렇게 하면 효율성이 50% 더 증가하고 당혹스러움과 비용이 발생하지 않을 수 있습니다. 그들은 다른 사람들도 자기 자신만큼 솔직하지 않고, 진실하지 않다는 사실을 깨닫기가 어렵기 때문에, 그는 다른 사람들을 너무 믿고, 낙천적으로 행동함으로써 실수를 저지를 위험이 있습니다. 그러므로 그들이 너무 믿음이 가지 않고 심지어 사업 거래를 하는 사람들이 신뢰를 받을 만한 가치가 있음이 입증될 때까지 거래하는 사람들을 지켜보는 것이 현명할 수도 있습니다.

이런 유형의 사람은 집중력, 체계성, 지속성보다는 마음의 영감, 번뜩이는 생각이 필요한 곳 또는 차라리 빠른 행동이 필요한 곳에서 더 큰 성공을 거둘 것입니다.

수성은 기억, 언어, 콧구멍, 손, 발, 폐, 그리고 신경의 사고 중심을 지배합니다. 그의 질병은 결과적으로 현기증, 뇌졸중, 뇌경색, 말더듬이, 코나 머리의 후두증, 신경성 기침, 쉰 목소리, 손과 발의 통풍이 있습니다. 많은 정신 질환들은 고통받는 수성으로부터 비롯됩니다. 레귤루스(Regulus)의 말을 인용해 봅니다.

"이 행성은 의심할 여지 없이 인간의 신경력과 정신 능력의 주요 지배권을 가지고 있습니다. 태어날 때 수성이 강하고 잘 지원을 받았으면, 이 수성 별자리의 태생들은 좋은 선택을 할 수 있도록 이끌려, 그들은 지적이고 문학적인 면에서 뛰어나게 됩니다. 그러나 태어날 때 심하게 고통을 받았으면, 이 수성 별자리의 태생들은 성격이 비열하고, 원칙이 없으며, 속임수와 간교함으로 가득 차 있으며, 거짓말을 조장하는 사람, 사기꾼, 위조범 및 도둑이 될 것입니다."

수성은 모든 행성 중에서 가장 민감합니다. 금성과 달은 더 쉽게 영향을 받는 것이 사실이지만, 그들에게 더 나은 용어는 'impressionable(감수성이 예민한)'입니다. 수성은 풍향계가 그러하듯이 모든 인상에 반응합니다. 이는 모든 인상의 수용과 반영(반사)는 매우 다릅니다. 조금 다른 언어로 수성은 더 수동적인 행성들처럼 싸인에 의해 수정되지 않습니다. 오히려 그를 흥분시켜 특별한 의견을 표현하도록 합니다. 수성은 우리가 이미 지적했듯이 정신입니다. 정신의 내용은 정신의 음식에 의해 결정되지만, 서로 다른 정신들은 동일한 음식을 전혀 다르게 취급합니다.

뉴턴 이전에 수천 명의 사람이 사과가 나무에서 떨어지는 것을 보았지만, 그들의 유일한 충동은 사과를 먹는 것이었습니다.

수성에 대한 적절하고 최선의 영향력은 토성입니다. 더 심오한 지혜에 대한 지도를 받을 수 있도록 하는 토성의 꾸준한 관심이 없으면 수성은 경박하고 허영심이 많아질 수도 있습니다. 수성이 품위가 좋은 비너스에 의해 압도되었을 때, 그 정신적인 특성은 복종적이고 노예적으로 변하여 수성 별자리의 태생에 대해 사람들은 "그는 자신의 생각이 없다."라고 말할 수 있습니다.

다시 말하자면, 온도계의 수은이 온도에 따라 오르락내리락하는 것처럼, 수성은 여전히 수성이므로 어떤 측면이 존재하더라도 행성의 본질적인 특성을 바꾸지 않을 것입니다. 기억해야 할 주요 포인트는 정신적 지배자의 섬세한 감수성과 그에게 만들어진 인상은 밀랍 위의 봉인(직인) 같은 것이 아니라 대기의 변화 때마다 수은 기둥의 오르내림과 같다는 사실입니다.

이 행성 아래에서 강하게 태어난 사람들의 지식에 대한 열망, 변화에 대한 열망, 그리고 범세계적인 정신은 그들에게 방랑하게 하는 욕망을 느끼게 할 것이고, 결과적으로 많은 여행을 하고 많은 변화를 만들어 낼 것입니다.

그들의 예민한 직관과 사람들이 무슨 말을 하려는지 감지하는 능력은 종종 대화를 방해하고 주제를 너무 빨리 바꿔서 때때로 그들을 따라가기가 어렵게 만듭니다. 그들의 호기심 많은 본성이 사소한 일에 호기심을 유발하는지 아니면 더 중요한 일에 호기심을 유발하는지 여부는 모두 그들의 환경과 정신 발달에 달려 있을 것입니다.

그들은 그들의 안정성과 너무 쉽게 지루해하는 경향은 그들 자신의 변덕스러운 성격에 의한 것이며, 사람이나 환경의 잘못이 아니라는 것을 깨달아야 합니다. 결단력 부족과 주의를 딴 데로 분산시키려는 경향이 그들의 두드러진 2가지 특징들인데, 이것은 그들의 영구적인 성공을 방해할 수 있습니다.

이러한 사람들의 정신은 결코 안정되어 있지 않으며, 그리고 그 이유로 그들은 보통 사람보다 더 많은 수면과 신선한 공기를 필요로 합니다. 그들은 너무 지나치게 내성적이지 않도록 경계해야 하며, 가능한 한 정신적인 생각을 하는 사람들과 많이 어울려야 합니다.

학생들은 쌍둥이자리와 처녀자리가 그의 운명의 별(Star of Destiny)인 수성을 가진 사람이 뛰어난 사람이 될 수 있는 것을 확인하기 위해 그것에 해당하는 직업을 참조하십시오.

■ 금성(VENUS)

'사랑과 미의 여신'인 아프로디테 또는 비너스는 태양으로부터 48도 이상 떨어져 있지 않으며 그 공전주기는 224일 7시간 동안입니다. 금성은 여성스럽고 야행성이며 온화한 행성으로 '소운'으로 간주되며 황소자리 또는 천칭자리에서 태어난 사람들의 운명의 별입니다.

언뜻 보기에는 금성과 '대운'으로 여겨지는 목성의 작용을 구별하기 어려워 보일 수도 있습니다. 둘 다 광범위한 진동과 이타적인 진동을 나타내지만, 목성의 시스템은 태양계의 다른 극단인 해왕성과 함께 혼의 발산에 더 가까이 방출되는 것처럼, 금성은 태양의 보조적인 역할을 하는 시녀이며 결과적으로 생명력과 연결되어 있습니다. 따라서 금성의 이타주의는 일반적으로 조용하고 관습적이며 종종 이기적인 의미에서의 사랑을 의미합니다. 금성의 확장성은 종종 자기 보존의 본능과 관련된 어떤 목적을 얻기 위해 단지 친화적인 것일 수도 있습니다. 그리고 마지막으로 금성은 전적으로 목성보다 더 개인적이고 더 물질적입니다. 행성의 물질이 많을수록 더 영향을 받기 쉽습니다. 더 광대한 행성들은 황도대의 스트레스에 의해 근본적으로 방해받지 않습니다.

예를 들어 천왕성은 물질보다 신비로운 존재이지만 천칭자리처럼 양자리에서도 같은 방식으로 작동하는 반면, 쌍둥이자리의 금성은 사수자리에 있는 금성과는 완전히 다르게 작동합니다. 순수한 금성 유형은 일반적으로 우아하게 형성되고 매우 아름답습니다. 반짝이고 어둡고 담갈색의 눈을 가지고 있으며, 둥글고 부드러운 얼굴, 옅은 밤색 머리카락, 뺨이나 턱의 보조개, 욕망을 나타내는 방황하는 눈, 달콤한 목소리와 매우 매력적인 연설을 가지고 있습니다.

보들레르가 말한 것처럼 기쁨의 선물이 '요정들의 모든 혜택 중 가장 총명하고 희귀한 것'이라면 비너스의 성향이 강한 태생들은 그의 동료들보다 더 뛰어난 재능을 가지고 태어났을 것입니다.

그러나 이 행성은 금성의 성향이 강한 태생들에게 위의 모든 특성을 부여하는데, 기여할 수 있는 영향력의 크기 정도는 별자리, 하우스, 어스펙트와 관련된 금성의 위치에 의해 주로 크게 좌우된다는 것을 기억해야 합니다. 예를 들어 만약 금성이 어센던트에 있거나 목성과 우호적인 어스펙트에 있다면 아름다움을 향상시키고, 반면에 금성이 어센던트나 다른 어떤 행성과도 우호적이지 않은 어스펙트라면 아름다움을 손상시킬 뿐만 아니라 캐릭터의 조화를 방해하는 경향이 있습니다.

금성은 심지어 최상의 상태일 때조차도 하나의 쾌락을 사랑하고, 다소 피상적이며, 가장 적은 저항의 노선을 따르는 경향이 있습니다. 희생을 감수하고 큰 성취에 필수적인 힘든 일을 하는 것을 꺼립니다. 이 사람들은 세상의 애호가(호사가)이며, 이것저것 또는 다른 것에 손을 댑니다. 그들에게는 대부분의 사람보다 '필요는 발명의 어머니'이며 그들은 종종 너무 운이 좋아서 운이 좋지 않습니다.

심하게 고통받는 비너스는 종종 이 태생들을 방탕하게 하고, 나태하게 하고, 부끄러움을 모르고, 완전히 방종하고, 모든 종류의 욕망과 타락에 개방적으로 만들 것입니다. 그러나 원칙적으로 이 금성 별자리의 태생들은 온화하며 마음 상하게 할 싫은 소리를 하지 못합니다. 그들의 죄는 하지 말아야 할 것을 하고, 해야 할 것을 하지 않는 죄입니다. 그들이 세상의 눈으로 볼 때, '깃털이 같은 새들이 함께 떼를 지어 모인다(Birds of a feather flock together, 유유상종)'는 사실을 깨닫는 것이 좋을 것입니다. 따라서 친밀한 사람을 선택하는 데 있어서 신중함을 보여 주는 것이 가장 중요하다는 것을 깨닫는 것이 그들에게 좋을 것입니다.

금성의 태생들에게 가장 중요한 특징으로, 지배적인 영향력을 발휘하여 호의적이고 친절하고, 그리고 후원하는 방식은 많은 행운이 주어질 것입니다. 그는 삶의 길을 쉽고 즐겁게 만드는 데 도움을 줄 강력한 친구들을 갖게 될 것입니다. 그것은 종종 높은 지위에 있는 사람들 또는 심지어 높은 직함을 가진 사람들과의 우정이나 친밀감을 가져옵니다. 사랑의 요소는 운명에 매우 중요한 역할을 할 것이고 직간접적으로 많은 행복의 원천이 될 것입니다. 자기 자신을 기쁘게 하는 자신의 사랑은 자연스럽게 다른 사람들로부터 친절과 배려를 끌어당기기 때문에 자신의 것처럼 선물과 호의는 다시 그들에게 쏟아질 것입니다.

금성의 태생으로 강하게 태어난 사람들은 샬롯 큐슈만(Charlotte Cushman)처럼 느낄 수 있지만, 그녀는 자신이 세상을 지배하고 있었음에도 불구하고 한 남자에 대한 헌신을 즐기지 못했기 때문에 자신의 삶이 실패했다고 생각했습니다. 그들은 너무 이른 결혼으로 인해 서둘러 결혼하고 후회할 위험에 처했다는 것을 깨달아야 한다고 말했습니다.

"Marry in haste, repent at leisure(급하게 결혼하고 시간 날 때 후회한다)."

일반적으로 이런 사람들이 28~30세 이전에 결혼 계약을 맺게 될 때 강한 동기부여가 되는 힘은 일반적으로 성에 의한 것이고, 결과적으로 이런 육체적인 끌림이 사라지면, 그들의 동반자 관계를 지속적으로 유지할 수 있는 것은 아무것도 없습니다. 더 성숙한 정신은 지속적인 결혼생활을 하기 위해서는 무엇보다도 먼저 진정한 동반자 관계, 취향의 동질성 및 정신적 이해가 있어야 한다는 것을 깨닫게 됩니다.

금성이 황소자리와 천칭자리의 별자리에 대한 영역을 차지하고 있기 때문에 금성에 대한 자세한 정보를 위해서는 이 별자리 중 하나를 참조하는 것이 좋을 것입니다. 금성은 보석, 향수, 겉만 번드르르한 것들, 파스텔 색조뿐만 아니라 형태적인 아름다움, 정물적인 아름다움을 지배합니다. 결과적으로 이 행성을 운명의 별로 가지고 태어난 사람들은 눈에 띄는 장식으로 과도한 표현을 나타내는 경향이 많습니다.

그러나 그들이 다이아몬드, 에메랄드, 루비를 선택하고, 섬세한 향수의 은은한 향기를 풍기고, 세련된 심포니 색상으로 옷을 입고 전체를 조화롭게 만들 것인지, 아니면 사향 향수의 구름을 내뿜고, 극단적인 색상의 옷을 입고, 겉만 번지르르한 싸구려로 장식할 것인지는 모두 그들의 훈련과 환경에 달려 있습니다. 일반적으로 후자의 장식은 대개 '크리스마스 트리'처럼 보입니다.

화성(MARS)

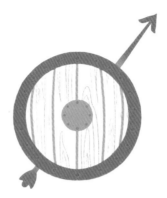

화성은 하늘에서 목성보다 앞서 있는 행성으로 1년 321일 32시간 만에 그 공전 과정을 수행합니다. 이 행성은 뜨겁고, 건조하고, 불같고, 담즙이 많고, 야행성이고, 폭력적인 행성으로, 토성이 '대 흉성(great-in-fortune)'인 것처럼 화성은 '소흉성(less-in-fortune)'의 행성으로 불립니다.

화성은 염소자리 28도로 높이 솟아 있으며 양자리와 전갈자리의 별자리를 지배합니다. 당신의 출생에서 화성의 위치는 항상 화성이 작동하는 하늘의 싸인과 공간에 의해 지배되는 행동을 하도록 자극합니다. 화성의 빛깔은 불같고 화성이 근처에 있을 때 하늘은 불꽃이나 밝은 점처럼 보입니다.

일반적으로 화성이 관측되는 이 시기에는 날씨가 평소보다 따뜻하다는 것이 관측되며, 특히 만약 화성과 목성이 어스펙트를 맺고 있는 경우 더욱 그렇습니다. 살인사건은 화성이 지구와 가장 가까운 곳에 있을 때 더 빈번하고 더 잔인한 성격을 띠고 있습니다.

강도들과 무수한 재앙들은 화성이 역행할 때의 전체 기간에 나타나며, 특히 목성이 동시에 화성과 지구의 근처에 있고, 화성과 목성이 지구와 가장 멀리 떨어져 있는 지점으로 물러날 때 점차 줄어들 것입니다. 화성과 태양이 컨정션되었을 때도 화성은 거의 같은 효과를 내는 경향이 있습니다.

진정한 화성인의 타입은 강건하고 체격이 좋으나 키가 작고, 뼈가 앙상하고, 근육질이며, 피부가 붉고, 날카로운 담갈색의 눈동자, 얼굴이 붉고, 폭력적인 얼굴, 밝은 갈색, 금발 또는 붉은 머리카락입니다. 화성이 떠오르면 머리카락은 종종 금갈색인 경우가 많고 머리나 얼굴에서 흉터가 자주 발견됩니다.

화성이 품위가 있을 때 화성의 위엄은 겁이 없고, 폭력적이거나 분노하기 쉬울 때, 또는 불성실하거나, 전쟁과 논쟁을 좋아하겠지만, 이러한 면에서 신중하고 이성적이며 심지어 관대하고 너그럽습니다.

화성이 품위가 떨어지면, 화성은 폭력을 휘두르기 쉽고, 다툼, 배신, 강도 및 다양한 종류의 잔인함과 사악함을 일으키기 쉽습니다. 화성인들의 진정한 성향은 분노, 폭력 그리고 언뜻 보기에 싸움과 장난을 치고 싶어하는 열망입니다. 그들은 보편적인 복종심을 기대하며 종종 관대하고 아량이 있으나 친절하거나 사교적인 경우는 거의 드뭅니다. 이러한 성향은 다른 행성과의 어스펙트가 이 화성의 영향력을 매우 크게 물질적으로 변화시키기 때문에 거의 볼 수 없습니다.

화성은 양자리와 전갈자리의 별자리가 지배하는 신체 부위를 다스립니다. 예를 들어 머리와 얼굴, 그리고 위, 신장(콩팥), 무릎, 또한 사타구니, 방광 및 생식기 그리고 심장, 목 및 순환계입니다.

화성의 영향으로 태어난 사람들에게 가장 위협적인 질병은 염증성 질병이며 특히 얼굴이나 장기를 괴롭히는 경우 상처나 화상으로 인한 질병입니다. 모든 종류의 종양, 종기 및 열, 천연두, 치통, 두통, 당뇨병, 배뇨 통증,

황달, 홍역, 대상 포진, 열성 발진 등도 이 행성이 일으키는 고통입니다.

화성은 단순히 육체적인 힘을 나타내며 이것이 건설적인 방식으로 활용되는지 여부는 전적으로 개인에게 달려 있다는 것을 명심해야 합니다. 그것은 화성인들에게 활력, 용기, 격려 및 야망을 제공하거나, 그를 비합리적이거나 편협하고, 어떠한 결정을 너무 성급하게 내릴 수 있게 하고, 위험하거나 무모한 태도를 취하게 만들 수도 있습니다. 이러한 화성의 성향이 밖으로 드러나면 반감을 사고 적대감을 드러내고 가장 바람직하지 않은 그의 자질을 드러내게 되는 것입니다. 전형적인 화성인들이 행복하려면 그는 '사업으로 가득 차 있어야' 하며 자신이 장애물을 정복하고 극복해 내고 있다고 느껴야 합니다. 그는 너무 쉽게 화를 내는 것과 싸움을 걸려고 하는 마음을 피해야 합니다.

화성은 발열과 갑작스러운 질병의 발병을 유발할 뿐만 아니라 대부분의 사고를 유발합니다. 화성의 빠르고 예상치 못한 작용으로 인해 사고를 피하는 것이 더 어려울 수 있지만, 많은 사고는 평정심을 유지하고, 성질을 고르게 유지하며, 혼란스럽거나 멍한 상태가 되지 않음으로써 피할 수 있습니다.

토성이 때때로 지나치게 많은 주의나 자기 성찰들이 성취를 이루는 데 방해하는 것처럼, 화성은 명확한 계획을 세우는 데 실패함으로써 같은 효과를 가져올 수 있습니다. 화성인의 행동은 충분한 숙고와 시각화가 선행되지 않는 한 헛될 것이기 때문입니다. 행동은 지혜롭게 지시된 생각에서 진행되지 않는 한 인내력이 없습니다. 그러므로 본인은 자신의 행동 방침을 명확하게 생각할 시간을 가져야 하며 충동적으로 행동해서는 안 됩니다.

그가 화를 내거나 원한을 자비로 누그러뜨리려고 할수록, 다른 사람의 결점에 대해 더 공감하고 관대해질수록 그의 성공과 인기와 행복은 더 커질 것입니다. 국가의 일처럼 '펜이 칼보다 강하다'는 것과 같이 개인의 삶에서도 강요보다는 조언과 인내가 더 강합니다.

학생들은 양자리와 전갈자리의 별자리에 나열된 직업들을 참조하여 화성을 지배적인 영향력으로 태어난 사람들이 뛰어난 능력을 발휘할 수 있는 직업들을 확인하십시오. 화성은 철과 날카로운 도구를 지배합니다. 그러므로 금속 노동자, 목수, 이발사, 정육점 주인 그리고 군인, 군무원, 외과의사, 화학자, 치과의사 등 모두 화성인에게 가장 적합한 직업에 포함될 것입니다.

■ 목성(JUPITER)

목성은 토성의 인접한 궤도에 있으며 아름답고 맑은 밝기를 가지고 있습니다. 목성의 공전주기는 11년 314일 12시간 20분 9초입니다. 목성은 열정적이고, 촉촉하고, 비현실적이고, 낙천적이고, 남성적이며, 친절하고, 유익하고, 사회적인 행성으로 여겨지며, 공정, 정의 및 절제의 행성으로 간주됩니다. 목성은 'Greater Fortune(더 큰 행운)'으로 알려져 있으며, 불의 별자리인 사수자리를 지배합니다. 그의 엑젤테이션은 게자리의 15도입니다.

네이탈 차트에서 목성의 영향 아래에서 태어났을 때, 그는 키가 크고, 잘생겼으며, 곧고, 행동이 자유롭고, 균형이 잘 잡히고, 건강하고, 혈색이 좋고, 냉정하고, 위풍당당한 모습을 가지고 있으며, 타원형 얼굴, 높은 이마, 완전한 회색 또는 파란색의 눈을 가질 것입니다. 부드럽고 두꺼운 갈색 머리, 넓은 가슴, 긴 발, 그리고 그의 태도는 확고하고 솔직할 것입니다. 그러나 우리는 순수한 목성의 유형을 발견하는 경우는 거의 없습니다.

만약 네이탈 차트에서 목성이 품위(dignified)가 있다면, 목성의 영향을 받고 태어난 사람은 현명하고, 관대하며, 쾌활하고, 상냥하고, 정의롭고, 선량하며, 태도가 온화하고, 행동이 절제되고 공정하며, 종교적인 성향이 강할 것입니다. 그리고 목성이 네이탈 차트에서 품위가 떨어지면 방탕하고, 무관심하고, 자만하고, 부주의하고, 능력이 낮고, 쉽게 방향성을 잃고, 종교에 광신할 것입니다. 그는 사치에 너무 의존할 것이고, 게으르고, 지나치게 방종하는 경향이 있을 것입니다.

목성의 진짜 성격은 사람이 정의롭고 선한 본성이며, 자유를 사랑하는 사람으로 만들고, 나쁜 행동을 하거나 음모를 꾸미는 데 가장 불편한 성향을 나타내며, 일반적으로 목성 성향이 강한 사람들은 어떤 상황에서도 결코 나쁜 행동을 할 수 없습니다.

그의 잘못은 죄를 짓기보다는 실수에 가까우며, 목성은 종종 자신이 가장 큰 적입니다. 당신의 늠름한 외모와 솔직한 표정은 당신이 다른 사람들의 신뢰를 누리게 하며, 모든 사람에게 목성은 사회에서 모두가 행복하고 안정감을 느끼게 합니다. 누군가가 이 유익한 행성의 영향을 강하게 받게 된다면 성공 가능성이 커지고, 조금이라도 덜 호의적인 어스펙트에서는 위협적인 징후를 완화하는 데 도움이 됩니다. 그것은 실행력이 더해지고, 공감대가 넓어지며, 판단력을 타당하게 하고, 남다른 비전을 제시해 줍니다.

목성은 종종 '지각의 시간(아슬아슬하게 고비를 넘긴다)'의 친구라고 불리며, 목성의 빛 아래에서 강하게 태어난 사람은 항상 자신에게 닥칠 수 있는 어떤 불행도 견딜 수 있는 힘을 갖게 될 것입니다. 그는 고통을 통해 얻은 경험이 그만한 가치가 있다는 것을 나중에 깨닫게 될 것입니다.

"지혜에는 왕도가 없다."

네이탈 차트에서 목성 성향이 강한 사람들에게 인생에 있어서 가장 큰 불행은 어떤 문제를 강요하거나 자연스럽게 오는 기회를 활용하지 못한 결과로 올 것입니다.

목성은 폐, 간, 정맥, 혈액 및 모든 내장을 다스립니다. 이 징조는 선천적으로 타고난 질병이나, 목성과 상호관계에 있어 과다한 습관으로 인한 질병이나 유전적인 요인에서 발생하는 질병입니다. 네이탈 차트에서, 특히 토성에 의해 고통을 받고 있다면 간에 무리를 주지 않도록 하고, 노폐물이 자유롭게 제거되도록 하기 위해 각별한 주의가 필요합니다.

목성이 있는 별자리와 또한 그가 태어날 때 차지하고 있는 목성의 하우스는 네이탈 차트에서 가장 큰 행운을 가져다줍니다. 당신의 네이탈 차트에서 목성의 지배적인 영향력으로 태어난 경우 탁월한 직업을 확인하기 위해 사수자리 별자리의 직업들을 참조하십시오.

목성은 지혜의 상징이자 우리 태양계의 가장 큰 행성이기 때문에 자연스럽게 인간은 물론 존재하는 모든 것에 강력한 영향력을 행사합니다. 그러나 그 효과는 다른 행성에 대한 목성의 별자리와 어스펙트에 의해 매우 많이 바뀌게 됩니다. 예를 들어, 목성이 화성에 대한 어스펙트가 있다면 엄청난 실행 능력을 제공하고, 그 영향력에 있어서도 토성에 대한 어스펙트보다 영향력이 조금 더 웅장할 것입니다.

일반적으로 목성과 토성은 정반대라고 할 수 있습니다. 토성은 수축하고 보존합니다. 목성은 확장하고 소비합니다. 토성은 이기주의이고 목성은 이타주의입니다. 종교적 상징에서 토성은 여호와입니다. 목성은 창조의 본능, 관대함과 환대 그리고 일반적으로 종교적 감정의 본능입니다. 목성은 우주에서의 이러한 자질들을 인간에게 주어진 것인 '행운'을 상징하게 됩니다. 그러나 이 범위와 관련하여 목성의 행동은 해왕성과 천왕성의 어스펙트에 크게 좌우됩니다. 이러한 행성들이 더 미묘한 영향력을 주지 않는 한 좋은 목성은 사업이나 작업에서 행운을 가져다주는 역할에 지나지 않을 것이며, 목성의 성격을 고상하고, 관대하며, 느긋하게 만드는 데 기여할 것입니다.

세 명의 강력하고 열정적인 시인인 쉘리(Shelley), 보들레르(Baudelaire) 및 스윈번(Swinburne)은 화성과 목성이 컨정션으로 태어났습니다. 그들은 불의 강도와 관련하여 그들 스스로 동급에 있습니다. 그들은 어떤 면에서는 다른 사람들보다 진정으로 대단하지 않을 수도 있습니다. 하지만 이 한 가지 면에서 그들은 모두를 능가합니다. 즉, 그들을 집어삼킬 것 같은 불꽃 같은 광채라는 점입니다.

종교계에는 12세기 동안 유럽을 지배했던 권력을 무너뜨릴 만큼 강력한 마틴 루터가 있습니다. 우리에게는 J.P.Morgan(J.P.모건)이 있었고, 여전히 J.D.Rockefeller(J.D.록펠러)는 금융 분야에 있어서 미국의 모든 사람 중에서 가장 지배적인 인물이며, 그들은 전체적으로 화성과 목성의 컨정션 효과의 두드러진 예로서 가장 건설적인 인물입니다.

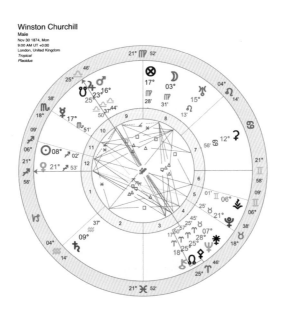

정치 분야에서 크루거(Kruger)는 트란스발 공화국을 건설하여 영국의 무장 세력인 40만 명의 군인들과 6만 명의 농부들을 상대로 3년 동안 저항할 수 있을 정도로 강력하게 통치했습니다.

또한 영국이 현세대에 배출한 사람 중 가장 성공한 정치가 중 한 명인 윈스턴 처칠(Winston Churchill)도 있습니다.

금성의 부드러운 섬세함과 아름다움은 목성의 넓은 시야, 힘, 그리고 자비와 잘 어울립니다. 그러나 이러한 행성들이 제3의 행성에 의해 더 강건하고 확고한 성격으로 강화되지 않는 한 부드러움에 대한 경향이 있으며 그것을 예술로 표현하게 되면 전적으로 칭찬받을 만하지만, 만약 삶에 적용된다면 그 시련의 가혹한 조건에 적합하지 않을 수 있습니다.

목성과 금성의 어스펙트에서 가장 위대한 사람들은 항상 천왕성, 화성, 태양 또는 토성과 같은 제3의 행성들에 의해 어느 정도 강한 영향력을 가지고 있다는 것을 항상 발견할 것입니다.

이러한 제안들은 학생들에게 다양한 행성과 그 어스펙트를 해석할 수 있는 지적인 수단을 얻기 위해 모든 행성이 어떻게 결합되어야 하는지에 대한 힌트를 제공하기에 충분할 것입니다.

■ 토성(SATURN)

토성은 천왕성과 해왕성을 제외하고 모든 행성 중에서 태양으로부터 가장 멀리 떨어져 있습니다. 그는 29년 167일 5시간 만에 토성의 한 주기 동안의 혁명을 마칩니다.

천왕성과 해왕성은 매우 영적인 힘이 있습니다. 그들은 매우 강력한 영적 힘이 있기 때문에, 우리는 인간을 천재로 만드는 그런 자질을 천왕성과 해왕성에서 찾는 것입니다. 우리는 토성 하나만으로 독특하고 개성적인 특성 이상을 만들어 낼 것이라고 기대해서는 안 됩니다. 고립된 해왕성과 천왕성은 하늘 전체의 위엄이 있는 토성보다 천재에게 훨씬 더 큰 의미가 있습니다. 그러한 조합은 영혼과 인격에 부수적일 뿐입니다. 해왕성은 가장 깊은 의미에서 "그 사람은 누구인가?"라는 질문을 던지면, 천왕성은 "그 사람은 왜 그럴까?"라고 대답합니다.

"그의 진짜 목적은 무엇인가?" 토성과 다른 행성들로부터 우리는 단지 "그 사람은 어떻게 살 것인가?"라는 질문에 대한 대답만을 얻습니다.

이러한 이유로 점성가는 토성을 고려할 때 사람에 대한(on the man) 행성의 작용에 더 많이 몰두하고, 사람에 있는(in the man) 행성의 작용에 덜 신경을 쓸 것입니다. 그러나 먼저 이 작은 단계를 고려합시다. 어떤 사람의 토성 부분은 그의 지혜를 나타냅니다. 즉, 그의 타고난 경험과 축적된 경험을 나타냅니다. 이와 관련하여 토성이 장애물과 지연을 초래하는 한, 그는 신중함과 주의를 의미하기 때문에 그렇게 합니다. 그의 힘은 또한 고립과 집중의 힘이기도 합니다.

첫째는 이전의 두 특성을 상황적 스트레스와 혼동하지 않는 것입니다. 그리고 둘째는 두 특성을 의지력으로 착각하지 않는 것입니다. 우리는 다양한 위치에서 행성의 영향을 연구함에 따라 정확한 의미는 더 명확해질 것입니다.

그러나 우리가 토성을 인간의 환경의 일부로서 행동하는 것으로 간주할 때, 우리는 그를 일반적으로 불행한 것으로 이름 붙일 수 있습니다. 토성은 '지연'을 의미하는데, 이것은 의지의 적이기 때문입니다.

"희망이 지연되면 마음을 아프게 한다."

토성은 시간 그 자체의 요소이며, 멜리아그로스(신화)의 장작을 까맣게 태우는 느린 불입니다. 토성은 나이와 그 모든 낭비되고 방해하는 것들의 힘입니다. 어떤 면에서는 이 두 가지 행동의 특성이 근본적으로 상반된다는 것이 관찰됩니다. 같은 힘이지만, 토성의 성격에서 인간의 에너지를 보존하는 것은 또한 일상적인 일에서 에너지가 관성의 제한적인 정체에 반대하기 때문입니다. 따라서 이 행성은 이 두 가지 요소에 크게 좌우되는 삶의 성공 정도를 결정하는 좋은 매개체입니다.

그러면 "강한 토성을 갖는 것이 더 좋습니까, 아니면 해를 거의 끼치지 않는 약한 토성을 갖는 것이 더 좋습니까?"라는 의문이 생깁니다. 답은 쉽습니다. 나약함은 항상 나쁘고 지연은 장기적으로 항상 나쁜 것만은 아닙니다. 더 큰 에너지는 두 개의 마른 막대기를 문지르는 것보다 두 개의 태양이 충돌할 때 더 큰 에너지가 생성됩니다. 사람이 크면 클수록 그가 넘어야 할 장애물도 더 크다는 것은 부인할 수 없는 사실입니다. 그런 장애물이 없는 천재는 상상할 수도 없습니다. 그래서 토성은 강할수록 좋습니다. 물론 토성의 어스펙트가 호의적이어야 한다는 것은 당연하지만, 의심할 여지 없이 토성을 데트리먼트나 폴에서 찾는 것은 좋지 않습니다. 그렇게 명백히 해로운 영향을 완화하려면 매우 좋은 어스펙트가 필요합니다.

인생의 생후 삼십 년, 그리고 육십 년 이후에 토성의 영향력은 가장 강력합니다. 이 점은 충분히 주의 깊게 주목할 수 있는데, 왜냐하면 평범한 인간의 삶 중에서 가장 활동적인 시기부터 토성이 세속적인 일에 미치는 영향은 물질적으로 영향을 주기 쉽습니다. 물론 경우에 따라서는 그 중요성이 상당히 크게 바뀔 것이기 때문입니다.

여기에서 간과해서는 안 되는 토성의 또 다른 매우 중요한 의미가 있습니다. 우리는 토성이 나이를 먹는 것, 죽음 등 모든 것의 힘이라고 말했습니다. 따라서 토성은 육체적인 차원에서 우울증, 말라리아(학질), 간질, 흑색 황달, 치통, 냉증, 카타르(인후부염증), 위축증, 안구건조증, 누공(상처로 생긴 구멍), 중풍, 뇌졸중, 수종 및 나병과 같은 감기 및 장애로 인해 발생하는 질병을 나타냅니다.

싸인은 인체의 특정 부위를 나타내므로, 황도대에서 토성의 위치는 신체의 어느 부분이 오한과 같이 혈액순환이 잘 안 되어 발생하는 질병이나 또는 배설 기능의 억제로 야기된 병원성 박테리아의 축적으로 인해 신체의 어느 부위가 가장 민감하게 반응할 것인지를 명확하게 보여 줄 것입니다. 따라서 양자리에서 토성은 카타르성(catarrhal) 염증의 위험이 있는 머리의 민감성을 나타냅니다. 결과적으로 청각장애는 종종 이 위치에 있는 태생들에게서 발견됩니다.

황소자리에서 질병은 아데노이드 성장, 편도선염, 디프테리아, 목의 분비선 부종이 발병되기 쉽습니다. 쌍둥이자리에서 위험은 기관지, 가슴 또는 폐를 통해 위험이 발생합니다. 이러한 제시들 중에서 당신은 토성의 고통이 암시하고 있는 건강에 대한 위협을 12가지 징후 중 어느 하나에서 쉽게 결정할 것입니다.

토성이 염소자리에서 태어나거나 또는 토성의 별자리를 지배하는 별자리에서 태어날 때, 그 삶은 훈련과 경험의 하나가 될 것입니다. 토성의 좌우명은 "십자가가 없으면 왕관도 없다(No cross, no crown, 고난 없이는 영광도 없다)."가 되어야 합니다. 토성 아래에서 강하게 태어난 사람들은 많은 것을 가질 것입니다.

토성 아래 강하게 태어난 사람은 참고 극복해야 할 것이 많습니다. 그러나 토성의 엄격함과 위엄은 큰 보상을 받을 수 있는 도덕적 힘을 줄 것입니다. 자기희생과 봉사가 삶의 핵심이 되어야 하며, 이 태생들은 토성의 본성을 빨리 이해하고, 더 기쁘게 받아들일수록 고통을 덜 받게 될 것입니다. 만약 그들이 삶의 중간에서 타격을 받는다면 그 충격은 덜할 것입니다.

실패가 그들을 낙담하게 해서는 안 됩니다. 그들은 '자신의 죽은 자아의 디딤돌을 딛고 더 높은 곳으로 올라가는 법'을 배워야 합니다. 토성은 나이가 들면서 이러한 태도들은 더 쉽게 나타날 것이고, 그들이 환경과 용감하게 싸웠다면 삶의 궁핍함은 물질적으로 부드러워질 것입니다. 그러나 만약 그들이 결국 자신들의 가시밭길이 장미꽃잎으로 흩뿌리듯 한 길처럼 진정으로 위대한 목표를 향한 길이라는 것을 깨닫지 못하고 투쟁 속에서 자신들이 패배하도록 내버려두게 된다면, 그들은 우울증에 빠져 삐뚤어지고 쓸쓸한 인생관을 갖게 될지도 모릅니다. 자신감과 용기가 그들을 지지하지 않을 때 비로소 그들은 실패한 사람 중 한 명으로 여겨질 수 있습니다.

그의 감방에 있는 은둔자는 그의 왕좌에 오른 왕만큼이나 환경의 주인이 될 수도 있습니다. 인내, 근면 그리고 내핍생활은 아마 더 행복한 행운을 가진 아이들의 더 분명하고 빛나는 특성만큼이나 그 아이들에게 확실하게 보상을 가져다줄 것입니다. 토성 아래에 있는 사람들은 삶을 너무 심각하게 받아들이지 말고 다른 사람들의 운명에 대해 너무 많은 책임을 떠맡지 않도록 경계해야 합니다. 그들은 자기 자신보다 선천적으로 더 낙천적이고 덜 진지한 사람들을 친구나 파트너 또는 비즈니스 동료로 선택하려고 노력해야 합니다. 왜냐하면 그러한 동료들과 함께라면 그들은 세상에서 더 큰 힘이 될 것이기 때문입니다.

토성이라는 아이는 "나의 풍요로움은 나의 재물의 풍부함이 아니라 내가 원하는 것이 거의 없는 것이다."라는 것을 느끼도록 노력하게 하는 것이 좋을 것입니다. 토성 아래에서 강하게 태어난 사람들은 인내심을 기르는 법을 배울 때까지는, 그들은 계속해서 장애물에 부딪히게 될 가능성이 큽니다. 그들의 성공은 일반적으로 많은 노력과 지연 후에 올 것입니다. 그들은 종종 실망을 겪을까 두려워 변화를 주기보다는 어려움을 견디게 될 것입니다. 그들은 대체로 진보적이고 낙관적이지만 오래된 관습과 조건에 집착합니다.

그들은 또한 노인들에게 동정심을 갖고 있으며, 그들이 나이가 들수록 그들의 감정에 공감할 것입니다. 그들은 사랑과 동정을 원하면서도, 그들은 자기 자신 안에 사는 성향 때문에 다른 사람들로부터 위로를 받기가 어려울 수 있습니다.

토성의 영향력은 종종 토성의 영향을 강하게 받고 태어난 사람들이 조류의 흐름이 자연스럽게 바뀌는 바로 그 순간에 포기하게 만드는 경향이 있습니다. 그리고 그들이 소심함과 자의식을 극복하지 않는 한, 그들은 그런 종류의 의도가 전혀 없었을 때 종종 마음이 상하게 될 것입니다. 토성은 장애물의 중요성을 강조하기 때문에, 그들은 기회를 놓치고 그들에게 좋은 기회가 오는 것을 막습니다.

토성이 결혼 관계 또는 비즈니스 파트너에 강한 영향을 미치는 경우, 파트너가 몇 년 더 나이가 들었거나 책임을 회피하지만 이익은 동등하게 나눌 것으로 기대하는 경향이 많습니다. 토성의 품위가 좋으면 출세를 하고 권력을 행사할 수 있는 위치에 오르게 되지만, 자신의 권위를 이기적으로 이용하게 된다면 몰락에 직면하게 됩니다.

나폴레옹의 워털루(Waterloo, 최종적 패배) 전투가 이 위치에 토성을 가진 사람들이 어떠한지를 보여 주는 인상적인 예입니다. 이 태생의 사람들은 언제든지 더 안전해 보일수록, 그들은 잘못된 행동을 취하지 않도록 더 신중해야 합니다. 그들은 자신이 신뢰하는 사람들의 최선의 이익을 무시해서는 안 됩니다. 그들은 권력에 대해 너무 야망을 품지 말고 그들이 가진 것을 즐기면서, 그들이 무엇을 성취하든 간에 그들은 여전히 더 많은 왕국을 정복하기를 원할 것이라는 걸 깨달아야 합니다. 토성의 영향이 강한 사람은 종종 부모를 통한 혜택을 거부하는 경우가 많으며, 보통 부모 중 한 명, 또는 두 명 모두를 삶에서 일찍 떠나게 합니다.

자수성가한 남자와 여자는 일반적으로 토성 아래에서 강하게 태어난 것으로 알려져 있으며, 그들의 초년의 노력에는 일반적으로 장애물과 지연이 수반됩니다. 그들의 성공은 보통 30세가 지나야 옵니다. 발달된 토성인은 항상 경제적이고 검소하며 낭비와 모든 과도한 사치를 자연적으로 싫어합니다. 그는 끈기, 인내, 시간 엄수 및 세부 사항에 대한 큰 관심을 통해 성공하기 위해 항상 노력할 것입니다. 그는 논쟁적이고 지나치게 비판적인 경향을 모두 극복하고 침묵의 가치와 명상의 지혜를 배웠습니다. 일생 동안 강력한 권력을 얻었거나 역사학자들에게 찬사를 받은 많은 사람은 이 행성의 자비로운 영향 아래 강하게 태어났습니다.

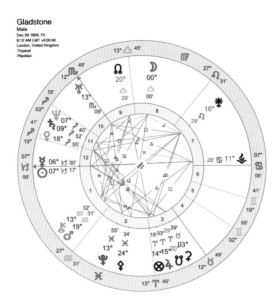

Gladstone
Male
Dec 29 1809, Fri
8:12 AM LMT +0:00:40
London, United Kingdom
Tropical
Placidus

　글래드스톤(Gladstone)은 토성의 유익한 영향 아래 강력하게 태어난 최상의 토성 본성을 보여 주는 대표적인 예입니다. 그는 권력을 사랑했고 야심적이었지만, 목성과 토성의 영향으로 그의 모든 행동은 정의와 결합하여 자비로 누그러졌습니다. 그는 자신을 신성한 도구로 여겼고, 영국 정부의 문제를 해결하는 데 특별히 적합하다고 생각했습니다. 그의 엄청난 자제력과 집중력은 그가 당대의 정치에서 중요한 역할을 가능하게 했습니다.

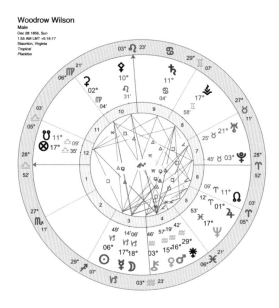

Woodrow Wilson
Male
Dec 28 1856, Sun
1:55 AM LMT +5:16:17
Staunton, Virginia
Tropical
Placidus

    우드로우 윌슨(Woodrow Wilson)도 이와 같은 자질을 많이 갖고 있었지만, 토성이 그의 달을 괴롭혔다는 사실은 의심할 여지 없이 그가 그의 희망을 실현하지 못했고, 결국 그의 죽음으로 이어진 그의 궁극적인 실패에 대한 책임이 있었습니다.

    발달되지 않은 토성인은 일반적으로 삶에 대해 매우 좁은 인생관을 가지고 있으며 속임수에 넘어가지도 말고, 속임수를 쓰려고도 하면 안 됩니다. 그리고 불우한 동료들을 이용하려고 하면 안 됩니다. 토성은 우리가 투입한 것에 대해서만 삶에서 얻을 수 있고, 정직하게 사는 것이 득이 된다는 것을 깨닫기 전까지, 이기적인 관점에서는 불행을 피할 수 없기 때문에 인과법칙에서 벗어날 수 없어 불행이 연달아 닥칠 가능성이 큽니다. 토성은 부식성, 방해, 지연성의 영향을 미칠 수 있지만, 이기적이지 않게 사용하면 확고하고, 구축하고, 건설적인 힘이 되기도 합니다.

비록 토성은 강한 자기 보호 의식을 가지고 있고 그 영향을 받은 사람들은 이기적으로 보이지만, 그들은 자신의 불행한 경험 때문에 더 고귀한 자질을 주는 많은 행성 아래에서 태어난 사람들보다 더 지능적으로 고통과 불운에 공감할 수 있습니다. 그러므로 우리는 토성의 선한 영향력이 우리가 우리의 가장 높은 목표에 도달할 수 있도록 해 주는 특성을 제공하는 반면, 토성의 해로운 영향력은 부주의, 무관심, 의심, 두려움을 부추기는 경향이 있으며, 그리고 종종 비겁함, 우울함, 게으름으로 이어지는 경향이 있다는 것을 깨달아야 합니다.

토성의 영향력 아래에 강하게 있는 사람들이 이 우울한 영향력을 더 높은 차원으로 승화시키지 않는다면, 그들은 매우 슬프고 외로운 노년을 보내게 되는 그러한 깊이와 수렁에 빠질지도 모릅니다. 심지어 자살로 생을 마감하게 될지도 모릅니다.

학생들은 토성을 운명의 별로 삼은 사람들의 훌륭한 직업을 위해 염소자리의 목록을 참조해야 합니다.

■ 천왕성(URANUS)

해왕성을 제외하고 가장 먼 행성인 천왕성은 1781년 3월 13일 월리엄 허셸 경에 의해 발견되었습니다. 천왕성은 약 7년 만에 황도대의 한 별자리를 지나고, 분당 250마일의 속도로 움직이며 84년 27일 만에 태양을 한 바퀴 돕니다.

이 행성은 발견되어 점성가들에게 알려지고 지금까지 겨우 146년 정도밖에 되지 않은 행성으로, 우리는 천왕성의 본질, 전기적 또는 자기장적 방출 또는 인간의 삶에 미치는 특별한 영향력에 관한 고대인들의 아무런 기록을 가지고 있지 않았습니다.

그러나 현대 점성가들은 그것의 일반적인 성질과 주요한 속성들을 꽤 명확하게 결정했습니다.

천왕성(또한 해왕성)에 관한 지식의 부족이 과거에 얼마나 당혹스러웠는지, 그리고 점성학적 계산을 하는 데 있어서 이 문제에 대해 얼마나 많은 어려움이 있었는지를 고려해 볼 때, 과거에 이 과학은 모든 학생이 수많은 어려움을 겪었다는 것은 놀라운 일이 아닙니다. 그럼에도 불구하고 너무 비이성적인 사람들이 있어서, 점성가에게 그들이 다른 누구에게도 요구하지 않는 것, 절대적으로 확실한 것을 요구할 만큼 매우 비합리적인 사람들도 있었습니다.

물병자리의 별자리에서 가장 큰 영향을 미치는 이 행성은 신비롭고 혁명적이며 관습에 얽매이지 않는 파격적인 행성이며, 천왕성의 영향 아래 강하게 태어난 사람들은 내면적이고, 잠재의식적이며, 마법 같은 의지를 상징합니다. 이 태생이 어느 때에는 천왕성의 본성을 주변 환경과 완전한 조화를 이룰 수 있으며, 그는 자연스럽게 자신을 '운이 좋은 사람'이라고 설명할 것입니다. 또 다른 때에는 자기 자신이 전혀 조화롭지 못하고 자신을 불행한 사람 중 한 사람으로 생각합니다.

물론 어느 쪽이든 현명하지 못하고 철학자로서는 가치가 없습니다. 그러나 다른 어떤 행성보다 천왕성이 가장 놀라운 변화를 일으킨다는 것은 의심의 여지가 없습니다. 때때로 그는 죽음을 초래할 수 있지만, 질병으로 인한 경우는 많지 않습니다. 그의 힘은 너무도 활력이 넘치고 겨우 커튼이 떨어지는 것만큼의 평범함을 가져오기에는 너무 화려하다고 말할 수 있습니다. 그가 죽음을 가져오는 경우, 그것은 일반적으로 재앙적이고 비극적인 종류의 죽음이지만, 직업상 중요한 사건들이 발생할 시기와 그 영향을 결정하는 데 있어 천왕성은 다른 행성들과 동등하지 않습니다.
해왕성의 영향은 너무 미묘하고 애매하기 때문에 그것이 비록 진정으로 더 심오할지라도 천왕성과 같은 방식으로 운명에 영향을 미치지 않습니다. 영혼의 비극은 보통 시인, 철학자, 신비주의자의 눈을 제외하고는 보이지 않습니다.

천왕성과 해왕성은 둘 다 반대 방향으로 움직이는 전초기지로 간주될 수 있으며, 따라서 그것들이 인류에 미치는 영향은 실제로 우리 태양계에 속하지 않습니다. 이러한 이유로 천왕성과 해왕성은 대개 생각과 행동 모두에서 대중과 반대 방향으로 가고 있습니다. 어떤 관습이나 패션의 유행이나 또는 아이디어가 유행할 때쯤이면 그것들은 그것을 넘어서거나 흥미를 잃습니다. 이전 장에서 다루었던 다른 행성들은 훨씬 더 구체적이고 그들의 행동에 있어서 예측이 가능했습니다. 그러나 아마도 이두 개의 더 큰 행성(천왕성과 해왕성)의 행동을 해석하는 데 있어 특정한 어려움에 대한 설명으로서, 그것들이 다른 행성들처럼 움직임에 있어서 그렇게 단순하고 일정하지 않다는 것을 예측하는 것이 유용할 것입니다. 때때로 그들은 더 높은 차원에서 또는 아직 발견되지 않은 행성들로부터 새롭고 다양한 힘의 유입을 받는다는 것을 상상할 수 있습니다.

그리고 만약 그렇다면, 우리가 순수하고 단순하게 점성학의 과학에서 아무리 많은 발전이 있다고 하더라도 그러한 원인과 혼란으로 인해 우리의 예측이 뒤죽박죽될 가능성은 항상 있을 것입니다. 이 가설은 이 두 행성이 이미 발견된 특성들에 의해 어느 정도 뒷받침됩니다. 그러한 경우우리는 주로 물질적인 면과 태양에 상대적으로 가까운 행성에서 살고 있는데, 우리는 천왕성의 움직임에 특유한 불확실성이 있으며 그 행동에 대해 까다롭거나 적어도 예측이 불가능하다고 하기 쉽습니다.

천왕성의 진동은 길이, 너비, 두께의 일반적인 범위를 초월하여 4차원으로 알려져 있습니다. 이것은 종종 운명의 행성이라고 불리며, 사람들이 그 영향 아래 강하게 태어날 때, 운명은 그들의 존재에 큰 역할을 한다는 것을 나타냅니다. 운명은 그 안에 신성한 무엇인가를 가지고 있는 개성을 부여합니다. 천왕성적인 사람들과 해왕성적인 사람들을 제외하고는 보들레르(Baudelair)의 "나는 상처와 강철, 나는 식당과 귀, 나는 팔다리이자 나는 바퀴, 희생자이자 사형 집행자"라는 놀라운 대사를 이해할 수 있는 사람은 거의 없습니다. 만약 우라니아인들이 운명의 아이들이라면, 그들은 또한 기회의 아이들입니다. 따라서 기회주의가 그들의 최선의 전략으로 나타납니다. 그들은 '여러 사람에게 여러 모양으로 태도를 바꿀 수 있는 것'이 될 수 있는 능력을 가지고 있습니다. 자유는 이 사람들에게는 필수적입니다. 그들은 마구(馬具)가 채워진 채 일을 할 수 없습니다. 그들은 다른 사람들의 어리석음으로 보이는 것에 반항할 것입니다. 그들은 이와 관련하여 자신의 생각을 너무 자유롭게 표현하는 것을 피하기 위해 뱀의 지혜를 사용해야만 할 것입니다. 넵투니아인들이 농가의 꿩인 것처럼 우라니아인들은 닭들의 무리 안에 있는 오리 새끼들입니다.

그들의 가족과 친구들은 그들을 가장 비현실적이라고 생각할 수도 있고, 반대에 너무 쉽게 분개할 수도 있고, 그래서 평범한 삶의 일들과 조화를 이루지 못하여 보통의 사람들과 조화롭게 협력하는 것이 어렵거나 불가능하다고 생각할 수 있습니다.

천왕성의 행동은 갑작스럽고 예상치 못한 일이며, 한때는 최소한의 기대에도 불구하고 큰 물질적 이익을 주었지만, 다시 너무 강한 독립성과 너무 큰 조바심을 유발했고 반대되는 일상적 또는 규정된 방법들로 동료들의 오해를 삽니다. 우라니아인들이 무저항의 법칙을 중요하게 여기는 법을 배우고, 우연히 일어나는 일은 없다는 것을 깨닫기 전까지는, 그들은 가장 특이한 일들을 경험하고 소외감을 겪으며, 이상하거나 심지어 기이한 존재로 여겨질 것입니다.

천왕성의 분위기는 매우 빠르게 변하고 때때로 매우 다르기 때문에 천왕성의 영향을 강하게 받고 태어난 사람들을 이해하거나 자기 자신을 이해하는 데 어려움을 겪을 수 있습니다. 그들은 각각의 기회를 최대한 활용해야 하며, 너무 앞서 생각하는 먼 미래의 확실한 계획들은 거의 세우지 말고, 한 가지 일로 하루씩 살아가야 합니다. 이런 것은 그들에게 많은 긴장감과 불필요한 실망감을 덜어줄 것입니다.

이 행성의 사명은 인류를 영적 지식의 진보된 상태에 있도록 준비하게 하는 것입니다. 그리고 사람들이 삶에 대한 열정에 있어 보다 비개인적이고 소유욕이 떨어지도록 만드는 것입니다. 만약 누군가가 마음에 안 드는 사람들과 살거나 너무 물질주의적인 사람들과 함께 사는 경우, 그것의 영향력은 반동적인 수 있습니다. 엑스레이와 마찬가지로 우라니아인들은 일반적인 사람들에게 불가능해 보이는 것을 꿰뚫어 보고 이해합니다.

이 이상한 행성에 동조하는 것처럼 보이는 직업이나 취미들은 진보적이고 독창적이며 탐험적이며, 인도주의적인 성격을 띠고 있습니다.

천왕성은 황도대에서 가장 덜 개인적이며 가장 보편적입니다. 결과적으로 인류의 개선을 위한 모든 노력은 그것의 진동에 강하게 반응하는 사람들에 의해 이루어집니다. 천왕성은 일정한 수입을 얻거나 부를 축적하는 데 도움이 되는 직업을 좋아하지 않는 것 같습니다. 이런 이유로, 그 영향을 받는 사람이 '운이 좋은' 상황이 발생하면, 불리한 시기에 대비해 현명한 준비를 해야 합니다. 이것은 이 행성의 좋은 시기에 번 돈이 거의 저축되지 않는 이유를 설명합니다. 그것을 가져오는 같은 조수(밀물과 썰물)가 그것을 가져갈 것이 거의 확실합니다. 그리고 성공적인 운영자는 월스트리트에서도 이 법칙을 염두에 두어야 합니다. 그가 손해를 보기 시작하는 순간은 대세가 바뀌었다는 신호이며, 당분간 아무런 행동도 하지 않는 것이 유일한 안전한 길입니다.

많은 점성가들, 과학 연구 종사자들, 투자자들 및 미지의 것을 연구하는 사람들은 이 행성의 영향을 강하게 받으며 태어납니다. 천왕성은 수성의 더 높은 옥타브를 나타내며, 가장 좋은 진동을 유발하기 위해서는 비개인적이고 편견이 없으며, 숨은 동기가 없어야 하는 것이 필수적입니다. 천왕성을 더 이상 보편적인 차원에서 작동하지 않고 개인적이고 사리사욕으로 행동하면 이 강력한 행성의 힘은 매우 파괴적이고 해롭습니다. 천왕성이 지배하는 별자리인 물병자리와 마찬가지로 천왕성은 보편적 인류애의 행성이며, 그것은 본질적으로 이 높은 꼭대기에 남아 있는 것은 필수적입니다.

천왕성 아래에서 고도로 발달된 본성은 위대하고 고귀한 것을 목표로 하고, 철학적 연구를 좋아하고, 강한 직관력을 가지고 있으며, 물질적인 것을 초월하려는 욕망을 가지고 있습니다. 그들은 개인적인 문제뿐만 아니라 국가와 인류 문제에 관해서도 공상적이고, 평범하지 않으며, 선지자적입니다.

간단히 말해서 그들은 비범한 캐릭터들입니다. 자연의 더 미세한 힘을 이해하지 못한다면 천왕성의 영향력은 사람을 괴팍하고, 돌발적이고, 무뚝뚝하게 만들고, 일반적인 사람들과 일상적인 일에 전혀 어울리지 않게 만들며, 구속받고 있다면 무모해지고, 완고하고, 심지어 반항적으로 만들고, 통제와 권위에 대한 큰 도전의 열망을 갖게 하기 쉽습니다.

천왕성은 정부 기관, 대기업 및 공기업을 통제하는 행성입니다. 최근 몇 년 동안 미국에서는 이 신비로운 행성의 영향으로 인해 정치적 불안, 상업적 불안, 사업상의 혼란에 빠져 있었습니다. 천왕성이 일상적으로 심각하게 고통을 받고 있을 때, 그것은 파업, 폭동, 반란, 권위에 대한 저항, 고용주와 직원, 또는 상급자와 하급자 사이의 불화뿐만 아니라 폭발과 사고를 일으킬 수 있습니다.

그러나 천왕성은 이것들보다 더 중요한 국가적 기능을 수행할 가능성이 있습니다. 천왕성은 그 경향이 다소 귀족적이거나 적어도 독재적이고 또한 개인주의적인 반면, 해왕성은 오히려 민주적이고 사회주의적인 것처럼 보입니다.

이런 식으로 보면 천왕성이 전갈자리에 있을 때, 이 별자리가 통치하는 모로코에서는 유혈 사태가 빈번하게 일어났던 장소였고, 또한 전갈자리가 지배하는 노르웨이는 스웨덴(천왕성이 가장 큰 힘을 지닌 별자리인 물병자리가 지배함)에서 벗어나 독립된 왕국이 되었으며, 마지막으로 보어 전쟁(Boer War)의 현장인 트란스발 또한 전갈에 의해 통치되었다는 것입니다.

천왕성은 신경계를 지배하며, 고통을 받으면 뇌척수 축에 매우 나쁜 영향을 미칩니다. 그리고 종종 정신적인 성격의 이상한 증상을 유발하여 일반 초보 전문의가 진단하거나 치료하기 어렵다는 것을 알게 됩니다.

천왕성이 관찰되고 있었던 몇 년 동안, 천왕성이 만약 고통을 받고 있다면, 천왕성은 난치성 질환 및 개인 재산의 몰락, 국가적 파괴의 근원이라는 것이 밝혀졌습니다. 조화롭지 못한 네이탈 차트에 거친 트랜짓과 디렉션 모두에서 그 사악한 천왕성의 영향이 하우스 또는 별자리에서 근본적인 고통이 따르며, 급진적인 의미에 따라 법적 결혼 전후에 나쁜 습관, 잘못된 애정, 잘못된 관계로 인한 치명적인 파괴를 가져왔다는 것을 입증할 수 있습니다.

욕망과 열정은 의지의 지배를 받고, 이 모든 단계는 깨달은 이성에 따라야 하지만, 만약 천왕성의 사악한 진동이 육체적 또는 정신적 건강을 위협할 때(이는 사실상 하나님) 이를 극복해야 한다면, 마음은 하느님에 대한 변함없는 믿음의 자리에 있어야 합니다.

당신의 네이탈 차트에서 천왕성이 결혼 관계에 강력하게 작용하는 경우에 그 효과는 일반적으로 매우 치명적입니다. 천왕성이 캐릭터에 너무 많은 개성을 부여하여 남편이나 아내가 서로의 삶과 융합하기 쉽지 않다는 데 큰 위험이 있는 것 같습니다. 강력한 안전장치는 각 당사자가 삶에 대한 확실한 관심을 가지고 상대방이 절대적으로 상호신뢰하기 때문에 관습적인 제약에서 벗어나도록 하는 것입니다.

천왕성의 힘이 물질계에서 작동하는 경우, 천왕성의 본성은 지나치게 자만하게 되고, 너무 탐욕스럽고, 위험한 일에 착수하려는 경향이 있습니다. 각별한 주의와 최선의 판단을 하지 않는 한, 종종 크고 갑작스러운 손실을 초래하는 계획들입니다. 이 사람들은 오늘 어떤 일에 대해 매우 열광적일 수 있지만, 다음날에는 전혀 무관심할 것입니다. 그래서 그들은 이 느낌의 변화가 이 이상한 행성의 영향 때문이라는 것을 깨달아야 합니다. 그들은 진지한 생각 없이 갑작스럽게 변화를 하거나 합법적인 행동에서 벗어나서는 안 됩니다. 그렇지 않으면 그들은 분명히 이상한 운명의 변천과 그들의 삶에 큰 기복을 겪게 될 것입니다.

천왕성은 종종 '해방자'라고 불리며 아마도 매우 독창적인 성격의 새로운 사고의 흐름을 가져옵니다. 그것은 직관력을 증가시키고, 텔레파시 능력을 자극하며, 특히 수면 중에 정신을 더 높은 의식 상태로 끌어올립니다. 이 행성의 영향 아래 강하게 태어난 사람들은 잠자기 전에 그들을 곤혹스럽게 했던 문제들이 아침이면 저절로 해결될 것이라는 것을 알게 될 것입니다. 따라서 해야 할 좋은 규칙은 잠든 동안 문제의 주제에 대해 걱정 없이 집중한 다음 깨어나서 떠오르는 생각을 신뢰하는 것입니다.

천왕성은 움직임이 불규칙할 뿐만 아니라 매우 느리고, 21년에 한 번 정도만 활동하도록 자극을 받으며, 이것은 항상 삶에서 하나의 획을 그어줍니다. 그것은 시대를 앞서가는 운동의 전령사처럼 개인과 함께 아직 깨어나지 않은 마음의 일부를 활동하도록 자극하고, 지금까지 경험한 그어떤 것 이상으로 자신의 경계를 미지의 영역으로 밀어냅니다. 그럴 때, 천왕성의 지배를 받고 있는 사람들은 자신의 의지를 우주의 의지에 거스르지 말고 운명이 제시하는 기회를 최대한 활용해야 하고, 마지막 순간에 이르러서 그것들은 피할 수 없는 많은 것들을 성취하게 되더라도 놀라지 않을 것입니다.

천왕성은 더 높은 자연의 법칙과 완벽하게 일치합니다. 신념에 대한 용기가 없거나 독립적으로 생각해 볼 수 없는 전통적인 영혼들의 눈에서만 단지 그들은 인간이 만든 법칙의 위반자로만 보입니다.

천왕성은 거대한 오컬트의 힘을 주는데, 만약 그것을 건설적으로 사용한다면 천왕성은 그들 자신의 본성 영역에 있는 힘을 만들 수 있고, 그들 자신이 인류에게 메시지를 전달하는 매개체가 될 수 있도록 하는 엄청난 신비로운 힘을 제공합니다. 그 메시지는 예술, 과학, 철학으로 표현될 수 있습니다. 색깔과 관련하여 진동의 법칙을 이해하는 예술가, 질병의 원인에 대해 일반적인 신체적 증상을 넘어서는 것을 바라보는 의사, 기존의 오래된 이론을 촉발시킬 새로운 이론이 여전히 존재할 수 있음을 기꺼이 인정하고 수용하는 과학자, 여전히 '철학자의 돌'을 찾고 있는 화학자, 그리고 현실화하는 고대인들이 단순히 비금속을 순금으로 바꾸는 것에는 더 깊은 동기가 있음을 깨닫는 화학자, 노동을 구하는 것보다 생명을 구하기 위해 무언가를 발견하는 것에 더 관심이 있는 발명가. 사건을 예측하는 것보다 별들의 메시지에 대한 영적 해석에 더 관심이 있는 점성가와 교사이자 사제이기도 한 설교자는 모두 천왕성의 진정한 자녀들입니다. 그리 머지않은 미래에, 우리는 거대한 재산을 모으는 동기가 위대한 인류의 대의명분에 기부하는 것이 목적인 금융가와 그리고 그의 말이 그대로를 함축하고 있는 모든 것을 가진 정치가를 보게 될 것이라고 예측하는 것이 안전합니다.

점성학적 관점에서 볼 때, 우리는 비로소 그때가 되어야만 불협화음, 부조화, 불안, 그리고 상업적이고 정치적인 혼란이 더 이상 지배받지 않는 절정의 지점에 도달할 것입니다.

그때에 대중들은 각자의 복지는 모든 이의 행복과 안전에 놓여 있다는 사실을 깨달을 수 있도록 유도해 내는 인도주의적 충동의 진화를 통해서 점점 더 그들 자신만의 것으로 되어가고 있으며, 그것은 각각의 행복과 안전이 놓여 있다는 사실을 깨닫게 할 것입니다. 'Each for all and all for each(각자는 모두를 위해, 모두는 각자를 위해)'는 단순한 진부함이 아니라 더 의식적인 깨달음이 될 것입니다.

물병자리 태생에게 뛰어난 직업들은 운명의 별이 천왕성인 사람들에게 가장 강하게 다가가는 직업들입니다.

해왕성(NEPTUNE)

해왕성은 너무 방대하고, 매우 느리고, 신비롭기 때문에 우리는 황도대에서 해왕성의 행동을 연구하기 위해서 해왕성을 개인에 대한 영향이라기보다는 오히려 그 시대의 시대정신의 영혼을 보여 주는 지표의 것으로 간주하도록 최선을 다할 것입니다.

해왕성은 하나의 별자리를 통과하는 데 약 14년이라는 시간이 필요합니다. 해왕성의 효과를 설명하는 것은 세계의 역사를 쓰는 것이 될 것입니다. 비교적 최근의 사건을 종합해 보면 해왕성을 어느 정도 가늠할 수 있습니다. 해왕성의 실질적인 문제들은 일반적으로 45세에서 55세 사이의 사람들에 의해 지휘됩니다. 그리고 그들의 영향력에 대한 합의는 그들의 출생 시 해왕성의 별자리에서 추측할 수 있습니다.

따라서 1848년의 혁명(해왕성 물병자리)은 출생 시 해왕성이 천칭자리의 영향을 받은 사람들에 의해 일어나게 되었습니다. 그들은 자유와 정의를 위해 투쟁했지만, 그들의 정책에는 활기와 직접성이 부족했습니다. 마찬가지로, 프랑스 대혁명(1789년 Frnch Revolution 해왕성 천칭자리)은 출생 시 사자자리에 있는 해왕성의 영향을 받은 사람들에 의해 시작되었고, 게자리와 쌍둥이자리에 있는 해왕성을 가진 사람들에 의해 준비되었습니다.

크롬웰(Oliver Cromwell, 영국 정치인, 1599~1658)의 해왕성은 사자자리에 있었습니다. 이후 1차 세계대전(해왕성 게자리)은 출생 시 해왕성이 양자리에 있는 사람들의 영향에 의해 일어나게 되었다는 것은 의심할 여지가 없었습니다. 그리고 힘든 문명 재건의 시작은 숙련된 석공 조합원들에게 달려 있는데 그들은 출생 시 해왕성이 황소자리에 있는 사람들입니다.

19세기의 과학적 발전은 염소자리에 있는 해왕성의 자극을 받은 개척자들 덕분이었습니다. 그리고 그들의 노력의 결실은 물병자리의 해왕성 아래에서 태어난 사람들에 의해 수집되었습니다. 출생 시 해왕성이 물고기자리(약 1850년대)에 있었던 사람들은 1890년대에 예술적이고 초자연적이었으며, 신통력이 있는 사람들에게 영향을 미쳤습니다.

회의적인 사고를 순수하고 지적인 방법으로 전통을 공격하고 건설적인 일을 가능하게 만드는 시기는 쌍둥이자리에서 해왕성의 영향을 받는 시기입니다. 낡은 철학을 파괴한 임마누엘 칸트(Immanuel Kant, 해왕성 황소자리, 열두 하우스, 1724~1804), 낡은 종교를 파괴한 볼테르(Voltaire, 해왕성 물고기자리, 1694~1778), 그리고 그들의 동시대인들이 바로 그런 세대였습니다.

해왕성은 영적인 행성이며, 언제나 창의력이 풍부한 행성입니다. 영원히 해왕성은 새로운 생명을 탄생시키며, 해왕성의 기질은 해왕성의 별자리에 따라 달라집니다. 따라서 우리는 다음과 같이 매우 간단하게 해왕성의 전체 황도대 과정을 표로 만들었습니다.

양자리(Aries)	군사적 성격의 정치적 격변을 야기합니다. : 줄리어스 시저(Julius Caesar), 영적 자유의 창시자인 그노시스(Gnosis)의 시작에 의해 주도된 종교 혁명.
황소자리(Taurus)	문명의 건설적인 계획.
쌍둥이자리 (Gemini)	학문이 크게 증가합니다. 이전(바로 앞) 별자리에 대한 반응. 더욱 지성적인 사상을 갖는다. 셰익스피어(Shakespeare).
게자리(Cancer)	이전(바로 앞)의 더 활동적인 별자리를 소화시키는 것이 주된 방법입니다.
사자자리(Leo)	국가적 성격의 혁명, 적극적인 유형. 크리스트(Christ), 로베스피에르(Robespierre), 크롬웰(Cromwell).
처녀자리(Virgo)	위대한 법률가들. 이전(앞) 별자리의 사건들을 완성. 나폴레옹(Napoleon) 독립선언서.
천칭자리(Libra)	인도주의자들이 이끄는 사람들의 정치적 격변. 셸리(Shelley).
전갈자리(Scorpio)	의심이 많고 현실적인 생각. 이전(바로 앞) 영향의 실현. 에라스무스(Erasmus), 알브레히트 뒤러(Albrecht Durer) 마이클 안젤로(Michael Angelo).
사수자리 (Sagittarius)	예술적 부흥. 새로운 종교 사상. 바그너(Wagner), 루터(Luther).
염소자리 (Capricorn)	물질만능주의, 과학만능주의, 회의적인 생각. 허버트 스펜서(H.Spencer), 헉슬리(Huxley), 파스퇴르(Pasteur), 블라바츠키(Blavatsky).
물병자리 (Aquarius)	과학적 사고가 적용되었습니다. Edison(에디슨).
물고기자리 (Pisces)	마지막 별자리들에 대한 반응과 흡수가 있습니다. 힘이 없고 낙엽처럼 떨어질 것 같은 형태의 예술, 종교 등의 부활. 오스카 와일드(Oscar Wilde), 스베덴보리(Swedenborg).

해왕성이 개인에게 미치는 영향
(INFLUENCE OF NEPTUNE ON THE INDIVIDUAL)

우리 태양계의 가장 바깥쪽 행성인 해왕성은 케임브리지의 아담스 (1845)와 파리의 르베리에(1846)에 의해 발견되었습니다. 이 두 사람은 다른 어떤 자료도 아닌 천왕성의 특정한 동요로부터 그 위치를 결정했기 때문에 이 발견은 수학적 천문학의 가장 위대한 업적으로 여겨집니다. 해왕성은 164년 동안 초당 약 3.5마일의 속도로 태양 주위를 공전합니다.

이 신비롭고 낭만적이며 무책임한 행성인 해왕성은 태양계의 은둔자로서 천왕성보다 훨씬 더 큰 4차원의 행성으로 여겨질 수 있습니다. 해왕성은 일반적인 사람들이 이해할 수 없는 물질적이고 실용적인 차원에서 활용하기에는 너무 구별되지 않는 자연의 힘을 나타냅니다. 해왕성의 영향 아래 강하게 태어난 사람은 일반적으로 매우 조직적인 신경 체계와 대부분 예민한 감수성을 지니고 있으며, 매우 매력적이고 이해하기 힘든 자성을 가지고 있으며, 그러한 자성을 가진 사람은 다른 사람들에게 독특한 영향을 행사합니다.

너무 뻔해 보이는 사람들, 본의 아니게 진실을 말하는 사람들, 아니면 그들이 하는 말은 진심일 수도 있고, 이러한 사람들을 해왕성적인 성향이 강한 사람이라 합니다. 그들은 표현하기 전에 다른 사람들의 생각을 예상하는 것처럼 보이지만, 그들은 감정을 감추기 위해 노력해야 합니다.

그들의 동료들에게 그들의 생각을 정리할 수 있는 기회를 주지 않는다면, 그것은 혼란을 일으키고 오해로 끝날 가능성이 높습니다.

왜냐하면 지금까지 널리 알리고 전체 그림을 시각화하는 능력 때문에 해왕성 아래에서 강하게 태어난 사람들은 사건의 결과를 미리 예측할 수 있고, 어떤 일이 일어나더라도 거의 놀라지 않기 때문입니다. 그들은 계획의 실질적인 세부 사항에 대해 너무 모호해지는 경향을 극복해야 하며, 그것들을 수행할 수 있는 덜 창의적이고 더 객관적인 누군가에게 의존해야 합니다. 그렇지 않으면 그들은 불가능한 일을 떠맡고 선견지명이 있다거나 비현실적이라는 비난을 받을 것입니다.

신체적인 차원에서 해왕성의 영향은 이상하게도 불안정하며 종종 불분명한 신경 문제와 심장 합병증으로 나타납니다. 이것들은 판막처럼 보이지만, 사실은 그 근원은 순전히 신경질적이고 정신적인 것입니다.

해왕성의 질병은 항상 평소와 다른 종류입니다. 때로는 천천히 낭비하는 성질이 있고, 때로는 그 반대입니다. 이러한 영향은 매우 흥분된 상태에서 정신 분열증을 유발합니다. 그러나 해왕성은 아주 젊은 영감을 가지고 있으며, 일반적으로 젊을 때는 영감을 더 늦게 생성하고 중년 이후에는 더 젊게 만듭니다. 그것은 해왕성의 영향력 아래에서 강하게 태어난 사람들은 덜 민감하게 태어난 사람들이 표현하지 못한 것들을 듣고 보고 느끼도록 합니다. 해왕성의 영향력이 강한 사람들은 경험에 의한 사랑으로 코코넛에서 고기를 꺼낼 수 있는 능력을 주는 반면, 평범한 사람들은 껍질을 깨려고 시도합니다.

해왕성의 영향은 사람들을 멀리하게 합니다. 보통 사람들과 너무 멀리 떨어져 있어서 동시대 사람들 사이에서 다소 고독한 모습을 보이며, 그들은 자신이 다소 외로운 존재라고 느껴질 수도 있습니다. 그들은 일반적인 사람들이 간절하게 바라는 것과는 다른, 사랑, 동정, 행복에 대한 간절한 마음을 가지고 있습니다.

그들은 "모든 세상은 무대이고 남녀노소 모두는 그저 참가자에 불과하다"라는 사실을 너무나 분명하게 깨닫고 있어서 삶을 진지하게 받아들이기가 어렵다는 것을 알게 됩니다. 그것은 항상 막이 곧 내린다는 것을 적어도 그들에게 무의식적으로 나타나는 방식입니다.

> "구름으로 뒤덮인 탑들과 화려한 궁전들,
>
> 엄숙한 신전들, 거대한 지구 자체,
>
> 그래. 어느 것이든 물려받은 모든 것들은 용해될 것입니다.
>
> 그리고, 이 실체 없는 미인 대회가 사라지는 것처럼
>
> 한 치의 망설임도 남기지 마십시오. 우리는 그런 존재입니다.
>
> 꿈을 꾸는 동안 그리고 우리의 작은 삶은
>
> 잠과 함께 속삭이죠."

이 행성은 물고기자리의 주인별이기 때문에, 그 성격과 그것의 조합에 대해 완전히 이해하려면 별자리와 행성에 대한 설명을 반드시 함께 읽어야 합니다. 많은 심령술사는 강력한 해왕성의 영향을 받아 태어나는데, 이 진동은 두 번째 시각으로 볼 수 있으며 그것은 환상적인 꿈을 꾸고, 남들의 귀에 들리지 않은 소리를 들을 수 있는 천이통, 신통력, 투시력, 그리고 이와 유사한 현상으로 나타날 수 있습니다.

일반적으로 해왕성의 영향을 강하게 받고 태어난 사람을 알아보는 것은 쉽습니다. 언뜻 보기에도 그들은 다른 사람들과 같지 않다는 것이 분명합니다. 그들이 전달하는 인상은 정의하기 어렵지만 틀림이 없습니다. 그들은 어떤 면에서는 독특하고 강한 개성이 있는 것처럼 보이며, 그것은 일반적인 종류의 힘을 말하는 것은 아닙니다.

눈은 독특한 자기적 특성을 가지고 있는데, 그 효과는 종종 이상하고 놀랍습니다. 그들은 종종 냉정하게 파고들 때가 많고, 미숙한 유형으로 나타날 때는 종종 변덕스럽거나 광기의 기미가 약간 보이고, 은근히 눈

치 채고 비밀스러움이 있는 경우가 많습니다. 그래서 이러한 외모의 특색이 있어서 학생들은 해왕성적인 성향을 가진 사람들에 대한 몇 가지 관찰만으로도 해왕성적인 사람들을 알아차리는 데 익숙해지도록 해야 할 필요가 있습니다.

눈으로 보이는 이러한 표시는 종종 출생 시간을 정확히 알 수 없을 때 특히 유용합니다. 왜냐하면 만약 해왕성이 떠오르고 있다면 의심의 여지가 없을 것이고, 따라서 그 수치는 완벽한 확신을 가지고 적절한 시간에 그 인물을 캐스팅할 수 있기 때문입니다.

해왕성이 지배적인 사람들의 도덕적, 정신적 특성은 독특하고 미묘합니다. 영혼의 가장 멀리 떨어진 곳에서 일어나는 해왕성의 행동은 뿌리 깊은 곳에 있는 성격의 격변을 일으킵니다. 해왕성의 존재만큼 별자리와 룰러로부터 끌어당기는 일반적인 징후를 뒤엎을 수 있는 것은 없습니다. 해왕성은 별자리와 룰러에 의해 수정되는 것이 아니라, 해왕성의 더 정교하고 더 강력한 계획에서 완전히 새로운 영향력을 행사합니다. 해왕성의 영향의 첫 번째 결과는 그 사람이 종종 모순, 기발함, 변덕스러움, 배신하거나 조롱이나 가장 무도회와 같은 환상적인 요소를 도입한다는 것입니다. 어떤 본성에서의 해왕성은 매우 심오하고 광범위할 것이고, 또 다른 본성에서는 얕고 심지어 피상적일 것입니다.

이 문제는 반드시 어센던트에 있는 해왕성의 별자리, 그것의 룰러, 그리고 태양, 달, 그리고 행성들과 함께 형성되는 다양한 어스펙트에서 본질적이든 우발적이든 해왕성의 상대적인 힘을 고려하여 결정되어야 합니다. 그러나 우리는 지금까지 실제적인 관찰 중, 특히 해왕성 효과의 특징인 몇 가지를 언급할 수 있습니다.

육체적인 엄청난 영향력으로부터 부분적으로나마 그들 스스로도 자유롭지 못한 젊은 영혼들의 경우, 해왕성이 상징하는 영혼에 대한 동경심이 낯선 신들을 찾는 과정으로 드러날 가능성이 높습니다. 시간과 공간의 한계를 허물고 개인을 발전시키는 것처럼 보이는 약물의 사용 또는 남용은, 비록 일시적이지만 그의 환경을 희생시키면서 자주 일어나는 것입니다. 정확히 같은 이유로, 비정상적인 악덕들은 해왕성적인 성향에 의지하게 됩니다.

인생에서 일상적인 삶은 평범한 만족감을 느끼는 데서 오는데, 해왕성은 아직 삶의 숨겨진 신비를 쫓는 사람을 제정신으로 돌아오게 하는 영혼의 지배를 아직 개발시키지 못한 것처럼 보입니다.

성숙한 영혼은 인생이 꿈이라는 것을 알고 있으며, 또한 그것이 신의 신성한 꿈이라는 것도 알고 있습니다. 해왕성은 더 이상 그러한 면에서 섞지 않습니다.

해왕성은 탐색을 시작할 때, 불만족스러움에서 영감을 받아 그가 나쁜 것으로 결정한 기존의 질서를 뒤바꿔서 선에 이를 것이라고 아주 자연스럽게 상상합니다. 실제로 이러한 사고의 상태는 아마도 모든 사람에게 언젠가는 필요할 것입니다. 하지만 이 길을 따라가다 보면 결국 거꾸로 된 것이 올바른 방향으로 가는 것보다 나을 수 없다는 결론에 도달합니다.

그런 다음 그는 분별력 있게 가장 쉬운 방법을 현명하게 택할 것입니다. 그는 더 이상 하등 동물의 특징인 생각 없는 방식이 아니라 신성한 지혜를 얻음으로써 삶에 만족하게 될 것입니다. 의심할 여지없이, 그와 이 세상의 모든 사람들은 무대 위의 선수, 꿈속의 그림자에 불과하지만, 그는 또한 이 연극에서 자신의 역할에 대해 최선을 다해야 한다고 봅니다. 꿈에서 그는 악몽의 힘을 불러일으키지 말아야 합니다.

이러한 이유들뿐만 아니라 태양의 미소와 비의 눈물을 정의로운 사람과 정의롭지 못한 사람 모두에게 똑같이 쏟아 붓는 신성한 관용에 대한 우리 자신의 이해 때문에 우리는 미성숙한 해왕성적인 사람들을 비난해서는 안 됩니다. 우리는 우리의 오래된 판단이 그의 영혼을 파괴하는 것처럼 보이고, 극단적인 경우, 영혼이 자기 스스로를 공격하도록 허용해야 할 수도 있습니다. 왜냐하면 오직 파괴를 통해서만 구원이 있기 때문입니다.

그러므로 우리의 태도는 동정적이어야 합니다. 우리는 이러한 놀라운 결점들을 이해하려고 노력해야 합니다. 우리가 그것들을 억누르려고 애써도 우리에게 소용이 없을 것입니다. 그들은 신의 신성한 명령을 받았지만, 우리는 그들이 우리에게 득보다 실이 더 많은 것처럼 보이는 이러한 열정을 통제할 것을 충고할 수 있습니다.

그들이 샘솟는 원천은 억누를 수 없다는 것을 기억하는 것이 좋을 것 같습니다. 그것은 인격의 본거지인 깊은 곳에서 오고, 그것들을 가혹하게 다루려는 모든 시도는 무의미한 것으로 판명될 것이 예정되어 있습니다. 우리의 노력은 반대를 불러일으킬 뿐이고, 그 반대는 정당화될 수 있을 것입니다. 왜냐하면 우리의 세속적인 지혜로는 전지전능한 신의 군대와 전투를 벌일 것이기 때문입니다.

해왕성 고유의 특성 중 하나는 그것을 소유한 사람에게 극도로 짜증나게 하는 것입니다. 이것은 에드거 앨런 포(Edgar Allan Poe)에 의해 그의 『삐뚤어진 자의 악마(The Imp of the Perverse)』이야기에 묘사되었습니다. 개인의 마음은 완벽하게 형성될 수 있으며, 그의 판단은 올바르고, 그의 욕망이 방해를 받지 않을 수 있지만, 그의 의지를 실행에 옮기는 순간 그는 주저합니다. 입센(Ibsen)은 『Troll in Us』에서 자신의 설명에 대해 동일한 특징을 묘사했지만, 아마도 성 바울(St. Paul)이 로마인들에게 보낸 편지에서 이 모든 기이한 특징에 대한 설명 중 가장 명확하고 간결하게 표현한 것을 알 수 있습니다.

이것은 우리 모두에게 끊임없이 일어나는 영혼에 대한 육체의 전쟁이나 의심, 망설임, 혼란, 충동의 충돌 또는 판단의 균형을 찾는 어려움과 혼동해서는 안 됩니다. 그것은 순수한 변덕입니다.

생명의 한계를 넘어선 것들에 대한 열망의 질은 모든 넵투니아인들에게 공통적이며, 정화의 불길을 뚫고 간 노인들의 영혼들에 있어서도 공통적입니다.

그들은 우주에 대한 지식과 이해를 가지고 있고 열정과 감정을 다루는 방법을 배워, 지식이 있는 건전한 정신으로 덜 파괴적인 형태를 취합니다. 아직 한계의 저편에 도달하려는 의지는 여전히 남아 있지만, 그 호소하는 방식은 본능적이지 않고 신중하게 판단하며 건강, 이성, 재산 또는 사회적 관계가 위험에 처하지 않도록 배려하는 것이 상식입니다. 이렇게 재능이 있는 사람들은 이상한 철학과 과학을 공부할 수 있지만, 그는 그 안에서 길을 잃지 않을 것입니다. 그는 여가 시간에 기도와 명상에 전념할 것이지만, 광신도가 되지는 않을 것입니다. 평범한 사람들의 눈에게는 완전히 어리석은 것처럼 보일지 모르지만 아마도 그 문제에 대해 자신의 의견을 지킬 신비로운 관행을 채택할 것입니다.

따라서 해왕성의 영향력은 지옥의 가장 어두운 심연에서 천국의 영원하고 빛나는 산의 꼭대기로까지 뻗어나가는 것처럼 보이지만, 그 밑에 깔려 있는 근본적인 충동은 항상 동일합니다. 그것은 무한에 대한 굶주림입니다. 마약 중독자, 폭력성을 동반한 정신이상자, 미치광이와 성자는 모두 같은 가족의 구성원이며, 그들을 나누는 것은 영혼의 어떤 차별성의 결과라기보다는 지식과 경험의 정도에 있습니다. 그들의 사고방식은 서로 분리되어 있습니다. 사데 후작(Marquis de Sade)으로부터 아시시(Assisi)의 성 프란치스코(St. Francis), 그리고 어떤 특정한 천궁도를 판단하는데 있어서, 출생 차트의 특성은 마음을 지배하는 하우스와 행성에 의해 결정되어야 합니다.

덜 중요한 해왕성적인 특성들 중 몇 가지를 설명하자면, 이그나티우스 로욜라(Ignatius Loyola), 질스 드라이스(Gillesd'Rais), 인디언 요기(Indian Yogi), 나폴레옹(Napoleon)이 무언가 비범한 것을 결정하도록 만든 것과 같은 충동들은 현실 감각이 떨어지는 비전문적인 사람들로 하여금 결정하게 만듭니다.

뭔가 특별한 사람인 척합니다. 그러므로 우리는 그들 자신에게 아무런 권리도 없는 직함을 가진 사람들을 발견합니다. 그들은 특별한 옷을 입는 것을 좋아합니다. 그들은 이국적인 향수에 자신의 몸을 담그고, 또는 그들의 얼굴을 환상적일 정도로 화장을 하는 사람들을 발견합니다.

이 생각은 다시 다른 종류의 행동으로 자신을 표현할 수 있습니다. 예를 들어, 음모에 대한 사랑, 짓궂은 농담을 하는 것, 친구나 대중을 속이는 것, 삶의 무대에서 일부 어떤 역할을 하는 것 같은 다른 종류의 행동들은 완전히 자연스럽지는 않습니다. 더 나은 균형 잡힌 사람들은 아마도 충동이 정당하고 받아들여지는 표현을 찾는 무대에 실제로 올라감으로써 이러한 경향을 나타낼 것입니다.

이 모든 문제에서 진정한 창조적인 성향을 발견하는 것은 드문 일입니다. 창조는 모방과 흉내가 원칙이지만, 일반적으로 특정한 묘미나 독창성을 불러일으킵니다. 해왕성의 영향을 받은 전체 기간의 예로서, 우리는 모든 사람에게 가장 무도회를 열었던 몰리에르(Moliere) 시대를 들 수 있습니다. 단순히 그들의 주인과 여주인을 가장한 것은 발레단과 하녀들뿐만 아니라, 버질(Virgil) 시대의 양치기이자 양치기인 척하지 않고서는 귀족들 스스로가 가장 평범한 가식적인 행동을 수행할 수 없었습니다. 학생들이 해왕성에 대해 잘 이해할 수 없는 속물 근성의 거친 것과 변명의 여지가 없는 거친 것과 혼동하지 않도록 하기 위해 이 해왕성의 가장된 특성에 대해서 자세히 설명할 필요가 있었습니다.

넵투니아인들의 성향은 일반적으로 다소 무책임한 사람입니다. 그는 매우 변덕스럽고 그의 도덕적인 성격은 약해 보입니다. 왜냐하면 해왕성은 자기의 사리사욕에 의해 영감을 받기보다는 단순한 충동이나 변덕으로 보이는 것에 기반을 두고 있기 때문입니다.

그는 평소 자신이 장난으로 우스꽝스럽게 행동하고 있다는 것을 알고 있지만, 그의 영혼의 요정이 그것을 계속하도록 이끌고 있고, 이러한 약간의 반대되는 행동으로 인해 종종 그의 친구들이 불평하는 소리들을 잘못 듣고 과장되게 행동한 경우가 많습니다.

해왕성은 또한 자신이 있는 장소에 대한 불만으로 방황하는 경향이 있습니다. 우리는 학생들에게 우리가 말하고 있는 정신을 가장 웅변적으로 묘사하여 제공하는 보들레르(Baudelaire's)의 산문시 「어디로라도, 어디로라도, 이 세상 바깥이기만 하다면(Anywhere, anywhere, so long as it is out of the world」를 읽어 보라고 추천할 것입니다.

순수하게 해왕성적인 성향의 유형은 거의 전적으로 신통력과 신경이 과민함 안에서, 그리고 심령 신경계를 통해 산다고 말해지는 모든 것에서 비롯됩니다. 종종 그의 몸은 연약하고 섬세하며 꽃처럼 보이지만, 그 안에 있는 영혼은 강하게 타오르고 쉽게 육체의 칼집을 닳게 할 수 있습니다. 언제든지 신체적 기능이 저하되고 신경이 눌릴 때, 그들이 고집스럽게 요구하는 초정상적인 에너지를 얻을 수 없다면 그 결과는 히스테리와 신경 쇠약이 될 가능성이 높을 것입니다. 이런 식으로 고통받는 사람들은 어쩌면 운이 좋을 수도 있을 것입니다. 그러한 경우 자연의 경고가 고집스럽고 절대적인 휴식과 고요함을 요구하기 때문입니다.

신체가 더 강하고 신경계의 낭비 때문에 더 탄력적으로 반응할 경우 결과가 더 나빠질 수 있습니다. 그것은 환자가 깨닫기도 전에 종종 교활한 불치의 질병이 발병하기 때문입니다. 영양실조, 정신 이상자의 전신 마비, 치매 그리고 기타 불분명한 병변과 같은 문제들이 부분적으로 이러한 영향으로 인해 발생할 수 있습니다. 걱정과 그에 수반되는 모든 질병은 매우 흔히 해왕성에서 기원하며, 덜 발달된 정통 의학 학교에서 그 신경 기원을 아직 이해하지 못하는 다른 소모성 질병들도 있습니다.

■ 명왕성(PLUTO)

## 제3부

어센던트 표와 사용 방법
(TABLE OF ASCENDANTS AND HOW TO USE THEM)

　다음 표에서는 매년 4일마다의 각 시간에 대한 상승 싸인(어센던트)과 대략적인 도수를 확인할 수 있습니다. 그 사이의 날짜와 시간의 일부에 대한 상승 싸인은 간단한 비율로 찾을 수 있습니다.

　이 표는 북위 약 41도의 어느 곳에서나 사용할 수 있습니다. 이 표는 돌턴의 (Dalton's) 'Spherical Basis of Astrology'에서 계산되었습니다. 오전 1시부터 정오까지의 시간에 대한 상승 싸인 또는 어센던트의 도수는 왼쪽 열에 표시되고, 그리고 오후 1부터 자정까지의 시간은 오른쪽 열에 표시됩니다.

　만약 당신이 서머타임제가 시행된 1916년 봄 이후에 태어난 사람이라면, 원하는 어센던트를 찾기 위해 출생지에서 당신이 알고 있는 출생 시간에서 1시간을 빼야 합니다.

　아래에 주어진 짧은 목록은 영국, 프랑스 및 벨기에에 대해서는 정확합니다. 이러한 국가들에서는 일광 절약 시간제가 적용되어 있었기 때문입니다. 안타깝게도 미국과 캐나다에서는 일광 절약 시간제가 보편적이지 않았으므로 해당 지역이 그 시기에 서머타임제를 채택했는지 여부를 확실히 확인해야 할 것입니다.

서머타임(Summer Time)

– 법적 날짜(각 오전 2시의 사례)

1916년 5월 21일부터 10월 01일까지

1917년 4월 08일부터 09월 17일까지

1918년 3월 24일부터 09월 30일까지

1919년 3월 30일부터 09월 29일까지

1920년 3월 28일부터 10월 25일까지

1921년 4월 03일부터 10월 03일까지

1922년 3월 26일부터 10월 08일까지

1923년 4월 22일부터 09월 16일까지

1924년 4월 13일부터 09월 21일까지

1925년 4월 19일부터 10월 04일까지

1926년 4월 18일부터 09월 19일까지

1927년 4월 10일부터 10월 02일까지

별자리와 그에 상응하는 지배 행성의 특성과 영향력은 이 책의 제1부와 제2부에서 포괄적으로 논의되었습니다. 제1부의 시작 부분에서의 빠른 참조를 위해 조디악의 12 별자리와 그들의 상징 및 지배 행성을 표로 만들었습니다.

JANUARY —1—

#	A.M.		#	P.M.	
1	20° of Libra	♎	1	11° of Taurus	♉
2	01° of Scorpio	♏	2	01° of Gemini	♊
3	13° of Scorpio	♏	3	17° of Gemini	♊
4	25° of Scorpio	♏	4	02° of Cancer	♋
5	07° of Sagittarius	♐	5	15° of Cancer	♋
6	19° of Sagittarius	♐	6	27° of Cancer	♋
7	02° of Capricorn	♑	7	09° of Leo	♌
8	18° of Capricorn	♑	8	21° of Leo	♌
9	06° of Aquarius	♒	9	02° of Virgo	♍
10	27° of Aquarius	♒	10	14° of Virgo	♍
11	22° of Pisces	♓	11	26° of Virgo	♍
12	16° of Aries	♈	12	08° of Libra	♎

JANUARY —13—

#	A.M.		#	P.M.	
1	29° of Libra	♎	1	27° of Taurus	♉
2	11° of Scorpio	♏	2	14° of Gemini	♊
3	23° of Scorpio	♏	3	29° of Gemini	♊
4	05° of Sagittarius	♐	4	12° of Cancer	♋
5	17° of Sagittarius	♐	5	24° of Cancer	♋
6	00° of Capricorn	♑	6	07° of Leo	♌
7	15° of Capricorn	♑	7	18° of Leo	♌
8	02° of Aquarius	♒	8	00° of Virgo	♍
9	22° of Aquarius	♒	9	12° of Virgo	♍
10	16° of Pisces	♓	10	24° of Virgo	♍
11	13° of Aries	♈	11	06° of Libra	♎
12	07° of Taurus	♉	12	18° of Libra	♎

JANUARY —5—

#	A.M.		#	P.M.	
1	23° of Libra	♎	1	16° of Taurus	♉
2	05° of Scorpio	♏	2	06° of Gemini	♊
3	16° of Scorpio	♏	3	21° of Gemini	♊
4	28° of Scorpio	♏	4	05° of Cancer	♋
5	10° of Sagittarius	♐	5	18° of Cancer	♋
6	23° of Sagittarius	♐	6	00° of Leo	♌
7	07° of Capricorn	♑	7	12° of Leo	♌
8	22° of Capricorn	♑	8	24° of Leo	♌
9	11° of Aquarius	♒	9	06° of Virgo	♍
10	04° of Pisces	♓	10	18° of Virgo	♍
11	29° of Pisces	♓	11	29° of Virgo	♍
12	24° of Aries	♈	12	11° of Libra	♎

JANUARY —17—

#	A.M.		#	P.M.	
1	02° of Scorpio	♏	1	02° of Gemini	♊
2	14° of Scorpio	♏	2	18° of Gemini	♊
3	26° of Scorpio	♏	3	03° of Cancer	♋
4	08° of Sagittarius	♐	4	15° of Cancer	♋
5	20° of Sagittarius	♐	5	28° of Cancer	♋
6	04° of Capricorn	♑	6	10° of Leo	♌
7	19° of Capricorn	♑	7	21° of Leo	♌
8	07° of Aquarius	♒	8	03° of Virgo	♍
9	29° of Aquarius	♒	9	15° of Virgo	♍
10	24° of Pisces	♓	10	27° of Virgo	♍
11	20° of Aries	♈	11	09° of Libra	♎
12	13° of Taurus	♉	12	21° of Libra	♎

JANUARY —9—

#	A.M.		#	P.M.	
1	26° of Libra	♎	1	22° of Taurus	♉
2	08° of Scorpio	♏	2	10° of Gemini	♊
3	19° of Scorpio	♏	3	25° of Gemini	♊
4	01° of Sagittarius	♐	4	08° of Cancer	♋
5	14° of Sagittarius	♐	5	21° of Cancer	♋
6	26° of Sagittarius	♐	6	03° of Leo	♌
7	11° of Capricorn	♑	7	15° of Leo	♌
8	27° of Capricorn	♑	8	27° of Leo	♌
9	17° of Aquarius	♒	9	08° of Virgo	♍
10	09° of Pisces	♓	10	20° of Virgo	♍
11	05° of Aries	♈	11	02° of Libra	♎
12	01° of Taurus	♉	12	14° of Libra	♎

JANUARY —21—

#	A.M.		#	P.M.	
1	05° of Scorpio	♏	1	07° of Gemini	♊
2	17° of Scorpio	♏	2	22° of Gemini	♊
3	29° of Scorpio	♏	3	06° of Cancer	♋
4	11° of Sagittarius	♐	4	19° of Cancer	♋
5	24° of Sagittarius	♐	5	01° of Leo	♌
6	07° of Capricorn	♑	6	12° of Leo	♌
7	23° of Capricorn	♑	7	24° of Leo	♌
8	12° of Aquarius	♒	8	06° of Virgo	♍
9	05° of Pisces	♓	9	18° of Virgo	♍
10	00° of Aries	♈	10	00° of Libra	♎
11	25° of Aries	♈	11	12° of Libra	♎
12	18° of Taurus	♉	12	24° of Libra	♎

JANUARY —25—

	A.M.			P.M.	
1	08° of Scorpio	♏	1	11° of Gemini	♊
2	20° of Scorpio	♏	2	26° of Gemini	♊
3	02° of Sagittarius	♐	3	09° of Cancer	♋
4	14° of Sagittarius	♐	4	22° of Cancer	♋
5	27° of Sagittarius	♐	5	04° of Leo	♌
6	12° of Capricorn	♑	6	16° of Leo	♌
7	28° of Capricorn	♑	7	27° of Leo	♌
8	17° of Aquarius	♒	8	09° of Virgo	♍
9	11° of Pisces	♓	9	21° of Virgo	♍
10	07° of Aries	♈	10	03° of Libra	♎
11	02° of Taurus	♉	11	15° of Libra	♎
12	23° of Taurus	♉	12	27° of Libra	♎

FEBRUARY —6—

	A.M.			P.M.	
1	18° of Scorpio	♏	1	23° of Gemini	♊
2	29° of Scorpio	♏	2	07° of Cancer	♋
3	12° of Sagittarius	♐	3	19° of Cancer	♋
4	24° of Sagittarius	♐	4	01° of Leo	♌
5	08° of Capricorn	♑	5	13° of Leo	♌
6	24° of Capricorn	♑	6	25° of Leo	♌
7	13° of Aquarius	♒	7	07° of Virgo	♍
8	05° of Pisces	♓	8	18° of Virgo	♍
9	01° of Aries	♈	9	00° of Libra	♎
10	27° of Aries	♈	10	12° of Libra	♎
11	19° of Taurus	♉	11	24° of Libra	♎
12	08° of Gemini	♊	12	06° of Scorpio	♏

JANUARY —29—

	A.M.			P.M.	
1	12° of Scorpio	♏	1	15° of Gemini	♊
2	23° of Scorpio	♏	2	00° of Cancer	♋
3	05° of Sagittarius	♐	3	13° of Cancer	♋
4	17° of Sagittarius	♐	4	25° of Cancer	♋
5	01° of Capricorn	♑	5	07° of Leo	♌
6	15° of Capricorn	♑	6	19° of Leo	♌
7	03° of Aquarius	♒	7	00° of Virgo	♍
8	24° of Aquarius	♒	8	12° of Virgo	♍
9	18° of Pisces	♓	9	24° of Virgo	♍
10	13° of Aries	♈	10	06° of Libra	♎
11	07° of Taurus	♉	11	18° of Libra	♎
12	28° of Taurus	♉	12	00° of Scorpio	♏

FEBRUARY —10—

	A.M.			P.M.	
1	21° of Scorpio	♏	1	27° of Gemini	♊
2	02° of Sagittarius	♐	2	10° of Cancer	♋
3	15° of Sagittarius	♐	3	22° of Cancer	♋
4	28° of Sagittarius	♐	4	05° of Leo	♌
5	12° of Capricorn	♑	5	16° of Leo	♌
6	29° of Capricorn	♑	6	28° of Leo	♌
7	19° of Aquarius	♒	7	10° of Virgo	♍
8	13° of Pisces	♓	8	22° of Virgo	♍
9	09° of Aries	♈	9	04° of Libra	♎
10	04° of Taurus	♉	10	15° of Libra	♎
11	24° of Taurus	♉	11	27° of Libra	♎
12	12° of Gemini	♊	12	09° of Scorpio	♏

FEBRUARY —2—

	A.M.			P.M.	
1	15° of Scorpio	♏	1	19° of Gemini	♊
2	26° of Scorpio	♏	2	03° of Cancer	♋
3	08° of Sagittarius	♐	3	16° of Cancer	♋
4	21° of Sagittarius	♐	4	28° of Cancer	♋
5	04° of Capricorn	♑	5	10° of Leo	♌
6	20° of Capricorn	♑	6	22° of Leo	♌
7	07° of Aquarius	♒	7	04° of Virgo	♍
8	00° of Pisces	♓	8	16° of Virgo	♍
9	24° of Pisces	♓	9	27° of Virgo	♍
10	20° of Aries	♈	10	09° of Libra	♎
11	13° of Taurus	♉	11	21° of Libra	♎
12	03° of Gemini	♊	12	03° of Scorpio	♏

FEBRUARY —14—

	A.M.			P.M.	
1	24° of Scorpio	♏	1	00° of Cancer	♋
2	05° of Sagittarius	♐	2	13° of Cancer	♋
3	18° of Sagittarius	♐	3	26° of Cancer	♋
4	02° of Capricorn	♑	4	08° of Leo	♌
5	16° of Capricorn	♑	5	19° of Leo	♌
6	03° of Aquarius	♒	6	01° of Virgo	♍
7	24° of Aquarius	♒	7	13° of Virgo	♍
8	18° of Pisces	♓	8	25° of Virgo	♍
9	15° of Aries	♈	9	07° of Libra	♎
10	09° of Taurus	♉	10	18° of Libra	♎
11	29° of Taurus	♉	11	01° of Scorpio	♏
12	16° of Gemini	♊	12	12° of Scorpio	♏

FEBRUARY —18—

	A.M.			P.M.	
1	27° of Scorpio	♏	1	04° of Cancer	♋
2	09° of Sagittarius	♐	2	16° of Cancer	♋
3	21° of Sagittarius	♐	3	29° of Cancer	♋
4	05° of Capricorn	♑	4	11° of Leo	♌
5	20° of Capricorn	♑	5	22° of Leo	♌
6	09° of Aquarius	♒	6	04° of Virgo	♍
7	00° of Pisces	♓	7	16° of Virgo	♍
8	26° of Pisces	♓	8	28° of Virgo	♍
9	21° of Aries	♈	9	10° of Libra	♎
10	15° of Taurus	♉	10	22° of Libra	♎
11	03° of Gemini	♊	11	03° of Scorpio	♏
12	20° of Gemini	♊	12	15° of Scorpio	♏

MARCH —2—

	A.M.			P.M.	
1	07° of Sagittarius	♐	1	15° of Cancer	♋
2	20° of Sagittarius	♐	2	27° of Cancer	♋
3	03° of Capricorn	♑	3	09° of Leo	♌
4	18° of Capricorn	♑	4	21° of Leo	♌
5	06° of Aquarius	♒	5	02° of Virgo	♍
6	28° of Aquarius	♒	6	14° of Virgo	♍
7	22° of Pisces	♓	7	26° of Virgo	♍
8	18° of Aries	♈	8	08° of Libra	♎
9	12° of Taurus	♉	9	20° of Libra	♎
10	01° of Gemini	♊	10	01° of Scorpio	♏
11	18° of Gemini	♊	11	13° of Scorpio	♏
12	02° of Cancer	♋	12	25° of Scorpio	♏

FEBRUARY —22—

	A.M.			P.M.	
1	00° of Sagittarius	♐	1	08° of Cancer	♋
2	12° of Sagittarius	♐	2	20° of Cancer	♋
3	25° of Sagittarius	♐	3	02° of Leo	♌
4	09° of Capricorn	♑	4	14° of Leo	♌
5	25° of Capricorn	♑	5	25° of Leo	♌
6	14° of Aquarius	♒	6	07° of Virgo	♍
7	07° of Pisces	♓	7	19° of Virgo	♍
8	03° of Aries	♈	8	01° of Libra	♎
9	28° of Aries	♈	9	13° of Libra	♎
10	20° of Taurus	♉	10	25° of Libra	♎
11	08° of Gemini	♊	11	06° of Scorpio	♏
12	24° of Gemini	♊	12	18° of Scorpio	♏

MARCH —6—

	A.M.			P.M.	
1	11° of Sagittarius	♐	1	18° of Cancer	♋
2	23° of Sagittarius	♐	2	00° of Leo	♌
3	07° of Capricorn	♑	3	12° of Leo	♌
4	22° of Capricorn	♑	4	24° of Leo	♌
5	11° of Aquarius	♒	5	06° of Virgo	♍
6	04° of Pisces	♓	6	17° of Virgo	♍
7	29° of Pisces	♓	7	29° of Virgo	♍
8	25° of Aries	♈	8	11° of Libra	♎
9	17° of Taurus	♉	9	23° of Libra	♎
10	06° of Gemini	♊	10	05° of Scorpio	♏
11	21° of Gemini	♊	11	17° of Scorpio	♏
12	05° of Cancer	♋	12	28° of Scorpio	♏

FEBRUARY —26—

	A.M.			P.M.	
1	03° of Sagittarius	♐	1	11° of Cancer	♋
2	15° of Sagittarius	♐	2	23° of Cancer	♋
3	29° of Sagittarius	♐	3	05° of Leo	♌
4	13° of Capricorn	♑	4	17° of Leo	♌
5	00° of Aquarius	♒	5	28° of Leo	♌
6	20° of Aquarius	♒	6	11° of Virgo	♍
7	14° of Pisces	♓	7	22° of Virgo	♍
8	10° of Aries	♈	8	04° of Libra	♎
9	04° of Taurus	♉	9	16° of Libra	♎
10	25° of Taurus	♉	10	28° of Libra	♎
11	13° of Gemini	♊	11	10° of Scorpio	♏
12	28° of Gemini	♊	12	21° of Scorpio	♏

MARCH —10—

	A.M.			P.M.	
1	14° of Sagittarius	♐	1	21° of Cancer	♋
2	26° of Sagittarius	♐	2	03° of Leo	♌
3	11° of Capricorn	♑	3	15° of Leo	♌
4	27° of Capricorn	♑	4	27° of Leo	♌
5	16° of Aquarius	♒	5	09° of Virgo	♍
6	10° of Pisces	♓	6	21° of Virgo	♍
7	06° of Aries	♈	7	02° of Libra	♎
8	01° of Taurus	♉	8	15° of Libra	♎
9	23° of Taurus	♉	9	27° of Libra	♎
10	10° of Gemini	♊	10	08° of Scorpio	♏
11	26° of Gemini	♊	11	20° of Scorpio	♏
12	09° of Cancer	♋	12	02° of Sagittarius	♐

MARCH —14—

#	A.M.	#	P.M.
1	17° of Sagittarius	1	25° of Cancer
2	01° of Capricorn	2	07° of Leo
3	15° of Capricorn	3	18° of Leo
4	02° of Aquarius	4	00° of Virgo
5	22° of Aquarius	5	12° of Virgo
6	16° of Pisces	6	23° of Virgo
7	13° of Aries	7	06° of Libra
8	07° of Taurus	8	18° of Libra
9	27° of Taurus	9	29° of Libra
10	14° of Gemini	10	11° of Scorpio
11	29° of Gemini	11	23° of Scorpio
12	12° of Cancer	12	05° of Sagittarius

MARCH —26—

#	A.M.	#	P.M.
1	27° of Sagittarius	1	04° of Leo
2	12° of Capricorn	2	16° of Leo
3	28° of Capricorn	3	28° of Leo
4	17° of Aquarius	4	09° of Virgo
5	11° of Pisces	5	21° of Virgo
6	07° of Aries	6	03° of Libra
7	02° of Taurus	7	15° of Libra
8	23° of Taurus	8	27° of Libra
9	11° of Gemini	9	09° of Scorpio
10	26° of Gemini	10	20° of Scorpio
11	10° of Cancer	11	02° of Sagittarius
12	22° of Cancer	12	14° of Sagittarius

MARCH —18—

#	A.M.	#	P.M.
1	20° of Sagittarius	1	27° of Cancer
2	04° of Capricorn	2	09° of Leo
3	19° of Capricorn	3	21° of Leo
4	07° of Aquarius	4	03° of Virgo
5	29° of Aquarius	5	15° of Virgo
6	24° of Pisces	6	27° of Virgo
7	19° of Aries	7	09° of Libra
8	13° of Taurus	8	21° of Libra
9	02° of Gemini	9	02° of Scorpio
10	18° of Gemini	10	14° of Scorpio
11	03° of Cancer	11	26° of Scorpio
12	15° of Cancer	12	08° of Sagittarius

MARCH —30—

#	A.M.	#	P.M.
1	01° of Capricorn	1	07° of Leo
2	16° of Capricorn	2	19° of Leo
3	03° of Aquarius	3	01° of Virgo
4	24° of Aquarius	4	12° of Virgo
5	18° of Pisces	5	24° of Virgo
6	15° of Aries	6	06° of Libra
7	09° of Taurus	7	18° of Libra
8	28° of Taurus	8	00° of Scorpio
9	15° of Gemini	9	12° of Scorpio
10	00° of Cancer	10	24° of Scorpio
11	13° of Cancer	11	05° of Sagittarius
12	25° of Cancer	12	17° of Sagittarius

MARCH —22—

#	A.M.	#	P.M.
1	24° of Sagittarius	1	01° of Leo
2	08° of Capricorn	2	13° of Leo
3	23° of Capricorn	3	24° of Leo
4	12° of Aquarius	4	06° of Virgo
5	05° of Pisces	5	18° of Virgo
6	00° of Aries	6	00° of Libra
7	26° of Aries	7	12° of Libra
8	18° of Taurus	8	23° of Libra
9	07° of Gemini	9	05° of Scorpio
10	22° of Gemini	10	17° of Scorpio
11	06° of Cancer	11	29° of Scorpio
12	19° of Cancer	12	11° of Sagittarius

APRIL —3—

#	A.M.	#	P.M.
1	05° of Capricorn	1	11° of Leo
2	20° of Capricorn	2	22° of Leo
3	08° of Aquarius	3	04° of Virgo
4	00° of Pisces	4	16° of Virgo
5	26° of Pisces	5	28° of Virgo
6	20° of Aries	6	10° of Libra
7	13° of Taurus	7	21° of Libra
8	03° of Gemini	8	03° of Scorpio
9	19° of Gemini	9	15° of Scorpio
10	03° of Cancer	10	27° of Scorpio
11	16° of Cancer	11	08° of Sagittarius
12	29° of Cancer	12	21° of Sagittarius

APRIL —7—

A.M.		P.M.	
1	08° of Capricorn ♑	1	13° of Leo ♌
2	24° of Capricorn ♑	2	25° of Leo ♌
3	13° of Aquarius ♒	3	07° of Virgo ♍
4	05° of Pisces ♓	4	18° of Virgo ♍
5	01° of Aries ♈	5	00° of Libra ♎
6	27° of Aries ♈	6	12° of Libra ♎
7	19° of Taurus ♉	7	24° of Libra ♎
8	08° of Gemini ♊	8	06° of Scorpio ♏
9	23° of Gemini ♊	9	18° of Scorpio ♏
10	07° of Cancer ♋	10	29° of Scorpio ♏
11	19° of Cancer ♋	11	12° of Sagittarius ♐
12	02° of Leo ♌	12	25° of Sagittarius ♐

APRIL —18—

A.M.		P.M.	
1	20° of Capricorn ♑	1	22° of Leo ♌
2	07° of Aquarius ♒	2	04° of Virgo ♍
3	00° of Pisces ♓	3	16° of Virgo ♍
4	26° of Pisces ♓	4	28° of Virgo ♍
5	20° of Aries ♈	5	09° of Libra ♎
6	13° of Taurus ♉	6	22° of Libra ♎
7	03° of Gemini ♊	7	03° of Scorpio ♏
8	19° of Gemini ♊	8	15° of Scorpio ♏
9	03° of Cancer ♋	9	27° of Scorpio ♏
10	16° of Cancer ♋	10	08° of Sagittarius ♐
11	28° of Cancer ♋	11	21° of Sagittarius ♐
12	10° of Leo ♌	12	05° of Capricorn ♑

APRIL —10—

A.M.		P.M.	
1	11° of Capricorn ♑	1	16° of Leo ♌
2	28° of Capricorn ♑	2	28° of Leo ♌
3	17° of Aquarius ♒	3	09° of Virgo ♍
4	11° of Pisces ♓	4	21° of Virgo ♍
5	07° of Aries ♈	5	03° of Libra ♎
6	02° of Taurus ♉	6	15° of Libra ♎
7	23° of Taurus ♉	7	27° of Libra ♎
8	11° of Gemini ♊	8	09° of Scorpio ♏
9	26° of Gemini ♊	9	20° of Scorpio ♏
10	09° of Cancer ♋	10	02° of Sagittarius ♐
11	22° of Cancer ♋	11	14° of Sagittarius ♐
12	04° of Leo ♌	12	27° of Sagittarius ♐

APRIL —22—

A.M.		P.M.	
1	23° of Capricorn ♑	1	25° of Leo ♌
2	13° of Aquarius ♒	2	07° of Virgo ♍
3	05° of Pisces ♓	3	18° of Virgo ♍
4	01° of Aries ♈	4	00° of Libra ♎
5	27° of Aries ♈	5	12° of Libra ♎
6	19° of Taurus ♉	6	24° of Libra ♎
7	03° of Gemini ♊	7	05° of Scorpio ♏
8	23° of Gemini ♊	8	18° of Scorpio ♏
9	07° of Cancer ♋	9	29° of Scorpio ♏
10	19° of Cancer ♋	10	11° of Sagittarius ♐
11	01° of Leo ♌	11	24° of Sagittarius ♐
12	13° of Leo ♌	12	08° of Capricorn ♑

APRIL —14—

A.M.		P.M.	
1	15° of Capricorn ♑	1	19° of Leo ♌
2	03° of Aquarius ♒	2	01° of Virgo ♍
3	24° of Aquarius ♒	3	12° of Virgo ♍
4	18° of Pisces ♓	4	24° of Virgo ♍
5	14° of Aries ♈	5	06° of Libra ♎
6	08° of Taurus ♉	6	18° of Libra ♎
7	28° of Taurus ♉	7	00° of Scorpio ♏
8	15° of Gemini ♊	8	12° of Scorpio ♏
9	29° of Gemini ♊	9	24° of Scorpio ♏
10	13° of Cancer ♋	10	05° of Sagittarius ♐
11	25° of Cancer ♋	11	17° of Sagittarius ♐
12	07° of Leo ♌	12	01° of Capricorn ♑

APRIL —26—

A.M.		P.M.	
1	28° of Capricorn ♑	1	28° of Leo ♌
2	19° of Aquarius ♒	2	10° of Virgo ♍
3	13° of Pisces ♓	3	22° of Virgo ♍
4	09° of Aries ♈	4	04° of Libra ♎
5	03° of Taurus ♉	5	16° of Libra ♎
6	24° of Taurus ♉	6	27° of Libra ♎
7	12° of Gemini ♊	7	09° of Scorpio ♏
8	27° of Gemini ♊	8	21° of Scorpio ♏
9	10° of Cancer ♋	9	02° of Sagittarius ♐
10	23° of Cancer ♋	10	14° of Sagittarius ♐
11	05° of Leo ♌	11	28° of Sagittarius ♐
12	16° of Leo ♌	12	12° of Capricorn ♑

APRIL —30—

	A.M.			P.M.	
1	03° of Aquarius	≈	1	01° of Virgo	♍
2	25° of Aquarius	≈	2	13° of Virgo	♍
3	18° of Pisces	♓	3	24° of Virgo	♍
4	15° of Aries	♈	4	07° of Libra	♎
5	09° of Taurus	♉	5	19° of Libra	♎
6	29° of Taurus	♉	6	01° of Scorpio	♏
7	16° of Gemini	♊	7	12° of Scorpio	♏
8	00° of Cancer	♋	8	24° of Scorpio	♏
9	14° of Cancer	♋	9	06° of Sagittarius	♐
10	26° of Cancer	♋	10	18° of Sagittarius	♐
11	08° of Leo	♌	11	02° of Capricorn	♑
12	19° of Leo	♌	12	16° of Capricorn	♑

MAY —16—

	A.M.			P.M.	
1	25° of Aquarius	≈	1	14° of Virgo	♍
2	20° of Pisces	♓	2	25° of Virgo	♍
3	16° of Aries	♈	3	07° of Libra	♎
4	10° of Taurus	♉	4	19° of Libra	♎
5	01° of Gemini	♊	5	01° of Scorpio	♏
6	16° of Gemini	♊	6	13° of Scorpio	♏
7	01° of Cancer	♋	7	24° of Scorpio	♏
8	14° of Cancer	♋	8	07° of Sagittarius	♐
9	26° of Cancer	♋	9	19° of Sagittarius	♐
10	08° of Leo	♌	10	02° of Capricorn	♑
11	20° of Leo	♌	11	17° of Capricorn	♑
12	02° of Virgo	♍	12	05° of Aquarius	≈

MAY —4—

	A.M.			P.M.	
1	09° of Aquarius	≈	1	04° of Virgo	♍
2	00° of Pisces	♓	2	16° of Virgo	♍
3	26° of Pisces	♓	3	28° of Virgo	♍
4	22° of Aries	♈	4	10° of Libra	♎
5	15° of Taurus	♉	5	22° of Libra	♎
6	04° of Gemini	♊	6	04° of Scorpio	♏
7	20° of Gemini	♊	7	15° of Scorpio	♏
8	04° of Cancer	♋	8	27° of Scorpio	♏
9	17° of Cancer	♋	9	09° of Sagittarius	♐
10	29° of Cancer	♋	10	21° of Sagittarius	♐
11	11° of Leo	♌	11	05° of Capricorn	♑
12	22° of Leo	♌	12	20° of Capricorn	♑

MAY —20—

	A.M.			P.M.	
1	02° of Pisces	♓	1	17° of Virgo	♍
2	28° of Pisces	♓	2	29° of Virgo	♍
3	23° of Aries	♈	3	11° of Libra	♎
4	16° of Taurus	♉	4	23° of Libra	♎
5	06° of Gemini	♊	5	04° of Scorpio	♏
6	21° of Gemini	♊	6	16° of Scorpio	♏
7	05° of Cancer	♋	7	27° of Scorpio	♏
8	18° of Cancer	♋	8	10° of Sagittarius	♐
9	00° of Leo	♌	9	22° of Sagittarius	♐
10	11° of Leo	♌	10	06° of Capricorn	♑
11	23° of Leo	♌	11	21° of Capricorn	♑
12	05° of Virgo	♍	12	10° of Aquarius	≈

MAY —8—

	A.M.			P.M.	
1	14° of Aquarius	≈	1	07° of Virgo	♍
2	07° of Pisces	♓	2	19° of Virgo	♍
3	03° of Aries	♈	3	01° of Libra	♎
4	29° of Aries	♈	4	13° of Libra	♎
5	20° of Taurus	♉	5	25° of Libra	♎
6	08° of Gemini	♊	6	07° of Scorpio	♏
7	24° of Gemini	♊	7	18° of Scorpio	♏
8	08° of Cancer	♋	8	00° of Sagittarius	♐
9	20° of Cancer	♋	9	12° of Sagittarius	♐
10	02° of Leo	♌	10	25° of Sagittarius	♐
11	14° of Leo	♌	11	09° of Capricorn	♑
12	25° of Leo	♌	12	25° of Capricorn	♑

MAY —24—

	A.M.			P.M.	
1	09° of Pisces	♓	1	20° of Virgo	♍
2	04° of Aries	♈	2	02° of Libra	♎
3	29° of Aries	♈	3	14° of Libra	♎
4	22° of Taurus	♉	4	26° of Libra	♎
5	09° of Gemini	♊	5	07° of Scorpio	♏
6	25° of Gemini	♊	6	19° of Scorpio	♏
7	08° of Cancer	♋	7	00° of Sagittarius	♐
8	21° of Cancer	♋	8	13° of Sagittarius	♐
9	02° of Leo	♌	9	26° of Sagittarius	♐
10	14° of Leo	♌	10	10° of Capricorn	♑
11	26° of Leo	♌	11	26° of Capricorn	♑
12	08° of Virgo	♍	12	16° of Aquarius	≈

MAY —28—

#	A.M.		#	P.M.	
1	14° of Pisces	♓	1	23° of Virgo	♍
2	11° of Aries	♈	2	05° of Libra	♎
3	05° of Taurus	♉	3	17° of Libra	♎
4	26° of Taurus	♉	4	28° of Libra	♎
5	13° of Gemini	♊	5	10° of Scorpio	♏
6	28° of Gemini	♊	6	22° of Scorpio	♏
7	12° of Cancer	♋	7	03° of Sagittarius	♐
8	24° of Cancer	♋	8	16° of Sagittarius	♐
9	05° of Leo	♌	9	29° of Sagittarius	♐
10	17° of Leo	♌	10	14° of Capricorn	♑
11	29° of Leo	♌	11	01° of Aquarius	♒
12	11° of Virgo	♍	12	20° of Aquarius	♒

JUNE —9—

#	A.M.		#	P.M.	
1	03° of Aries	♈	1	02° of Libra	♎
2	29° of Aries	♈	2	14° of Libra	♎
3	20° of Taurus	♉	3	25° of Libra	♎
4	09° of Gemini	♊	4	07° of Scorpio	♏
5	24° of Gemini	♊	5	19° of Scorpio	♏
6	08° of Cancer	♋	6	01° of Sagittarius	♐
7	20° of Cancer	♋	7	13° of Sagittarius	♐
8	02° of Leo	♌	8	26° of Sagittarius	♐
9	14° of Leo	♌	9	10° of Capricorn	♑
10	26° of Leo	♌	10	26° of Capricorn	♑
11	08° of Virgo	♍	11	16° of Aquarius	♒
12	20° of Virgo	♍	12	09° of Pisces	♓

JUNE —1—

#	A.M.		#	P.M.	
1	22° of Pisces	♓	1	26° of Virgo	♍
2	18° of Aries	♈	2	08° of Libra	♎
3	12° of Taurus	♉	3	20° of Libra	♎
4	01° of Gemini	♊	4	01° of Scorpio	♏
5	17° of Gemini	♊	5	13° of Scorpio	♏
6	02° of Cancer	♋	6	25° of Scorpio	♏
7	15° of Cancer	♋	7	07° of Sagittarius	♐
8	27° of Cancer	♋	8	19° of Sagittarius	♐
9	09° of Leo	♌	9	02° of Capricorn	♑
10	21° of Leo	♌	10	18° of Capricorn	♑
11	02° of Virgo	♍	11	06° of Aquarius	♒
12	14° of Virgo	♍	12	27° of Aquarius	♒

JUNE —13—

#	A.M.		#	P.M.	
1	11° of Aries	♈	1	05° of Libra	♎
2	04° of Taurus	♉	2	17° of Libra	♎
3	26° of Taurus	♉	3	28° of Libra	♎
4	13° of Gemini	♊	4	10° of Scorpio	♏
5	28° of Gemini	♊	5	21° of Scorpio	♏
6	12° of Cancer	♋	6	03° of Sagittarius	♐
7	24° of Cancer	♋	7	16° of Sagittarius	♐
8	05° of Leo	♌	8	29° of Sagittarius	♐
9	23° of Leo	♌	9	14° of Capricorn	♑
10	29° of Leo	♌	10	01° of Aquarius	♒
11	11° of Virgo	♍	11	20° of Aquarius	♒
12	23° of Virgo	♍	12	14° of Pisces	♓

JUNE —5—

#	A.M.		#	P.M.	
1	27° of Pisces	♓	1	29° of Virgo	♍
2	22° of Aries	♈	2	10° of Libra	♎
3	15° of Taurus	♉	3	22° of Libra	♎
4	04° of Gemini	♊	4	04° of Scorpio	♏
5	20° of Gemini	♊	5	15° of Scorpio	♏
6	04° of Cancer	♋	6	27° of Scorpio	♏
7	17° of Cancer	♋	7	09° of Sagittarius	♐
8	00° of Leo	♌	8	22° of Sagittarius	♐
9	11° of Leo	♌	9	06° of Capricorn	♑
10	23° of Leo	♌	10	21° of Capricorn	♑
11	05° of Virgo	♍	11	10° of Aquarius	♒
12	17° of Virgo	♍	12	02° of Pisces	♓

JUNE —17—

#	A.M.		#	P.M.	
1	16° of Aries	♈	1	07° of Libra	♎
2	11° of Taurus	♉	2	20° of Libra	♎
3	01° of Gemini	♊	3	01° of Scorpio	♏
4	17° of Gemini	♊	4	13° of Scorpio	♏
5	02° of Cancer	♋	5	25° of Scorpio	♏
6	15° of Cancer	♋	6	07° of Sagittarius	♐
7	27° of Cancer	♋	7	19° of Sagittarius	♐
8	08° of Leo	♌	8	03° of Capricorn	♑
9	21° of Leo	♌	9	18° of Capricorn	♑
10	02° of Virgo	♍	10	06° of Aquarius	♒
11	14° of Virgo	♍	11	27° of Aquarius	♒
12	26° of Virgo	♍	12	22° of Pisces	♓

JUNE —21—

#	A.M.		#	P.M.	
1	24° of Aries	♈	1	11° of Libra	♎
2	16° of Taurus	♉	2	23° of Libra	♎
3	06° of Gemini	♊	3	05° of Scorpio	♏
4	21° of Gemini	♊	4	16° of Scorpio	♏
5	05° of Cancer	♋	5	28° of Scorpio	♏
6	18° of Cancer	♋	6	10° of Sagittarius	♐
7	00° of Leo	♌	7	23° of Sagittarius	♐
8	11° of Leo	♌	8	06° of Capricorn	♑
9	23° of Leo	♌	9	22° of Capricorn	♑
10	05° of Virgo	♍	10	11° of Aquarius	♒
11	17° of Virgo	♍	11	04° of Pisces	♓
12	29° of Virgo	♍	12	28° of Pisces	♓

JULY —3—

#	A.M.		#	P.M.	
1	12° of Taurus	♉	1	20° of Libra	♎
2	02° of Gemini	♊	2	02° of Scorpio	♏
3	17° of Gemini	♊	3	14° of Scorpio	♏
4	02° of Cancer	♋	4	25° of Scorpio	♏
5	15° of Cancer	♋	5	07° of Sagittarius	♐
6	27° of Cancer	♋	6	20° of Sagittarius	♐
7	09° of Leo	♌	7	03° of Capricorn	♑
8	21° of Leo	♌	8	18° of Capricorn	♑
9	02° of Virgo	♍	9	06° of Aquarius	♒
10	14° of Virgo	♍	10	27° of Aquarius	♒
11	26° of Virgo	♍	11	22° of Pisces	♓
12	08° of Libra	♎	12	19° of Aries	♈

JUNE —25—

#	A.M.		#	P.M.	
1	00° of Taurus	♉	1	14° of Libra	♎
2	22° of Taurus	♉	2	26° of Libra	♎
3	10° of Gemini	♊	3	08° of Scorpio	♏
4	25° of Gemini	♊	4	19° of Scorpio	♏
5	08° of Cancer	♋	5	01° of Sagittarius	♐
6	21° of Cancer	♋	6	14° of Sagittarius	♐
7	03° of Leo	♌	7	26° of Sagittarius	♐
8	15° of Leo	♌	8	11° of Capricorn	♑
9	26° of Leo	♌	9	27° of Capricorn	♑
10	08° of Virgo	♍	10	16° of Aquarius	♒
11	20° of Virgo	♍	11	09° of Pisces	♓
12	02° of Libra	♎	12	05° of Aries	♈

JULY —7—

#	A.M.		#	P.M.	
1	18° of Taurus	♉	1	23° of Libra	♎
2	06° of Gemini	♊	2	05° of Scorpio	♏
3	22° of Gemini	♊	3	17° of Scorpio	♏
4	06° of Cancer	♋	4	29° of Scorpio	♏
5	18° of Cancer	♋	5	11° of Sagittarius	♐
6	00° of Leo	♌	6	23° of Sagittarius	♐
7	12° of Leo	♌	7	07° of Capricorn	♑
8	24° of Leo	♌	8	23° of Capricorn	♑
9	06° of Virgo	♍	9	11° of Aquarius	♒
10	17° of Virgo	♍	10	04° of Pisces	♓
11	29° of Virgo	♍	11	00° of Aries	♈
12	12° of Libra	♎	12	25° of Aries	♈

JUNE —29—

#	A.M.		#	P.M.	
1	06° of Taurus	♉	1	17° of Libra	♎
2	27° of Taurus	♉	2	29° of Libra	♎
3	14° of Gemini	♊	3	11° of Scorpio	♏
4	28° of Gemini	♊	4	23° of Scorpio	♏
5	12° of Cancer	♋	5	05° of Sagittarius	♐
6	24° of Cancer	♋	6	17° of Sagittarius	♐
7	06° of Leo	♌	7	00° of Capricorn	♑
8	18° of Leo	♌	8	15° of Capricorn	♑
9	00° of Virgo	♍	9	02° of Aquarius	♒
10	12° of Virgo	♍	10	22° of Aquarius	♒
11	23° of Virgo	♍	11	16° of Pisces	♓
12	05° of Libra	♎	12	13° of Aries	♈

JULY —11—

#	A.M.		#	P.M.	
1	22° of Taurus	♉	1	26° of Libra	♎
2	10° of Gemini	♊	2	08° of Scorpio	♏
3	26° of Gemini	♊	3	20° of Scorpio	♏
4	09° of Cancer	♋	4	02° of Sagittarius	♐
5	21° of Cancer	♋	5	14° of Sagittarius	♐
6	03° of Leo	♌	6	27° of Sagittarius	♐
7	15° of Leo	♌	7	11° of Capricorn	♑
8	27° of Leo	♌	8	28° of Capricorn	♑
9	09° of Virgo	♍	9	17° of Aquarius	♒
10	21° of Virgo	♍	10	11° of Pisces	♓
11	02° of Libra	♎	11	07° of Aries	♈
12	14° of Libra	♎	12	02° of Taurus	♉

JULY —14—

	A.M.			P.M.	
1	26° of Taurus	♉	1	29° of Libra	♎
2	14° of Gemini	♊	2	11° of Scorpio	♏
3	28° of Gemini	♊	3	22° of Scorpio	♏
4	12° of Cancer	♋	4	05° of Sagittarius	♐
5	24° of Cancer	♋	5	17° of Sagittarius	♐
6	06° of Leo	♌	6	00° of Capricorn	♑
7	17° of Leo	♌	7	15° of Capricorn	♑
8	29° of Leo	♌	8	02° of Aquarius	♒
9	12° of Virgo	♍	9	22° of Aquarius	♒
10	23° of Virgo	♍	10	06° of Pisces	♓
11	05° of Libra	♎	11	13° of Aries	♈
12	17° of Libra	♎	12	06° of Taurus	♉

JULY —26—

	A.M.			P.M.	
1	10° of Gemini	♊	1	08° of Scorpio	♏
2	25° of Gemini	♊	2	20° of Scorpio	♏
3	09° of Cancer	♋	3	02° of Sagittarius	♐
4	21° of Cancer	♋	4	14° of Sagittarius	♐
5	03° of Leo	♌	5	26° of Sagittarius	♐
6	15° of Leo	♌	6	11° of Capricorn	♑
7	27° of Leo	♌	7	27° of Capricorn	♑
8	09° of Virgo	♍	8	16° of Aquarius	♒
9	20° of Virgo	♍	9	10° of Pisces	♓
10	02° of Libra	♎	10	05° of Aries	♈
11	14° of Libra	♎	11	00° of Taurus	♉
12	26° of Libra	♎	12	23° of Taurus	♉

JULY —18—

	A.M.			P.M.	
1	01° of Gemini	♊	1	01° of Scorpio	♏
2	17° of Gemini	♊	2	13° of Scorpio	♏
3	02° of Cancer	♋	3	25° of Scorpio	♏
4	15° of Cancer	♋	4	07° of Sagittarius	♐
5	27° of Cancer	♋	5	20° of Sagittarius	♐
6	09° of Leo	♌	6	03° of Capricorn	♑
7	21° of Leo	♌	7	19° of Capricorn	♑
8	02° of Virgo	♍	8	06° of Aquarius	♒
9	14° of Virgo	♍	9	28° of Aquarius	♒
10	26° of Virgo	♍	10	22° of Pisces	♓
11	08° of Libra	♎	11	18° of Aries	♈
12	20° of Libra	♎	12	12° of Taurus	♉

JULY —30—

	A.M.			P.M.	
1	14° of Gemini	♊	1	11° of Scorpio	♏
2	29° of Gemini	♊	2	23° of Scorpio	♏
3	12° of Cancer	♋	3	05° of Sagittarius	♐
4	24° of Cancer	♋	4	17° of Sagittarius	♐
5	07° of Leo	♌	5	00° of Capricorn	♑
6	18° of Leo	♌	6	15° of Capricorn	♑
7	00° of Virgo	♍	7	02° of Aquarius	♒
8	12° of Virgo	♍	8	22° of Aquarius	♒
9	23° of Virgo	♍	9	16° of Pisces	♓
10	06° of Libra	♎	10	13° of Aries	♈
11	18° of Libra	♎	11	07° of Taurus	♉
12	29° of Libra	♎	12	27° of Taurus	♉

JULY —22—

	A.M.			P.M.	
1	06° of Gemini	♊	1	05° of Scorpio	♏
2	22° of Gemini	♊	2	16° of Scorpio	♏
3	05° of Cancer	♋	3	28° of Scorpio	♏
4	18° of Cancer	♋	4	11° of Sagittarius	♐
5	00° of Leo	♌	5	23° of Sagittarius	♐
6	12° of Leo	♌	6	07° of Capricorn	♑
7	24° of Leo	♌	7	22° of Capricorn	♑
8	06° of Virgo	♍	8	11° of Aquarius	♒
9	17° of Virgo	♍	9	04° of Pisces	♓
10	29° of Virgo	♍	10	29° of Pisces	♓
11	12° of Libra	♎	11	24° of Aries	♈
12	23° of Libra	♎	12	17° of Taurus	♉

AUGUST —3—

	A.M.			P.M.	
1	18° of Gemini	♊	1	14° of Scorpio	♏
2	03° of Cancer	♋	2	26° of Scorpio	♏
3	15° of Cancer	♋	3	08° of Sagittarius	♐
4	28° of Cancer	♋	4	21° of Sagittarius	♐
5	10° of Leo	♌	5	04° of Capricorn	♑
6	21° of Leo	♌	6	20° of Capricorn	♑
7	03° of Virgo	♍	7	07° of Aquarius	♒
8	15° of Virgo	♍	8	29° of Aquarius	♒
9	27° of Virgo	♍	9	24° of Pisces	♓
10	09° of Libra	♎	10	20° of Aries	♈
11	21° of Libra	♎	11	13° of Taurus	♉
12	02° of Scorpio	♏	12	03° of Gemini	♊

AUGUST —7—

	A.M.			P.M.	
1	22° of Gemini	♊	1	18° of Scorpio	♏
2	06° of Cancer	♋	2	29° of Scorpio	♏
3	19° of Cancer	♋	3	11° of Sagittarius	♐
4	01° of Leo	♌	4	25° of Sagittarius	♐
5	13° of Leo	♌	5	08° of Capricorn	♑
6	24° of Leo	♌	6	24° of Capricorn	♑
7	07° of Virgo	♍	7	13° of Aquarius	♒
8	08° of Virgo	♍	8	05° of Pisces	♓
9	00° of Libra	♎	9	01° of Aries	♈
10	12° of Libra	♎	10	27° of Aries	♈
11	24° of Libra	♎	11	19° of Taurus	♉
12	06° of Scorpio	♏	12	08° of Gemini	♊

AUGUST —19—

	A.M.			P.M.	
1	03° of Cancer	♋	1	27° of Scorpio	♏
2	16° of Cancer	♋	2	09° of Sagittarius	♐
3	28° of Cancer	♋	3	21° of Sagittarius	♐
4	10° of Leo	♌	4	05° of Capricorn	♑
5	22° of Leo	♌	5	20° of Capricorn	♑
6	04° of Virgo	♍	6	09° of Aquarius	♒
7	16° of Virgo	♍	7	00° of Pisces	♓
8	28° of Virgo	♍	8	26° of Pisces	♓
9	09° of Libra	♎	9	22° of Aries	♈
10	22° of Libra	♎	10	15° of Taurus	♉
11	03° of Scorpio	♏	11	04° of Gemini	♊
12	15° of Scorpio	♏	12	20° of Gemini	♊

AUGUST —11—

	A.M.			P.M.	
1	26° of Gemini	♊	1	21° of Scorpio	♏
2	09° of Cancer	♋	2	02° of Sagittarius	♐
3	22° of Cancer	♋	3	14° of Sagittarius	♐
4	04° of Leo	♌	4	28° of Sagittarius	♐
5	16° of Leo	♌	5	12° of Capricorn	♑
6	28° of Leo	♌	6	28° of Capricorn	♑
7	10° of Virgo	♍	7	19° of Aquarius	♒
8	21° of Virgo	♍	8	13° of Pisces	♓
9	03° of Libra	♎	9	07° of Aries	♈
10	15° of Libra	♎	10	02° of Taurus	♉
11	27° of Libra	♎	11	24° of Taurus	♉
12	09° of Scorpio	♏	12	12° of Gemini	♊

AUGUST —23—

	A.M.			P.M.	
1	07° of Cancer	♋	1	00° of Sagittarius	♐
2	19° of Cancer	♋	2	12° of Sagittarius	♐
3	01° of Leo	♌	3	25° of Sagittarius	♐
4	13° of Leo	♌	4	09° of Capricorn	♑
5	24° of Leo	♌	5	25° of Capricorn	♑
6	07° of Virgo	♍	6	14° of Aquarius	♒
7	18° of Virgo	♍	7	07° of Pisces	♓
8	00° of Libra	♎	8	03° of Aries	♈
9	12° of Libra	♎	9	27° of Aries	♈
10	24° of Libra	♎	10	20° of Taurus	♉
11	06° of Scorpio	♏	11	08° of Gemini	♊
12	18° of Scorpio	♏	12	24° of Gemini	♊

AUGUST —15—

	A.M.			P.M.	
1	00° of Cancer	♋	1	24° of Scorpio	♏
2	13° of Cancer	♋	2	05° of Sagittarius	♐
3	25° of Cancer	♋	3	18° of Sagittarius	♐
4	07° of Leo	♌	4	02° of Capricorn	♑
5	19° of Leo	♌	5	16° of Capricorn	♑
6	01° of Virgo	♍	6	03° of Aquarius	♒
7	12° of Virgo	♍	7	24° of Aquarius	♒
8	24° of Virgo	♍	8	18° of Pisces	♓
9	06° of Libra	♎	9	15° of Aries	♈
10	18° of Libra	♎	10	09° of Taurus	♉
11	00° of Scorpio	♏	11	29° of Taurus	♉
12	12° of Scorpio	♏	12	16° of Gemini	♊

AUGUST —27—

	A.M.			P.M.	
1	10° of Cancer	♋	1	02° of Sagittarius	♐
2	22° of Cancer	♋	2	15° of Sagittarius	♐
3	05° of Leo	♌	3	28° of Sagittarius	♐
4	16° of Leo	♌	4	13° of Capricorn	♑
5	28° of Leo	♌	5	29° of Capricorn	♑
6	10° of Virgo	♍	6	20° of Aquarius	♒
7	22° of Virgo	♍	7	13° of Pisces	♓
8	04° of Libra	♎	8	09° of Aries	♈
9	16° of Libra	♎	9	04° of Taurus	♉
10	27° of Libra	♎	10	24° of Taurus	♉
11	09° of Scorpio	♏	11	12° of Gemini	♊
12	21° of Scorpio	♏	12	28° of Gemini	♊

AUGUST —31—

#	A.M.		#	P.M.	
1	14° of Cancer	♋	1	06° of Sagittarius	♐
2	26° of Cancer	♋	2	19° of Sagittarius	♐
3	08° of Leo	♌	3	02° of Capricorn	♑
4	19° of Leo	♌	4	17° of Capricorn	♑
5	01° of Virgo	♍	5	05° of Aquarius	♒
6	13° of Virgo	♍	6	25° of Aquarius	♒
7	25° of Virgo	♍	7	20° of Pisces	♓
8	07° of Libra	♎	8	16° of Aries	♈
9	19° of Libra	♎	9	10° of Taurus	♉
10	01° of Scorpio	♏	10	00° of Gemini	♊
11	12° of Scorpio	♏	11	17° of Gemini	♊
12	24° of Scorpio	♏	12	01° of Cancer	♋

SEPTEMBER —12—

#	A.M.		#	P.M.	
1	23° of Cancer	♋	1	15° of Sagittarius	♐
2	05° of Leo	♌	2	29° of Sagittarius	♐
3	17° of Leo	♌	3	14° of Capricorn	♑
4	28° of Leo	♌	4	01° of Aquarius	♒
5	11° of Virgo	♍	5	20° of Aquarius	♒
6	22° of Virgo	♍	6	15° of Pisces	♓
7	04° of Libra	♎	7	11° of Aries	♈
8	16° of Libra	♎	8	05° of Taurus	♉
9	27° of Libra	♎	9	26° of Taurus	♉
10	10° of Scorpio	♏	10	13° of Gemini	♊
11	21° of Scorpio	♏	11	28° of Gemini	♊
12	03° of Sagittarius	♐	12	12° of Cancer	♋

SEPTEMBER —4—

#	A.M.		#	P.M.	
1	17° of Cancer	♋	1	09° of Sagittarius	♐
2	29° of Cancer	♋	2	22° of Sagittarius	♐
3	11° of Leo	♌	3	06° of Capricorn	♑
4	23° of Leo	♌	4	21° of Capricorn	♑
5	04° of Virgo	♍	5	10° of Aquarius	♒
6	17° of Virgo	♍	6	02° of Pisces	♓
7	28° of Virgo	♍	7	28° of Pisces	♓
8	10° of Libra	♎	8	24° of Aries	♈
9	22° of Libra	♎	9	16° of Taurus	♉
10	04° of Scorpio	♏	10	04° of Gemini	♊
11	15° of Scorpio	♏	11	20° of Gemini	♊
12	27° of Scorpio	♏	12	05° of Cancer	♋

SEPTEMBER —16—

#	A.M.		#	P.M.	
1	27° of Cancer	♋	1	19° of Sagittarius	♐
2	08° of Leo	♌	2	02° of Capricorn	♑
3	20° of Leo	♌	3	18° of Capricorn	♑
4	02° of Virgo	♍	4	06° of Aquarius	♒
5	13° of Virgo	♍	5	27° of Aquarius	♒
6	25° of Virgo	♍	6	22° of Pisces	♓
7	07° of Libra	♎	7	17° of Aries	♈
8	19° of Libra	♎	8	12° of Taurus	♉
9	01° of Scorpio	♏	9	01° of Gemini	♊
10	13° of Scorpio	♏	10	17° of Gemini	♊
11	24° of Scorpio	♏	11	02° of Cancer	♋
12	07° of Sagittarius	♐	12	15° of Cancer	♋

SEPTEMBER —8—

#	A.M.		#	P.M.	
1	20° of Cancer	♋	1	12° of Sagittarius	♐
2	02° of Leo	♌	2	25° of Sagittarius	♐
3	14° of Leo	♌	3	09° of Capricorn	♑
4	25° of Leo	♌	4	25° of Capricorn	♑
5	07° of Virgo	♍	5	15° of Aquarius	♒
6	19° of Virgo	♍	6	07° of Pisces	♓
7	01° of Libra	♎	7	03° of Aries	♈
8	13° of Libra	♎	8	29° of Aries	♈
9	25° of Libra	♎	9	21° of Taurus	♉
10	07° of Scorpio	♏	10	09° of Gemini	♊
11	18° of Scorpio	♏	11	24° of Gemini	♊
12	00° of Sagittarius	♐	12	08° of Cancer	♋

SEPTEMBER —20—

#	A.M.		#	P.M.	
1	29° of Cancer	♋	1	22° of Sagittarius	♐
2	11° of Leo	♌	2	05° of Capricorn	♑
3	22° of Leo	♌	3	21° of Capricorn	♑
4	04° of Virgo	♍	4	09° of Aquarius	♒
5	16° of Virgo	♍	5	01° of Pisces	♓
6	28° of Virgo	♍	6	26° of Pisces	♓
7	10° of Libra	♎	7	22° of Aries	♈
8	22° of Libra	♎	8	15° of Taurus	♉
9	03° of Scorpio	♏	9	05° of Gemini	♊
10	15° of Scorpio	♏	10	21° of Gemini	♊
11	27° of Scorpio	♏	11	05° of Cancer	♋
12	09° of Sagittarius	♐	12	18° of Cancer	♋

SEPTEMBER —24—

A.M.		P.M.	
1	02° of Leo ♌	1	26° of Sagittarius ♐
2	14° of Leo ♌	2	11° of Capricorn ♑
3	26° of Leo ♌	3	27° of Capricorn ♑
4	08° of Virgo ♍	4	16° of Aquarius ♒
5	20° of Virgo ♍	5	09° of Pisces ♓
6	02° of Libra ♎	6	05° of Aries ♈
7	14° of Libra ♎	7	00° of Taurus ♉
8	26° of Libra ♎	8	22° of Taurus ♉
9	08° of Scorpio ♏	9	10° of Gemini ♊
10	19° of Scorpio ♏	10	25° of Gemini ♊
11	01° of Sagittarius ♐	11	09° of Cancer ♋
12	13° of Sagittarius ♐	12	21° of Cancer ♋

OCTOBER —6—

A.M.		P.M.	
1	11° of Leo ♌	1	06° of Capricorn ♑
2	23° of Leo ♌	2	22° of Capricorn ♑
3	05° of Virgo ♍	3	10° of Aquarius ♒
4	17° of Virgo ♍	4	03° of Pisces ♓
5	28° of Virgo ♍	5	28° of Pisces ♓
6	10° of Libra ♎	6	24° of Aries ♈
7	22° of Libra ♎	7	17° of Taurus ♉
8	04° of Scorpio ♏	8	05° of Gemini ♊
9	16° of Scorpio ♏	9	21° of Gemini ♊
10	28° of Scorpio ♏	10	05° of Cancer ♋
11	10° of Sagittarius ♐	11	18° of Cancer ♋
12	22° of Sagittarius ♐	12	00° of Leo ♌

SEPTEMBER —28—

A.M.		P.M.	
1	06° of Leo ♌	1	00° of Capricorn ♑
2	17° of Leo ♌	2	14° of Capricorn ♑
3	29° of Leo ♌	3	02° of Aquarius ♒
4	11° of Virgo ♍	4	22° of Aquarius ♒
5	23° of Virgo ♍	5	16° of Pisces ♓
6	05° of Libra ♎	6	12° of Aries ♈
7	17° of Libra ♎	7	07° of Taurus ♉
8	29° of Libra ♎	8	27° of Taurus ♉
9	11° of Scorpio ♏	9	14° of Gemini ♊
10	22° of Scorpio ♏	10	29° of Gemini ♊
11	04° of Sagittarius ♐	11	12° of Cancer ♋
12	16° of Sagittarius ♐	12	24° of Cancer ♋

OCTOBER —10—

A.M.		P.M.	
1	15° of Leo ♌	1	11° of Capricorn ♑
2	27° of Leo ♌	2	27° of Capricorn ♑
3	08° of Virgo ♍	3	17° of Aquarius ♒
4	20° of Virgo ♍	4	11° of Pisces ♓
5	02° of Libra ♎	5	07° of Aries ♈
6	14° of Libra ♎	6	02° of Taurus ♉
7	27° of Libra ♎	7	23° of Taurus ♉
8	09° of Scorpio ♏	8	11° of Gemini ♊
9	19° of Scorpio ♏	9	26° of Gemini ♊
10	02° of Sagittarius ♐	10	09° of Cancer ♋
11	14° of Sagittarius ♐	11	22° of Cancer ♋
12	26° of Sagittarius ♐	12	04° of Leo ♌

OCTOBER —2—

A.M.		P.M.	
1	09° of Leo ♌	1	03° of Capricorn ♑
2	21° of Leo ♌	2	18° of Capricorn ♑
3	02° of Virgo ♍	3	16° of Aquarius ♒
4	14° of Virgo ♍	4	27° of Aquarius ♒
5	26° of Virgo ♍	5	22° of Pisces ♓
6	08° of Libra ♎	6	18° of Aries ♈
7	20° of Libra ♎	7	12° of Taurus ♉
8	02° of Scorpio ♏	8	02° of Gemini ♊
9	13° of Scorpio ♏	9	18° of Gemini ♊
10	25° of Scorpio ♏	10	02° of Cancer ♋
11	07° of Sagittarius ♐	11	15° of Cancer ♋
12	19° of Sagittarius ♐	12	27° of Cancer ♋

OCTOBER —14—

A.M.		P.M.	
1	18° of Leo ♌	1	15° of Capricorn ♑
2	00° of Virgo ♍	2	02° of Aquarius ♒
3	12° of Virgo ♍	3	22° of Aquarius ♒
4	23° of Virgo ♍	4	16° of Pisces ♓
5	06° of Libra ♎	5	13° of Aries ♈
6	18° of Libra ♎	6	07° of Taurus ♉
7	29° of Libra ♎	7	27° of Taurus ♉
8	11° of Scorpio ♏	8	15° of Gemini ♊
9	22° of Scorpio ♏	9	29° of Gemini ♊
10	05° of Sagittarius ♐	10	12° of Cancer ♋
11	17° of Sagittarius ♐	11	25° of Cancer ♋
12	00° of Capricorn ♑	12	07° of Leo ♌

OCTOBER —18—

	A.M.			P.M.	
1	21° of Leo	♌	1	19° of Capricorn	♑
2	03° of Virgo	♍	2	07° of Aquarius	♒
3	15° of Virgo	♍	3	29° of Aquarius	♒
4	27° of Virgo	♍	4	24° of Pisces	♓
5	09° of Libra	♎	5	20° of Aries	♈
6	20° of Libra	♎	6	13° of Taurus	♉
7	02° of Scorpio	♏	7	03° of Gemini	♊
8	14° of Scorpio	♏	8	19° of Gemini	♊
9	26° of Scorpio	♏	9	03° of Cancer	♋
10	08° of Sagittarius	♐	10	16° of Cancer	♋
11	21° of Sagittarius	♐	11	28° of Cancer	♋
12	04° of Capricorn	♑	12	10° of Leo	♌

OCTOBER —30—

	A.M.			P.M.	
1	01° of Virgo	♍	1	03° of Aquarius	♒
2	12° of Virgo	♍	2	24° of Aquarius	♒
3	24° of Virgo	♍	3	19° of Pisces	♓
4	06° of Libra	♎	4	15° of Aries	♈
5	18° of Libra	♎	5	09° of Taurus	♉
6	00° of Scorpio	♏	6	29° of Taurus	♉
7	12° of Scorpio	♏	7	16° of Gemini	♊
8	23° of Scorpio	♏	8	00° of Cancer	♋
9	05° of Sagittarius	♐	9	13° of Cancer	♋
10	17° of Sagittarius	♐	10	26° of Cancer	♋
11	01° of Capricorn	♑	11	08° of Leo	♌
12	16° of Capricorn	♑	12	19° of Leo	♌

OCTOBER —22—

	A.M.			P.M.	
1	24° of Leo	♌	1	24° of Capricorn	♑
2	06° of Virgo	♍	2	13° of Aquarius	♒
3	18° of Virgo	♍	3	05° of Pisces	♓
4	00° of Libra	♎	4	01° of Aries	♈
5	12° of Libra	♎	5	27° of Aries	♈
6	24° of Libra	♎	6	19° of Taurus	♉
7	05° of Scorpio	♏	7	07° of Gemini	♊
8	17° of Scorpio	♏	8	23° of Gemini	♊
9	29° of Scorpio	♏	9	07° of Cancer	♋
10	11° of Sagittarius	♐	10	19° of Cancer	♋
11	24° of Sagittarius	♐	11	01° of Leo	♌
12	07° of Capricorn	♑	12	13° of Leo	♌

NOVEMBER —3—

	A.M.			P.M.	
1	03° of Virgo	♍	1	09° of Aquarius	♒
2	15° of Virgo	♍	2	00° of Pisces	♓
3	27° of Virgo	♍	3	26° of Pisces	♓
4	09° of Libra	♎	4	22° of Aries	♈
5	21° of Libra	♎	5	14° of Taurus	♉
6	03° of Scorpio	♏	6	03° of Gemini	♊
7	15° of Scorpio	♏	7	19° of Gemini	♊
8	27° of Scorpio	♏	8	03° of Cancer	♋
9	08° of Sagittarius	♐	9	16° of Cancer	♋
10	21° of Sagittarius	♐	10	29° of Cancer	♋
11	04° of Capricorn	♑	11	11° of Leo	♌
12	20° of Capricorn	♑	12	22° of Leo	♌

OCTOBER —26—

	A.M.			P.M.	
1	28° of Leo	♌	1	28° of Capricorn	♑
2	09° of Virgo	♍	2	19° of Aquarius	♒
3	21° of Virgo	♍	3	13° of Pisces	♓
4	03° of Libra	♎	4	08° of Aries	♈
5	15° of Libra	♎	5	02° of Taurus	♉
6	27° of Libra	♎	6	24° of Taurus	♉
7	09° of Scorpio	♏	7	11° of Gemini	♊
8	20° of Scorpio	♏	8	27° of Gemini	♊
9	02° of Sagittarius	♐	9	10° of Cancer	♋
10	14° of Sagittarius	♐	10	22° of Cancer	♋
11	27° of Sagittarius	♐	11	05° of Leo	♌
12	12° of Capricorn	♑	12	16° of Leo	♌

NOVEMBER —7—

	A.M.			P.M.	
1	07° of Virgo	♍	1	13° of Aquarius	♒
2	18° of Virgo	♍	2	07° of Pisces	♓
3	00° of Libra	♎	3	02° of Aries	♈
4	12° of Libra	♎	4	27° of Aries	♈
5	24° of Libra	♎	5	20° of Taurus	♉
6	06° of Scorpio	♏	6	08° of Gemini	♊
7	18° of Scorpio	♏	7	23° of Gemini	♊
8	29° of Scorpio	♏	8	07° of Cancer	♋
9	12° of Sagittarius	♐	9	20° of Cancer	♋
10	25° of Sagittarius	♐	10	02° of Leo	♌
11	08° of Capricorn	♑	11	14° of Leo	♌
12	25° of Capricorn	♑	12	25° of Leo	♌

NOVEMBER —11—

	A.M.			P.M.	
1	10° of Virgo	♍	1	20° of Aquarius	♒
2	22° of Virgo	♍	2	13° of Pisces	♓
3	04° of Libra	♎	3	09° of Aries	♈
4	16° of Libra	♎	4	04° of Taurus	♉
5	27° of Libra	♎	5	25° of Taurus	♉
6	09° of Scorpio	♏	6	12° of Gemini	♊
7	21° of Scorpio	♏	7	28° of Gemini	♊
8	02° of Sagittarius	♐	8	11° of Cancer	♋
9	15° of Sagittarius	♐	9	23° of Cancer	♋
10	28° of Sagittarius	♐	10	05° of Leo	♌
11	12° of Capricorn	♑	11	17° of Leo	♌
12	29° of Capricorn	♑	12	28° of Leo	♌

NOVEMBER —23—

	A.M.			P.M.	
1	19° of Virgo	♍	1	08° of Pisces	♓
2	01° of Libra	♎	2	03° of Aries	♈
3	13° of Libra	♎	3	29° of Aries	♈
4	25° of Libra	♎	4	20° of Taurus	♉
5	07° of Scorpio	♏	5	09° of Gemini	♊
6	18° of Scorpio	♏	6	24° of Gemini	♊
7	00° of Sagittarius	♐	7	08° of Cancer	♋
8	12° of Sagittarius	♐	8	20° of Cancer	♋
9	25° of Sagittarius	♐	9	02° of Leo	♌
10	09° of Capricorn	♑	10	14° of Leo	♌
11	25° of Capricorn	♑	11	26° of Leo	♌
12	14° of Aquarius	♒	12	07° of Virgo	♍

NOVEMBER —15—

	A.M.			P.M.	
1	13° of Virgo	♍	1	25° of Aquarius	♒
2	25° of Virgo	♍	2	20° of Pisces	♓
3	06° of Libra	♎	3	16° of Aries	♈
4	19° of Libra	♎	4	10° of Taurus	♉
5	01° of Scorpio	♏	5	00° of Gemini	♊
6	12° of Scorpio	♏	6	16° of Gemini	♊
7	24° of Scorpio	♏	7	01° of Cancer	♋
8	06° of Sagittarius	♐	8	14° of Cancer	♋
9	18° of Sagittarius	♐	9	26° of Cancer	♋
10	02° of Capricorn	♑	10	08° of Leo	♌
11	17° of Capricorn	♑	11	20° of Leo	♌
12	05° of Aquarius	♒	12	02° of Virgo	♍

NOVEMBER —27—

	A.M.			P.M.	
1	22° of Virgo	♍	1	14° of Pisces	♓
2	04° of Libra	♎	2	10° of Aries	♈
3	16° of Libra	♎	3	08° of Taurus	♉
4	28° of Libra	♎	4	26° of Taurus	♉
5	10° of Scorpio	♏	5	13° of Gemini	♊
6	21° of Scorpio	♏	6	28° of Gemini	♊
7	03° of Sagittarius	♐	7	13° of Cancer	♋
8	15° of Sagittarius	♐	8	24° of Cancer	♋
9	29° of Sagittarius	♐	9	05° of Leo	♌
10	14° of Capricorn	♑	10	17° of Leo	♌
11	00° of Aquarius	♒	11	29° of Leo	♌
12	20° of Aquarius	♒	12	11° of Virgo	♍

NOVEMBER —19—

	A.M.			P.M.	
1	16° of Virgo	♍	1	02° of Pisces	♓
2	28° of Virgo	♍	2	27° of Pisces	♓
3	10° of Libra	♎	3	23° of Aries	♈
4	22° of Libra	♎	4	15° of Taurus	♉
5	04° of Scorpio	♏	5	04° of Gemini	♊
6	15° of Scorpio	♏	6	20° of Gemini	♊
7	27° of Scorpio	♏	7	04° of Cancer	♋
8	09° of Sagittarius	♐	8	17° of Cancer	♋
9	21° of Sagittarius	♐	9	29° of Cancer	♋
10	05° of Capricorn	♑	10	11° of Leo	♌
11	20° of Capricorn	♑	11	23° of Leo	♌
12	09° of Aquarius	♒	12	05° of Virgo	♍

DECEMBER —1—

	A.M.			P.M.	
1	25° of Virgo	♍	1	21° of Pisces	♓
2	07° of Libra	♎	2	16° of Aries	♈
3	19° of Libra	♎	3	10° of Taurus	♉
4	01° of Scorpio	♏	4	01° of Gemini	♊
5	13° of Scorpio	♏	5	17° of Gemini	♊
6	25° of Scorpio	♏	6	02° of Cancer	♋
7	07° of Sagittarius	♐	7	15° of Cancer	♋
8	19° of Sagittarius	♐	8	27° of Cancer	♋
9	02° of Capricorn	♑	9	09° of Leo	♌
10	17° of Capricorn	♑	10	21° of Leo	♌
11	05° of Aquarius	♒	11	02° of Virgo	♍
12	27° of Aquarius	♒	12	14° of Virgo	♍

DECEMBER —5—

	A.M.			P.M.	
1	28° of Virgo	♍	1	26° of Pisces	♓
2	10° of Libra	♎	2	22° of Aries	♈
3	21° of Libra	♎	3	15° of Taurus	♉
4	03° of Scorpio	♏	4	04° of Gemini	♊
5	15° of Scorpio	♏	5	20° of Gemini	♊
6	27° of Scorpio	♏	6	04° of Cancer	♋
7	09° of Sagittarius	♐	7	17° of Cancer	♋
8	21° of Sagittarius	♐	8	29° of Cancer	♋
9	05° of Capricorn	♑	9	11° of Leo	♌
10	20° of Capricorn	♑	10	22° of Leo	♌
11	09° of Aquarius	♒	11	04° of Virgo	♍
12	00° of Pisces	♓	12	16° of Virgo	♍

DECEMBER —18—

	A.M.			P.M.	
1	09° of Libra	♎	1	20° of Aries	♈
2	21° of Libra	♎	2	13° of Taurus	♉
3	02° of Scorpio	♏	3	03° of Gemini	♊
4	14° of Scorpio	♏	4	19° of Gemini	♊
5	26° of Scorpio	♏	5	03° of Cancer	♋
6	08° of Sagittarius	♐	6	16° of Cancer	♋
7	21° of Sagittarius	♐	7	28° of Cancer	♋
8	04° of Capricorn	♑	8	10° of Leo	♌
9	19° of Capricorn	♑	9	22° of Leo	♌
10	07° of Aquarius	♒	10	04° of Virgo	♍
11	29° of Aquarius	♒	11	16° of Virgo	♍
12	24° of Pisces	♓	12	27° of Virgo	♍

DECEMBER —9—

	A.M.			P.M.	
1	02° of Libra	♎	1	05° of Aries	♈
2	14° of Libra	♎	2	00° of Taurus	♉
3	25° of Libra	♎	3	22° of Taurus	♉
4	08° of Scorpio	♏	4	10° of Gemini	♊
5	19° of Scorpio	♏	5	25° of Gemini	♊
6	01° of Sagittarius	♐	6	09° of Cancer	♋
7	13° of Sagittarius	♐	7	21° of Cancer	♋
8	26° of Sagittarius	♐	8	03° of Leo	♌
9	10° of Capricorn	♑	9	15° of Leo	♌
10	26° of Capricorn	♑	10	27° of Leo	♌
11	16° of Aquarius	♒	11	08° of Virgo	♍
12	09° of Pisces	♓	12	20° of Virgo	♍

DECEMBER —23—

	A.M.			P.M.	
1	12° of Libra	♎	1	28° of Aries	♈
2	24° of Libra	♎	2	20° of Taurus	♉
3	06° of Scorpio	♏	3	09° of Gemini	♊
4	18° of Scorpio	♏	4	24° of Gemini	♊
5	00° of Sagittarius	♐	5	08° of Cancer	♋
6	12° of Sagittarius	♐	6	20° of Cancer	♋
7	25° of Sagittarius	♐	7	02° of Leo	♌
8	09° of Capricorn	♑	8	14° of Leo	♌
9	15° of Capricorn	♑	9	26° of Leo	♌
10	14° of Aquarius	♒	10	07° of Virgo	♍
11	07° of Pisces	♓	11	19° of Virgo	♍
12	02° of Aries	♈	12	01° of Libra	♎

DECEMBER —13—

	A.M.			P.M.	
1	05° of Libra	♎	1	12° of Aries	♈
2	17° of Libra	♎	2	06° of Taurus	♉
3	28° of Libra	♎	3	27° of Taurus	♉
4	10° of Scorpio	♏	4	14° of Gemini	♊
5	22° of Scorpio	♏	5	29° of Gemini	♊
6	04° of Sagittarius	♐	6	12° of Cancer	♋
7	16° of Sagittarius	♐	7	24° of Cancer	♋
8	29° of Sagittarius	♐	8	06° of Leo	♌
9	14° of Capricorn	♑	9	18° of Leo	♌
10	01° of Aquarius	♒	10	00° of Virgo	♍
11	21° of Aquarius	♒	11	12° of Virgo	♍
12	15° of Pisces	♓	12	23° of Virgo	♍

DECEMBER —28—

	A.M.			P.M.	
1	16° of Libra	♎	1	05° of Taurus	♉
2	28° of Libra	♎	2	26° of Taurus	♉
3	10° of Scorpio	♏	3	13° of Gemini	♊
4	22° of Scorpio	♏	4	28° of Gemini	♊
5	04° of Sagittarius	♐	5	12° of Cancer	♋
6	16° of Sagittarius	♐	6	24° of Cancer	♋
7	29° of Sagittarius	♐	7	06° of Leo	♌
8	14° of Capricorn	♑	8	17° of Leo	♌
9	01° of Aquarius	♒	9	00° of Virgo	♍
10	21° of Aquarius	♒	10	12° of Virgo	♍
11	14° of Pisces	♓	11	23° of Virgo	♍
12	11° of Aries	♈	12	06° of Libra	♎

제4부

천궁도 해석하는 방법
(HOW TO CAST A HOROSCOPE)

이 장에서 제공된 지침은 과학의 초심자들을 위한 것입니다. 저자는 Astrology의 주제에 대해 광범위하게 읽은 사람들로부터 그 주제에 대한 다양한 작품에서 주어진 규칙들이 일반적으로 너무 기술적이고 복잡하기 때문에 그 규칙들을 따르는 것이 어렵다는 말을 자주 들었습니다. 이러한 이유로 이러한 방향들은 축약되었습니다.

그러나 그것들은 일반인에게 가치가 있다는 것을 증명할 수 있을 정도로 충분히 정확합니다. 가능한 한 비기술적인 용어를 사용하며, 표준시에서 현지 표준시로, 또는 현지 표준시에는 사이드리얼 시간으로의 수정과 같은 미세한 계산은 생략되었습니다.

천궁도 해석은 주어진 시간에 지구(earth)와 황도대(zodiac)에 대한 태양, 달 및 7개의 행성의 위치를 나타내는 지도 또는 차트입니다. 어떤 순간에 대해서도 매우 정확하게 천궁도를 계산하는 것이 중요하지만, 안타깝게도 자기 자신이 태어난 순간을 정확히 아는 사람은 거의 없습니다. 그러나 일반적인 판단을 하기 위해서는 여기에서 주어진 규칙으로도 충분할 것입니다.

[도표 1]에서의 중심은 지구를 나타내고, 안쪽 원은 '하우스(houses)'라고 불리는 12개의 영역으로 분할된 하늘의 공간을 나타냅니다. '커스프(cusp)'라는 용어는 한 하우스와 다른 하우스를 나누는 선을 나타내는 데

사용됩니다. 첫 번째 하우스는 원의 왼쪽 9시 방향에 있는 지평선으로 시작하고, 첫 번째 하우스의 커스프를 어센던트(Ascendant)라고 부르는데, 이 어센던트에서 태양, 달 및 행성들이 상승하거나 떠오르는 것처럼, 우리는 지평선에서 볼 수 있습니다.

어센던트(Ascendant)라고 불리는 황도대의 별자리는 사람이 태어날 때 떠오르는 별자리로 그 사람의 외적인 겉모습과 성격과 관련된 모든 것을 의미하며, 따라서 차트 해석을 하는 데 있어서 가장 중요한 지점 중 하나로 여겨집니다.

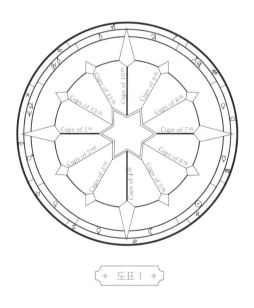

✦ 도표 1 ✦

계산을 확인하기 위해서는, 먼저 12개의 구간에 각각 싸인을 배치한 후, 학생들은 어센던트 표(표 3)를 참조할 것을 권장합니다.

만약 어센던트가 정확하게 계산되었다면, 다른 하우스들의 커스프에 있는 싸인들은 일반적으로 올바른 위치에 있다는 것을 알 수 있기 때문에, 그의 수치가 정확한지를 한눈에 알 수 있을 것입니다.

하우스들의 커스프를 찾아서
(FINDING THE CUSPS OF THE HOUSES)

주어진 시간으로 천궁도를 만들려면 태양, 달 및 행성의 황도대 위치가 담긴 라파엘의 천체력(Raphael's Ephemeris)에서 원하는 출생 연도를 참조할 필요가 있을 것입니다.

항성 생년월일(Sidereal Time of Birth)

천체력에서 필요한 월과 일로 돌아가면 왼쪽에 '항성시(Sidereal Time)'라는 제목의 열이 표시됩니다. 출생 시간이 정오 이전인 경우 출생 시간과 같은 날 정오 사이의 차이 나는 시간을 항성시에서 뺍니다. 출생 시간이 정오 이후에 태어난 경우 정오와 출생 시간 사이의 차이 나는 시간을 항성시에서 더합니다. 아침 출생의 경우 항성시가 공제를 허용하지 않으면 여기에 24시간을 더하고 빼십시오. 마찬가지로, 항성시에 출생 시간을 더할 때 합계가 24시간을 초과하는 경우, 결과에서 이 값(24)을 빼면 정확한 항성 시간이 나옵니다.

다시 말하지만, 그 사람이 태어났을 때 일광 절약 시간제(서머타임)가 작동 중인지 여부를 고려해야 합니다. 만약 그렇다면, 시계 시간에서 1시간을 빼서 위와 같이 진행합니다.

하우스의 커스프들(Cusps of the Houses)

정확한 생년월일을 확인한 후, 라파엘의 천체력 끝에 있는 하우스 테이블로 돌아가서 항성시로 표시된 열에서 다음과 같이 이 숫자 또는 위에서 계산한 바와 같이 가장 가까운 것을 찾으십시오.

이 표에서 숫자 10, 11, 12, 어센던트 2 그리고 3이 맨 위 라인을 차지하고 있다는 것을 알 수 있습니다. 이것들은 6개의 하우스 또는 Mid-heaven에서 네 번째 하우스까지의 커스프를 나타냅니다.

나머지 여섯 하우스는 원의 나머지 절반을 차지하고 우리는 그 끝부분에서 반대쪽 싸인의 동일한 각도를 삽입하여 열두 하우스를 완성합니다(서로 반대되는 싸인은 표 1의 시작 부분에 표시되어 있습니다).

천궁도의 10, 11, 12, 어센던트, 두 번째 그리고 세 번째 하우스의 커스프에 대한 싸인과 도수는 항성시와 같은 수평선에 있습니다.

예를 들어, 1928년 1월 1일 오전 0시인 새해의 순간을 위해 수치를 세우는 것을 진행할 것입니다. 만약 천체력(Ephemeris)를 1928로 돌리면, 우리는 항성시(Sidereal Time)가 18시 39분 37초(또는 실제적인 표시로 18시 40분)임을 알 수 있습니다.

천체력(Ephemeris)은 매일 정오에 런던에 위치한 그리니치에서 계산되고, 오전 0시 또는 새해의 시작이 정오보다 12시간 전이기 때문에(모든 계산은 위에서 언급된 대로 이루어짐) 18시 40분에서 12시를 빼면 결과는 6시 40분입니다.

이제 우리는 하우스 테이블(Table of Houses)로 돌아가 가장 가까운 항성시가 6시 39분 11초라는 것을 알게 되며, 이것은 열 번째 하우스의 커스프에 있는 게자리 9도, 열한 번째 하우스의 사자자리 12도, 열두 번째 하우스의 처녀자리 13도, 첫 번째 또는 어센던트에서 천칭자리의 7도, 47분, 두 번째 하우스의 전갈자리 4도의 커스프를 나타냅니다. 그리고 세 번째에 사수자리의 5도입니다. 우리는 나머지 6개의 커스프를 각각의 동일한 도수로 채우지만 싸인은 서로 반대편 싸인입니다. 이제 우리의 커스프가 완성되었습니다.

☼ 하우스 안에 행성을 배치하는 방법(How to Place the Planets in the Houses)

지도에서 적절한 위치에 행성들을 삽입하기 위해 1928년 1월 1일 천체력을 참조합니다.

'Long(황도대에서 행성의 위치를 나타내는 경도의 줄임말)'이라는 제목의 열과 그리고 행성 싸인 아래에서 우리는 행성의 위치를 도수와 분, 그리고 태양과 달의 경우 초 단위로 표시된 것을 발견합니다. 물론 학생들은 황도대의 각각의 별자리가 30도이며, 각 1도가 60분, 그리고 1분이 60초를 포함하고 있다는 것을 알게 됩니다. 그리고 초가 30초를 초과하면 1분이 추가될 수 있으며, 30초 미만이면 생략될 수 있습니다.

☼ 출생 시간을 그리니치 시간으로 변경(Birth Time Changed to Greenwich Time)

천체력에 주어진 행성들의 위치는 이미 언급한 바와 같이 그리니치 또는 런던에서 정오에 계산되기 때문에 우리는 뉴욕 시간을 그리니치 시간으로 변경해야 합니다. 이것은 뉴욕과 그리니치 사이의 시간 차이를 새해의 탄생 시간(또는 개인의 경우 출생 시간)에 더함으로써 수행됩니다.

지구가 24시간(360도를 포함하는 둘레)에 한 번 자전하기 때문에, 각각의 1도는 4분을 나타내고 있다는 것이 분명합니다. 뉴욕의 경도는 그리니치에서 서쪽으로 약 75도 떨어져 있고 각 경도는 4분의 시간과 같으므로 우리는 결과적으로 뉴욕과 그리니치의 시간 차이는 5시간이라는 것을 알게 됩니다. 이제 이 5시간을 1928년 1월 1일 오전 0시에서 더하면 오전 5시가 됩니다.

이러한 계산은 천체력의 모든 계산의 기초가 되는 정오에서 이 값을 빼면 태양, 달 및 행성에 대한 7시간의 보정을 제공합니다.

☼ 태양의 위치(The Sun's Position)

태양은 약 1도, 즉 60분을 24시간 안에 움직이며, 24시간을 60분으로 나눈다면 우리는 태양이 한 시간당 2.5분씩 움직인다는 것을 알 수 있을 것입니다. 2.5에 7을 곱하면 17분 30초가 됩니다. 보정된 시간이 정오(오전 5시)이전이었기 때문에 이 태양은 1928년 1월 1일의 '천체력(Ephemeris)'에 있는 태양의 염소자리 9도 50분에서 빼야 합니다. 즉, 뉴욕의 1월 1일의 태양은 염소자리의 9도 32분이 됩니다.

☼ 달의 위치(The Moon's Position)

달의 움직임은 24시간 동안 12도에서 15도까지 다양하게 변화하면서 더 불규칙합니다. 2시간마다 1도씩, 즉 1시간에 30분이면 초심자용으로 달을 보정하는 데 충분히 정확하게 할 수 있습니다. 우리는 이제 7시간에 30분 또는 0.5도를 곱하면 3도 30분의 보정을 주는데, 이것은 그리니치에서 정오에 계산되기 때문에 양자리의 23도 19분에 달의 위치에서 빼야 하므로 1928년 1월 1일 오전 0시 뉴욕시에서 달의 위치는 양자리 19도 49분의 보정 시간을 남기게 됩니다.

1927년 12월 31일의 달은 양자리 9도 10분에 있었고, 1928년 1월 1일 달은 23도 19분에 있었습니다. 즉, 24시간 동안 14도 9분의 차이가 있으므로 이것은 정확하지 않습니다. 이 경우 달의 위치에 35분의 차이가 날 것입니다. 하지만 세컨더리 디렉션(Secondary Directions)이나 아크(arcs)를 사용하지 않는 한 달의 영향력을 결정하는 데 중요한 영향을 미치지는 않을 것입니다.

저자의 스승인 J. 헤버 스미스(J. Heber Smith) 박사가 저에게 차트를 만드는 법을 가르쳤을 때 한 말은 깊은 인상을 남겼습니다. 이것은 차트를 효과적으로 작성하는 데 있어 몇 분 또는 몇 초에 걸쳐 '산란한 마음'을 일으키는 유형은 결코 훌륭한 점성학적 분석가를 만들지 못한다는 취지에서였는데, 그러한 마음들은 상상력이 부족하고 그들의 정신적인 인식은 너무 제한적이었습니다.

예를 들어, 그는 레스터 교수(Professor Lester, 그와 동시대이자 그가 그 시대의 가장 현명한 점성가라고 생각했던 사람)가 그린 차트들이 "마치 암탉이 종이 위를 걸어가는 것처럼 보였다(looked as if a hen had walked over the paper)."라고 말했습니다.

스미스(Smith) 박사의 인상적인 깊은 말은 저자가 학생들을 대상으로 한 제 자신의 경험을 통해 입증한 것이었습니다. 모든 점성가들이 의존하는 천체력(Ephemerides)의 감독관 아래서 일시적인 것이 준비되어 있으며, 라파엘은 자신의 일상적인 작업을 차트로 그릴 때, 행성들의 도수 외에는 아무것도 넣을 필요가 없다고 생각합니다. 더 나아가 과학의 진실에 대해 알면 알수록 더 증명하는 것입니다.

자신이 우주를 다루고 있다는 것이 다른 것과 마찬가지로, 점성가는 환경, 수년간의 경험, 그리고 많은 세속적인 지혜를 가지고 있지 않는 한, 그들은 수학에만 너무 많이 의존하고, 중요한 것들에는 너무 적게 의존할 위험에 처해 있다는 것을 더 많이 깨닫게 될 것입니다.

때때로 저자는 과학을 마스터하기 위해 점성학을 공부하는 데 얼마나 오랜 시간이 걸리는지 질문받고, 그는 항상 1889년 레굴루스(Regulus)에 대해 한 말을 상기시킵니다. 그는 그가 35년 동안 점성학을 연구해 왔고 그는 단지 자기 자신이 그 방대한 가능성의 표면을 긁어냈을 뿐이라는 것을 깨달았습니다.

☼ 행성들의 위치(The Planets' Positions)

모든 실제적인 목적을 위해 천체력에서 발견된 것처럼 다른 행성들을 지도에 삽입할 수 있습니다. 만약 행성들(태양과 달 포함)의 정확한 위치를 계산하기를 원한다면, 학생들은 라파엘(Raphael's)의 천체력(Ephemeris)의 마지막 시트에서 테이블 비례 로그표를 찾을 수 있을 것입니다. 그러나 많은 학생들은 그들 자신이 비례 로그표에 어리둥절할 것이기 때문에, 더 간단한 방법은 아래에 제시되어 있습니다.

경우에 따라서 행성이 별자리의 끝이나 시작에 가까운 곳에서는 그것의 정확한 위치를 확인하는 것이 더 필요하고, 그것은 정확하게 계산되어야 합니다. 행성들은 다양한 속도로 움직이고 있을 뿐만 아니라, 어느 해의 특정 기간 동안에는 황도에서 지구의 상대적인 운동으로 인해 그들은 뒤로 움직이는 것처럼 보입니다. 그러한 때에, 그것들은 역행이라고 말합니다. 이것은 기호 B로 표시되거나 또는 모든 약국의 처방에 사용되는 기호로 표시됩니다. 행성이 방향을 틀어 직진하면 글자 D가 열에 삽입됩니다. 물론 태양과 달은 결코 역행하지 않습니다.

☼ 행성들을 하우스에 배치하기(Placing the Planets in the Houses)

이제 태양과 달이 바로잡혔으므로, 우리는 그것들과 행성들을 차트의 적절한 하우스에 배치할 것입니다. 초보자들을 돕기 위해, 그들은 차트를 시계나 시계의 면에서 첫 번째 하우스나 어센던트를 9시로 생각하게 하고, 행성들이 떠오르기 위해서는 하우스의 커스프에 있는 별자리들이 반드시 시계 반대 방향으로 움직여야 한다는 것을 기억하십시오.

이것은 다시 지구가 자전축을 따라 움직여서 태양이 떠오르는 것처럼 보이게 한다는 사실에서 비롯되는데, 실제로 천체는 24시간 동안 사실상 정지되어 있습니다. 그러므로 행성들은 시계의 움직임과 같은 방향으로 가고, 별자리들은 황도대 배치의 반대 방향으로 상승한다는 것을 기억해야 할 필요가 있습니다.

새해가 시작될 때 하늘이나 열두 하우스의 위치 그리고 각 하우스의 커스프에 있는 황도대의 도수를 보여 주는 [도표 2]를 참조하여, 우리는 이 도표에 행성들을 계속 배치할 것입니다.

우리는 보정 후 달이 양자리 19도 49분에 있다는 것을 발견했고, 일곱 번째 하우스의 커스프가 양자리 7도 47분에 있기 때문에 우리는 일곱 번째 하우스에 달을 배치해야 합니다.

우리는 보정 후 태양이 염소자리 9도 32분에 있다는 것을 발견했고, 네 번째 하우스의 커스프가 염소자리 9도에 있으며, 태양이 9도 이상이기 때문에 우리는 네 번째 하우스의 선 바로 위에 태양을 배치해야 합니다.

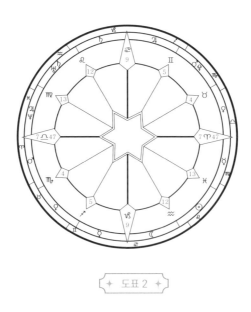

✦ 도표 2 ✦

이미 쉽게 계산할 수 있도록 언급했듯이, 우리는 다른 행성들은 보정하지 않았고, 따라서 다른 행성들도 올바른 위치에 배치하기 위해 계속 진행할 것입니다.

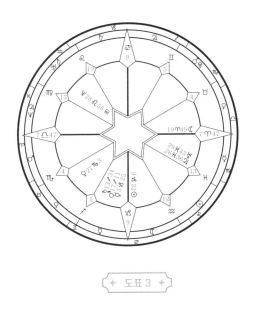

도표 3

해왕성은 사자자리 28도 56분에 있으며, 사자자리 끝이 열두 번째 하우스 커스프에 있기 때문에, 해왕성은 열한 번째 하우스에 배치될 것입니다. 천왕성은 물고기자리 29도 43분에 있으며, 물고기자리 13도가 여섯 번째 하우스 커스프에 있기 때문에, 천왕성은 여섯 번째 하우스에 배치될 것입니다.

물고기자리 26도 36분에 있는 목성은 천왕성 앞에 있으며, 이 행성도 여섯 번째 하우스에 놓일 것입니다. 토성은 사수자리 13도 34분에 있고 세 번째 하우스 커스프가 사수자리 5도에 있으므로, 토성은 세 번째 하우스에 놓이게 됩니다.

화성은 사수자리 17도 11분에 있으므로 토성과 같은 하우스에 놓이게 될 것입니다. 금성은 전갈자리 27도 3분에 있는데, 두 번째 하우스의 커스프는 전갈자리 4도에서 시작하고 있으므로 금성은 두 번째 하우스에 있을 것입니다. 수성은 염소자리 5도 25분에 있으며, 네 번째 하우스의 커스프가 염소자리 9도에 배치되어 있어, 9도 미만인 5도는 앞 하우스에 두어야 해서, 수성은 세 번째 하우스에 놓이게 된다는 것을 알게 될 것입니다.

[도표 3]은 1928년 1월 1일 오전 0시에 대한 전체 차트 또는 천궁도를 보여 줍니다.

제목	재료	제작자	디자인
태양 오컬트 주얼리	14K Yellow Gold, Diamond	주얼리 연 대표 박연배	박소현 안영은

## 제5부

호라리 어스트롤로지
(HORARY ASTROLOGY)

　'하늘의 그릇(The Bowl of Heaven)'에서 언급되었듯이, 고대인들은 Horary Astrology에서 개인이 자기 자신의 질문에 대한 답을 찾고자 했을 때 단지 하늘의 평범한 위치만을 고려했습니다. 그러므로 두 명 이상의 사람들이 동시에 정확하게 같은 질문을 제시하는 경우, 그들이 필요로 하는 답이 무엇인지에 관계없이 고대인들의 방법을 사용하면 정확히 동일한 진단을 받을 수 있다는 것을 즉시 알 수 있습니다. 그러나 저자가 실천한 Horary Astrology는 개인의 본질적인 차트와 관련하여 하늘의 위치도 고려합니다. 아래에 설명된 이 방법을 사용하면, 각 개인은 현재 자신의 삶과 관련하여 특정 문제와 관련된 정보를 받을 수 있습니다.

　예를 들어, 초보자를 위해서 내담자가 질문했을 때의 정확한 시간을 가지고 이번에는 어센던트를 계산합니다. 즉, 첫 번째 하우스와 다른 열한 개의 하우스들의 커스프를 계산합니다. 출생 차트를 그릴 때처럼 말입니다. 그러나 대신에 질문을 받는 순간의 하늘에 나타나는 행성들을 이 차트에 배치하는 것이 아니라, 대신 내담자의 본질적인 행성들을 이 차트에 배치해야 합니다. 점성가는 천궁도가 각 개인의 네이탈 차트를 위한 천궁도인 것처럼 이제는 현재의 천궁도가 개인의 생각의 탄생을 위한 천궁도로 여겨질 수 있기 때문에, 이 천궁도를 네이탈 차트와 같은 방식으로 차트를 읽어야 합니다.

　열두 하우스에 대한 설명은 행성이 개인의 삶에 미치는 영향이나 호라리 질문에 미치는 영향을 확인하는 데 사용될 수 있습니다.

네이탈 차트의 열두 하우스 중 어느 한곳에 있는 토성의 위치는 우리가 일생 동안 만나야 하는 규율, 제한된 조건 및 우리가 가장 심각한 실망을 예상해야 하는 근원을 나타내는 것처럼, 호라리 어스트롤로지(Horary Astrology)에서도 토성은 내담자의 현재 걱정의 근원을 보여 줍니다.

예를 들어, 토성이 호라리 차트의 첫 번째 하우스 또는 어센던트에서 발견된다면 점성가는 내담자에게 현재 우울한 건강 상태에 직면해 있고, 내담자는 현재 일시적인 구름을 통과하려고 하고 있으며, 내담자는 어떤 종류의 실망감에 직면할 수도 있다는 것을 내담자에게 함께 말해야 합니다. 만약 토성이 두 번째 하우스, 즉 돈의 하우스에 있다면 내담자는 돈과 관련된 어떤 일에 대해 깨달음을 얻기 위해 왔다고 가정하는 것이 안전하며, 내담자는 돈이 관련된 곳에서 과도한 위험을 감수하지 않도록 주의를 기울여야 합니다.

토성이 한계, 슬픔, 장애와 지연, 그리고 심지어 어떤 프로젝트나 사람의 죽음을 의미하는 것처럼, 천왕성은 예상치 못한 것을 나타내므로 내담자는 천왕성이 배치될 수 있는 열두 하우스 중 어느 한 하우스에서 천왕성의 위치가 놓이게 되면, 내담자의 삶의 어떤 부분에서 약속을 하거나 위협받을 수 있는 어떤 행운이나 불행을 너무 심각하게 받아들이지 않도록 해야 합니다.

영적인 힘을 나타내는 해왕성이 호라리의 모습으로 놓여 있는 곳에서는 이 행성이 물질적 이거나 일상적인 차원에 미치는 영향이 거의 항상 불행하기 때문에, 이것은 항상 어떤 형태의 음모나 위장을 나타냅니다.

'더 큰 행운'이자 조화와 번영을 의미하는 목성이 호라리의 모습으로 놓여 있는 곳에서는 내담자가 항상 원하는 행복이나 번영을 누리고 있으며, 현재 목성이 있는 하우스와 관련하여 특정한 문제가 있을 경우, 내담자에게 항상 유리한 조건으로 놓일 수 있는 영역을 나타냅니다.

Horary Astrology는 학생이나 점성가가 내담자의 삶의 어느 부분에 어떤 각도나 영역에서 어떤 행성의 영향을 느낄지 결정하는 것을 가능하게 하기에 충분한 열쇠입니다. 여기에는 9개의 행성과 12개의 하우스에 관한 세부적인 사항을 설명하기에 충분한 공간이 없습니다. 그러므로 저자는 다른 책에서 이것을 말할 계획입니다.

저자가 직업 생활에서뿐만 아니라 언제나, 그리고 언제라도 점성학의 이 지점을 활용하는 방법의 예로서, 다음과 같은 것들이 주목될 수 있습니다.

저자가 최근 런던을 방문했을 때, 저자와 라파엘의 천문 에페메리스(Raphael's Astronomical Epheris)의 공동 편집자이자 월간 잡지 「스타 로어(Star Lore)」의 편집자인 알렉 스튜어트(Alec Stewart) 씨가 있었습니다. 우리는 스튜어트 씨의 고객인 유명한 영국 금융가의 저녁 만찬에 손님으로 초대되어 있었고, 집사가 방송으로 긴급 전화가 왔다고 알렸습니다. 집주인은 그의 형이 위험한 병에 걸렸다는 것을 알게 되었고, 그가 응접실로 돌아와서 손님들에게 메시지의 취지를 알렸을 때 저자는 스튜어트 씨에게 몸을 돌려 "지금 이 순간에 호라리 차트를 그리면, 집 주인의 토성이 세 번째 하우스(형제자매)에 있는 것을 알게 될 것입니다." 이것은 거의 즉시 이루어졌으며, 실제로 토성은 세 번째 하우스에 있었습니다.

훨씬 더 중요한 예는 뉴욕 미러의 필립 페인이 로마행 비행기를 타고

가던 중 불행하게도 올드 글로리에서 목숨을 잃은 사건에 대한 이야기입니다.

그는 몇 년 동안 저자의 고객이었고, 그가 하고 있는 특별한 일이 성공할 것인지에 대해 상담을 받았을 때 그의 토성, 천왕성, 그리고 화성이 모두 상승하려 하고 있었는데, 이는 출발하기까지의 긴 지연, 예상치 못한 일들, 그리고 그와 그의 동료들을 추월한 궁극적인 재앙을 명확하게 나타냅니다.

더 흥미로운 것은 1927년 9월 6일 오후 12시 23분에 올드 글로리의 올드 오차드에서 추락했을 때, 하늘에 있는 토성이 정확히 어센던트에 있었다는 사실에 주목할 수 있습니다.

이 차트와는 매우 대조적으로, 당시 찰스 A 린드버그(Charles A. Lindbergh) 대령이 1927년 5월 20일 오전 6시 51분 실제 정확한 시간으로 롱아일랜드 미네올라(L.I, Mineola)에서 추락했을 때, 태양과 수성은 막 떠올랐고 금성은 어센던트에 가까웠습니다. 더 큰 행운의 행성(Greater Fortune)인 목성과 예상할 수 없는 행성인 천왕성은 중천(Midheaven)에 있었습니다. 그러나 이 사람의 비행시간에 대해 그려진 차트는 끔찍한 형상이 아니었습니다. 그것들은 오히려 모험적인 탄생 차트입니다.

Horary Astrology는 실제로 우주에는 사고가 없으며 모든 것이 법과 질서에 따라 일어난다는 것을 증명합니다. 이 믿음을 입증하면서, 저자는 그들의 입장이나 내담자의 입장에서 피할 수 없는 지연으로 인해 약속이 연기되었을 때, 항상 정확히 약속된 순간에도 지연되는 끔찍한 형상은 그들이 정보를 얻고 싶어 하는 문제를 나타내는 것으로 발전한다는 것을 발견했습니다. 그리고 만약 지연이 없었다면, 끔찍한 형상은 그들의 문제를 지적하거나 해결책에 어떤 도움을 제공하고 있을 것입니다.

이 과학의 분야는 단순한 호기심에서 경솔한 태도로 질문을 하는 데 사용되어서는 안 됩니다.

호라리의 형상이 무의미해 보일 때, 그것은 매우 중요하다고 생각하는 것이 정확하게 결정되어 있지 않은 시기에 질문하여 형성된 차트로 이것은 질문의 가치가 없기 때문이며, 그러한 경우에는 네이탈 차트에 의존해야 합니다.

질문은 종종 질문자가 처음으로 생각이 떠올랐던 시간인지 아니면 점성가에게 질문을 던졌던 시간이 호라리의 형상을 세우기 위한 정확한 시간인지에 대한 의문이 발생합니다.

저자는 내담자의 아이디어가 떠올랐던 순간이나 제안이 제시된 순간의 시간을 확실하게 배치하는 것이 가능한 곳에서 이 호라리 차트의 근본적인 형상일 것이라는 것을 발견했는데, 이것은 점성가에게 질문이 제안된 시간에 그려진 형상과 결합하여 고려되어야 합니다.

　학생들이 Astrology를 이해하고 활용할 수 있으려면 '하늘의 대저택'으로 여겨질 수 있는 열두 개의 하우스에 대한 지식이 있어야 합니다. 황도대의 둘레는 360도이고, 따라서 각각의 하우스나 별자리는 30도씩입니다.

　제1부에서 우리는 황도대의 열두 별자리가 신체, 성격, 기질, 정신적, 도덕적 속성뿐만 아니라 이것에 어떤 방식으로 영향을 미치는지와 성공 또는 실패의 가능성을 보여 주는 것을 고려했습니다. 열두 개의 하우스들은 각각의 개인이 삶을 살아가면서 마주하게 되는 운명의 모든 단계의 환경과 상황, 가능성과 한계를 설명하고 있습니다.

　어떤 특정한 하우스의 강도나 중요성을 판단하기 위해서는 첫 번째, 그 하우스의 룰러와 그의 어스펙트, 그리고 두 번째로 그 하우스에 존재할 수 있는 모든 행성들과 그 어스펙트를 조사할 필요가 있습니다. 또한 세 번째 고려 사항도 있는데 이는 매우 중요한 사항 중 하나입니다. 즉, 별자리의 특성 자체가 하우스의 특성과 서로 호의적인지 여부입니다.

　예를 들어 뉴욕에서 양자리 15도가 상승하고 있을 때, 별자리들은 어떤 중복이나 잘림 없이 규칙적인 순서대로 놓이게 됩니다. 황소자리는 두 번째 커스프에 있고, 쌍둥이자리는 세 번째 커스프에 있습니다. 이것은 별자리의 의미와 하우스의 의미 사이에 자연스럽게 일치하기 때문에 이상적인 배열입니다. 따라서 수성의 별자리인 쌍둥이자리는 분명히 정신을 묘사하는 하우스를 설명하기에 좋은 배열입니다.

　금성에 의해 지배를 받는 천칭자리는 결혼에 대해 호의적이며, 그것은 법률적인 성격의 모든 종류의 파트너 관계에 대해 호의적입니다. 사랑의 별자리인 사자자리는 자연스럽게 쾌락의 하우스인 다섯 번째 하우스의 커스프를 차지하고 있습니다. 인간의 별자리인 물병자리는 자연스럽게 친구의 하우스인 열한 번째 하우스와 일치합니다. 그러나 이러한 배열은 매우 드뭅니다. 아주 먼 북쪽이나 아주 먼 남쪽의 장소에서의 위도의 차이 때문에, 우리는 이 열두 개의 하우스들에서 이 열두 개의 별자리들을 정확히 찾을 수 없습니다. 그리고 다시 말하지만 양자리는 짧은 상승의 별자리이기 때문에, 양자리가 상승하는 것을 발견하는 것은 12개의 별자리 중 1개 또는 그 이하의 천궁도에서만 가능합니다.
　결과적으로 우리는 사람들이 살아가면서 서로 이해할 수 없는 상황들을 종종 발견합니다. 만약 우리가 쾌락의 하우스의 커스프에서 토성의 별자리인 염소자리(Capricorn)를 발견하거나, 친구들의 하우스인 커스프에서 군사의 별자리인 양자리나 전갈자리(Aries and Scorpio)를 발견한다면 우리는 그 천궁도의 태생이 쾌락을 추구하는 과정에서 많은 실망을 겪을 것이고, 그의 친구들과 많은 충돌을 겪을 것이라고 결론을 내려야 합니다.

　정신과 관련이 있는 세 번째 하우스에 느리고 완고한 황소자리가 세 번째 하우스의 커스프에 있고, 또는 삶의 끝뿐만 아니라 시작의 환경과 관련이 있는 네 번째 하우스의 커스프에 안정되기 어려운 쌍둥이자리가 있는 경우, 심리적인 안정과 가정에서의 휴식을 위해서 모두 편안하지 않을 것입니다. 그러므로 앞으로(미래)의 어떤 책에서는 모든 별자리가 하늘에 있는 모든 하우스에 미치는 영향에 대해 차례대로 논의할 필요가 있을 것입니다.

불행하게도 정확한 출생 시간을 알 수 없다면, 천궁도 해석에 있어서 점성가는 커스프를 유리하게 사용할 수 있을 만큼 충분히 정확한 하늘의 도형을 그리는 것은 불가능합니다. 자신의 출생 시간과 관련하여 일반적인 사람들의 이러한 정확성 부족은 다음과 같이 나타나며, 천궁도를 진단하는 데 있어서 많은 판단의 오류가 발생할 가능성이 있을 수 있습니다.

비전문가들은 강력한 배열 형태에서 약간의 부조화가 완벽한 작동을 방해할 수 있다는 것을 이해하지 못합니다. 다른 차원의 과학에서 비유를 하자면 자동차를 생각해 보십시오. 기계는 절대적으로 정상적인 상태이고, 엔진은 작동하고, 바퀴는 돌아갈 준비가 되어 있지만, 클러치가 들어가지 않았기 때문에 기계는 움직이지 않습니다.

예를 들어, 위대한 나폴레옹은 사수자리가 세 번째 하우스의 커스프에 있었고, 룰러인 목성은 전갈자리에 있어 현실 감각이 뛰어나고 정신이 투철하지만, 생각이 빠른 것은 세 번째 하우스의 커스프를 차지하는 별자리가 전갈자리나 물고기자리가 아니라 사수자리라는 사실에 의해 빠르게 움직입니다. 만약 물의 별자리인 이 별자리 중 하나가 세 번째 하우스에 있었다면 그의 생각은 훨씬 더 느리고 더 수용적인 마음을 가졌을 것이고, 아마도 생각에 대한 신비로운 방향 전환을 가졌을 것입니다. 다시 말해서 우리에게는 위대한 행동가라기보다는 위대한 과학자를 가졌을지도 모릅니다.

클레오 드 메로드(Cleo de Merode)의 경우, 우리는 일곱 번째 하우스의 커스프에 달이 있고, 그 안에 태양, 목성, 수성, 금성이 있습니다. 그녀가 일찍 그리고 자주 결혼할 것이라는 더 강한 암시는 상상할 수 없었습니다. 목성과 해왕성은 어포지션이지만, 그 외에는 나쁜 어스펙트가 없습니다.

그녀가 큰 모험을 하지 못한 유일한 이유는 일곱 번째 하우스의 커스프가 처녀자리에 있기 때문입니다. 물론 이것은 물고기자리가 상승하는 사람들이 종종 결혼하지 않은 상태로 남아 있는 경우가 많다는 말과 같으며, 수성의 일반적인 지표성이 변형되는 방법으로 나타나지 않고, 수성의 어스펙트가 나쁘지 않는 한 또는 천칭자리의 별자리에 매우 많은 행성들이 차지하고 있지 않는 한 일반적으로 그들은 결혼 적령기에 도달할 때까지는 결혼을 하지 않을 것입니다. 이때 다른 조합도 고려해야 하지만, 일곱 번째 하우스의 커스프를 차지하고 있는 별자리는 일반적으로 더 고려해야 합니다.

그러므로 우리는 항상 별자리의 의미와 하우스의 의미 사이에 약간의 어떤 공감의 부족이 없는지 경계해야 합니다. 그래야 우리는 행성의 일반적인 영향들이 작용할 것인지 아니면, 못하게 할 것인지 여부를 알 수 있습니다.

열두 하우스에 대한 설명 (DESCRIPTION OF THE TWELVE HOUSES)*

어센던트(Ascendant)
—— 첫 번째 하우스(The first house)

일반적으로 양자리이고 화성이 지배하는 하우스로, 사람의 겉모습과 성격과 관련된 모든 것을 의미합니다. 그것은 머리를 지배하고 개인의 활동이나 억압의 정도를 알 수 있습니다. 국가의 일과 일반적인 상황과 관련된 질문에서 첫 번째 하우스는 대중을 나타내며, 국가의 일반적인 상태를 의미합니다.

◇◇◇◇◇

* Tables of the Houses are given at the end of Raphael's Ephemeris.

✵ 돈의 하우스(The House of Money)
— 두 번째 하우스(The second house)

일반적으로 황소자리이고 금성이 지배하는 두 번째 하우스는 개인의 재정적 상황이나 재산의 이익이나 증가, 손실이나 감소, 그리고 개인의 모든 동산을 의미합니다. 그것은 목을 지배하고 이 태생들이 즐겁게 번영을 누릴 수 있는 정도를 알 수 있습니다. 일반적으로 국가의 상황에 관한 질문에서 두 번째 하우스는 국가의 부, 은행 활동 및 일반적인 수입과 관련된 문제를 의미합니다.

✵ 친척의 하우스(House of Relatives)
— 세 번째 하우스(The third house)

일반적으로 쌍둥이자리이고 수성이 지배하는 세 번째 하우스는 형제, 자매, 이웃, 가족의 환경을 의미합니다.

라파엘의 에페메리스(Raphael's Ephemeris) 하우스 테이블(표)은 다음에 주어집니다.

모든 종류의 짧은 여행, 통신 및 메시지, 개인의 사고방식의 정도, 개인의 인식 및 적응력, 그리고 이러한 모든 사항들과 이 태생들과의 관계의 정도를 알 수 있습니다. 그것은 어깨, 팔, 손, 손가락을 지배합니다. 국가 문제에 관련된 질문에서는 철도, 일반 운송업체, 우체국, 전신, 전화 또는 라디오를 통한 무선방송을 관장합니다. 그것은 또한 일반적으로 도서관과 공교육을 의미합니다.

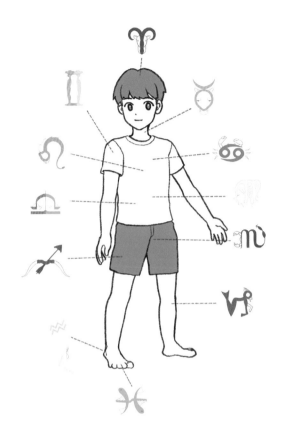

✿ **가정의 하우스(The House of the Home)**

── **네 번째 하우스(The fourth house)**

일반적으로 게자리이며 달이 지배하는 네 번째 하우스는 자신의 아버지 또는 어머니를 나타내며, 유전적인 성향, 유아기 및 노년기의 환경, 부동산과 같은 고정된 소유물 등을 의미합니다. 그것은 위장과 가슴을 지배하고, 그의 가정 환경, 그리고 그의 재산 보유 상태와 이 태생과 그의 부모님과의 관계를 알 수 있습니다. 국가 문제에 관한 질문에서는 광산, 농업, 정원, 농작물, 공공 건물 등을 지배하고, 모든 것의 시작 또는 종료를 알 수 있습니다.

⚛ 쾌락의 하우스(The House of Pleasure)

── 다섯 번째 하우스(The fifth house)

일반적으로 사자자리이고 태양이 지배하는 다섯 번째 하우스는 개인의 연애, 오락, 투기, 자녀들을 의미합니다. 그것은 심장과 척추를 지배하고, 이 태생의 연애와 쾌락, 그의 투기적 사업, 그리고 자녀들에 관한 문제에서 성공 또는 실패의 정도를 알 수 있습니다. 국가 문제에 관련된 질문에서는 대사(외교사절), 연회, 연극, 교육 전반을 지배합니다.

⚛ 건강과 봉사의 하우스(The House of Health and Service)

── 여섯 번째 하우스(The sixth house)

일반적으로 처녀자리이고 수성이 다스리는 여섯 번째 하우스는 신체, 고용인, 아랫사람, 의복과 위생, 조부모, 삼촌, 이모, 숙모, 가축들 그리고 고통, 보살핌을 의미합니다.

그것은 창자와 명치를 지배하고, 이 태생의 건강 상태를 알 수 있습니다. 고용주와 근로자와의 관계, 조부모, 삼촌과 고모, 작은 동물들과의 관계에 대해서도 알 수 있습니다. 국가 문제에 관한 문제에서는 일반적으로 산업, 공중 보건 및 위생에 대한 노동자 계층을 지배합니다.

⚛ 결혼과 파트너십의 하우스(The House of Marriage and Partnerships)

── 일곱 번째 하우스(The seventh house)

일반적으로 천칭자리이고 금성이 지배하는 일곱 번째 하우스는 개인의 결혼, 비즈니스 파트너십, 개인의 적과 공공의 적을 의미합니다. 그것은 정맥, 신장(그리고 여성의 경우 난소)을 지배하고, 결혼과 동업자 관계를 통해 얻어지는 행복과 성공의 정도와 그리고 이 태생이 가질 수 있는 공공의 적들의 유형을 알 수 있습니다. 국정에 관한 문제에서는 외교 관계, 평화, 전쟁, 국제 관계를 지배합니다.

⚛ 죽음의 하우스(The House of Death)

— 여덟 번째 하우스(The eighth house)

일반적으로 전갈자리(Scorpio)이며 화성이 지배하는 여덟 번째 하우스는 개인의 상속 재산, 유산, 유언장 및 죽은 사람의 재물, 개인의 재물을 의미합니다. 그것은 생식기를 지배하고, 상속과 이 태생의 죽음의 유형에 관한 모든 궁금증을 알 수 있습니다. 국가에 관한 질문에서는 국가 통치자의 죽음을 의미하며, 그러한 죽음으로 인하여 관련될 수 있는 문제들을 나타냅니다.

⚛ 종교와 철학의 하우스(The House of Religion and Philosophy)

— 아홉 번째 하우스(The ninth house)

일반적으로 사수자리이고 목성이 지배하는 아홉 번째 하우스는 종교, 철학, 특히 해외여행, 장기간의 여행과 개인의 외국인과의 관계를 의미합니다. 그것은 고차원적 사고, 희망, 비전(전망)을 지배합니다.

세 번째 하우스와는 다르게 구체적인 관심사를 나타냅니다. 그것은 엉덩이와 허벅지를 지배하고, 이 태생의 종교적, 철학적 신념, 그리고 그가 해외에서 즐길 여행과 성공의 양을 알 수 있습니다. 국가 문제에 관한 질문에서는 종교, 법률, 선박 및 항공, 무선 케이블(전화, 전보)및 과학의 연구 결과를 지배합니다.

⚛ 사업과 명예의 하우스(The House of Business and Honor)

— 열 번째 하우스(The tenth house)

일반적으로 염소자리이고 토성이 지배하는 열 번째 하우스는 개인의 야망, 명성, 세속적 지위, 권력, 승진, 신분 상승, 개인의 개성(특성) 또는 권위를 의미합니다. 그것은 또한 네 번째 하우스에서와 같이 아버지 또는 어머니를 의미하기도 합니다(일부 점성가들은 네 번째 하우스가 아버지를 다스리고, 열 번째 하우스가 어머니를 다스린다고 주장하지만, 저자는 이것이 옳다는 것을 증명하지 못했습니다). 그것은 골격, 특히 무릎을 지배하고, 사업의 성공 정도와 이 태생의 명예에 대해 알 수 있습니다. 국가 문제에 관한 질문에서는 상류 계급, 고위층 또는 권력과 권위를 가진 사람들(여섯 번째 하우스는 대중과 봉사하는 사람들처럼), 대통령, 왕, 독재자와 같은 통치자들을 지배합니다.

⚛ 친구들의 하우스(The House of Friends)
—— 열한 번째 하우스(The eleventh house)

일반적으로 물병자리이고 천왕성이 지배하는 열한 번째 하우스는 개인의 우정과 열망을 의미합니다. 그것은 다리, 특히 발목을 지배하고, 이 태생과 친구들과의 관계, 인도주의에 대한 그의 위치, 동료들과 관련된 삶의 조화 또는 부조화의 정도에 대해 알 수 있습니다. 국가에 관한 문제에서는 국가의 고문(상담자), 국가의 동료 또는 동맹국들을 지배합니다.

⚛ 비밀의 적들의 하우스(The House of Secret Enemies)
—— 열두 번째 하우스(The twelfth house)

일반적으로 물고기자리이고 해왕성이 지배하는 열두 번째 하우스는 눈에 보이지 않는 어려움, 감각의 손상, 은둔, 강요 또는 물리적 폭력, 개인의 은밀한 비밀스러운 적들을 의미합니다. 그것은 말단(발끝, 손끝)을 지배하고, 이 태생이 누리는 자유의 양과, 그가 타인에 대해 복종하는 과정에서 자신의 개성을 억제할 수밖에 없는 정도에 대해 알 수 있습니다. 국가에 관한 문제에서는 교도소, 병원, 수용소, 망명, 그리고 그러한 기관들과 관련된 모든 사항들을 지배합니다.

제7부

자유 의지 대 운명
(FREE WILL VERSUS DESTINY)

저자에게 가장 자주 묻는 질문은 다음과 같습니다. "Astrology는 운명을 가르칩니까?", "별들은 개인이 통제할 수 없는 상황이나 조건들을 나타내나요?", "Astrology는 우리가 우주에서 진정한 위치를 찾는 데 도움이 됩니까?"

이러한 질문들을 이 장에서 설명했습니다. 이 별들은 지성과 자유 의지가 사건의 자연스러운 흐름을 바꾸는 데 사용되지 않을 경우에 어떠한 일이 발생하게 될지를 나타낸다는 것을 분명히 이해해야 합니다. 현명한 사람들은 별과 협력하고 어리석은 사람들은 자신이 별들을 다스린다고 생각합니다.

윌리엄 헨리는 다음과 같이 이렇게 말합니다.

"문이 얼마나 협소한지, 형벌이 얼마나 무거운지는 중요하지 않다. 나는 내 운명의 주인이며, 나는 내 영혼의 선장이다(It matters not how strait the gate, How charged with punishment the scroll, I am the Master of my Fate, I am the Captain of my Soul)."

천궁도는 당신의 인생이 만들어지는 패턴을 나타내는데, 만약 당신이 이 패턴을 잘 알지 못한다면 당신의 인생은 흐릿해질 위험이 있습니다.

Astrology를 통해 우리는 천궁도의 세부 사항에 익숙해질 뿐만 아니라, 그것의 계획에 협력하도록 도움을 받습니다. 그래서 우리는 그 계획에 충실한 삶을 만들고, 그렇게 함으로써 우리 자신의 행복과 효율성 그리고 세상에서 유용성을 더합니다.

Astrology는 개인의 잠재력, 능력, 한계를 지적하는 반면, 우리가 얼마나 바람직한 특성을 개발하고 바람직하지 않은 특성을 어디까지 극복해야 할 것인지는 자유 의지의 발휘에 달려 있습니다. 다시 말해 Astrology는 길을 제시하고, 우리가 정신적인 것과 육체적인 것 사이의 균형을 유지할 수 있도록 도움을 줍니다.

Astrology는 우리 성격의 약점을 지적하고, 우리가 목표에 도달하는 데 성공하지 못하는 이유를 제시해 줍니다. 또한 우리는 나약함으로 인해 고통을 당할 위험이 있을 때와 불행이 우리를 덮칠 것 같은 때를 지적합니다. 우리의 타고난 성격은 운명이며, "미리 경고하는 것은 무장하는 것입니다."

Astrology를 통해 우리에게 가장 적합한 직업이 무엇인지, 그리고 그 일에서 우리 자신을 확립할 수 있는 기회가 나타날 시기와 계절을 확인하는 것을 더욱 가능하게 합니다.

"사람의 일에는 때가 있는 법이오.
밀물을 만나면 행운으로 나아갈 수 있지만,
물때를 놓치면 인생의 항해는 비참함의 수렁으로 갇히고 말 거요.
우리가 지금 만조 위에 두둥실 떠 있소.
지금 그 물살에 올라타야만 하오.

아니면 우린 모든 걸 잃고 말 거요."

- 줄리어스 시저

만약 나폴레옹이 지성을 발휘하고 워털루에서 웰링턴을 만난다면 패배할 것이라는 그의 전문 점성가의 경고를 받아들였다면, 그의 운명과 프랑스의 운명은 모두 바뀌었을지도 모릅니다. 만약 에이브러햄 링컨이 Astrology를 통해 자신이 우연하고 배반적인 진동을 받고 있다는 사실을 알게 되었다면(당시 그랬습니다), 그는 자신의 자유 의지를 발휘하여 암살당하던 날 밤 극장과 같은 공개적인 장소에 나타나지 않으면서 자신을 표적으로 삼는 것을 피할 수 있었을지도 모릅니다.

우리의 문제를 해결하기 위해서는 인간과 우주와의 관계를 연구할 필요가 있습니다. 우주의 구조에 기초하고 있는 것은 죽음의 법칙입니다.

인생은 연속적인 원인과 결과의 사슬입니다. 하지만 죽음이 자연의 과정인 반면 자유는 인간 본성의 본질입니다. 자유 의지는 우리의 가장 높은 소유물입니다. 자유 의지는 인간을 도덕적인 존재로 만듭니다. 실제로 도덕은 항상 선택 가능한 것들 중에서 선택됩니다. 그렇지 않으면 운명론, 숙명론, 무력감, 무책임, 범죄에 대한 처벌이나 무지 또는 잘못된 행동에 대한 정당한 대가를 지불하는 것에 대한 정당성을 남기지 않을 것입니다.

다른 한편으로는 지성과 미덕에 대한 공로를 부여하는 행위도 있을 것입니다. 찰스 플라이셔(Charles Fleischer)는 그의 인간 본성에 대한 에세이 『Essay on Human Nature』에서 "동물의 본성에 비전과 의지를 더한 것은 인간의 본성과 동일합니다."라는 방정식을 주장합니다.

아마도 죽음을 최후통첩으로 받아들이는 일반적인 준비의 비밀은 현대 심리학에서 말하는 '방어 메커니즘'이라고 일컬어지는데, 즉 우리의 삶에서 궁극적인 결정력과 요인으로서 우리 밖에 있는 별과 환경, 그리고 무엇이든지 비난하려는 의지일 것입니다.

여기에서 카시우스(Cassius)가 제안한 요점은 다음과 같습니다.

"사랑하는 브루투스여, 우리가 하층민이라는 것은 우리의 별에 있는 것이 아니라, 우리 자신 안에 있는 것입니다."

이와 관련하여 저는 학생들에게 만약 신이 없다면 인류는 신(God)을 발명할 것이라는 볼테르(Voltaire)의 미묘한 제안을 상기시키고 싶습니다. 따라서 운명을 주장하는 사람들에게 자유 의지가 없다면 우리는 그것을 발명해야 한다고 말해야 합니다. 인간은 자신의 삶을 결정하기 위해 지성과 의지를 사용하는 자유로운 도덕적 주체가 아닌 이상 진정한 인간이 아니며, 신의 자녀가 아닙니다.

옛 찬송가에는 "내 마음은 나에게 왕국이다."라고 쓰여 있습니다. 덧붙이자면, 내 영혼은 나에게 삶의 대한 지배권을 줍니다. 전통적인 용어로 더 이야기하자면, 진정한 '성령에 대한 죄'는 이 최고를 인정하지 않는 것입니다.

영혼의 지배력과 권한은 바로 인간 삶의 본질이자 의미라는 것은 진리입니다. 즉, 다시 말해서 각 개인은 결국 자신의 행동에 대한 선택의 책임이 있습니다.

운명론은 물질계에서만 존재합니다. 영혼은 운명에 얽매어 있지 않습니다. Astrology를 통해 우리는 무슨 일이 일어날지 확신할 수 있지만, 미리 예정된 사건들이 각 개인에게 어떻게 영향을 미칠 것인지를 결정하는 것은 점성가의 임무가 아닙니다. 이것은 자신의 자유 의지와 자신이 성취한 발전의 정도에 따라 달라지며, 이는 어떤 일이 일어나더라도 결과를 얻을 수 있는 어떤 것에 대한 사람의 마음가짐을 결정합니다. 그 기회를 활용한 만큼의 결과를 얻게 됩니다.

지식은 힘이고, Astrology는 진리의 자물쇠를 여는 마스터키입니다. 우리의 운명이 무엇을 의미하는지 알고, 우리가 우리의 지성과 자유 의지를 사용하여 재앙을 위협하는 원인을 연구하지 않는 한, 우리가 곧장 암초로 직행할 때, 우리는 먼저 우리 앞에 놓여 있는 함정을 확인하고, 그다음에 실행해야 합니다. 그리고 나서 대재앙을 피하기 위한 최선의 경로를 결정하기 위해 우리는 선택을 해야 합니다.

예를 들어, 만약 우리가 도로가 침수되었다는 말을 듣고도 부주의하게 진행한다면, 우리는 자유 의지도 올바른 판단도 하지 않는 것입니다. 침수가 발생한 것은 어쩔 수 없는 일이었지만, 우리가 받은 위협에 굴복할지는 우리의 선택에 달려 있습니다.

반면에 Astrology는 주어진 목표에 도달하는 가장 좋고, 가장 짧고, 안전한 경로를 알려 줍니다. 또한, 그것은 우리의 문제에 대한 해결책을 제시하고, 이 별들의 유익한 지침을 감사히 사용하는 것은 자기 자신에게 이익이 되는 지혜와 깨달음을 얻는 자유 의지의 일부입니다.

Astrology는 우리의 신체적, 정신적 구성, 성향과 가능성을 우리 자신에게 알려 줍니다. Astrology는 우리가 우리 자신을 분석하고 진단하는 것을 가능하게 하고, 따라서 스스로 자가 치유하는 의사들의 역할을 함으로써 질병의 원인을 치료하고 우리의 행복의 뿌리를 비옥하게 합니다. Astrology는 또한 빙산의 시야를 밝혀 주는 탐조등에 비유될 수 있지만, 결코 선장에게 빙산의 주위를 돌아다니도록 강요하지는 않습니다.

Astrology가 가져다주는 도움으로 우리는 위험을 피하고 기회를 우리에게 유리하게 전환하기 위해 지성과 자유 의지, 둘 다를 사용할 수 있습니다. 그것은 인간의 삶에 대한 중요한 지식의 넓은 영역을 열어 주고, 우리의 의식 영역을 확장하여 줌으로써, 상황에 대한 희생자도 아니고 노예나 독재자가 아니라 주인이 될 수 있도록 합니다.

운명은 우리에게 경험을 가져다주지만, 자유 의지는 우리가 우리의 삶을 형성하는 데 있어서 그 경험을 어떤 용도로 사용할 것인가를 결정합니다. 운명은 문을 두드립니다. 하지만, 운명을 들어오게 하거나 못하게 하는 것은 우리에게 달려 있습니다. 드라이든(Dryden)은 다음과 같이 말합니다.

"행운은 누구에게나 친절하다.
행운의 날들은 여전히 그들이 선택하는 날을 가지고 있다.
불운한 자에게는 몇 시간밖에 남지 않는다.
그리고 그들은 잃는다."

'불운한 사람'은 지적인 자유 의지를 발휘함으로써 자신의 진로를 밀물과 썰물의 흐름에 맞추는 대신, 파도와 함께 표류하거나 흐름에 반대로 하는 불행한 인간이라고 부를 수 있습니다.

"배 한 척은 동쪽으로 가고, 다른 한 척은 서쪽으로 간다.
자기 스스로 부는 것과 같은 바람은 불지 않는다.
이 돛은 세트이다.

그리고 강풍이 아니다.

그게 우리가 가야 할 길을 알려 준다.

바다의 바람이 운명의 길인 것처럼,
우리가 인생을 항해할 때, 그 목표를 결정하는 것은
영혼의 세트이다.
그리고 고요함이나 다툼이 아니다."

인생은 비전과 의지에 의해 길러지는 진화입니다. 도표, 나침반, 방향타를 갖춘 선원을 생각해 보십시오. 그는 이러한 도움 없이 항해를 시도하는 사람들보다 유리합니다. 따라서 바람과 파도의 자유에 맹목적으로 표류하는 사람보다 현저한 이점을 가지고 있습니다. 그래서 Astrology는 선원의 도표, 나침반 및 방향타와 같은 정보를 제공함으로써 자기 주도적인 사람들에게 헤아릴 수 없는 서비스를 제공합니다.

다시 말하지만, 우리의 여행은 항해와 같습니다. 마치 우리가 셰르부르 (Cherbourg)를 향해 승선하는 것과 같습니다. 운명은 우리의 목적지를 결정하지만, 우리는 자유 의지와 함께 선상에서 그 기간에 식욕을 탐닉하는데 보내야 할지, 아니면 아마도 방탕할 정도로 시간을 보내야 할지, 귀중한 일에 시간을 쓰거나, 친구를 사귀거나 또는 휴식과 생각에 그 시간을 사용해야 할지를 결정합니다.

Astrology는 무지로부터 해방된 사람이기 때문에, 개인이 자신을 더잘 이해할 수 있도록 도와주며, 또한 그의 동료를 더 잘 이해함으로써, 더호의적이고 관대해질 수 있도록 도와줍니다. 큰 의미에서 Astrology는자신과 동료들을 알고 존중함으로써 인간의 형제애의 진정한 의미를 가르칩니다.

Astrology는 질병을 진단하는 데 도움을 주며, 의학에서 매우 귀중한 도움이 됩니다. 자신의 편견을 버리고 Astrology에서 발견하여 이용했고 (고대의 의사들이 그랬던 것처럼), 내과 의사들과 외과 의사들은 인류를 돕고 그들 자신의 과학을 이해하는 데 있어 추가적인 힘을 가지고 있습니다.

마지막 분석에서, 운명론과 자유 의지 사이의 균형은 민주주의에 의해 제시되는데, 민주주의는 미국 문명과 현대 인류 전체의 이상주의적 표현입니다. 진정한 민주주의란 정부의 통제, 자기 주도, 자기 통제를 의미합니다. 따라서 Astrology의 사용에 대한 이러한 해석은 인간을 개인으로 하여금 비전, 지성과 의지를 사용함으로써 그의 운명을 자유롭게 결정하게 만듭니다.

성격은 운명입니다. 그것은 우리 인간이라는 물건을 통해 진동하는 우주의 힘을 일생 동안 의식적으로 사용한 삶의 결과입니다.

이것은 당신에게 창조적인 인간으로서 당신의 정상적인 유산인 역동적인 생명력을 불어넣어 주는데, 당신을 태양 아래에 있는 당신의 자리에 앉게 하는 권리를 부여합니다.